역사 인식으로 읽는 고조선사

이 저서는 2019년 대한민국 교육부와 한국학중앙연구원(한국학진흥사업단)의
한국학 총서 사업 지원을 받아 수행된 연구임 (AKS-2019-KSS-1130014).

역사 인식으로 읽는 고조선사

고조선을 둘러싼 한국 상고사 체계에 대한
인식의 시대적 변천과 그 역사적 의미

송호정 지음

경인문화사

목 차

서 문

시대에 따른 단군과 고조선에 대한 인식의 변화

한국인들이 단군과 고조선사에 대해 특별히 관심을 갖는 이유는 무엇일까? 이는 분명 한국 최초의 국가이며 역사인 고조선에서 우리 민족의 뿌리와 출발의 모습을 확인하고자 하는 열망이 크기 때문인 듯하다. 한국인 누구에게나 자리하고 있는 '우리는 단군의 자손'이라는 한 핏줄 의식은 바깥 세계로부터의 침입 등 국가 위기 속에서 모든 백성을 하나로 묶어 주는 정신적 역할을 톡톡히 해냈다. 따라서 단군과 고조선사에 대한 인식은 우리 민족과 국가에 대한 의식과 관련하여 대단히 중요한 의미가 있다.

단군에 대한 기록으로 가장 오래된 문헌인 『삼국유사』와 『제왕운기』에 의하면, 단군은 우리 땅에서 나라를 처음으로 연 시조이자 초자연적 능력을 지닌 신성한 존재로 나온다. 이러한 단군의 모습은 후대에 그대로 계승되지 않았다. 오늘에 이르기까지 단군은 각 시대의 사회적 요구에 따라 다양하게 인식되어 왔다.

『삼국유사』에 기록된 이래 지금까지 단군과 고조선사는 한국인들에게 민족적 동질성과 정체성을 나타내는 상징으로 사람들의 마음속에 확고히 자리하고 있다. 대부분의 사람들은 단군을 우리 땅에서 나라를 처음으로 세운 시조이자 우리 민족 전체의 시조로 인식하고 있다. 단군은 우리 역사상 첫 국가 단군조선을 세운 실존 인물로서 민족 고유 종교의 창시자이며 소원을 이루어 주는 신과 같은 존재로 묘사한다.

학계에서는 대체로 역사적이고 합리적인 해석에 의해 단군은 당시 사회에서 종교와 정치를 함께 주관하던 제정일치 사회의 군장이었다고 본다. 그러나 단군조선의 역사를 복원해 한국 고대사의 영광된 모습을 되찾으려는 일부 사람들은 단군이 실재했던 인물이면서 초인적인 존재라고 보았다. 그리고 단군이 활동하던 시대의 문화를 우리 역사의 어느 시대보다도 신성시하고 웅대하게 서술하고 있다.

  이처럼 고조선의 시조인 단군은 고조선의 등장 시기에 대한 관심과
연결되어 시대마다 다양한 모습으로 인식되었다. 단군은 우리 역사를
통해 각 시기마다 새롭게 재인식되면서 민족의 상징으로 거듭나는 과정
을 되풀이해왔다.

  단군에 대한 다양한 인식들은 그것이 실제 역사적 사실과 꼭 들어맞
느냐 맞지 않느냐 하는 것과는 별도로 각 시기마다 우리 선조들의 역사
에 대한 생각을 보여준다는 점에서 주목된다. 이른바 단군신화와 기자
전설에 대한 이해와 결부된 단군에 대한 인식은 각 시기마다 실제로 많
은 영향을 끼쳤다.

  1993년 북한에서는 단군릉 개건과 함께 단군조선의 역사를 실재한 역
사로 서술하고, 우리 역사의 뿌리와 정통성을 단군조선의 역사 속에서
찾고 있다. 그리고 세계 4대 문명론에 대한 이야기를 하면서 그 속에 또
하나의 세계 문명으로서 대동강 문명(Daedonggang Culture) 이야기를 펼
치며 단군조선의 역사와 문화를 위대한 역사 시대로 이야기하고 있다.

  남한에서는 고려·조선 시대 이래 국조로서의 단군 인식이 정립된 후,
일제 식민지 시기를 거치면서 단군은 우리 민족의 동원성(同源性)의 상
징으로 확고히 자리 잡았다. 해방 직후에도 민족의 시조로서 단군 숭배
의 분위기가 이어져 1948년 대한민국 정부 수립 후에는 한국 교육의 이
념으로 단군신화에 나오는 홍익인간 사상이 채택되기도 하였다.

  최근에는 우리 민족의 시조로서 단군과 고조선사에 대한 일반인들의
인식이 깊어지면서 역사 전공자들의 고조선사에 대한 전문 연구 성과에
대해 식민사학이라 매도하고 부정하는 상황에까지 이르렀다.

  이처럼 남북한 사람 모두에게 우리 민족의 시조로서 단군과 고조선
의 역사가 살아 움직이게 된 계기와 그 연원은 무엇일까? 이 책에서는
이러한 의문에 대한 답을 찾는 과정으로 시기별로 단군에 대한 인식의
변천을 정리해 보았다.

『삼국유사』에 기록된 이래 단군이 우리 민족사의 출발과 관련하여 특별한 의미가 있는 이상, 단군의 존재를 올바로 인식하는 것은 우리 역사의 시조 문제를 포함하여 출발 단계의 우리 사회 모습을 제대로 이해하는 데 매우 중요하다. 단군과 고조선에 대한 연구 방법으로는 여러 가지가 있겠지만 단군 자체에 대한 인식이 어떻게 이어져 왔는지를 살펴보는 것이 무엇보다 중요하다 하겠다.

본 책은 크게 5부 19꼭지로 구성하였다.

〈1부〉는 '단군 및 고조선사에 대한 기본 시각'이란 주제로 고조선사에 대한 인식 문제를 이해하기 위해 전제가 되는 내용에 대해 두 개의 장으로 구성해 보았다.

단군과 고조선에 대한 인식은 우리 역사상 첫국가에 대한 관심 속에서 그것이 제일 먼저 기록된 『삼국유사』에 실린 단군신화에 대한 이해를 둘러싸고 많은 논의가 시작되었다. 기본적으로는 단군을 고조선의 건국 시조로 보느냐 아니면 여기에서 나아가 민족의 시조로 보느냐의 두 관점이 이야기 되었다. 그 과정에서 단군신화로 기록된 단군조선의 역사는 한국상고사라는 이름으로 우리 민족의 국가적 위기 속에 민족 정체성과 동원성의 상징으로 한국인의 가슴 속에 깊이 자리잡게 되었다. 이러한 과정을 1장에서 정리하였고, 2장에서는 고조선사를 둘러싼 논쟁을 이해하기 쉽도록 기본적으로 고조선의 시공간적 범주에 대해 살펴보고, 고조선사 관련 사료와 논쟁의 핵심적인 주제에 대해 자세하게 정리해 보았다.

1장. 고조선사와 한국 상고사

2장. 고조선의 역사 개관

〈2부〉는 '전근대 시기의 단군과 고조선사 인식'이란 주제로 고대부터 조선후기까지의 단군 및 고조선에 대한 인식을 정리해 보았다.

현존하는 단군에 대한 최초의 기록은『삼국유사』에 실린 고조선(왕검조선) 기록이다.『삼국유사』에 기록된 고조선(왕검조선)조를 보면『고기』를 인용하여 민족의 시조 단군이 고조선을 세우는 과정이 신화로 기록되어 있다. 고려 시대에 일연이 구전되어 오던 단군신화를 기록할 때 고대의 고조선 기록으로『고기』가 있었음이 분명하고 1장에서는 그 책에 대한 내용을 추적해 보았다. 이후 고려시대 후기에 저술된『삼국유사』와『제왕운기』에 보이는 고조선 인식의 차이와 특징을 통해 단군과 고조선사가 고려 후기 원 간섭기에 비로소 우리 민족사의 시조이자 민족 정체성의 구심점으로 자리잡게 되는 과정을 정리하였다.

조선 시대에 들어오면 단군과 고조선에 대한 인식은 기자조선 문제와 연결되면서 여전히 민족의 시조로서의 인식은 지속되었지만, 문명개화의 상징으로 기자에 대한 인식이 깊어지면서 단군과 고조선사에 대한 깊은 이해는 조선 후기 실학자들에 이르러서야 비로소 역사지리적 측면에서의 관심과 결부되어 민족사의 출발과 만주 일대를 무대로 한 우리 역사의 구심점으로 자리잡게 된다는 점을 정리하였다.

1장. 고대『고기(古記)』기록과 고조선 인식

2장. 고려 시대의 단군 및 고조선 인식

3장.『삼국유사』에 보이는 일연의 고조선 인식

4장. 조선 전기 단군 및 고조선 인식

5장. 조선 후기 실학자들의 역사지리관과 고조선 인식

6장. 정약용의『아방강역고』에 나타난 고조선 인식

〈3부〉는 '일제 강점기의 단군과 고조선사 인식'으로 근대 일제 시기의 단군 및 고조선 인식에 대해 정리하였다.

근대 시기에 누구보다도 단군과 고조선사에 대해 관심을 보였던 이는 신채호이다. 신채호는 「독사신론」이래 한국 고대사와 관련된 여러 글을 남겼지만 그의 고대사 인식을 구체적으로 엿볼 수 있는 글은 『조선사연구초』에 실린 「평양패수고」와 「전후삼한고」의 글이다. 이 두 편의 글을 중심으로 신채호의 역사 인식을 살펴보았다. 이후 1920년대는 이른바 문화주의의 유행과 함께 우리 사회에도 문화사학자가 등장하여 비로소 역사를 주제로 하는 통사책이 서술되기 시작하는데, 안확, 황의돈, 장도빈, 권덕규 네 명의 글을 통해 한국상고사 인식을 정리하고 그 역사적 의미에 대해 정리하였다.

　1930년대 이후 시기는 당시 강단 사학을 이끌었던 이병도의 고조선사 연구 성과에 대해 살펴보고 그 연구 성과의 의미를 정리하였다. 그리고 1930년대와 1940년대에 단군과 고조선사에 대해 민족주의적 시각에서 조선상고사 연구를 주도하였던 정인보와 안재홍의 한국 상고사 인식을 다루었다. 마지막으로 일제 식민지 시기에 식민사학자들의 역사 인식 문제에 대해서도 정리하였다. 당시 일제 관학자들에 의해 정리된 것으로 오다 세이코(小田省吾)의 『조선사대계(朝鮮史大系)』와 이마니시 류(今西龍)의 『조선고사(朝鮮古史)의 연구(硏究)』는 조선총독부 주도의 한국사 연구를 잘 보여주는 책이며, 이를 분석함으로써 식민사학의 고조선 인식에 대해서 정리하였다.

　1장. 단재 신채호의 고대사 인식 - 「평양패수고」와 「전후삼한고」를 중심으로

　2장. 1920년대 문화사학자의 민족 자각론과 한국상고사 인식

　3장. 일제 강점기 이병도의 고조선사 연구

　4장. 1930년~1940년대 정인보와 안재홍의 상고사 인식

　5장. 일제 시기 일인(日人) 학자들의 고조선 인식

　〈4부〉는 '해방후~최근의 단군과 고조선사 인식'에 대해 정리하였다.

해방 후 교과서를 포함해 모든 역사학 연구 성과에는 민족주의적인 시각이 반영되어 서술되었다. 그리고 그 내용에는 언제나 단군이 상징적으로 존재하였다. 단군은 우리 역사상 첫 국가의 건국 시조이면서 우리 민족의 시조로서 인식되었고, 그 후손이 지금까지 계승되었다고 서술하였다. 최근에도 단군조선은 우리 민족의 유구성을 강조하는 증거로 서술되고 있다. 단군신화에 나오는 홍익인간 이념은 우리의 교육이념으로 제시되어 지금까지 이어져 오고 있으며, 이승만 정부 시절에는 일민주의(一民主義)라는 정치 이념의 배경이 되기도 하였다.

이처럼 해방 이후 단군 이야기는 우리나라 사회통합의 기능을 수행해 왔으며, 그것들은 시간의 경과와 더불어 한국인의 생활양식의 중요한 부분이 되어 민족 생활의 기층문화·심층문화의 일부분이 되기도 했다. 그것은 1980년대 이후 이른바 유사(사이비)역사학의 등장과 한국상고사 논쟁으로 드러났다. 일반 시민들과 일부 전공자들 사이에 민족사의 시조로서 단군에 대한 깊은 인식은 학계에서 논의되는 고조선사에 대한 연구 성과에 대해 부정적인 반응과 비판으로 이어지고 있는데, 그 연원을 따져보면 바로 해방 후 우리 사회에서 일어났던 단군 민족주의에 있다고 할 수 있다.

1장. 해방 이후 신국가 건설기 한국사 교과서에 나타난 고조선 인식과
　　 단군민족주의
2장. 유사(사이비) 역사학의 등장과 상고사 논쟁의 전개
3장. 2010년대 이후 유사 역사학과의 한국 상고사 논쟁

〈5부〉는 '북한 학계의 단군과 고조선사 인식'이란 주제로 해방 이후 북한역사학의 변화와 그 과정에서 고조선사 연구가 어떻게 변화하고 특징을 보여주었는지에 대해 정리하였다.

북한학계에서는 주체사관에 따른 역사 서술의 변화 과정에서 고조선

사에 대한 인식 문제가 중요한 자리를 차지하였다. 해방 직후 노예제사
회 논쟁 과정에서도 고조선사에 대한 해석이 중요한 주제로 자리잡게
되었다. 그 과정에서 리지린의『고조선사 연구』가 북한 역사학계의 주
류의 입장이 되고, 만주를 무대로 광대한 영토를 경영한 고대국가로 고
조선사가 이야기 되었다. 다만, 고조선의 건국신화인 단군신화는 고조
선에서 정치 권력이 성립하는 과정을 정당화하는 '건국신화'라는 입장
에서 인식해 왔다. 그러나 1993년 단군릉의 개건과 함께 신화는 역사적
사실을 반영한 것으로 재해석되었고, 단군을 실존 인물로 인정하고 있
다. 이러한 북한의 단군릉 복원 및 단군 민족주의 강조는 경제적 위기
속에서 민족적 정체성을 회복하고 세계 속의 우리 민족 공동체의 동질
성을 찾고 러시아·중국의 사회주의 세력에 대항하는 민족주의 운동의
일환으로 볼 수 있다.

　1장. 북한 역사학의 변화와 고조선사 연구

　2장. 리지린의 고조선사 인식과 그 특징

　3장. 단군릉, 실제와 신화의 사이에서 - 주체사관과 한국사학의 역사
　　　관 차이

　본 책에서는 이상의 19꼭지의 글을 통해 단군과 고조선사, 즉 한국상
고사 문제를 둘러싸고 각 시기 별로 어떠한 논의가 이루어져왔는 지를
여러 측면에서 검토해 보았다. 이를 통해 단군과 고조선사에 대한 체계
적인 이해를 어느 정도 할 수 있을 것으로 기대한다. 그리고 그동안 한
국상고사, 고조선사 연구가 당시의 역사상이나 생활상 등 본질적인 내
용을 제외하고, 유사 역사학자들이 주도하면서 과장된 영토관과 중심지
논쟁 등으로 '국수주의'로 빠진 부분을 성찰하고자 노력하였다. 이후에
이 글이 조금이라도 단군과 고조선사, 즉 한국 상고사가 과도하게 '정치
화'하는 위험성을 경계하는 데 도움이 되었으면 하는 바람이다.

제1부

단군과 고조선사에 대한 기본 시각

1장. 고조선사와 한국 상고사

　일반적으로 단군과 고조선사는 이른 시기의 역사라는 의미로 상고사(上古史)라고 부른다. 많은 연구자는 물론 일반 시민 대부분은 한국 상고사의 시기를 단군과 고조선이 존재했던 시기로 이해하고 있다. 그러나 한국 고대사를 연구하는 대부분의 학자들은 한국 상고사, 한국 상고의 시대를 고조선의 역사만을 가리키는 개념으로 사용하고 있지 않다. 어느 경우에는 한국 고대사와 같은 개념으로 사용되기도 하고, 고려 시대 문헌인 『삼국유사』에서는 신라 지증왕 대인 6세기 이전의 시기만을 가리키는 시기의 개념으로 사용되고 있다. 물론 한국 상고사에는 고고학계에서 주로 다루고 있는 청동기시대와 초기 철기시대 등 선사 시대의 경우도 모두 해당한다.

　따라서 고조선, 즉 한국 상고사 인식을 다루고 있는 본서의 각 주제들을 명확하게 이해하기 위해서는 먼저 한국 상고사의 시기에 대한 개념을 명확하게 규정할 필요성이 있다.

　이하에서는 이에 대해 정리해 보고 이를 바탕으로 한국 고대사의 시기 구분과 연관지어 상고사와 고조선사에 대한 기본적인 시기를 설정해 보도록 하겠다.

1. 고조선은 선사(先史)시대인가 고대(古代)인가?

현재 우리 학계의 인식과 연구 수준을 가장 잘 보여주는 것이 역사 교과서이다.

중고등학교 한국사 교과서의 시대 구분은 학습효과를 고려하기보다는 한국사 개설서의 시대 구분을 그대로 따르고 있다. 이점은 시대 구분이 당 시대의 역사 인식을 바탕으로 하는 것이라는 점에서 어쩔 수 없는 것일 수 있다. 다만 한국사 교과서는 역사 인식을 가르치는 중요한 텍스트이므로 집필자들은 시대 구분의 기준으로 무엇을 제시할 것인지에 대해서 보다 깊이 있게 고민해야 할 것이다.

2015개정 교육과정 중·고등학교 한국사 교과서는 선사시대를 앞장에 떼어놓고 그 다음에 고대, 중세, 근세, 근대의 시대구분을 하고 있다. 이 큰 분류만 놓고 본다면 선사시대와 국가의 형성 부분은 고대 이전의 역사로 시기 구분되고 있는 것이다.

이처럼 고조선이 존재했던 기원전 시기는 흔히 '선사시대'라는 용어와 중첩되어 인식되고 있다. '선사시대'라는 개념은 역사 연구가 문자(文字)로 기록된 자료에 대한 해석이 중요하기 때문에 문자 기록 여부를 기준으로 문자 사용 이전 시기를 가리키는 개념이다.

제7차 교육과정 고등학교 국사교과서에서는 선사시대를 다음과 같이 정의하였다.

"1983년에 프랑스 학자 투르날(Tournal)은 기록이나 고문서가 나오기 이전으로 거슬러 올라가는 인류 역사의 일부 시대를 지칭하기 위하여 '선사(Prehistory)'라는 단어를 만들어 냈다. 이에 비하여 역사 시대는 문자에 의한 기록이 나타난 이후를 지칭하게 된다. 최초의 문자 기록이 대략 5,000년 전에 이루어졌다는 점을 감안하면 선사시대는 인류의 출현에서부터 약 5,000년 전까지의 장구한 시기를 연구 대상으로 삼는 것이다."

　과거 인간들이 남긴 흔적을 발굴이라는 방법을 통해 복원해 내는 고고학계에서는 문자가 사용되기 이전 시기의 역사를 복원해 내는 데 매우 유용했기에 선사고고학이라는 이름으로 '선사시대' 용어를 자주 사용하였다. 여기서 선사고고학은 각 국가별로 다르게 세분되고 있는데, 한국에서는 시대별로 구석기시대, 신석기시대, 청동기시대, 철기시대 등으로 나누어 주로 고고학적 방법에 의거해 당시의 문화를 연구하는 학문이다.

　역사 연구자들은 대부분 문자(文字) 사용 여부를 기준으로 선사시대와 역사 시대를 구분하자는 주장에 아무런 이의를 달지 않는다. 하지만 역사의 어원에 대해 조금만 생각해 본다면 '선사시대'라는 용어가 역사의 본질적 의미와 배치되는 개념임을 쉽게 알 수 있다.

　역사의 어원은 이시오도루스의 말을 빌리면, "그리스어로 히스토리아(historia)인데 히스토리아란 「본다」 또는 「인식한다」에서 온 말이다. … 히스토리아는 (인간이 살고 있는 세상에서) 오랜 세월에 걸쳐 일어난 일"이다.

　한 마디로 역사는 인간들의 삶의 흔적이다. 역사가들이 역사책에서 다루는 것은 지나간 인간의 활동이다. 그렇다면 국사교과서에서 말하는 선사시대라는 것도 역시 인간들의 흔적을 기록한 것이고 오래 전 우리 조상들의 삶의 모습을 그린 것이므로 구석기시대 및 신석기시대 또한 역사시대라 불러야 할 것이다. 사실 지구상에 영장류가 등장하여 생활한 시대는 모두 역사시대인 것이다.

　대부분의 중고등학교 한국사 교과서에서는 역사의 의미를 '사실로서의 역사'와 '기록으로서의 역사'로 구분하여 설명하고 있다. 선사시대의 전개에 대해서는 "선사시대에 인류는 세계 여러 지역에서 자연 환경에 따라 다양한 문화를 형성하면서 역사를 이루어 갔다"고 서술하고 있다. 이것은 선사시대에도 인류가 역사를 만들고 그들의 생활양식인 문화를 형성해나갔음을 그대로 반영하는 설명이다.

문자 기록을 기준으로 선사시대와 역사 시대를 구분하는 것은 하나의 분류 기준은 될 수 있다. 하지만 인간이 살아 온 긴 시간의 역사를 시대구분 하는 명칭으로 적절한 개념은 아니다. 우리나라 중·고등학교 교과서에서 사용하는 '선사시대'라는 개념은 역사의 본래 의미에 맞지 않는 개념이며 그것이 적용되는 것도 나라마다 그 기준이 다르다. 예를 들어 미국의 경우 문자 기록 대신에 자신의 역사가 본격적으로 시작되기 이전, 즉 1620년까지 새 세계와의 만남 이후 1585년~1763년의 식민지 건설과 정착 시대 이전 시기를 선사(prehistory)시대로 부르고 있다.

이처럼 선사시대의 개념에 문제가 있다면 우리 역사에서 정치체가 등장한 이후의 시기를 어떤 시대 명칭으로 써 주는 것이 좋을까. 여기에는 서양사의 시기 구분처럼 사회구성체의 변천을 기준으로 원시 사회와 고대 사회의 명칭을 사용하는 것이 적절하다고 생각한다. 즉, 우리 역사에서 삼국 시대 이전을 시대구분 할 경우, 구석기시대와 신석기시대는 고대 이전 시기를 나타내는 '원시시대'라는 용어를 쓰거나 또는 구석기시대와 신석기시대라는 명칭을 그대로 쓸 수 있을 것이다. 청동기시대 이후에 형성된 국가로서 고조선, 부여, 삼한 등은 고대 한국의 나라들이므로 '고대사회'에 포함시켜 시기 구분하는 것이 합리적이다.

교과서상에 고조선과 부여, 삼한을 고대 이전으로 분류하는 시대 구분은 한국 학계에서 일반적으로 통용되는 개설서의 시기 구분과 근본적인 차이를 보인다. 예를 들어 이기백의 『한국사신론』에서는 삼국 이전 시기를 원시공동체사회와 성읍국가 및 연맹왕국으로 보고 있으며, 변태섭의 『한국사통론』에서는 청동기시대까지를 원시사회로 명명하고 고조선의 경우 고대사회의 초기국가 항목에 서술하고 있다.

모든 개설서에서는 고조선 및 여러 나라에 대해 '고대사회'로 시대 구분을 하고 있다. 이는 교과서가 한국사 개설서의 일반적인 분류 원칙을 준수하고 있다는 기본 원칙에서 보면 그와 벗어난 분류를 하고 있는 셈이 된다.

중고등학교 한국사 교과서 '선사시대의 문화와 국가의 형성' 내용에는 '우리나라의 선사시대는 문자가 없던 시대로 구석기시대와 신석기시대로 구분된다.' '청동기시대부터 국가가 형성되고 이 시대부터 문자를 사용한 역사시대가 시작된 것이다', '우리 역사상 최초의 국가는 고조선이었다. 고조선은 청동기문화를 바탕으로 성장하였고, 곧이어 철기문화를 발전시켰다' 등의 내용을 적고 있다.

이 내용을 정리하면 우리나라 역사는 약 70만 년 전부터 선사시대가 시작되었다가 최초의 국가인 고조선이 세워진 기원전 2333년에 역사 시대로 들어갔다는 논리가 성립된다. 사실상 신석기시대인 기원전 2333년에 우리 민족은 최초의 국가 고조선을 세웠다는 것인데 이것은 「단원의 길잡이」에서 "선사시대는 구석기시대와 신석기시대인데, 청동기시대부터 국가가 형성된다.", "고조선은 청동기문화를 바탕으로 성장하였다"는 내용과 서로 모순된다.

과연 기원전 2000년 경에 만주와 한반도를 영역으로 하는 국가가 세워졌다고 볼 수 있을지 의문이다. 이는 단군 신화의 역사성을 인정하는 가운데 나온 서술이지만 한국사 전체 체계 속에서 신중하게 시대 구분을 하는 고민이 필요하다 하겠다.

2. 고조선과 한국 상고(上古) 시기

단군 및 고조선과 관련된 기원전 시기는 한국 고대사에서 '상고(上古)' 시기에 해당하는 시기이다. '상고' 또는 '상고사'는 말 그대로 고대사의 가장 이른 시기를 가리킨다.

『삼국유사』에서는 22대 지증왕까지의 시기를 상고 시대라 하여 법흥왕 이후 시기인 중고(中古)·하고(下古) 시대와 구분하고 있다. 따라서 신라의 상고 시기를 연구할 경우 「신라 상고사 연구」라는 논제를 예상할 수 있다.

일찍이 신채호는 『조선상고사』에서 고조선사를 중심으로 하면서 고구려의 멸망까지를 조선상고사의 내용에 포함시켜 설명하였다. 이후 한국 상고사의 범주는 고조선사(단군조선)를 중심으로 삼국 시대의 역사까지를 포괄하는 의미로 사용해 왔다.

신채호 이후 가장 체계적으로 한국 상고사 문제를 고민한 것은 천관우가 편찬한 『한국상고사의 쟁점』이다. 이 책은 월간 『신동아(新東亞)』(1971년)에 5회에 걸쳐 연재되었던 「토론 한국사의 쟁점」 내용을 모은 것이다. 토론 내용이 삼국의 형성 내용까지 진행되다 중단되었기에 책 이름을 한국 상고사의 쟁점으로 붙였다고 한다.

이 책에서는 한국 상고사를 크게 다섯 주제로 나누어 논의하고 있다. 첫째, 한국사의 주인공과 무대, 둘째, 한국사의 창세기, 셋째, 한국 농경문화의 기원, 넷째, 한국인의 원주지와 이동, 다섯째, 국가의 형성과 도시국가이다. 이 주제들은 크게 보아 한국사에서 국가와 민족의 형성 시기와 관련된 내용을 상고사의 범주로 보고서 논의를 진행한 결과 설정된 것이다.

한국학진흥연구원에서 주관한 심포지움의 발표와 토론 내용을 정리한 『한국상고사의 제문제』에서는 한국 상고사 관련 주제로 신석기, 청동기 문화와 고조선사를 중심으로 국가 기원론을 다루고 있다. 이병도·최태영 공저의 『한국상고사입문』에서도 상고시대는 바로 삼국 정립 이전이라 규정하고, 고조선사를 중심으로 상고사를 서술하고 있다.

이후에 한국상고사학회가 주관한 심포지움의 발표 내용을 묶은 『한국상고사』에서는 구석기시대부터 발해사까지를 내용으로 포괄하고 있다. 사실상 한국 고대사 전체를 한국 상고사에서 다루고 있는 것이다. 현재도 한국상고사학회는 고고학을 전공하는 분이 중심이 되어 활동하고 있는데, 정기 학술지인 『한국상고사학보』는 한국 고대사의 시간적·공간적 범위에 해당하는 글을 모두 싣고 있다.

이는 한국 상고사가 한국 고대사의 이른 시기에 해당하지만 넓은 의미에서 한국 고대사의 일부라는 인식에서 고대사 전체를 주제로 포괄하는 것으로 볼 수 있다. 한편 유사 역사학자들은 대부분 글을 쓸 때 고대사라는 명

『한국상고사』 한국상고사학회에서
처음으로 발간한 학술지

칭 대신 상고사라는 이름을 쓰고 있다. 유사 역사학자들이 상고사라 할 때는 단군신화로 표현된 단군조선, 나아가 고조선만을 가리킨다.

이처럼 상고사 관련 연구마다 한국 상고사의 시간적·공간적 범주에 대한 이해가 차이나는 것은 바로 상고사에 대한 개념이 명확히 정립되지 않았기 때문이다. 지금까지의 연구 성과를 보면 대다수의 연구자들은 상고사를 고대사의 이른 시기, 즉 초기국가에 해당하는 고조선·부여·삼한 시기까지를 말하는 것으로 이해하고 있다.

따라서 한국 상고사의 개념은 전형적인 고대 시기, 즉 중앙집권적 영역국가 단계의 고대 사회 이전 시기를 설명할 때에만 사용하는 것이 합리적이다. 나아가 한국 상고사 자체는 한국 고대사의 일부분이며, 넓게 보아 한국 고대사와 관련되므로 상고기에 해당되는 내용일지라도 상고사라는 용어를 사용하기보다는 '고대사(古代史)'라는 용어로 내용을 서술할 수 있을 것이다.

　이상에서 한국 상고사는 대체로 한국 고대사와 같은 개념으로 사용할 수 있다. 그러나 대부분의 연구자나 일반 시민들은 한국 상고사를 우리 역사상 첫 국가인 고조선을 가리키는 개념으로 이해한다. 상고사가 고조선만을 가리킨다고 보게 된 것은 여러 자리에서 확인되었지만, 특히 한국학진흥원에서 주관한 심포지움의 발표와 토론(내용을 정리한 책이 『한국상고사의 제문제』임)이 획기가 되었다. 유사 역사학자와 전문 연구자가 함께한 1987년 심포지움에서 한국 상고사 관련 주제로 신석기, 청동기 문화와 고조선사를 중심으로 국가 기원론을 다룬 뒤 '한국상고사의 제문제'라는 이름을 붙였다.

　일반적으로 한국 고대사를 전공하는 고대사학자들은 한국 고대사라는 시대 명칭 외에 한국 상고사라는 말은 거의 쓰지 않는다. 상고사의 시기는 이미 한국 고대사에 포함된 개념이기 때문이다. 유독 일반 시민과 유사(사이비) 역사학자들은 글을 쓸 때 대부분 '고대사'라는 명칭 대신 '상고사'라는 이름을 쓰고 있다. 유사 역사학자들이 상고사라 할 때는 단군 신화로 표현된 단군조선, 나아가 고조선만을 가리킨다.

　최근 유사 역사학자의 입장은 「상고사 정립을 위한 연구 방향 모색 및 연구전략 구축 사업 연구」(한국학중앙연구원, 2015)라는 이름의 한중연 프로젝트에서 잘 보인다. 이 정책 연구에서는 한국상고사를 고조선사, 특히 기원전 4세기 고조선과 연(燕)의 전쟁 이전 시기의 역사로 개념 지었다. 그 이유는 이 전쟁으로 인해 고조선이 큰 타격을 입게 되었고, 결국 고조선은 와해되어 부여, 고구려, 백제, 신라, 가야, 동예, 조선, 예 등으로 분할되었기 때문이라는 것이다.

　이에 따르면, 한국 상고사의 개념은 전형적인 고대 시기, 즉 중앙집권적 영역 국가 단계의 고대사회 이전 시기를 설명할 때에만 사용하는 것이 합리적이다. 엄밀하게 따지면 한국 고대사에서 '상고' 시기에 해당하는 시기는 기원전 시기에 해당하며 고조선사가 그 핵심에 자리하고 있다. 그러나 유념해야 할 것은 한국 상고사의 핵심 내용인 고조선사는 한국 고대의 첫 국가이자 정치체라는 점이다. 따라서 한국 고대사의 일부분이며, 넓게 보아 한국 고대사와 관련되므로 상고기에 해당되는 내용일지라도 상고사라는 용어나 개념 대신 '고대사'라는 개념으로 충분히 설명할 수 있다.

그럼에도 불구하고 군이 한국 상고사라는 개념을 사용하는 것은 단군조선 시기만을 부각시켜 우리 역사가 처음 출발부터 만주 지역을 지배한 웅대한 역사였음을 드러내고자 하는 생각이 배경이 되고 있다. 그러나 유사 역사학자들의 생각처럼 기원전 2000년경에 만주 일대의 광대한 영토를 다스리고 웅대한 제국을 경영했던 그런 역사는 존재하지 않았다.

3. 청동기시대와 고조선 사회를
어떻게 구분해서 부를 것인가?

우리 역사상 첫 국가 고조선 시기는 문헌 자료가 부족하므로 많은 내용을 고고학 자료를 근거로 해석하고 있다. 고고학계에서는 삼국시대 이전 시기에 대해서는 당시에 사용된 생산 도구를 기준으로 구석기시대와 신석기시대, 그리고 청동기시대, 초기 철기시대(원삼국시대)로 시기 구분하고 있다.

2015년 개정 교육과정에 따라 출간된 중·고등학교 한국사 교과서에서는 청동기시대의 시작을 기원전 2000년경으로 올려 보고 거기에 단군조선의 건국 연대를 맞추어 해석하고 있다. 즉 기원전 시기의 대표적 정치체인 고조선 사회는 청동기시대와 일치하고 있는 것이다. 그러나 고조선 후기 단계에 이르면 동아시아 전역에 철기문화가 전래되어 고조선도 철기시대로 들어가게 된다. 고조선이라는 하나의 왕조에 두 개의 고고학적 시기 구분이 적용될 수 있다.

고고학계에서 석기시대와 청동기시대, 철기시대로 시대를 구분하는 것은 생산 도구와 기술사적 발전 단계를 고려하여 시기를 구분하는 것이다. 그러나 문헌사학자들은 그 시대를 대표하는 특징적 유물을 가지고 구분하는 것 보다는 각 시대의 사회 특성과 사회 성격을 통해 단계를 구분하는 것이 더 중요하다고 생각한다. 그리고 각 시대의 특성을 간직한 정치체를 통해 시대 명칭을 규정하는 것이 우선적이라고 여긴다.

그렇다면 중국사에서 신석기시대에 연이어 바로 하상주(夏商周) 시대를 설정하는 것처럼, 한국사에서도 신석기시대 이후에 바로 첫 국가인 고조선이 등장하면 문제가 없지만 사정은 그렇지 못하다.

분명 고조선이 일정한 정치체로 등장한 시기는 청동기시대이다. 고고학적으로 청동기시대에 해당되는 시기이자, 역사 발전 단계상으로는 '소국' 단계와 '소국 연맹체' 단계에 고조선은 역사상에 등장하였다. 그러나 구체적으로 청동기시대 어느 시점에 출현했고, 그 정치적 발전 단계가 어느 정도인지 분명치 않아 이 시기 서술에 어려움이 있다.

한국사에서 청동기시대가 적어도 기원전 10세기 전후, 올려보면 기원전 15세기경에 시작되는 것으로 볼 때, 기원전 2000년에서 기원전 1000년기에 대한 표기를 어떻게 할 것인가가 고민이다.

2015 개정 교육과정 한국사 교과서에는 "한반도에서는 기원전 10세기경에, 만주 지역에서는 이보다 앞서는 기원전 15~13세기경에 청동기시대가 전개되었다."고 서술되어 있다. 그러나 이 연대관은 만주 지역의 청동기 시작 연대가 이르고 한반도는 훨씬 뒤늦게 형성된다는 도식적인 인식의 결과이다.

중국 요서(遼西) 지역에서 청동예기(靑銅禮器)를 부장하는 위영자문화(魏營子文化)의 경우 청동기 연대가 상당히 올라가지만 대개 상말(商末) 주초(周初) 단계인 기원전 10세기를 전후한 시기에 비정한다. 그리고 중국 동북지방 청동기시대의 전형적인 유물인 비파형동검과 반월형석도, 그리고 미송리식토기 등이 사용되던 시기는 기원전 10세기부터 시작하여 춘추시대, 즉 기원전 8~7세기경에 발전하였다고 보는 것이 중국학계의 일반적 견해이다.

결국 우리나라 신석기시대는 기원전 8000년 무렵 시작되었으며, 청동기시대는 지역에 따라 차이를 보이지만 대체로 기원전 15~14세기경 시작된다고 할 수 있다. 그러나 이때에는 아직 고조선이란 정치체의 모습을 확인할 수 없다. 따라서 신석기시대 다음에 곧바로 '고조선(시대)'를 설정하는 것보다 '청동기시대'를 설정하는 것이 무리가 없다. 이후 기원전 10세기 이후 '국가 형성'과 '고조선의 시대'를 설정하는 것이 합리적이다.

많은 개설서와 교과서에서는 단군신화로 표현된 시기를 실재한 역사로 보고 기원전 2000년 경에 단군조선을 곧바로 연결시킨다. 그러나 단군조선이 세워졌다는 기원전 2333년은 근거가 없는 연대관이며, 대개 청동기시대에 고조선이 일정한 세력 집단으로 등장하는 모습을 표현한 것이라고 보는 것이 일반적이다.

교과서에 서술된 청동기 연대를 고조선사 서술과 연관시켜 보면 기원전 15세기부터 만주 일대에서 비파형동검을 사용한 단군조선이 존재했다는 해석이 가능하나 그러한 조건을 만족하는 정치체는 요령지역(遼寧地域)에 존재하지 않았다.

4. 철기의 사용과 초기국가 고조선의 문제

고고학계에서 사용하는 초기 철기시대는 고고 자료가 일정한 정형성을 보이고 있어 획기를 설정하기는 하나 모호한 개념이다. 그 초기를 언제까지로 볼 것인가에 따라 초기 철기시대의 개념이 달라질 것이기 때문이다. 청동기와 석기를 병용하던 시대를 청동기시대라 하듯이, 철기와 청동기가 함께 쓰인 처음부터 철기시대라고 부르는 것이 용어정의상 타당하다.

고고학계에서는 대체로 기원전 300년경부터 기원전 100년경 연나라의 영향으로 주조철기가 보급되는 단계까지 초기 철기시대라 하고 그 이후 기원후 300년경까지 한군현의 영향으로 단조철기가 보급되는 단계를 원삼국시대라고 규정하는 견해가 널리 인정되고 있다. 그리고 초기 철기시대는 크게는 선사시대의 범주에서 이해하는 것이 일반적이다.

한편 철기시대의 편년은 삼국의 국가 기원과 형성과정에 대한 문헌 기록의 신뢰도가 더욱 높아지면서, 기원 1~3세기를 본격적인 역사 시대인 삼국 시대로 보고, 결국은 그 이전의 고조선-부여와 삼한 형성 초기는 초기 철기시대로 보는 시각이 자연스럽게 나온다.

그러나 기원전 1세기에 한식(漢式) 철기를 기본으로 한 철기문화가 한반도 남해안에 이르기까지 대량 보급되어, 이미 철기시대 초기 단계를 벗어났다고 보아야 한다. 따라서 기원전 100년부터 삼국이 국가를 형성하는 서기 300년까지의 시기를 원삼국 시대라 부르는데, 이 시대는 대부분의 고고학자들이 문자기록은 있지만 신화적인 측면이 강하고 신빙성이 낮아 연구에 직접적으로 이용하기 어려운, 이른바 원사(原史) 시대로 부른다.

한편으로 기원전 300년경에서 기원후 300년경을 철기시대라고 하고 그 초기 혹은 전반을 철기시대 전기로, 후반을 후기 혹은 삼국시대 전기로 규정하는 견해도 있다. 고고학계에서 이야기하는 초기 철기시대 동안에는 이전의 청동기문화가 지속적으로 유지될 뿐만 아니라, 지역에 따라서는 오히려 더욱 발전하기도 한다.

이 시대는 역사적으로 후기 고조선이 위만조선으로 이행하는 단계로서 화북 이남 지역과의 전쟁과 교역 등의 교류와 자체적인 경제사회의

발전을 통해서 국가 사회로 발전하는 단계이다. 동시에 그 주변 지역에
도 부여와 옥저, 삼한 등의 여러 정치적 집단이 형성되는 바, 고고학 자
료를 그러한 역사적 상황을 설명하는 관점에서 정리할 필요가 있다.

남한에서는 기원전 3세기부터 철기시대에 돌입했다고 보는 것이 지
배적이다. 이 시기에 속하는 연나라 화폐 명도전과 함께 청천강 이북의
평북 위원 용연동을 비롯한 서북한 여러 곳에서 중국 전국계 철기가 다
량 출토되며, 그 이남에서도 세형동검과 함께 무덤 유적에서 철기가 발
견된다.

이 시기에 대응되는 것은 국가를 형성한 고조선이다. 고조선은 '소국'
이나 '소국 연맹체' 단계를 거쳐 대개 기원전 4~3세기경에 국가체제를
갖추었고, 국가 형성은 철기를 기반으로 했다. 고조선은 중국의 철기 문
화를 받아들여 군사력을 키웠고, 게다가 한반도 남부에 생겨난 여러 나
라가 한나라와 교역하는 것을 통제하면서 중간에서 중계 무역을 통해
많은 이익을 얻었다. 이후 더욱 강해진 힘을 바탕으로 이웃한 동옥저와
임둔, 진번 같은 나라들을 정복하여 사방 수 천리에 이르는 영토를 가진
고대 국가를 세우게 되었다.

따라서 고대사학자들은 초기 철기시대나 원삼국시대 대신 고조선의
국가형성 이후 시기를 '고조선'이나 '여러 나라들(초기국가)'란 왕조명
을 통해 표기한다.

초기국가 가운데 기원전 시기를 대표하는 국가는 바로 '고조선'이라
할 수 있다. 따라서 고고학적으로 초기 철기시대에 해당하는 시대 명칭
은 초기국가를 대표하는 고조선 사회를 대표 정치체로 보아 '고조선 시
대'라고 부르는 것도 가능하다.

2장. 고조선의 역사 개관

고려 후기 『삼국유사』에 고조선사가 기록된 이래 단군 및 고조선에 대한 인식은 시기를 지나오면서 다양하게 변화해 왔다.

고대 이후 각 시기별로 존재했던 다양한 고조선에 대한 인식을 비판적이고 합리적으로 이해하기 위해서는 기본적으로 고조선의 시공간적 범주는 어떠하였고, 그 역사는 대체로 어떠한 흐름으로 전개되었는지에 대한 기본적인 지식이 필요하다.

따라서 이 장에서는 고조선의 시공간적 범주와 기본적인 고조선 역사의 흐름을 살펴보고자 한다.

1. 단군과 고조선사에 대한 연구 동향

고조선(古朝鮮)은 한국 역사상 한반도와 남만주 지역에서 형성된 가장 이른 시기의 국가였다. 고조선의 청동기문화는 황하 유역의 북중국 청동기문화나 유목민의 오르도스(Ordos)식 청동기문화와 다른 특징과 개성을 지녔다. 때문에 고조선은 13세기 말 『삼국유사』에서 한국 민족사의 출발로서 서술된 이래, 그 뒤의 모든 사서에서 한국 민족의 유구함과 동원성(同源性)의 상징으로 서술되었다. 특히 근대에 들어서면서 한국 동포 의식과 결합하여 단군(檀君)이 민족의 상징으로 널리 받아들여지고 고조선을 한국 역사의 기원으로 여기는 인식이 한국인의 의식 깊숙이 자리하게 되었다.

고조선은 동시기에 부여·동옥저·삼한을 비롯하여 주변 국가와 많은 문화적 교류와 영향 관계에 있었다. 멸망 후에는 고구려·백제·신라 삼국의 국가형성과 정치적 성장에 중요한 영향을 미쳤다. 그런 의미에서 기원전 2세기까지 동북아 지역에서 가장 앞선 사회였던 고조선사에 대한 해명은 매우 중요하다.

일반적으로 우리가 고조선이라고 할 때, 그것은 대개 단군왕검(檀君王儉)이 세운 단군조선(檀君朝鮮)과 이후의 기자조선(箕子朝鮮), 그리고 위만(衛滿)이 세운 위만조선(衛滿朝鮮)이라는 세 단계의 발전 과정을 거친 것으로 이해한다. 바꾸어 말하면 고조선은 1392년에 이성계가 중심이 되어 개창한 조선 왕조와 대비되어 그 이전에 '조선'의 칭호를 쓴 나라에 대한 역사라는 의미로 사용된다.

고조선의 역사발전 단계는 생산력의 비약적 발전이 이루어지는 철기의 사용 시기(기원전 3~2세기)를 기준으로 그 이전 청동기시대를 고조선 전기(기원전 8·7세기~기원전 4세기)와 중기(기원전 5세기~기원전 4세기), 그 이후를 고조선 후기로 구분할 수 있다.

공간적으로 고조선 사람들은 남만주의 요동(遼東) 일대와 한반도 서북부를 중심으로 살았다. 이 지역은 일찍부터 농경이 발달한 곳이다. 이곳의 주민은 주로 예족(濊族)과 맥족(貊族)으로, 언어와 풍속이 서로 비슷했다. 처음에는 이 지역에서 조그만 정치 집단이 군데군데 생겨나 그중 우세한 세력을 중심으로 다른 집단이 정복당하거나 통합되었다.

고조선사의 시기와 범주에 대한 이상과 같은 공통의 이해가 전제되지 않으면 고조선사 연구는 계속해서 논란이 일 수밖에 없다. 고조선에 대한 연구는 기본적으로 초기 역사에 대한 문헌 자료가 절대적으로 부족하고 그 공백을 메워줄 수 있는 고고학 자료들은 기본적으로 위치 문제가 해결되어야만 자료로서 가치를 갖게 되기 때문에, 중심지에 대한 인식 차이와 관련하여 상반된 해석이 전개되고 있다.

해방 직후 북한 학계에서는 고고학 자료, 즉 비파형동검문화에 대한 적극적 해석을 통해 그 문화의 출발지와 중심지가 요동(遼東)이고 요령성과 길림성 일부, 한반도 서북지방의 비파형동검문화 지역을 고조선의 영역으로 설명하였다. 그리고 그 사회는 강상묘·루상묘의 예로 볼 때 노예를 순장하던 노예제사회라고 보았다.

최근에는 1993년 개건(改建)한 단군릉(檀君陵)을 근거로 단군과 단군조선을 인정하고, 5천여 년 전 평양 일대에서 고조선이라는 고대국가가 존재했다고 주장하고 있다. 전성기의 영역은 이전의 주장처럼 요령성 대부분과 길림성 일부이며, 평양이 그 중심이었다고 주장한다.

남한학계에서는 고조선 평양중심설이 1970년대에 주장되어 1980년대에도 계속되었다. 이 주장은 기본적으로 문헌자료에 기초를 둔 것으로, 초기 고조선사와 관련된 단군신화나 기자조선을 부정하고 고조선사의 진정한 출발을 기원전 4세기 이후인 전국시대부터라고 보고 있다. 이러한 시각의 연구는 만주 일대에 분포하는 청동기문화와 초기 고조선사에 대한 실증적인 고찰이 이루어질 수 없었다.

1980년대 중반에 이르러 남한학계에는 북한학계의 요동중심설이 소개·부연되면서 고조선에 대한 새로운 관심과 논쟁이 일어나고, 고조선 중심지가 평양에 있었다는 설 외에 요령성 중심설 및 중심지 이동설이 다시 검토되었다.

남한학계의 요령성 중심설은 기본적으로 고조선은 단군조선만을 말하며 기자조선과 위만조선은 중국의 망명세력으로 고조선 역사와 무관한 것이라고 주장한다. 그리고 요서지역의 초기 청동기문화인 하가점하층문화를 고조선의 문화로 해석한다. 고조선은 일찍부터 남만주 일대에 광대한 영역을 가진 제국을 형성하였고, 그 사회는 노예제사회였다는 논리를 펴고 있다. 특히 신화에 대한 합리적 이해를 부정하고 웅대한 고조선상을 미리 설정한 가운데 논리를 전개하다보니 과장된 고조선상을 주장하고 있다.

반면 고조선의 중심지 이동설은 이제 남한학계의 지배적인 통설이 되고 있다. 중심지 이동설은 고조선이 초기단계에는 요동지역에서 요령식동검문화를 주도하다가 연(燕) 세력과 충돌로 말미암아 그 중심부를 대동강유역의 평양지역으로 옮겼다고 보는 입장이다. 그 사회성격도 연맹적 성격이 강한 초기국가임을 주장한다. 이 주장은 종래의 평양설과 요동설의 문제점을 극복하기 위한 노력의 결과로서, 문헌 사료에 대한 비판적 이해를 바탕으로 문헌에 기록되지 않은 초기 고조선사에 해당되는 부분은 고고학 자료를 적극적으로 활용하고 있다.

2. 고조선 관련 자료(資料)

1) 문헌 자료

그동안 고조선사와 관련하여 통일된 인식이 마련되지 못한 데에는 기본적으로 문헌 사료의 부족과 그 사료에 대한 인식상의 차이에 기인한다.

고조선사와 관련된 문제들을 고찰하는 기본적인 문헌자료는 『사기(史記)』「조선열전(朝鮮列傳)」이다. 「조선열전(朝鮮列傳)」에는 후기 고조선, 즉 위만조선(衛滿朝鮮)과 고조선의 멸망 과정이 비교적 자세하게 서술되어 있다. 부분적으로는 『삼국지(三國志)』에 인용된 『위략(魏略)』과 선진(先秦)시기 문헌(文獻)으로 『관자(管子)』·『전국책(戰國策)』·『염철론(鹽鐵論)』 등이 참고된다. 그러나 이들 문헌 사료는 대단히 단편적이고 일반적인 상황만을 말해 주는 모호한 내용밖에 없다. 가령 '중국 동쪽에 조선·요동이 있다'(『관자(管子)』)·'중국에서 8천리 떨어진 곳에 조선이 있다'(『관자(管子)』)·'바다의 북쪽 산의 남쪽에 조선이 있다'(『산해경(山海經)』) 등이다. 이 기사를 놓고 연구자 각자는 자신이 세운 가설에 맞게 해석하고 끼워 맞춘 고조선상을 만들어내었다.

선진(先秦)시기 문헌에 기록된 단편적인 내용만으로는 고조선사를 구체적으로 복원하기는 무리이다. 단지 고조선이 늦어도 기원전 4세기 중반에는 전국시대의 고대 중국인들에게 그 실체가 알려졌고, 연(燕)과 대립하는 세력이었음을 알 수 있다.

고려 시대 이래 단군조선 및 기자조선과 관련하여 기록이 전하고 있다. 충렬왕대(1285년경) 일연(一然)에 의해 씌어진 『삼국유사(三國遺事)』에 왕검(王儉:檀君)조선과 위만조선 내용이 실려 있다. 단군신화와 단군조선사는 조선시대의 『세종실록지리지(世宗實錄地理志)』와 『응제시주(應製詩註)』 등에도 계속해서 주목하고 있다. 이밖에 고려 충렬왕대(1287년) 이승휴에 의해 씌어진 『제왕운기(帝王韻紀)』에는 고조선을 전조선(前朝鮮:단군조선)과 후조선(後朝鮮:기자조선)으로 구분해서 서술하고 있다.

은나라 말엽에 기자(箕子)라는 현인이 조선(朝鮮) 땅으로 와서 조선의 제도와 문화를 발전시켰다는 기자조선(箕子朝鮮)의 내용은 한초(漢初) 복생(伏生)이 쓴 『상서대전(尙書大典)』에 처음 기록되어 있고, 『사기(史記)』 송미자세가(宋微子世家)에도 같은 내용이 실려 있다.

이처럼 고조선사와 관련된 직접적인 문헌 자료는 고조선의 사회상을 체계적으로 설명해 줄 수 있을 정도로 자세하지 못하다. 따라서 고조선사 연구를 위해서는 고고학 발굴 자료에 대한 해석이 매우 중요하다.

2) 고고학 자료

고조선사에 대해 진전된 이해를 얻기 위해서는 문헌자료만의 재해석은 의미가 없다. 기본적으로 남만주 요령성지역의 고대문화에 대한 폭넓은 이해와 서북한 지역의 문화유적에 대한 종합적인 고찰을 통해 고조선과의 관련 여부를 추적해 보는 것이 중요하다.

고조선은 청동기문화를 바탕으로 성장하여 철기문화를 수용하면서 본격적으로 발전하였다. 청동기시대의 고조선문화는 여러 가지이지만 대표적으로는 4가지 요소, 즉 비파형(요령식)동검과 지석묘, 미송리형토기와 팽이형토기를 들 수 있다.

중국 요령성 지역과 한반도에 특징적으로 분포하는 비파형동검은 일정 지역에 집중 분포하고 있어 하나의 문화권 개념을 적용하여 비파형동검문화라고 부른다. 비파형동검문화는 황하 유역의 북중국 청동기문화나 유목민의 오르도스(Ordos)식 청동기문화와 다른 특징과 개성을 지녔다. 비파형동검문화는 요령성 각 지역마다 독자적 특징을 간직하고 있다. 이는 청동기시대 고조선 사회가 왕권이 강하지 않고 토착 족장들이 지역에서 영향력을 발휘하고 있었음을 말해준다.

요동지역에서는 청동기시대의 대표적 표지 유물로 비파형동검과 함께 탁자식(북방식) 지석묘와 미송리형토기가 주목된다. 탁자식 지석묘와 미송리형토기는 요동반도 이남에서 한반도 서북지방에 걸쳐 특징적으로 분포하고 있어, 고조선 주민들이 남긴 것으로 볼 수 있다. 특히 요동지역에 집중된 미송리형토기 문화는 문헌 기록과 종합해 볼 때 고조선을 형성한 예맥족의 문화이며, 서북한 지역에서 발전한 팽이형토기문화와도 밀접한 관계에 있었음을 알 수 있다. 한편 서북한 지역에 집중 분포하는 팽이형토기문화는 요동지역의 미송리형토기 문화와 함께 고조선의 중심 청동기문화로 발전하였다.

요동 해성 석목성 고인돌   요동 서풍출토 미송리형토기

기원전 5~4세기는 중국 전국시대 문화 및 주민의 영향으로 요령지역
과 한반도 지역에 움무덤과 초기 철기문화라는 새로운 문화적 변동이
일어나게 된다. 이 당시 고조선문화는 이전의 고인돌 등 돌무덤 대신 움
무덤과 한국식동검 및 각종 철제무기들이었다.

3. 기원전 8~6세기 : '조선(朝鮮)'의 등장

고조선의 초기 단계를 가리키는 단군조선과 단군신화는 고조선의 국
가권력이 형성되고 난 이후에 지배층 사이에서 만들어진 건국 신화이지
실재한 역사를 반영한 것이 아니다. 단군 이야기를 일정한 지배 권력이
형성된 정치체로서 설명하기에는 역사성이 떨어진다.

그러나 이른바 단군조선 이후에 등장하는 기자조선의 역사는 초기
고조선사를 다루는 과정에서 그 시기나 내용이 겹치기 때문에 반드시
언급하고 넘어가야 할 주제이다. 현 중국 요령성 지역에 분포하는 요령
식동검문화를 분석하여 지역적 특성과 그 주민집단을 고증해 본 결과
기자조선의 국가였다는 요하 서쪽의 고죽국(孤竹國)이나 기국(箕國) 등
은 모두 중국 연(燕)의 관할 하에 있던 상족(商族)의 후예들이 거주하였

던 국가였고, 그 국가들은 실질적으로 '산융(山戎)' 등 유목민족 계통의 소국임을 알 수 있었다. 따라서 문헌 기록상 기자동래설은 기자가 활동하였던 기원전 10세기 이전이 아닌 한 대(漢代) 이후 한나라 역사가들이 꾸며낸 이야기이고, 요서(遼西)지역에서 나온 '기후(箕侯)' 이름이 쓰인 청동그릇은 산융 등 오랑캐족 사회에 상나라 유민들이 살았다는 증거에 불과함을 입증하였다.

그렇다면 고조선은 언제 역사무대에 등장하고 초기 단계의 사회성격은 어떠했는가. 문헌자료, 특히 선진(先秦)시기 문헌에 기록된 고조선은 중국에서 멀리 떨어진 지역에 존재하던 종족집단에 불과하였다. 고조선은 처음에는 일정한 지역 명칭이면서 종족이름이었고, 나중에 사회가 발전하게 되자 국명으로 고착되었다. 기원전 4세기 이전의 일을 기록한 『관자(管子)』나 『전국책(戰國策)』 등에는 '요동'과 '조선'이 다른 지역으로 구분되어 나온다. 또 요동지역의 주민집단은 '예맥(濊貊)'이라 표기되어 있다. 따라서 요동지역과 고조선, 예맥족의 연관성은 매우 깊이 형성되었던 것으로 볼 수 있다. 그 시기는 대개 기원전 8~7세기까지 올라간다. 이러한 사실은 고고학 자료에서도 확인할 수 있다.

종래 만주지방 고고학 자료에 대한 논의는 이른바 '비파형(요령식)동검문화'에 대한 해석 여부를 둘러싼 것이었다. 여러 형태의 청동단검이 주로 사용되던 시기는 기원전 8~7세기 이후이므로 그 주민집단을 단군조선으로 보기는 힘들다. 이때에 기원전 8~7세기 단계에 요령성 일대에서 활약한 군소 종족 가운데 여러 융적(戎狄)과 고조선이 주목된다.

중국 선진문헌에는 요서지역에서 기원전 8~7세기경에 활동한 종족으로 산융·동호족이 등장한다. 그 동쪽 지역에 예맥·조선이 있었음이 보인다. 그런데 비파형동검은 산융족이 활동한 요서지역에 집중되어 있다. 따라서 남만주 일대에서 비파형동검문화를 주도한 민족은 요서지역에 거주한 '산융', '동호(東胡)' 등 여러 '융적'이라고 볼 수 있다.

고조선 초기인 기원전 1000년기 전반에는 고조선의 힘이 미약하고 중국세력 또한 동방으로 진출하지 않았으므로 고조선과 중국 간에는 대규모 무력충돌이 없었을 것이다. 중국인들이 처음 인식한 춘추시대(770~476B.C) 당시의 '조선'은 제(齊) 나라와 교역할 수 있는 동쪽 지역의 나라였다.

기원전 7세기 당시 '조선' 서쪽에 존재했던 '산융'을 대표로 하는 영지·고죽·도하 등의 종족집단은 "백여 개의 오랑캐가 하나로 합일되지 못하였다"는 기록에서(『사기』흉노열전) 보듯이 어떠한 통치조직도 갖지 않았다. 단지 각기 우두머리를 지닌 집단들이 계곡에 흩어져 완만한 연합체를 이루고 있었다. 따라서 그 동쪽에 위치한 '조선'도 처음에는 통일적인 국가를 형성하지 못하고 비파형동검 문화권에 속해 있던 여러 종족들의 거주 지역에 불과했다고 볼 수 있다. 그리고 각 지역의 지역집단을 대표하는 세력은 후대의 사료에 근거할 때 '조선'·'진번(眞番)'·'예맥' 등의 선조들이 살고 있었던 것으로 보인다. 그들은 상호 간에 일정한 통제와 지배가 이루어지지 않는 관계 속에서 독자적인 문화를 영위해 갔다.

4. 기원전 5~4세기 : 조선연맹체의 형성

1) 연·진 세력의 요령지방 진출

전국시대에 이르러 제(齊)·진(秦) 등의 국상(國相)이 계속해서 변법개혁을 실행하자 중국 동북지방의 연(燕) 또한 변법 개혁의 물결에 휩쓸리게 되었다. 연은 동란 중에 소왕(昭王)이 즉위(기원전 311~279년)하였는데, 그는 20여 년에 걸친 개혁과 강화정책을 적극 추진하여 성공을 거두었다. 소왕 대에 연나라의 야철 연강(煉鋼) 기술은 가장 선진적이었다.

우수한 철기 제작기술을 바탕으로 연의 국력은 급격하게 신장되었고, 군사적 역량도 강화되었다. 기원전 284년(소왕 26) 우수한 철제 무기와 무장을 바탕으로 연은 진·한·조(趙)·위(魏)와 연합하여 공동으로 제를 정벌하였다. 이후 연 군대의 위세는 날로 강성해졌고, 계속해서 동북방의 동호(東胡)를 쫓아내고 요령지방의 남부 지역을 향해 발전할 수 있는 매우 유리한 조건을 만들었다.

대릉하(大凌河) 유역 청동예기(靑銅禮器)의 존재를 통해 볼 때 연 소왕이 등장하기 이전에 연이 직접 통제하는 지역의 동북부 경계는 대릉하 상류 일대에 이르고 있었다. 이후 연이 요령지방 남부지역으로 계속 발전할 수 없었던 까닭은 남쪽에 위치한 제의 강한 견제를 받았고 북으로는 산융(山戎)이 가로막고 있었기 때문이다. 그런데 기원전 7세기에 이르러 제가 산융을 정벌하자 연은 잠시 연 북방에 존재하던 위협으로부터 벗어날 수 있었다. 그러나 오래지 않아 동호로 불리는 세력이 산융이 있던 지역에 위치하여 연인(燕人)의 동쪽으로 진출을 다시 막았다. 이러한 상황에서 연 소왕은 강화된 국력과 제나라 정벌의 승세를 타고 북상하여 동호를 격파하였고 비로소 남만주 지역에 대한 직접 지배를 할 수 있었다.

기원전 3세기 이후 연나라는 동호를 공격하고 요동 천산산맥 일대까지 장성을 설치하였다. 이때 설치된 장성 근처에는 대량의 와당, 명도전, 철기 등이 발견되는데, 이 유물들은 서북한 지역의 청천강 유역을 경계로 그 이북(以北)에서만 출토하고 있다. 이러한 고고학 자료의 분포를 통해, 연이 기원전 3세기 초 요서지역에 위치한 동호를 공격하는 과정에서 요동 및 서북한지역의 '조선후(朝鮮侯)' 세력을 공격하여 한반도 서북부 지역에까지 영향력을 행사하였음을 알 수 있다. 이후 고조선은 청천강(=패수(浿水)) 이남 지역을 중심으로 새로이 국가적 성장을 지속해 나갔다.

2) 조선 연맹체의 형성

고조선은 기원전 4세기경에 와서는 요하(遼河) 동쪽에서 가장 강력한 정치 세력이 된다. 『위략』의 저자는 이 시기에 연과 대립하는 유일한 세력으로 바로 '조선후국(朝鮮侯國)'을 꼽는다. 전국시대의 중국 문헌을 보면, '조선후(朝鮮侯)'가 존재했고, 그가 성장하여 '왕(王)'을 칭했다고 기록하고 있다. 이것은 기원전 4세기경부터 조선후국의 세력이 성장하여 중국 연과 대등한 정도가 되었다는 표현이다.

계속되는 기록에서 조선이 연을 치겠다는 표현은 조선이 일정 정도 병력을 동원할 수 있을 정도로 왕실 권력이 성장하였음을 말해준다. 기원전 4세기에는 중국인들이 "교만하고 사납다"고 기록할 정도로 조선후의 세력이 강했다고 보인다. 그러나 기원전 4세기경에 고조선이 '왕'을 칭했다고 해서 고조선의 비약적인 성장을 추측하는 것은 무리이다.

고조선이 기원전 4세기에 '칭왕(稱王)'한 사실은 고조선 지배 권력의 성장에 따라 그에 상응하는 권위가 필요하여 취해진 조치로 볼 수 있다. 당시는 여러 소국들의 연맹 상태로, 연맹 단계에서는 아직 정치 권력을 배경으로 하는 지배·복속 관계라든가, 또는 각 지역의 세력 집단이나 소국 전역을 포괄하는 단일한 정치체를 상정하기는 어렵다. 고조선의 경우도 기원전 5~4세기경에는 중국에서 이른바 '조선후국'이라 부르는 정치 권력이 맹주가 되어 그 주변에 위치한 예맥·진번·임둔 등 소국 세력에 대해 일정한 영향력을 행사하는 단계에 있었다고 생각되며, 이것을 필자는 '조선연맹체'라는 개념으로 부르고자 한다. 일반적으로 연맹이라 하면 집권적 고대국가가 형성되기 이전에 각 지역별로 집단이나 소국간에 다수의 소국을 통솔하는 구심체가 대두되고, 그 특정세력을 중심으로 정치·경제적 결속기반을 형성하면서 대외적으로 통일된 기능을 발휘하는 단계를 말한다.

당시 '조선후국'의 '왕'은 주변에 산재한 지역집단의 연맹장이라는 직책을 수행하면서, 전문적인 관리가 필요했던 만큼 미숙한 관료체계를 마련하였던 것이다. 고조선의 관직은 위만 단계에서도 모든 관직을 '상(相)'이라 부를 정도로 분화되어 있지 않았다.

고조선은 기원전 4세기에 이르기까지 주변의 자연경계 등을 이용하여 일정한 세력권을 형성하고, 타국과의 경계를 설정하고 있었다고 생각된다. 아직 연맹을 형성하고 있던 여러 속읍에 대한 영유권만을 확보할 뿐 구체적인 영역이나 지배권을 행사하지는 못하였다. 다만 중국 사가들에게는 요동 지역 정치집단의 세력 중심이 바로 조선에 있었기 때문에 요동 지역의 정치집단을 서술할 경우 조선을 그 중심에 두었던 것이다.

고조선은 기원전 1000년기 후반기 초, 구체적으로는 기원전 4세기를 전후한 시기에 넓은 지역을 차지하였으나 여기에 속한 여러 소국(=소읍)들을 아직 하나의 단일한 통치체제 밑에 두지는 못하였다. 고조선의 중앙정치세력은 고조선에 복속된 정치세력에게 일정한 정치적 독자성을 주어 그 지역을 다스리도록 했으며, 그들을 통해 전국을 지배하였다. 따라서 고조선 중심지역의 경제, 문화적 영향은 일정한 정치적 독자성을 가진 소국들에게는 크게 미치지 못하였다.

문헌 기록에는 고조선에 진번·임둔 등의 정치세력이 있었으며, 그것들은 모두 고조선의 어느 한 지역을 차지하던 소국이었다고 한다. 이 소국들은 정치, 경제, 문화적으로 상대적 독자성을 가지고 있었다. 이러한 사실은 지석묘 및 석관묘를 중심으로 한 비파형동검 문화 마지막 단계의 문화유형이 혼하 유역, 요동반도 지역, 서북한 등 크게 세 지역으로 나뉘고, 그 각각의 유형이 독자적으로 성장하는 모습에서도 엿볼 수 있다. 이 세 문화유형은 독자적으로 발전하면서 전체적으로는 비파형동검 문화권에 속해 있었던 것이다.

5. 기원전 3~2세기 : 국가의 형성

1) 위만과 위만조선

서북한 지역에서는 기원전 4~3세기의 전국시대부터 하북·산동 방면의 중국인이 이주하였고, 이미 기원전 3세기 후반기에는 이주민에 의한 일정한 정치세력이 등장하게 된다. 이러한 역사적 움직임을 기반으로 기원전 2세기 초가 되면 이 지방에 독립정권이 발생하였다. 그것은 바로 요동방면에서 서북한으로 망명하여 온 위만(衛滿)이라는 인물에 의해 수립된 위만조선(衛滿朝鮮)이다.

위만이 이주민이나 토착민을 세력 하에 두고 위만조선을 세웠던 시기는 전한 혜제(惠帝) 때, 즉 기원전 190년대의 일이다. 위만과 그 자손은 평양을 중심으로 하는 서북한 지방 뿐만 아니라 남방이나 동방으로 세력을 확장해 진번(眞番)과 임둔(臨屯)도 지배하에 두었다. 그 이북에 위치한 동옥저도 한때 고조선의 지배를 받았다. 이처럼 후기 고조선은 주변 지역에 대한 정복을 통해 지배 체제를 확립한 후, 세력권에 있던 여러 부족이나 진번 곁에 위치했다는 중국(衆國: 辰國) 등이 요동 지역의 중국 군현에 직접 조공하고 교역하는 것을 금했다.

위만조선의 이런 태도는 무엇보다 자국의 실력에 의지했겠지만, 한편으로는 당시 북아시아에서 강대한 정치 세력을 형성했던 흉노 제국과 연결될 수 있는 가능성이 또 하나의 힘으로 작용했다고도 볼 수 있다. 이런 자신감을 바탕으로 위만조선은 수도인 왕검성을 중심으로 한 독자적인 문화도 탄생시켰다. 토광묘에 이어 목곽묘를 조영하고, 고조선만의 독특한 세형동검문화를 창조한 것이다.

당시 중국이 한나라로 통일되어 안정을 되찾아가자, 위만은 주변 종족들이 중국의 국경을 침범하지 못하게 하고 또 중국과 교통하는 것은 막지 않는다는 조건으로 한나라와 화평한 관계를 맺었다. 한나라도 위만조선을 우리 겨레의 땅을 대표하는 나라로 인정해 외신(外臣)이라는 권위를 부여하고 물자를 지원하겠다고 약속했다(『사기』조선열전).

　위만조선은 중국에서 흘러들어온 사람들과 함께 전래된 중국 문물을 수용하고, 한나라의 위세와 물자 지원을 활용해 군사력을 키웠다. 게다가 한반도 남부에 생겨난 여러 작은 나라가 한나라와 교역하는 것을 통제하면서 중간에서 중계 무역을 해 많은 이익을 챙겼다. 이윽고 더욱 강해진 힘을 바탕으로 이웃한 동옥저와 임둔, 진번 같은 부족 집단을 정복해 사방 수 천리에 이르는 영토를 가진 정복 국가가 되었다.

심양 정가와자 6512호 무덤

정가와자 6512호 무덤 출토 미송리형토기

2) 고조선의 정치적 통합

위만조선은 준왕이 통치하던 때에 지방의 족장들을 중앙에 끌어들여 '상(相)'이라는 관직을 주고 관료로서 복무케 했다. 왕이라고 해서 모든 일을 마음대로 하지 않고 각 지방의 일은 어느 정도 그 지방 사회에서 알아서 하도록 권한을 주었으며, 나라 전체에 관한 일은 '상'과 '장군(將軍)'이 모인 귀족 회의에서 결정했다. 고조선의 지방 족장이었던 역계경(歷谿卿)이라는 인물은 왕이 자기 말을 듣지 않자 자신이 거느린 부족 사람들을 모두 데리고 이웃 나라로 떠나기도 했다.

당시 상황에서 종족적 유대가 없이는 역계경의 사례와 같은 대이동은 거의 불가능했을 것이다. 결국 이들 각 지역집단의 우두머리가 조선의 상이 된 것은 후기 고조선, 즉 위만조선이 왕 위만을 포함해 한족(漢族) 유이민을 하나의 단위로 한 집단과 토착 사회 여러 읍락집단들의 연맹적 구성으로 이루어졌기 때문임을 추측할 수 있다. 다시 말해 대동강 유역에서는 위만 이전부터 정치력이 성장해 하나의 우세한 지역집단이 영도 세력으로 등장하는 소국(=소읍) 연맹이 형성되었다고 생각되며, 이런 토착 사회의 기반 위에 한족의 유이민이 이주하면서 위만왕조를 수립했다고 보인다.

이처럼 여러 지역집단들과 계층으로 분열되어 있던 고조선은 계속되는 중국의 동진 세력과 대립관계가 조성되면서 점차 국왕을 정점으로 전지역을 포괄하는 지배체제가 정비되었고 중앙정부의 통제력이 강화되어갔다. 왕권이 부왕(否王)에서 준왕(準王)으로 계승되는 것을 볼 때 왕위 계승이 비교적 안정적이었다고 할 수 있다. 준왕이 위만에게 고조선 서쪽 지역에 대한 통치를 맡기고 박사 직위를 내린 것을 보면 대외적으로도 일정한 집권력이 있었다고 보인다.

고조선은 주변 지역을 정복하여 그 지역의 수장을 통해 지역을 통제하고 물자를 공납받아 정치적 통합을 유지하는 물질적 자료로 활용했다. 따라서 고조선 사회의 정치적 통합 규모는 공납과 고조선에서 내려주는 사여(賜輿) 형식을 통해 규정되었을 것이다. 그렇다고 볼 때 사방 1000리 영역 내에 있는 여러 소국들을 통제하고 그 소국들이 중국과 하던 무역을 독점함으로써 고조선 왕실의 왕권이나 지배력을 강화할 수 있었다. 이러한 사실은 당시 이미 고조선 왕실의 권한이 어느 정도 확립되었음을 보여준다.

고조선은 국가형성과정에서 족적 유대감이 강한 단위 정치체의 크고 작은 족장세력을 연맹·결속시켜 국가의 지배신분층으로 편제하였다. 그 지배체제의 특성은 각 지역의 촌락공동체, 즉 '읍(邑)'들의 내부구조에서 씨족제적인 유제의 강인한 존속과 그것을 매개로 하는 촌락공동체들의 계층적 지배와 예속관계를 편성한 것이다. 중앙 왕실에서는 공동체적 유제에 묶여 있는 일반민과 족장세력을 결속시키기 위해 일정한 제천의식을 거행하고, 이를 통해 정치·경제적 지배 권력의 한계를 뒷받침하고자 했을 것이다.

고조선이 하나의 지역 범위를 초월하여 고대국가라는 정치적 통합을 이루어 낼 수 있었던 것은 일차적으로 내부의 생산력 발전이 원동력이 되었다. 직접적으로는 계속적으로 내려오는 중국 세력의 힘과 문화에 영향 받으면서 내부적으로 힘을 키우고 그에 맞서 대응하는 과정에서 정치적 통합을 이루어냈다.

고조선 후기 단계의 지배체제를 보면, 지방 세력들이 중앙으로 올라와 귀족집단을 형성하고 왕과 협의하여 통치를 함으로써 왕이 초월적인 지배권을 행사하지 못하였다. 다만 대외적인 교류나 제의 등을 통해 지역 집단을 통할한다는 점에서 삼국 초기의 지배체제인 부 중심의 정치구조와도 연결되는 측면이 많다. 그러나 고대사회의 기본 통치 단위였던 '부(部)'가 고조선에 존재했다는 기록이 전혀 보이지 않는다는 것은 고조선 지배체제가 삼국과 차이가 있었음을 말해 준다.

　고조선은 멸망 후 낙랑군으로 그 문화와 주민이 이어지고 삼국 사회를 형성하는 기본바탕이 되었다. 따라서 낙랑군의 지배구조와 군현체제에 대한 이해와 이후 고조선의 유민들이 고구려나 신라의 국가형성에 미친 영향과 그 차이점 등을 명확하게 밝히는 작업은 고조선 사회의 특성을 밝히는 데 꼭 필요한 작업이다.

제2부

전근대 시기의 단군과 고조선사 인식

1장. 고대 『고기(古記)』 기록과 고조선 인식

    고대 사람들은 자신들이 어느 시기에 어느 지역으로부터 이동해 와서 살게 되었으며, 살아가는 동안 겪었던 소중한 역사적 경험을 기억하여 그것을 후손들에게 전했다. 문자가 없던 청동기시대 이전에는 자신들의 경험을 후세 사람들에게 기록이 아니라 입으로만 전했을 것이다. 구비(口碑)로 전승되던 것들이 문자(文字)로 정착된 것을 최초의 역사서술이라 할 수 있다. 그 시기는 대체로 고조선 때부터로 볼 수 있다.

    우리 역사상 처음으로 정치체를 세운 고조선 시대 사람들은 이전 사람들처럼 자신들의 역사와 생활, 그리고 그것을 가능케 했던 경험들을 바로 그 시대의 세계관에 의해 나름대로 설명했을 것이다. 그것이 바로 고조선의 건국 신화인 단군신화(檀君神話)라고 할 수 있다. 고조선의 건국 신화인 단군신화는 처음에는 구전(口傳)되다가 일정 시점에 기록되었을 것인데, 현존하는 최초의 기록은 『삼국유사(三國遺事)』에 실린 단군신화라고 할 수 있다.

    『삼국유사』보다 이른 시기에 편찬된 『삼국사기(三國史記)』(인종 23년, 1145)에도 '선인왕검(仙人王儉)'이라는 단어가 등장하는 것으로 보아 분명 고려 시대 초기에도 단군에 대한 인식과 기록이 남아 있었을 가능성이 높다. 그리고 고려 이전의 통일신라 시대나 혹은 더 거슬러 올라가 삼국 시대에도 고조선에 대한 기록이 있었을 것으로 보이지만, 어느 때부터인지 모두 없어지고 말아 오늘날에는 전해지지 않고 있다.

이규보의 『동국이상국집』에서는 『구삼국사(舊三國史)』를 얻어서 「동명왕본기(東明王本紀)」를 보았다는 기록이 있다. 이 기록으로 『삼국사기』 편찬 이전에 『구삼국사』가 존재하였다는 사실을 알 수 있다. 이를 보면 『삼국사기』 편찬 당시에는 현재 전하지 않는 다수의 사서가 존재하였음을 알 수 있다.

『삼국사기』 앞부분에 실린 김부식의 「진삼국사표(進三國史表)」를 보면 『고기』를 참조했음을 말하고 있다. 여기서 등장하는 『고기』는 옛날 기록이라는 의미에서 여러 책을 의미할 수도 있고 특정 책을 지칭할 수도 있다. 여기서 『고기』를 인용한 것은 아마도 김부식이 『삼국사기』를 편찬할 때에 『고기』를 보았다는 점을 알리기 위해서 옮겨 놓은 것이다.

한편, 승 일연이 『삼국유사』 고조선조에 구전되어 오던 고조선의 건국 신화를 기록으로 남길 때 참조했던 문헌 기록으로 『위서(魏書)』와 『고기』가 등장한다. 비록 『고기』 책이 현재 남아 전하지 않기 때문에, 어떤 내용을 담고 있고 어떤 성격의 책인지 알 수 없지만 『고기』 기록에 대해 더 고찰해 보면 고대 사람들이 일찍부터 한국 상고사, 즉 고조선에 대해 어떻게 생각하고 있었는지에 대해 그 일단을 파악할 수 있을 것으로 생각한다.

우리가 단군에 관한 역사를 신화의 관점에서 연구하거나, 또는 역사 사실로 간주하고 이를 천착한다고 하여도 단군의 기사와 함께 등장하는 '『고기』'에 주목하게 되면 단군의 역사를 보는 시각이 새로워질 수 있다.

이하에서는 『삼국사기』 및 『삼국유사』의 고조선 기록이 이전 고대의 여러 역사책, 특히 『고기』라는 이름의 책을 거의 그대로 반영했을 것이라는 전제 아래 고조선 및 삼국시대의 『고기』 기록에 대해 그 성격 및 대체적인 내용을 추측해 보려 한다.

1. 고대의 단군(檀君)과 고조선(古朝鮮) 관련 기록

고조선이 망한 뒤에 등장한 고구려·백제·신라 삼국은 고조선 사회의 바깥에서 성장했다. 당시 삼국의 지배층은 자신들의 나라가 하늘에서 내려온 신성한 종족이 세웠다는 생각을 하고 있었다. 예를 들어 고구려 주몽 신화를 보면, 당시 고구려 사람들은 천제(天帝), 즉 하느님의 아들이 고구려를 세웠다고 생각하고 있었다.

삼국 시대 사람들은 공동의 시조로서 첫 국가 고조선의 시조 단군에 대해 거의 생각하지 않았다. 오히려 삼국의 지배층은 자신들의 조상이 같다고 생각하기보다는 상대국에 대한 강한 적개심을 가지고 치열하게 영토를 넓히기 위한 전쟁을 벌였다. 그렇다고 하더라도 고구려·백제·신라의 세 나라는 고조선 사회와 아무런 연관 없이 출현하고 발전한 것이 아니므로, 단군에 관한 이야기는 어떠한 형태로든 일반 사람들 사이에서 이야기되었을 것이다.

대부분의 연구자들은 단군 이야기가 고구려가 위치한 지역에서 주로 계승됐을 것으로 보고 있다. 왜냐하면 고려 시대에서 조선 시대까지 단군 신앙의 중심지는 모두 고구려의 옛 지역인 평양과 구월산 일대였기 때문이다. 그리고 평안북도 묘향산에는 아직도 단군과 관련된 수많은 전설이 남아 있다. 하나 예를 들면, 묘향산 향로봉 중턱에 자리 잡고 있는 단군성동(단군굴)에는 우리나라 건국 시조인 단군왕검이 태어났다는 이야기가 깃들어 있다.

고구려의 시조 주몽이나 부여의 부루왕을 단군의 아들이라 한 전승이 계속 이어져 온 것도 이러한 추측을 뒷받침해 주고 있다. 때문에 예로부터 단군은 대동강 유역 평양 일대의 지역 신으로 믿어져 왔다는 주장이 설득력 있게 받아들여지고 있다.

고구려 고분벽화 가운데 각저총의 널방 동남벽에 그려진 씨름도가 있다. 이 씨름 장면의 왼편에는 화면 중앙에 커다란 나무가 보이고, 나무에 등을 기댄 두 마리의 동물이 있는데, 호랑이와 곰으로 보는 의견이 대부분이다. 또 다른 고구려 고분벽화 가운데 장천리 1호분이 있는데, 앞방 오른벽에는 화면을 구분하는 선 없이 위 아래로 나누어 위에는 백희기악도를 아래는 사냥도를 그렸다. 이 그림 가운데 화면 왼쪽 끝에 그려진 큰 나무 밑 굴 안에는 검은 곰 한 마리가 쭈그리고 앉아 있다.

각저총과 장천리 1호분에 나오는 곰과 호랑이는 당시 실제 곰과 호랑이를 그린 것일 수도 있지만 그것보다는 무덤벽화라는 장의(葬儀) 예술 행위 속에서 의미를 갖고 등장한 것으로 보인다. 그러나 이 곰과 호랑이가 내세관 속에서 갖는 의미 외에도 고조선의 건국 신화 속에 등장하는 곰과 호랑이를 상징하는 것으로 그려진 것일 가능성도 있다고 할 수 있다.

각저총 씨름도 곰과 호랑이

　우리나라에서 역사서를 편찬한 것이 확실하게 인정되는 것은 삼국시대 이후부터이다. 고조선 및 삼한시대에도 문자 생활을 한 것이 사실이므로 역사를 편찬했을 가능성은 있다. 그러나 삼국 시대 이전에 어떤 역사 편찬이 있었는지에 대해서는 전혀 알 길이 없다.

　일찍이 단재 신채호는『삼국유사』권3 흥법(興法) '보장봉로 보덕이암(寶藏奉老 普德移庵)'조에 세주(細註)로 인용되어 있는『신지비사(神誌祕詞)』를 고조선시대, 즉 신채호의 소위 수두시대의 역사서라 한 바 있다. 신채호의『조선상고사』에 의하면 이것이야말로 우리나라 최초의 역사서라 한 바 있다. 이는 신지(神誌) 곧 당시의 5부족 수석대신(首席大臣)이 한 이야기를 후세의 문사(文士)들이 성책(成冊)하여『신지비사』라 이름 붙인 것이라고 한다. 그러나『삼국유사』에 인용된 바 이『신지비사』의 서문이 연개소문에 대한 것을 기록하고 있는 점으로 미루어 볼 때, 이는 결코 고조선 시대의 역사서라고는 생각되지 않으며, 아마도 고구려 말기 이후의 사실에 대한 기록일 것으로 생각된다.

　일찍이 정중환은『삼국유사』고조선조에 인용된『위서』에 대해 위만조선 때의 것으로 보았다. 주지하듯이『삼국유사』고조선(왕검조선)조에는 고조선 건국신화인 단군신화가 실려있고, 여기에는 맨 처음에『위서』를 인용해 단군조선에 대해 개관하고, 그 다음에『고기』를 인용하여 단군조선의 내용을 자세히 서술하고 있다. 따라서 이『위서』를 위만조선 시기로 추정한 것은 아마도 그 당시에 기록된 고조선의 건국신화가 고려 후기까지 전승되어 기록되었을 것이라는 생각에서 그렇게 주장하였을 것으로 보인다. 그러나 이는 가설에 불과할 뿐 선뜻 수긍하기가 쉽지 않다.『위서』는 이름만 보면 중국의 역사서일 가능성이 높아 보인다.

　이상에서 고대의 고조선 관련 기록으로 고조선 시대의 것은 구체적으로 확인하기는 어렵고, 고대국가의 지배력이 어느 정도 성장한 삼국시대나 그 이후 통일신라 시대에『○○고기』라는 이름으로 서술이 되었을 가능성을 생각할 수 있다.

2. 『삼한고기(三韓古記)』와 『해동고기(海東古記)』

『삼국유사』를 보면 "고기에 이르기를 옛날에 환인이 있었는데…"라는 내용으로 인용되고 있어 '『고기(古記)』'는 책의 이름일 가능성이 높다. 다만 어떤 『고기』인지에 대한 구체적인 이름은 제시되어 있지 않을 뿐이라고 할 수 있다.

고조선 시기와 삼국 시대의 기록인 『고기』에는 어떤 것들이 있었을까? 우선 생각할 수 있는 것은 고조선의 건국을 비롯하여, 삼한·부여·고구려·백제·신라·가야·탐라 등의 건국 과정을 기록한 초기적 형태의 『고기』가 있었을 것이다. 다음으로 삼국이 성립한 뒤에 국가사업으로 편찬된 후기적 형태의 『고기』가 있었을 수 있다. 이 가운데 먼저 고대 국가의 건국 과정을 기록한 초기적 형태의 『고기』부터 살펴보도록 하겠다.

『고기』의 대표적인 것은 역시 고조선의 건국을 기록한 단군 신화이다. 고려 충렬왕 때의 승려 일연(一然, 1206~1298)은 『삼국유사』(1285년경)에서 두 가지 기록을 인용하여, "2,000년 전에 단군왕검이 아사달에 도읍하고 나라를 열어 조선이라고 했다."고 한다. 그런데 일연이 인용한 『위서』라는 책이 우리나라의 『고기』의 하나인지 아니면 지금 남아 있지는 않지만 『위서』라는 이름으로 당시 발간된 중국 책인지는 분명하지 않다.

전술했지만 정중환은 『위서』를 위만조선의 역사서라고 보았다. 2,000년 전에 건국되었다는 내용을 놓고 보면, 위만조선 시대에 만들어진 책으로 보는 것이 근사하다. 그러나 위만조선의 역사서를 왜 『위서』라고 했는지 납득이 가지 않는다. 한편 위나라의 역사서로 보는 경우에도 문제가 있다. 지금 남아 있는 『위서』에는 단군이나 고조선에 관한 기록이 보이지 않기 때문이다. 다만 위나라의 역사를 기록한 책으로 현존하는 『위서』 외에 다른 『위서』 책이었을 가능성도 배제할 수 없다.

그리고 『위서』 다음으로 『삼국유사』에서 인용하고 있는 『고기』는 무엇이며 어떤 사서인가?

현존하는 사책(史册)에는 『고기』의 이름을 갖고 있는 문헌은 찾아볼 수가 없다. 그러나 『고기』의 단군 관계 기사가 가장 오래된 원형의 모습을 보여주고 있기 때문에 『고기』의 서명을 추적하게 되면 『삼국사기』에서 『삼한고기』와 『해동고기』를 확인하게 된다.

『삼국사기』에는 『삼한고기』가 「백제본기」에서 한 곳, 『해동고기』가 「고구려본기」와 「잡지(雜誌)」에서 거론되고 있는데, 모두 『삼한고기』와 『해동고기』의 설을 비교한 후 이를 따르는 형식을 취하고 있다. 이와 같이 『삼국사기』는 선행하였던 사책들을 참고하면서 여러 견해를 피력해 놓고 있다.

『증보문헌비고』에서는 『삼한고기』와 『해동고기』가 아마도 동일서라는 의견을 내놓고 있다. 사실 삼한이라던가 해동이라는 말은 고래로 우리나라를 가리킨 말이므로 같은 의미인 것은 두말할 필요가 없다. 그렇다고 하여 『삼한고기』와 『해동고기』가 동일서라고 결단을 내리기는 아직 난점이 있다. 흡사 삼국사(三國史)의 앞에다 구(舊)자나 해동(海東) 또는 전(前)자를 붙여 삼국사를 부른 것처럼 혹시 『고기』라는 책 앞에 삼한이나 해동을 붙인 것은 아닐까 하는 생각이 들 수도 있지만 『신라고기』라는 것을 고려하면 반드시 그런 것만은 아닐 것 같다.

김부식은 『삼국사기』를 편찬하면서 여러 설이 분분할 경우에 『삼한고기』와 『해동고기』를 인용해서 기년(紀年) 등의 문제를 풀어갔다. 추론을 이어보면 『삼국사기』에 나오는 『삼한고기』와 『해동고기』는 단일한 책을 가리킬 가능성이 높지만, 그것이 김부식이 『삼국사기』를 편찬할 때 참조한 『구삼국사(舊三國史)』를 가리킬 가능성도 전혀 배제할 수 없다.

한편 김부식이 편찬한 『삼국사기』 「진삼국사표」에도 『고기』를 참조했음이 나온다. 여기서 나오는 『고기』는 아마도 『삼국사기』 편찬 이전에 저술된 삼국사와 관련된 기록의 하나로 볼 수 있으며, 그것은 아마도 『구삼국사』를 가리킬 가능성이 높아 보인다. 이를 바탕으로 추론을 확대하면, 『삼국사기』는 고려 초에 편찬된 이른바 『구삼국사』를 기본으로 쓰여진 것이며, 나아가 이 『구삼국사』 역시 그 전부터 있어온 이른바 『고기』들을 토대로 하여 편찬된 것이라고 할 수 있다.

『삼국사기』에 인용된 『고기』 기록에 대한 해석을 토대로 『삼국유사』에 인용된 『고기』 기록을 추론해 볼 수 있다. 여기서 『삼국유사』의 『고기』는 오랜 기록이라던가, 또는 옛 문헌이라는 뜻이 아니고 전술한 『삼한고기』, 또는 『해동고기』와 상당한 관련이 있는 이름이라고 조심스런 견해를 개진할 수가 있을 것 같다.

약천(藥泉) 남구만(南九萬)의 『동사변증(東史辨證)』에서 보면 『삼국유사』의 단군 기사는 『삼한고기』에서 인용한 것으로 되어 있다. 물론 이 기록만으로는 결정적인 증거가 되지는 못한다. 그러나 이러한 논조를 전개시키는 데는 그 시기에 참고하였던 여타의 서적들이 있었던 것은 아닌가 하는 느낌을 받게 된다.

고려대학교에서 소장하고 있는 『해동이적(海東異蹟)』에서도 『삼국유사』의 단군 기사가 『삼한고기』에서 연원한다고 기술해 놓았다. 『해동이적』은 고려대 소장본으로 풍산(豐山) 홍만종(洪萬宗)이 집(輯)하고 월송 순양자(越松 純陽子)가 보(補)한 것으로 되어 있다. 이 기록은 매우 단편적인 기사이기 때문에 사실성 여부는 확증할 수 없다. 다만 『삼국유사』의 단군 기사가 『삼한고기』에서 나왔다는 견해는 경청해 볼 가치가 있다.

이상에서 보면, 『삼국사기』와 『삼국유사』에서 나타나고 있는 많은 『고기』 기록은 불행하게도 오늘날 전하지는 않으나 『신라고기』, 『본국고기』 등과 더불어 위의 서목에서 나왔을 가능성은 아주 높다. 그러므로 「본기」나 「단군본기」는 『삼한고기』나 『해동고기』의 편목이기보다는 『구삼국사』의 편제일 가능성도 있어 보인다.

이런 면에서 생각해보면, 고려 시대나 조선 시대 중기까지도 단군 관계 서적이 면면히 알려져 왔던 것이 아닌가 하는 생각을 하게 된다.

3. 『고기』의 사서(史書)로서의 성격

고려 시대 이후 사람들은 고조선과 삼한, 그리고 삼국 시대에 편찬된 기록들을 모두 『고기』라고 부르거나 혹은 『삼한고기』, 『해동고기』, 『유기(遺記)』, 『비사(祕史)』 등으로 불렀다.

원래 『고기』는 종류가 많고, 처음에는 각기 고유한 이름이 있었던 것으로 보인다. 그것을 후세인들이 '옛날의 기록'이라고 하여 『고기』라든지 『유기』라든지 『비사』로 부르게 된 것이다.

그렇다면 『고기』는 어떤 내용을 담은 책이었을까? 『삼국유사』는 『고기』를 인용하여 단군 신화를 소개하고 있는데, 이를 통해서 『고기』의 성격이 어떤 것인가를 이해할 수 있다.

단군 신화에 따르면, 고조선의 시조 단군은 천신(天神, 하느님)인 환인(桓因)의 아들인 환웅이 지상[태백산]으로 내려와 웅녀(熊女)와 혼인하여 낳은 사람으로서, 근 2,000년 동안 나라를 다스리다가 산신이 되었다고 한다. 또한 환웅은 홍익인간의 이념을 지니고 지상으로 내려왔다는 데서 역사의 시작이 '홍익인간'이라는 이념에 기초하고 있음을 보여준다. 이를 두고 한영우 선생은 단군 신화는 국가형성기의 한국인의 천손의식, 도덕 정신, 그리고 영생불사의 낙천적 세계관을 가지고 쓰여졌다는 것을 보여준다고 보고 있다.

동시에 단군 신화는 고조선을 세운 주체가 누구인가를 보여준다. 즉 천손 의식을 지닌 환인 환웅족이 왕족이 되고 곰을 토템으로 생각하는 웅녀족이 왕비족이 되었으며, 호랑이를 토템으로 생각하는 족속이 웅녀족과의 경쟁에서 패배한 사실을 보여주는 것으로도 해석된다. 결국 고조선은 환인족과 웅녀족과의 연맹으로 세워진 국가인 것이다.

그러나 단군신화를 『삼국유사』와 조금 다른 모습으로 설명하는 기록도 있다. 『삼국유사』와 거의 비슷한 시기에 편찬된 이승휴(李承休, 1224~1300)의 『제왕운기(帝王韻紀)』(1287)에는 『본기』(아마도 「단군본기」인 듯)의 기록을 참고하여 썼는데, 환인의 아들 환웅이 손녀로 하여금 약을 먹고 사람이 되게 한 뒤 단수신과 혼인하여 단군을 낳았다고 한다. 그러니까 단수신족이 왕족이 되고 환인·환웅족이 왕비족이 된 셈이다. 그러나 부분적인 차이에도 불구하고 기본적인 줄거리는 비슷하다.

고구려 건국 설화도 시조 주몽(朱蒙)이 천손의 후예로서 신통한 재주를 가지고 나라를 세웠으며, 뒤에는 하늘로 조천(朝天)했다고 하여 단군 신화와 비슷한 성격을 보여준다. 이로써 국가형성기의 한국인의 원초적 역사의식은 건국 시조의 혈통과 재능을 신과 같은 비범한 존재로 미화시키고 한결같이 죽지 않고 신선이 되거나 하늘로 돌아갔다고 쓰고 있다.

이상에서 『고기』는 시대가 내려가면서 건국 시조뿐만 아니라 그 후손들의 계보와 업적도 기록한 것으로 보이는데, 「단군본기」라거나 「동명왕본기」라거나 하는 것들이 그것이다. 그리하여 이런 기록들을 암기하면서 국가의 정통성을 세워나간 것으로 보인다. 그리고 이런 『고기』들은 뒤에 삼국이 제각기 자국 역사를 본격적으로 편찬할 때 참고했던 것으로 보인다.

이상에서 보면 한국 최고의 역사기록인 『고기』는 인간의 활동을 신과 같은 존재로 믿고 쓴 것이라 할 수 있다. 즉 신화적 역사 서술이다.

물론 모든 사람을 신과 같은 존재로 본 것이 아니라 주로 나라를 세운 국가 시조를 그렇게 본 것이다. 한영우 선생은 이같은 『고기』의 서술 정신은 사람이 하늘에서 태어나 하늘로 돌아간다는 경천신앙(敬天信仰) 혹은 천인합일(天人合一) 사상과 관련이 있지만, 동시에 개국시조에 대한 존경심과 복종을 불러일으키려는 정치적 이념도 있었던 것으로 본다. 이런 점은 중국이나 유럽에서의 역사 서술의 초기 형태와 크게 다르지 않다.

2장. 고려 시대의 단군 및 고조선 인식

고려 시기에는 유교 통치이념에 입각하여 새로운 왕조를 이끌어 가기 위한 통치이념을 정립하기 위해 이전 왕조인 삼국시대의 역사를 정리한 많은 역사서들이 편찬되었다.

고려 시기에 편찬된 많은 역사 책 가운데 단군과 고조선사 관련해 주목해야 할 사서는 『삼국유사』와 『제왕운기』이다. 한편 인종 대에 편찬한 『삼국사기』에도 고조선과 관련된 인식이 보이고 있다.

따라서 이 장에서는 고려 시기 사서 가운데 단군과 고조선사에 대해 일정한 인식을 담고 있는 사서들을 분석하여 고려 시대의 단군 및 고조선사 인식이 어떠하였는지를 살펴보도록 하겠다.

1. 고려 시기의 단군과 고조선에 대한 인식

후삼국 시대의 혼란을 극복하고 등장한 고려 왕조는 이전 고대 사회의 역사적 경험을 정리한 많은 역사책을 편찬했을 가능성이 높다. 고려 초기에는 고구려사 중심의 『구삼국사(舊三國史)』 등이 편찬된 것으로 알려져 있지만 현존하는 것이 없어 그 상황을 잘 알 수 없다.

현존하는 고려 시기에 쓰여진 가장 오래된 고대 기록은 인종 23년(1145)에 김부식에 의해 편찬된 『삼국사기(三國史記)』이다. 『삼국사기』

는 묘청의 난으로 분열된 민심을 재수습하여 국왕 중심의 중앙 집권체제를 강화하고자 하는 목적에서 편찬된 것이다. 따라서 이 책은 삼국의 역사를 정리함에 있어 힘의 논리로 중국과 겨루다가 패망한 고구려 전통보다는 유연한 외교술과 충의의 도덕정신으로 삼국통일을 이룩한 신라의 역사 전통을 높이 평가하는 시각에서 쓰여지게 되었다.

『삼국사기』는 그 형식이 한층 세련되고 유교적 합리주의사관에 입각해 쓰여진 사서이지만, 신화적 서술에 대한 비판정신이 결과적으로 내용에서 단군조선(檀君朝鮮)을 삭제하게 만들었다. 다만 고구려본기 동천왕조에 '선인왕검(仙人王儉)'이 등장하는 것으로 보아 단군조선에 대한 분명한 인식은 있었던 것으로 보인다.

고려 왕조는 고구려 계승의식과 신라 계승의식을 함께 지녔다. 이러한 역사 계승의식은 고구려 계승의식을 지닌 묘청과 신라 계승의식을 내세운 김부식 일파의 대립에서 보는 것과 같이 12세기 무신 집권기까지 연장되었다. 이러한 상황 하에서 단군과 고조선이 국가적 차원에서 인식될 여지는 없었다. 따라서 당시 단군에 대한 국가의 공식적인 제사(祭祀) 언급은 없었다.

삼국(三國) 계승의식이 뿌리 깊게 존재하던 당시로서는 삼국 이전에서 민족의 공통된 경험을 찾는다는 것은 그다지 쉽지 않았을 것이다. 그렇지만 일부에서 단군에 대한 전승이나 신앙이 잊혀지지 않고 전해져왔던 것 같다. 황해도 구월산을 중심으로 한 지역에서는 단군을 비롯한 환인, 환웅이 삼성(三聖)으로서 신앙의 대상이 되어 이들을 제사 지내기 위한 사당이 있었던 것으로 생각된다. 또한 『삼국유사』에서 인용한 『고기』에 "백악산아사달(白岳山阿斯達)"이라 하여 아사달을 백악에 비정한 것 등에서 평양 일대에 단군왕검의 존재가 신성화되어 전승되어 왔을 것으로 보인다.

전술했듯이 『삼국사기』에 의하면 평양(平壤)은 본래 '선인왕의 집

(宅)'이라는 기록이 나온다. '선인왕검'은 아마도 '단군왕검'을 당시의 관념에 따라 신성시한 표현이 아닐까 생각된다. 평양이 본래 선인 왕검의 집이었다고 한 것은 선인왕검이 처음으로 평양에 자리잡은 자, 즉 평양의 시조임을 전하는 것이라 생각된다. 1325년에 지어진 「조연수묘지(趙延壽墓誌)」에서는 선인왕검이 평양의 조선으로 삼한 이전에 생존하여 천년 이상의 수명을 누리다가 선인이 되었다고 하였다. 그렇다면 선인왕검이란 곧 단군을 가리키는 것임을 짐작할 수 있다.

또한 『고려사(高麗史)』 묘청전의 팔성당(八聖堂) 관계 기사에 8성 중 네 번째로 '구려평양선인(駒麗平壤仙人)'이 나오는데, 이 '구려평양선인'도 평양과 관련되는 신격이란 점에서 또 선인으로 일컬어졌다는 점에서 선인왕검, 즉 단군의 또 다른 표현이었을 것으로 보인다. 또한 8성 중 제7신(神)인 증성악신인(甑城嶽神人)을 단군과 연결시키기도 한다.

이런 점으로 미루어 보아 12세기 고려에서는 단군이 고구려의 건국(建國) 전사(前史)에서 일정한 역사적 위치를 가진 존재로 인식되어졌던 것 같고, 나아가 단군에 관한 전승은 고구려 전승의 일부로서 전해지고 있었을 것이라 생각된다. 그러나 12세기에는 아직 단군이 한국의 국조라는 인식에는 도달하지 못했다고 할 수 있다.

한편, 『삼국사기』는 한국의 역사를 기자(箕子) 단계 이상으로는 소급시키지 못하고 있다. 그나마 기자에서 위만까지는 연대가 멀고 문자가 소략하여 자세한 내용은 알 수 없다고 한다. 그런 만큼 『삼국사기』(1145)의 편찬자가 한국의 역사를 기자 이전으로 소급하여 단군을 한국의 국조로 생각했다고 보기는 어렵다.

김부식 등이 『삼국사기』를 쓰면서 단군조선을 언급하지 않은 것에 대해서는 동방 여러 나라를 모두 기록한 중국측 사서에 단군에 대한 언급이 없기 때문이었을 것이라는 점과 또 『고기』를 쫓아 단군조선을 넣게 되면 묘청 일파의 서경천도운동을 정당화하게 된다는 점도 고려해 넣은 듯 싶다는 지적이 있다. 그러나 신라 정통의식에서 신라 6부의 기원을 "이에 앞서 고조선의 유민들이 산과 계곡 사이에 나누어 살면서 6촌을 이루었다(先是朝鮮遺民分居山谷之間爲六村)"고 하여 어느 정도 삼국 이전 단계의 선조 국가로서 고조선을 인식했던 것은 분명했던 것 같다.

『삼국사기』라는 책명에서 보이듯이 김부식은 기본적으로 삼국 이전의 역사에 대해 관심이 없었고, 『고기』라는 것이 "거칠고 장황해서(蕪雜)"해서 역사서로서 가치가 없다는 그의 인식 하에서 나온 것으로 보인다. 반면 고려 말기, 특히 몽골 간섭시기에 단군 조선이 자연스럽게 거론된 것은 민족적 위기에 처하여 『고기』의 중요성을 불가피하게 인정한 때문으로 보인다.

이상의 추론들을 종합해 볼 때 고려에서는 12세기까지 단군이 한국의 국조(國祖)로 인식되었다기보다는 평양(平壤) 지역의 신(神)이며 고구려(高句麗)와 관계있는 존재로 인식되는 단계였음을 보여준다. 이것은 고려말 공민왕 대에 단행된 요동 정벌에서 그 명분을 단군 조선에 두고 요하(遼河) 이동이 원래 조선의 땅이며 그것이 고려 영토임을 천명하고 있는 것과도 연결된다.

이러한 인식의 전통 속에서 조선 초기에 와서야 단군은 "동방에서 처음으로 천명을 받은 군주(東方始受命之主)", "단군은 실제 우리 동방의 시조(檀君實吾東方始祖)"로 인식되었고, 평양에 단군 사당을 건립하여 단군을 개국시조로서 또한 실존 인물로서 공식적인 제사를 모시는 등 국조(國祖)로서의 단군 인식이 확고해졌다.

우리 민족의 시조로서 단군에 대한 인식은 몽골의 간섭을 받던 고려 후기에 이르러서 급격히 고조되었다. 고려 후기는 고려 전체를 통틀어서 가장 격변의 시대이자 굴욕의 시대였다. 무신들이 정국을 지배하던 시대가 끝나고 다시 왕이 정권을 주도하게 되었지만 이 왕권은 몽골 세력을 등에 업고 세운 것으로 고려에 대한 몽골의 간섭은 불가피한 것이었다. 몽골의 간섭은 고려 사회, 정치, 문화 전반에서 이루어졌다.

몽골과 친원적인 권문세족에 의해 자주성이 훼손된 국가에서 고려인의 정체성을 잃지 않으려는 노력이 나타났다. 그중의 하나가 역사서 편찬이었다. 원 간섭기 초기에 역사서의 관찬(官撰)과 사찬(私撰)은 매우 활발했다. 지금은 전해지진 않지만『고금록(古今錄)』,『천추금경록(千秋金鏡錄)』,『본조편년강목(本朝編年綱目)』,『사략(史略)』 등이 모두 몽골 간섭기에 관찬된 사서이며, 대표적인 사찬 사서는『삼국유사』와『제왕운기』이다.

몽골 간섭기가 위 역사서 편찬의 정치적 배경이라면, 성리학과 유학의 영향력이 커지고 이해도가 높아진 환경은 역사서의 서술 태도에 대한 사상적 배경이라고 할 수 있다.

대체로 이 시기에 편찬된 역사서는 우리 역사의 시작으로 단군과 고조선사에 주목하였다. 그리고 몽골에 반하여 고려의 자주성을 지키려는 의식을 공유하였고 민족적 정체성을 자극하는 데에 큰 영향을 끼쳤다.

한국사 서술에서 단군을 개국 및 민족 시조로 삼았던 전통은 매우 오래된다. 단군신화를 전하는 현존 최고의 사서는『삼국유사』로서 여기서는 왕력(王曆) 다음의 기이편(紀異篇)에서 첫 조목으로 고조선을 설정하여 단군신화를 소개하고 있다. 이에 따르면 단군은 단군조선을 세운 이로써 우리 민족의 역사상 최초의 군주였던 것으로 나타난다.

『삼국유사』권 제1 고조선(왕검조선)조의 일연이 인용한 '위서운(魏書云)' 이하는 '여고동시(與古同時)'에 단군왕검이 고조선을 건국했음을 기재하고 있고, 곧 이어서 '고기운(古記云)' 이하는 단군왕검의 신령스러운 출생과정을 중심으로 개국 사실을 전하고 있다. 그리고 '당배구전(唐裵矩傳)' 이하에서는 고려(=고구려)는 본래 고죽국(孤竹國)인데 주(周)에 의해 기자가 봉해짐에 조선이 되었다고 하고, 한(漢)은 여기에 3군(三郡)을 두었다고 했다.

이때 일연(一然)은 '고조선'조를 찬술할 때『위서』,『고기』,「당배구전」의 세 출전을 인용하였는데,『위서』와『고기』인용 부분에서는 조선의 개국 사실과 단군왕검의 신성한 출생을 전하고 있으나 마지막「당배구전」인용 부분에서는 고려와 조선을 역사적으로 관련지어 소개하고 있다.

이를 통해 고구려를 계승한다는 역사의식에서 출발한 고려도 마침내는 고조선과 역사적으로 상통하고 있음을 나타낸 것으로 보인다. 따라서 일연이 통일신라를 포함하여 삼국의 불교문화사를 서술하면서도 그 자신이 몸담고 살던 고려의 민족 시조로서 단군을 설정하고 그 연원도 중국의 시조 요(堯)임금과 같은 시기임을 밝히려는 의도가 바로 기이편 고조선조에 잘 드러나는 것이 아닌가 생각한다.

이런 점에서『삼국유사』는 단군을 고조선의 창건자일 뿐 아니라 개국 및 민족 시조로 드러낸 현존 최고(最古)의 사서(史書)로 생각된다.

일연에 이어서 이승휴(李承休)는『제왕운기』권하(券下) '동국군왕개국연대(東國君王開國年代)'에서 신라·고구려·남북옥저·동북부여·예맥을 모두 단군의 자손으로 소개하고 있다. 이처럼 13세기의 고려에서는 단군을 국조(國祖)로 인식하고 있었음은 분명하다.

『삼국유사』에 전하는 단군신화와 같은 천강신화(天降神話)는 동북아 여러 지역의 고대 건국 신화로 널리 분포하며, 인수교혼(人獸交婚)은 지극히 고대적인 관념의 반영이다. 이는 고려 시대와 같은 후대에서 만들어진 것으로 볼 수 없다. 고조선 시대의 산물로서 오랫 동안 구전되어 내려오던 것이 고려 시기에 문자화된 것으로 여겨진다. 그러나 고조선이 멸망한 뒤 그 뒤를 이은 삼국은 고조선의 외곽지역에서 성장하였고 또한 삼국 독자의 건국 신화나 시조 신화를 가졌기 때문에 단군과 고조선에 대한 인식은 삼국시대에는 뚜렷이 나타나지 않는다.

그러나 삼국은 지리적으로나 문화적으로 고조선 사회의 영향을 받은 것은 분명함으로 단군에 관한 전승은 어떠한 형태로든지 민간에 이어져

왔을 것이다. 그것은 일반적으로 고구려 지역에서 주로 계승되었을 것으로 보고 있다. 그것은 고려·조선 시대를 통하여 단군 신앙의 중심지였던 평양(平壤)과 구월산(九月山) 지역이 모두 고구려의 옛 지역이며, 고구려의 시조 주몽(朱蒙)이나 부여의 부루왕(夫婁王)을 단군의 아들이라 한 전승이 존재하는 것을 보아서도 그러하다. 또 고구려에서 신앙화된 가한신(可汗神)을 단군에 비정한 주목할 만한 견해가 제시되고 있는 것도 이러한 추측을 뒷받침해 주고 있다.

전술했듯이 고려 사람들이 삼국 이전 시기의 역사와 단군에 대해 인식하게 된 것은 몽골의 침입과 간섭을 받으면서부터였다. 고려 사람들은 30여 년 간 치열하게 몽골과 항쟁하는 과정에서 우리 민족의 정체성을 강조하고 전통 문화의 가치에 대해 재인식하게 되었다. 이것은 단군과 단군 조선에 대해 새롭게 주목하는 계기가 되었다.

몽골과 항쟁하는 과정에서 재인식하게 된 단군과 단군 조선에 관한 상세한 기록은 『삼국유사』와 『제왕운기』에 보인다. 따라서 이하에서는 고려 시대의 단군과 고조선에 대한 인식을 가장 잘 보여주는 『삼국유사』와 『제왕운기』의 고조선 관련 서술 내용을 통해 고려 시기의 단군에 대한 인식 문제를 더 살펴보도록 하겠다.

2. 『삼국유사』의 고조선 인식

1) 일연과 『삼국유사』

『삼국유사』 '기이편'에서는 우리 민족의 역사 가운데 맨 처음으로 세워진 나라는 단군 조선이라고 밝혀 놓았다. 단군 조선을 세운 이가 단군이었으니, 단군은 곧 우리 민족의 역사를 남긴 최초의 임금으로 여겨졌다.

그리고 『삼국유사』에서는 상고사를 간략하게 나열식으로 서술하긴 했지만 천손이 세운 최초의 국가인 고조선으로부터 시작하여 그 후계국으로서 지리상으로는 위만조선으로, 통치상으로는 마한으로 이어지는 것으로 서술했다. 마한조에서는 『위서』를 인용하여 기자조선의 마지막 왕 준(準)이 내려와 마한(馬韓)을 세웠음을 명확히 기록하고 있다.

『삼국유사』에서는 고조선의 도읍에 대해서도 『위서』를 인용해 처음부터 아사달이라고 한 반면, 『고기』를 인용한 부분에서는 평양성에서 아사달로 옮겼다고 되어 있다. 아사달을 백주(白州: 황해도 배천)에 있다고 하고, 평양성을 지금의 서경이라고 주석을 다는 것으로 보아 대체로 고조선의 최초 도읍을 한반도 내 서북지방이라고 확신했던 것으로 보인다. 이러한 인식은 『제왕운기』에서도 나타난다.

『삼국사기』와 『해동고승전』이라는 정사(正史)가 존재함에도 불구하고 일연이 사찬(私撰)으로 『삼국유사』를 탄생시킨 것에는 기존의 역사서가 갖지 못한 새로운 인식이 영향을 주었다. 중앙귀족의 전제화와 그것을 정당화시키는 기능을 하고 있던 유교적 이념은 지방 세력이나 민중과는 유리되어 있던 상태였다. 불교 중에서도 교종은 귀족 정권과 결탁하여 번영하고 있었다. 그러한 귀족을 타파하고 등장한 무인 정권 또한 다르지 않았다. 주체가 바뀌었을 뿐 전제와 폭압은 지속되었고 그 피해를 받는 존재는 민중들이었다. 게다가 이민족(異民族)인 몽골의 침략과 지배로 인해 민중의 분노와 저항 의식이 극에 달했다.

기득권층에 비해 보다 지방적이고 민중 속에서 성장한 신진 사인층이나 신흥의 선승(禪僧)은 민중과 같은 감정을 갖고 있었다. 당시 선승이었던 일연도 백성들이 겪었던 고통과 혼란을 몸소 겪었던 사람이었다. 일연은 현실의 모순을 극복할 수 있는 정신적 기준을 찾기 위해 과거의 전통을 재인식하려고 했다. 그래서 기존에 누락되고 위축되었던

각 분야의 다양한 전통문화를 보여주는 사서를 편찬했고 그것이 바로
『삼국유사』였던 것이다.

『삼국유사』를 저술한 일연은 대체로 선(禪)과 교(敎)에 모두 능통했고
화엄사상을 중요시했다. 하지만 그는 불교사상을 집대성하기 위해서 다
양한 사상과 체험을 하였으며 수많은 자료를 수집하고 여러 곳을 탐방
하였다. 덕분에『삼국유사』는 그의 폭넓은 사상을 바탕으로 방대한 내
용이 서술되었고 수많은 증거 자료로 뒷받침 되었다.『삼국유사』는 모
두 5권으로 나누어져 있다.

『삼국유사』의 차례는 다음과 같다.

권1 - 기이(紀異) 제1 (고조선~장춘랑과 파랑)

권2 - 기이(紀異) 제2 (문무왕 법민~가락국기)

권3 - 흥법(興法) 제3, 탑상(塔像) 제4

권4 - 의해(義解) 제5

권5 - 신주(神呪) 제6, 감통(感通) 제7, 피은(避隱) 제8, 효선(孝善) 제9

권3 흥법에서는 삼국의 불교 전래를, 탑상에서는 불상, 불탑, 불전, 범
종, 사리, 불경 등 조형물에 관한 이야기를, 권4 의해에서는 고승들의 전
기를, 신주에서는 밀교의 영험을, 감통은 신앙의 영험을, 피은은 숨어
지낸 고사들의 신앙을, 효선에서는 효와 선을 행한 인물의 이야기를 각
각 기록했다.

권1과 권2는 기이편으로, 권3·4·5는 불교 설화편으로 크게 나눌 수
있고, 따라서 전자는 역사편으로, 후자는 불교편으로 규정할 수 있다.

우리가 주목할 부분은 역사편인 기이편에서도 권1, 즉 "기이 제1편"
인데 이는 고조선부터 삼국의 성립과 신라 춘추공에 이르기까지를 서술
하고 있다. 하지만 책의 제목이 '삼국(三國)' 유사(遺事)인 것에 반해 내
용의 상당 부분이 신라에 치중해 있어서 삼국의 역사를 대등하게 썼는

가에 대한 한계점이 나타나기도 한다. 하지만 『삼국유사』는 고조선, 발해, 옥저, 삼한, 가야 등을 기이편에 설정하여 한국 고대사 체계 속에 포함시킨 최초의 본격적 사서라는 의의를 갖고 있기도 하다.

일연의 역사의식을 가장 잘 드러낸 것은 『삼국유사』의 기이편의 서문이다.

"대체로 성인이 예악으로 나라를 일으키고 인의로 가르침을 베푸는데 있어 괴력난신은 말하지 않는 바였다. 그러나 제왕이 장차 일어나려함에 부명(符命)을 받고 도록(圖籙)을 받아 반드시 남과 다른 점이 있은 연후에야 능히 대변(大變)을 타고 대기(大器)를 쥐어 대업(大業)을 이룰 수 있었던 것인데 삼국의 시조가 모두 신이한 데서 나왔다는 것이 무엇이 괴이하겠는가."

이처럼 설화 형태로 전성되어 고대 사료로 서술된 신이(神異)는 일연의 가장 중요한 역사인식을 보여주는 것이었고 중국 문화와 대등한 우리 문화의 자긍심을 확인하는 원천이 되었다.

그 밖의 『삼국유사』가 갖는 서술적인 특징을 살펴보면 첫째, 사찬이기 때문에 중국의 기전체나 고승전의 형식을 그대로 모방하지 않고 자유로운 형식을 갖고 있다. 둘째, 사료와 저자의 의견을 구분하여 서술했다는 점인데 이로써 고대문화의 원형과 다양한 견해를 살릴 수 있었고 역사 서술의 기본인 증거와 실증의 태도가 보이는 것이다. 셋째, 『삼국유사』가 담고 있는 내용은 불교사상, 신화, 설화, 무속신앙, 고어, 지리 등 그야말로 방대한데 이는 『삼국사기』와 같은 정사(正史)에서 누락된 것을 보충하였다는 평을 듣는다. 넷째, 한국 역사의 시원을 중국이 아니라 직접적으로 하늘에 직결시켰다든가, 고조선의 시조인 단군을 한국사의 출발로 설정하면서 그를 천상에 있다고 보는 환인의 손자로 이해한 것은 『삼국유사』 전반에 흐르는 자주 의식의 한 실례이다.

일연은 『삼국유사』에서 고대문화의 중심역할을 했던 불교문화뿐 아

니라 민간신앙과 신화 등을 서술함으로써 전통문화의 유구성을 보여주
었다. 우리 문화에 중점을 두었기 때문에 역사를 서술하는 데에서 중국
문헌보다 우리 기록이 더 많이 인용했다. 인용된 중국의 자료는 27여 종
인 반면, 우리나라의 『고기(古記)』, 향기(鄕記), 비문, 고문서, 전각 등 50
여종에 이른다. 이에서도 자주 의식이 보인다고 말할 수 있을 것이다.

2) 일연의 역사 인식과 고조선

『삼국유사』는 일연(1206~1289년)이 70대 후반부터 84세로 죽기 전까
지 그의 만년에 저작된 것인데, 이 책의 찬술 시기에 대해서는 학자들마
다 의견이 분분하다. 『삼국유사』의 정확한 편찬 연대는 알 수 없으나
1281년 경 또는 늦게 잡아 1289년까지는 저작이 완료되었다고 생각된다.
이 책의 내용 기사와 관련된 최종 연대가 고려 충렬왕 신사(1281), 즉 저
자의 76세에 해당하는 부분이 있으며, 저자는 84세에 사망하였으므로
이 책의 최종 탈고는 이 사이 7~8년간으로 추정될 뿐이다. 최남선은 『삼
국유사』의 권3 이하는 일연이 70세에서 76세 사이(1275~1281)에 찬술한
것으로 보고 있다.

해방 후 북한에서 간행된 『삼국유사』에서는 1281~1287년 사이에 책
이 찬술된 것으로 보고 있다. 이러한 내용을 정리하여 채상식은 『삼국
유사』의 전편이 일연의 73세에서 76세 사이에 본격적으로 찬술되었다
고 하였다. 이러한 논의를 종합해 보면 『삼국유사』의 단군신화는 13세
기 말 일연이 참고한 『고기』를 토대로 하여 정리된 것이 분명하다.

그러나 단군 전승은 자료에 따라 그 내용을 달리하며 그것은 『삼국유
사』 유형, 『제왕운기』 유형, 『응제시』 유형, 『규원사화』 유형으로 나누
어볼 수 있다. 이 가운데 고조선 당시 전승에 가깝고 원형을 갖고 있는
것은 『삼국유사』에 인용된 단군신화이다. 그렇다면 단군신화에 대한 연

구는 『삼국유사』에 실려 있는 기록을 중심으로 이루어져야 할 것이다.

그렇다고 해서 『삼국유사』 유형을 고조선 당시의 전승 그대로라고는 할 수 없다. 왜냐하면 단군의 조부를 불교적인 용어인 환인으로 표현하는 등 후대의 윤색이 보이기 때문이다. 이러한 사실은 과거 일제 식민사학자들이 단군신화를 후대의 날조로 보는 근거가 되어왔다. 그러나 그동안의 연구로 식민사학자들의 주장은 성립될 수 없는 것으로 판명되었다. 하지만 『삼국유사』에는 후대적 윤색이 포함되어 있다는 것을 충분히 고려해야 할 것이다.

일연은 저명한 승려이면서도 한편 유교적 정치도덕을 어느 정도 정확히 비판할 수 있는 높은 수준의 유학지식을 가지고 있었다. 다른 한편으로 그의 사상은 삼한·해동(海東) 등 개념을 통해 '조선사람' 의식에 튼튼히 섰다고 볼 수 있었던 만큼 그는 유학자의 손으로 편찬된 『삼국사기』를 어디까지라도 비판적으로 대하였으며, 그의 결함을 『유사(遺事)』의 명목으로 보충하는데 의식적 노력이 있었다고 보아야 할 것이다. 이리하여 그는 『삼국사기』의 결함으로 보여지는 역사의 전통과 주체성을 『유사』로써 보충하였으며 '해동'적이요, '삼한'적인 자료는 그것이 속되든지 허황되든지 불문하고 이를 배제하지 않고 힘써 수록하기에 노력하였다고 할 것이다.

국조(國祖)로서의 단군에 관한 설화는 『삼국유사』 이전의 오래 전부터 전승되어 온 바라 생각되지만, 이는 고려 지배층이 공인하는 바는 아니었다. 오히려 그 지배층은 이른바 유교적인 예교(禮敎)의 시초를 기자(箕子)에서 찾고, 그럼으로써 국사의 시작을 은연중 중국(中國)에 연결시키려 하고 있었던 듯하다.

고대적 체질의 부인과 유교사관의 확립이라는 김부식 사학의 성격은 스스로 고대문화에 대한 이해의 범위를 좁혔을 뿐만 아니라 그 인식의 시대폭도 제한하게 되어 저절로 고조선사를 취급하지 않게 된 것이었다. 그러나『삼국유사』의 국사 인식은 이와는 아주 대조적이다.

『삼국유사』에서는 오히려 기자를 단군의 고조선 속에 흡수시켜 놓고 있다. 즉 기이편에서 삼국 이전의 여러 국가들을 각기 별개의 조항으로 기술하고 있지만, 기자에 관한 조항은 따로 없고, 다만 단군의 고조선조 말미에서 약간 언급하고 있을 뿐인 것이다.

이 같은 의식은 일연과 동시대의 신진 사인(士人) 이승휴에 있어서는 한층 더 포괄적이며 구체화하고 있다. 즉『제왕운기』에서는 단군이 요와 동시대의 대등한 국조로 파악되고 있음은 물론 라(羅)·여(麗)·남북옥저·동북부여·예맥 등 동방의 모든 동족국가가 이 단군을 공통의 시조로 하는 국사의 체계 속에 들어 있으며 종래 도외시되어 온 발해까지도 국사의 권내로 맞아들여지고 있는 것이다.

『삼국유사』나『제왕운기』가 다 같이 중국에 대한 자국의 역사의 대등성, 그 유원한 자주성을 역설하고 있음은 이민족의 압제를 뿌리칠 수 없게 되어 있던 당시의 현실 하에서는 곧 저항적 민족의식의 표현이었다고 해석된 것이다.

『삼국유사』에서는 일찍부터 대동강 유역의 청동기시대 주민 집단을 고조선으로 인식하였다.『삼국유사』기이 고조선조에서는『고기』를 인용하여 고조선이 평양에 도읍하였다고 기록하고 있다.『삼국유사』에서 고조선이 평양에 도읍했다고 기록한 것은 평양 지역의 지역 신앙으로 내려오던 단군 신앙이 고조선 건국과 함께 고조선의 건국 신화로 자리 잡은 것이라 할 수 있다. 건국신화란 것은 대개 한 고대국가가 형성된 지역의 원시 신앙이 그 국가의 건국신화로 자리잡기 때문이다.

고려 왕조가 후삼국을 통일한 후, 고려 왕실은 우리 민족이 마한·진한·변한의 삼한시대부터 시작되었다고 보았다. 이는 삼한 시대 이전에 있었던 고조선 역사에 대해서 뚜렷이 알지 못했기 때문에 갖게 된 생각이다.

삼한을 우리 역사의 시작으로 보게 되면서, 삼한시대 이후에 등장한 고구려·백제·신라는 모두 자기 역사가 오래되었다고 주장하였다. 이는 삼한이 비슷한 시기에 정치체를 이루었기 때문이다. 고려 중기에 무신의 난과 농민· 천민의 봉기가 계속 일어나던 혼란기에는 각 지방의 반란군 역시 자신들이 삼한의 후손임을 자랑하기도 하였다. 이러한 점에서 삼한을 계승했다는 의식이 뿌리 깊게 존재하던 고려 시대에는 고조선과 같은 우리 민족 공통의 역사 경험을 찾는다는 것은 그리 쉽지 않았던 것 같다.

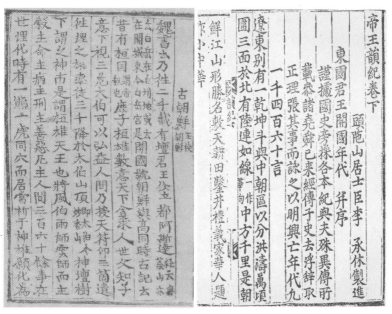

『삼국유사』 원문(정덕본)　　　　　『제왕운기』 고조선 편

3) 이승휴와 『제왕운기(帝王韻紀)』

일연과 마찬가지로 이승휴 역시 고려의 격동기를 몸소 체험하며 살아간 인물이었다. 그는 몽골 전란 와중에 과거에 급제하였다. 과거에 급제하였는데도 몽골 전란 때문에 중앙에 진출하지 못했던 이승휴는 삼척에서 생계를 잇기 위해 노모와 노비 몇 명과 함께 몸소 농사를 지었다. 설상가상으로 그가 40세 때 돌림병이 번져 홀로 몸이 성한 이승휴가 노모와 노비들을 돌보고 간호해야 했었다. 삼척에서의 이런 경험을 통해 이승휴는 일반 양민들이 겪을 고통을 이해할 수 있었다. 41세 되던 해 이승휴는 원종에게 부름을 받아 관직을 시작하였지만 미관말직을 전전하다가 원 간섭기 초기에야 비로소 고려 조정에서 활약을 했다.

그는 입원사행(入元使行)의 서장관(書狀官)으로 발탁되어 원나라를 몇 차례 가게 되었는데 이 때 이승휴는 원나라의 강대한 국력을 확인함으로써 원나라를 중심으로 한 동아시아 질서 속에서 고려가 유지, 존속해야 한다고 느꼈다. 이와 같은 이승휴의 인식이 원(元)과의 화친과 그에 대한 사대(事大)를 동의하는 것으로 이어지긴 했지만 이것은 고려의 사직을 보존하고 그 독자적인 체제를 유지시키는 한도 안에서였다. 충렬왕 즉위와 함께 이승휴는 우사간, 우정언에 임명되어 언론, 감찰의 업무를 맡게 되었다. 워낙 올곧은 성품에 백성의 고통을 마음 아파했던 이승휴였기에 잘못된 정치에 대한 비판을 서슴없이 하였고, 이 때문에 원망과 비방을 많이 받아 결국 좌천되기에 이르렀다.

이승휴는 감찰직인 전중시어사로 돌아왔음에도 당시 정치의 잘못을 격렬하게 비판하여 마침내 충렬왕의 노여움을 사서 57세의 나이에 파직당하고 말았다. 파직된 이승휴는 삼척으로 돌아가 칩거를 하였다. 하지만 그가 세속과 완전히 연을 끊은 것은 아니었고 현실에 대한 관심을 계속 가졌으며 일정한 사람들과도 관계를 맺었다. 그 관심의 결과물로서 바로『제왕운기』가 탄생하였다.

『제왕운기』는 충렬왕에게 바쳐졌는데 이 책에 전반적으로 깔려있는 의도는 고려인의 위대한 역사 전통 강조와 합리적인 유교 정치의 회복이었다. 하지만 유교, 불교, 도교문화가 혼합된 고대문화를 자랑스럽게 소개하고 있기도 하므로『삼국사기』가 유교만 인정한 것과는 다른 역사의식을 보인다. 원나라와의 관계를 긍정적으로 그린 것이 또한 특징인데 이는 몽골간섭 초기의 안정된 두 나라 관계를 반영하고 있는 것이지 사대주의적 의미를 갖는 것은 아니었다. 오히려 삼국유사보다 단군혈족의 단일민족사로 이해하려는 경향은 그 농도가 훨씬 강하다는 점에서 몽골간섭하의 민족적 정체성을 자극하는 측면이 크다고 할 수 있다.

『제왕운기』는 고려 충렬왕 13년(1287)에 나왔고 상권과 하권으로 나눠져 있다. 상권에는 반고(盤古)에서 원나라에 이르는 중국 역사를, 하권은 단군에서 충렬왕에 이르는 우리나라 역사를 각각 7언시와 5언시의 노래로 엮었는데, 기본적으로는 중국과 우리나라 역사의 왕조 계승을 밝히려는 것이 목적이었다.

여기서 중국의 정통왕조를 3황 5제, 하(夏), 상(商), 주(周), 진(秦), 한(漢), 위(魏), 진(晉), 송(劉宋) 제(齊), 양(梁), 진(陳), 수, 당, 5대, 송(趙宋), 금(金), 원(元)으로 체계화했다. 북방민족이 세운 원나라를 정통으로 내세운 것이 특이점인데 이는 원의 세계통일을 긍정하는 것이었다.

이와 더불어 역대 왕조의 흥망 사실을 개관하면서 나라를 다스리는 제왕이 본받고 경계해야 할 정치의 선악과 충효의 행적을 밝히는 데 역점을 두었다. 왕에게 교훈을 주기 위해 지어졌다는 의도에 맞춰 충실하게 서술했다고 볼 수 있다.

『제왕운기』는 고조선에서 민족의 공동시조를 발견하고 거기에서 발원한 민족 활동의 전 과정을 서술하였다. 전조선기인 고조선에서 우리 민족이 시작되어 기자조선, 위만조선을 거치고 삼국으로 계승된 다음에 발해를 거쳐 고려로 이어지는 것으로 체계화되고 있다.

이승휴는 이뿐만 아니라 고구려, 신라, 남북옥저(南北沃沮), 동북부여, 예맥(穢貊), 비류국(沸流國) 등의 고대 국가들을 모두 단군의 후예라고 해석하였다. 이는 단군의 혈통을 부여와 고구려에만 연결시킨 『삼국유사』와 다른 점이다. 여기에는 단군을 민족의 시조로서 보는 단군 민족주의 혹은 대조선주의 정서가 담겨 있다고 할 수 있다. 따라서 이것을 고려의 판도욕의 반영이라고 보기도 한다.

『제왕운기』에서 보이는 한국 상고사 인식이 갖는 역사적 의미는 역사의 정통성에 대한 새로운 체계와 삼조선설을 주장한 데에 있다. 단군조선-기자조선-위만조선-삼한-삼국-발해-고려로 이어지는 역사 계승의식은 천손 단군의 혈통을 고려인이 물려받았으며, 많은 고대국가들이 민족 단일성을 갖고 있다는 인식을 갖게 해주었다. 또한 단군, 기자, 위만의 삼조선설은 후에 신채호와 정인보와 같은 민족사학자에게도 이어진 점도 주목할 만하다.

『삼국유사』와 『제왕운기』의 전거주의(典據主義)와 객관적 역사서술 태도는 유가(儒家)의 영향을 상당히 받았다.

『삼국유사』는 우리나라의 고기류(古記類) 뿐 아니라 중국 측 자료들을 널리 수집하여 전거 자료를 일일이 인용하고 있으며『제왕운기』는 또한 가능한 한 문헌 자료에 의거하여 서술을 하여 역사서술의 객관성을 높이려는 의도가 보인다. 바로 이 점이『구삼국사』나『동명왕편』등과 비교하여 역사서술 방법상 진일보한 측면이라 할 수 있다.

무엇보다도 『삼국유사』와 『제왕운기』가 역사서로서 높게 평가받는 이유는 현존하는 사서 중 최초로 고조선 시대를 역사체계 속에 포함시켰기 때문일 것이다. 고조선을 우리의 역사로 인식하게 되면서 우리나라 역사가 중국과 유사한 시기에 시작했고, 역사의 유구성도 중국과 다를 바 없다는 자부심을 키워주었을 뿐 아니라 중국의 3대 하·은·주 만이 이상시대라는 고정관념을 타파하여 우리의 고조선도 계승할 가치가 많은 시대임이 새롭게 인식되었다. 천손의 후예가 단군조선을 세우고 또 그 후예가 만주와 한반도에 걸쳐 여러 나라들을 세웠다는 점에서 당시 사람들의 단일민족으로서의 민족의식과 천손의 후예라는 자부심을 키워줄 수 있었다.

시대적 상황에 따른 민족적 자부심, 정체성 인식의 필요성은 『삼국유사』와 『제왕운기』의 편찬 의도의 공통분모가 될 수 있지만 각 저자의 역사의식이나 구체적인 서술은 달랐다. 당시 시대와 맞물린 저자의 역사인식을 구체적으로 알아볼 필요가 있다.

『삼국유사』와 『제왕운기』의 저자인 일연과 이승휴가 신화 속의 단군과 단군 조선을 인정하고, 나아가 우리 민족 최초의 임금과 국가였음을 밝힌 것은 당시 단군에 대한 인식이 널리 퍼져 있었음을 말해 준다. 다른 민족의 침략과 지배를 받던 고려 시대에 와서 삼한이 우리 역사의 시작이라는 생각을 버리고 단군과 고조선을 우리 역사의 출발이자 기원으로 인식한 것이다. 이러한 인식은 몽골이라는 외세가 우리 정치에 간섭하는 상황에서 민족의식을 불러일으키고 전통에 대한 새로운 정리가 필요했기 때문에 나타난 것으로 볼 수 있다.

원 간섭기라는 동일한 시대적 배경에서 『삼국유사』와 『제왕운기』 두 책은 전반적으로 고려인의 정체성을 잃지 않으려는 의식을 공유하고 있었다. 고조선을 한반도 국가의 시조로 내세워 우리나라가 천손의 후예 국가라는 자부심을 당시 고려인뿐만 아니라 훗날 많은 사람들이 느낄 수 있게 하였다. 무엇보다도 이 두 사서를 통해 고려 후기에는 단군을 우리 역사의 민족 시조로 인식할 뿐 아니라 고조선을 뒤이어 등장한 고대의 여러 국가들을 역사체계 속으로 편입시켜 인식하고 있었음을 알 수 있다. 이를 통해 우리나라 역사서에서 사라질 수도 있었던 한국 상고사의 일부분을 보존시켰으며, 우리 역사 인식의 범위를 확대시켰다.

3장. 『삼국유사(三國遺事)』에 보이는 일연(一然)의 고조선 인식

일반적으로 우리가 고조선이라고 할 때, 그것은 말 그대로 고대 '조선 (朝鮮)'의 역사를 뜻하는 것은 아니다. 이것은 대개 단군왕검이 세운 단 군조선(檀君朝鮮)과 이후의 기자조선(箕子朝鮮), 그리고 위만(衛滿)이 세 운 위만조선(衛滿朝鮮)이라는 세 단계의 발전 과정을 거친 것으로 이해 한다. 즉 기원전 108년 한군(漢軍)에 의해 멸망되기까지 존재하였던 '조 선' 국가와 그리고 그 앞 시기에 국가를 형성하는 과정에 있었던 중심 집단의 역사를 의미한다. 바꾸어 말하면 고조선에 대한 인식은 1392년 에 이성계가 중심이 되어 개창된 조선 왕조와 대비되어 그 이전에 '조 선'의 칭호를 쓴 나라에 대한 역사라는 의미로 사용되는 것이다.

그러나 일연은 『삼국유사』에서 이러한 인식과 달리 고조선은 단군왕 검이 세운 단군조선(왕검조선(王儉朝鮮))을 말한다고 분명히 규정하고 있다. 그리고 고조선 시기가 끝날 무렵 단군은 왕위를 기자에게 물려주 었다고 보아 기자가 세운 기자조선은 단군(왕검)조선 시기에 포함된 것 으로 보았다. 단군조선 다음 단계에 등장하는 왕조가 위만조선이다.

이러한 인식은 요즈음의 고조선에 대한 인식과 다르다. 이는 기본적 으로 고려 후기 원(元) 간섭기라는 역사적 상황을 배경으로 나타난 역사 인식이라 할 수 있다.

우리 학계에는 고조선이 단군왕검이 세운 단군 조선만을 일컫는 것으로 이해하는 연구자들이 있다. 1980년대와 90년대의 윤내현과 2000년 대에 활발히 활동하는 이덕일 등은 일련의 연구에서 고조선은 단군조선 만을 가리킨다고 규정하고 그 뒤에 등장하는 위만조선은 우리 역사와 무관한 것으로 보았다.

이러한 주장은 분명 승 일연의 고조선 인식에 기본 바탕을 두고 있다. 재야사학자를 포함하여 단군신화의 실재성을 믿는 논자들은 고조선의 출발 단계부터 그 역사가 오래 되었고 영역 또한 대단히 광대한 것으로 설정하고 있다. 일부에서는 단군신화의 역사성을 부정하는 대신 기자조 선에 대한 실재성을 믿고 기원전 1천 년 이전부터 만주의 남부지역을 거쳐 서북한지역에 이르기까지 고조선의 역사가 전개되었다고 믿고 있 다. 그러나 이러한 인식은 역사적 실상과는 차이가 있다.

일연의 고조선 인식은 고려 후기라는 시대적 배경 속에서 이해되었 고 그것이 그대로 역사적 사실을 말해주는 것은 아니다. 따라서 이 장에 서는 일연이『삼국유사』를 저술하면서 고조선, 특히 단군조선과 기자조 선, 위만조선에 대해 어떻게 인식했고, 또 한국 고대사에 대한 체계를 어떻게 세웠는지에 대해 살펴보려 한다.

1. 일연의 한국 고대사 체계에 대한 인식

일연은 저명한 승려이면서도 유교적 정치도덕을 어느 정도 정확히 비판할 수 있는 높은 수준의 유학지식을 가지고 있었다. 다른 한편으로 그의 사상은 삼한·해동 등 개념을 통해 '우리 의식'에 튼튼히 섰다고 볼 수 있는데, 그는 유학자 김부식의 손으로 편찬된『삼국사기』를 비판적 으로 대하였으며, 그 결함을『유사』의 명목으로 보충하는데 노력을 기 울였다. 일연은『삼국사기』서술의 한계라 할 수 있는 역사의 전통과 주체성을 『유사』로써 보충하였으며 '해동(海東)'적이요, '삼한(三韓)'적인 자료는 그것이 속되든지 허황되든지 불문하고 이를 배제하지 않고 힘써 수록하기 위해 노력하였다.

『삼국유사』에는 민족사의 자주성과 그 문화의 우위성을 강조하는 관념이 전편을 지배하고 있다. 우선 국사(國史)의 시작을 단군의 고조선으로 잡아 중국 역사의 시조라는 요(堯)와 동시대로 인식할 뿐만 아니라 이를 또한 직접 천(天)에 연결시키고 있음을 주지하는 바와 같다.

『삼국유사』에서는 기자를 단군의 고조선 속에 흡수시켜 놓고 있다. 즉 기이편에서 삼국 이전의 여러 국가들을 각기 별개의 조항으로 기술하고 있지만, 기자에 관한 조항은 따로 없고, 다만 단군의 고조선조 말미에서 약간 언급하고 있을 뿐이다.

그리고 단군 이후 동족 국가의 계승관계나 그 편년을 분명히 밝히지는 않았으나, 대체로 고조선-위만조선-부여·마한으로 연결되는 국사의 계통을 잡고, 삼국시대를 대체로 이 뒤에 연결시키고 있다. 이는 곧 자국의 역사가 하늘과 직결된 신성한 것이며, 또 그 자주의 전승이 유원(悠遠)한 것이었음을 강조하는 의식의 소산이었다 한다.

기이(紀異)편의 구성에서 보이는 일연의 고대사 인식 체계는 고조선, 즉 단군조선을 천손(天孫)인 단군이 세운 최초의 국가로 파악하고 이를 위만조선(衛滿朝鮮)과 마한(馬韓)이 병렬적으로 계승하는 것이다.

『삼국유사』에 인용된 『고기』에서는 그 말미에 "주(周)의 무왕(武王)이 왕위에 오른 기묘(己卯)에 기자를 조선에 봉하였다."고 하여 기자에 관한 기술을 간략히 부기하는 정도에 그치고 있다. 이처럼 기자에 관한 기록을 덧붙이면서도 기자조선을 따로 설정하지 않은 것은 나름의 체계를 갖추고자 한 저자의 의도가 분명히 드러난다.

그러나 마한에 이어서는 국가만이 아니라 사이(四夷)·구이(九夷)·예맥(穢貊)부터 북부여(北扶餘)·동부여(東扶餘) 등의 독립된 정치세력들을 모두 모아놓아 체계를 찾을 수 없다. 이처럼 『삼국유사』 고대사 서술 체계는 「칠십이국(七十二國)」조에서 고조선에서 사군이부(四郡二府)를 거쳐 삼한의 칠십여국이 형성되었음을 언급하고 있으면서도 상고사 체계에 대한 인식이 일정한 체계를 이룬 것은 아니었다.

『삼국유사』에서는 「고조선」조와 「위만조선」조에 이어 「마한」조에서부터 「진한」조에 이르는 사이에 14조항을 설정하고 고국(古國)들에 관한 사실들을 잡다하게 나열하는데 그쳤다. 그러므로 고국들 사이에 유기적인 상관관계가 설정되어 전체적으로 일정한 체계를 이루지 못하였다.

이 같은 역사 인식은 일연과 동시대의 사인(士人) 이승휴에 있어서는 한층 더 체계적이며 구체화하고 있다. 즉 『제왕운기』에서는 단군이 요와 동시대의 대등한 국조로 파악되고 있음은 물론 라(羅)·려(麗)·남북옥저(南北沃沮)·동북부여·예맥 등 동방의 모든 동족국가가 이 단군을 공통의 시조로 하는 국사의 체계 속에 들어 있으며 종래 도외시되어 온 발해까지도 국사의 범위로 끌어들여지고 있는 것이다. 그리고 『제왕운기』에서는 단군조선에 이어 기자를 시조로 하는 후조선을 한 시대로 설정하고, 뒤 이어 위만조선을 비판적으로 기술하였다.

『삼국유사』에서 우리 나라 최초의 국가로서의 고조선과 그 고조선의 시조로서의 단군에 대한 인식은 확실해졌지만 전체적인 상고사체계는 일원적으로 설정되지 못하였던 것에 비하여 『제왕운기』에서는 민족의 독자적 기원과 그 면면한 계승을 노래하는 가운데 보다 정비된 일원적인 상고사 체계를 제시함으로써 『삼국유사』보다 역사인식의 면에서 한단계 진전된 면모를 보여주고 있다.

『제왕운기』에서는 단군조선-기자조선-위만조선의 삼조선(三朝鮮)에 이어 사군(四郡)을 거쳐 자체 내의 부침을 겪은 뒤 삼한으로 자연히 나뉘어지게 되고 그 가운데서 70여 국이 형성되었다고 하였다. 그리고 부여·예맥 등 제국(諸國)의 군장(君長)은 모두 단군의 후손들이라고 하였

다. 또한 삼한에서 삼국이 일어나 계승하였다고 함으로써 상고사는 고
조선-사군-삼한-삼국으로 이어지는 일원적인 체계를 정립하기에 이르렀
다. 그 결과 고조선은 우리 나라 역사상에서 그 시발점으로서 중요성이
크게 부각되었고, 그에 따라 고조선의 건국 시조인 단군은 민족의 시조
로서 확고한 위치를 차지하게 되었다.

『삼국유사』나 『제왕운기』가 다 같이 중국에 대한 자국 역사의 대등
성, 그 유원한 자주성을 역설하고 있음은, 이민족의 압제에 놓여 있던
당시의 현실 하에서는 곧 저항적 민족의식의 표현이었다고 해석된다.
그러나 『삼국유사』나 『제왕운기』에서의 이러한 고대사 인식체계에 대
한 차이는 기본적으로 승려와 유자(儒者)라는 차이가 배경이 되었고, 우
리 나라 국가의 기원과 문화의 원류에 대한 인식의 차이에서 비롯하는
것으로 볼 수 있다.

『제왕운기』에서 단군과 기자를 각각 전·후조선의 시조로 내세웠음은
그 찬자인 이승휴에게 있어 단군이 나라를 일으킨 주인으로서 민족의
동질성과 독자성의 원천이며, 기자는 문명화의 상징으로서 인식되었음
을 말해준다. 그리고 비록 참주(僭主)이지만 위만의 조선을 더하여 고조
선사 체계를 단군조선-기자조선-위만조선으로 이어지는 삼조선설을 정
립시킨 것은 뒷날 사대부들의 역사의식의 전개 방향과 민족사 체계의
이해 방향을 제시해 준 것으로 평가할 수 있다.

2. 단군신화와 고조선(왕검조선) 인식

단군신화는 고조선 왕조의 성립 과정에 대한 역사적 사실을 반영하
고 있으며, 한편으로는 이러한 역사적 사실을 해석하고 그 해석을 신화
적 형식으로 표현하는 고대사회의 사유 내지 표현 형식을 반영하고 있

다. 단군이 나라를 세우는 과정이 서술된 단군신화는 조선사회의 역사적 사실과 그 사회의 사상체계를 동시에 반영하고 있다.

신화에 반영된 역사적 사실(historical fact)을 밝히려는 입장과 신화에 반영된 보편적 인간성(universal humanity)을 찾으려는 두 입장이 신화학의 두 개의 조류를 이룬다. 전자는 Dumezil, J.Campell과 같은 역사적 신화학자 입장을 대표하고, 후자는 종교현상학파의 입장을 대표한다.

『삼국유사』에 기록된 내용에는 고조선의 초기 단계는 왕검조선으로 묘사되어 있다. 물론 『위서』에 인용된 신화 형태를 띠고 있으나 많은 연구자들에 의해 실재한 나라로서 인식되어 왔다.

여기서 『삼국유사』고조선조에서 인용한 『위서』는 어떠한 사서인지 잘 알 수 없다. 그 중 『고기』는 우리나라에서 작성되어 전하여지던 것이 분명하다. 그에 비하여 『위서』는 중국의 조위(曹魏, 220~265)이거나 탁발위(拓跋魏, 386~534)에 대한 것이다. 일찍이 북한의 리지린은 『삼국유사』에 인용된 위서가 현재 전해지고 있는 것은 아니지만 『삼국지』이전에 있던 『위서』라고 보아, 3세기 초 이전에 단군신화가 존재하였다고 보았다. 이들에 대한 사서인 『삼국지』 위서 동이전과 『위서』에는 단군신화에 대한 기록이 없다. 따라서 일연이 인용한 기록은 분량이 얼마되지 않는데 그 내용을 보면 『고기』의 인용 기록과 어긋나지 않는 점을 주목할 수 있다.

그러나 단군신화를 고조선과 관련해 인식할 때 잊어서는 안 되는 것이 단군신화가 고조선의 건국신화라는 점이다. 신화(神話)란 원시·고대인들이 자신들의 논리구조에 따라 어떤 사실을 표현하고 설명하는 방식이다. 대부분의 신화는 오랜 기간 구전(口傳)되면서 그 내용이 후대의 관념과 융합되고 변형되고 윤색되어서 문헌기록으로 정착된다. 고대사회의 지배자들은 이러한 신화를 건국신화로 만들어 자신들의 지배가 신성하고 정당하다는 점을 홍보하는 이데올로기로 사용하였다.

단군신화 역시 고조선이라는 국가가 세워지고 난 이후 건국신화로 만들어진 것이 구전되다가 고려시대에 정리된 것으로 볼 수 있다. 단군신화는 물론 주몽신화 등도 역시 주인공의 신성성을 부각시키면서 그의 계승자임을 내세우는 지배자의 정치권력에 정당성을 부여하는 역할을 했다는 해석이 이제 거의 통설이 되어 있다.

신화와 역사에 대한 진실을 찾아가는 노력 속에서, 우리가 단군신화의 내용 가운데서 주목해야 하는 것은 단군신화는 무엇을 설명하려는 신화이며, 또 우리 역사에서 최초의 국가인 고조선 사회에서 어떤 의미를 가지고 기능하였는가 하는 점이다.

단군신화는 천신이며 지고신인 환인(桓因)의 서자 환웅(桓雄)이 아버지에게 천부인(天符印) 세 개를 받고 인간 세상을 다스리기 위해 태백산 신단수로 내려오면서 시작된다. 우리 나라 고대 건국신화 중에는 외부에서 유입된 유이민이 중심적인 역할을 하는 경우가 많다. 고구려의 주몽, 백제의 온조와 비류, 신라의 혁거세·알지, 가야의 수로 등이 모두 그러하다. 이들 유이민 집단들은 원주지에서의 변동, 예컨대 생활조건의 악화, 정치적 패배나 박해 등의 원인으로 이동했을 것이다. 그 결과 원주지에서의 위치도 적자(嫡子)가 아닌 서자(庶子) 혹은 이와 유사한 처지로 표현되는 경우가 많다. 주몽과 온조가 그러한 예이다. 환인의 서자인 환웅과 그가 거느리고 온 3천 명의 무리들도 이와 유사한 처지였을 것이다. 이러한 상황이 천부인 3개나 풍백, 우사, 운사 등의 존재로 표현됐을 것이다.

단군신화에 나오는 환인이라는 단어는 천제(天帝)·일신(日神)을 뜻하는 불교식 칭호로서, 오늘날의 하느님과 같은 단어이다. 이는 천상의 세계를 광명의 세계, 선신의 세계로 보는 샤머니즘의 우주관과도 일치하는 것이다. 따라서 단군신화의 세계는 역시 샤머니즘으로 설명될 수밖에 없고, 고조선의 지배자는 태양족의 후예로 자처하는 주술자적 성격이 강한 군장(君長)이었음을 확인할 수 있다. 이러한 인식에서 한 단계 나아가 환인은 지고신(至高神)으로서 하늘신이고 환웅은 인격화한 하늘신, 곧 최초의 문화 영웅으로 이해된다.

이러한 주장을 따른다면 홍익인간(弘益人間)이라는 이념은 환웅과 무리 3천의 하강이라는 줄거리를 함께 고려할 때 고조선 사회의 계급적 지배원리로 해석할 수 있다. 아울러 환웅이 인간의 수명이나 병, 선악 등과 같은 자연적 현상뿐만 아니라 형벌을 주관하였다는 점은 중요한 의미를 갖는다. 공동체 내부의 관습적인 규범만으로는 더 이상 사회가 유지될 수 없을 정도로 계층화되었으며, 죄인을 처벌할 수 있는 공식적이고 강제적인 권력이 나타났다는 의미이기 때문이다. 따라서 단군신화의 환웅 기사에 반영된 모습은 어느 정도 체계화된 농경 집단의 모습을 엿볼 수 있다.

단군신화 처음 부분에는 『위서』를 인용하여 2천 년 전에 단군에 의해 고조선이 건국되었음을 언급하고 있다. 여기서 2천 년이란 연수는 어느 시기를 기준으로 하여 계산한 것인지 알 수 없다. 결국 『위서』를 인용한 내용은 중국 역사책 어딘가에 조선의 건국 전설이 적혀 있었다는 사실 정도를 아는 데 만족할 수밖에 없다.

단군이 고조선을 개국한 해가 기원전 2333년이라는 것은 실제 역사적 사실과는 무관한 것이다. 국가가 형성되려면 최소한의 객관적인 조건으로 농업경제와 청동기문화가 어느 정도 성숙된 다음에야 가능하다. 때문에 우리 학계에서는 단군조선 시기와 관련된 문화로 요령성 일대와 한반도에 광범위하게 분포하는 비파형청동기문화를 언급하고 있다. 그런데 한반도와 남만주 지역에서 그런 객관적 조건이 마련되려면 빨라도 기원전 12세기를 올라 갈 수 없다. 오히려 기원전 2333년이란 연대의 의미는 중국의 신화에 등장하는 이들 가운데 첫 성군(聖君)으로 공자가 칭송하였던 요(堯) 임금과 같은 시기에 우리 나라가 건국되었다는, 즉 우리가 중국 못지않은 오랜 역사를 지녔다는 의식을 반영한 것이다.

건국의 주체가 되는 집단들은 선주민 집단들을 정복, 통합해나가며 국가를 건설하는 과정에서 자신들의 지배를 합리화시키기 위하여 하늘에서 내려온 천신족임을 자처했다. 단군이 출생하는 과정을 보면 곰과 호랑이가 등장함으로써 토테미즘과 결부되어 있다. 이 부분은 결국 조선이 건국되는 과정, 즉 정치권력이 형성되는 과정에서 천부족, 웅부족, 호부족 등 특정 토템을 가진 집단이 등장했음을 뜻한다고 볼 수 있다. 이것은 고조선 연맹체 사회가 형성되면서 혼인을 통한 부족 간 결합과정의 기록이라 볼 수 있을 것이다. 마치 고구려의 5부, 신라의 6촌과 같은 여러 부족이 모여 초기 국가를 세우는 과정과 같은 것이다.

『삼국유사』에 나오는 단군의 정식 명칭은 단군왕검이다. 여기서 단군은 무당(제사장)이라는 말을 한자를 음차(音借)하여 표기한 것이다. 한자로는 제단 단(壇)자를 쓰는데, 『삼국유사』 이후에 씌어진 기록에서는 박달나무 단(檀)자로 바뀌어 기록된다. 제단이나 박달나무 모두 신성한 의미를 갖기 때문에 주목되는데, '단'이라는 말의 뜻은 그렇게 중요한 것이 아니다. 그것은 단지 몽골말로 하늘이나 제사장(무당)을 뜻하는 '텡그리(Thengri)'나 '탱려(撑黎 : 고대 흉노족의 말로 하늘이라는 뜻)'라는 말을 한자로 표기한 것일 뿐이다. 왕검(王儉)은 임금이란 뜻으로 정치적 지배자를 말한다. '단군'의 어원에 대해선 호남 지역의 말에 샤만[巫]을 말하는 '당골'이나, 하늘을 뜻하는 몽고어의 '탱그리'와 연관지어 설명하곤 한다. 『삼국지』동이전에서 전하는 삼한에 제사를 주관하였다는 천군(天君)과 명칭상의 연관성을 생각해 볼 수도 있겠다. 이는 단군이 제사장적인 성격을 지녔음을 말해준다.

단군조선 시기에 단군이라는 고유한 인물이 존재했던 것은 아니다. 단지 여러 명의 단군(제사장)이 여러 지역에서 부족국가를 이끌었던 것이 초기국가를 형성하던 단계의 우리 역사 모습이다. 그리고 초기 부족

사회가 점차 주변지역을 정복하고 통합해 가는 과정에서 '단군왕검'이 고조선의 최고 지배자를 가리키는 호칭으로 자리 잡았다.

『고기』를 인용한 단군신화 내용에는 천왕 시대의 기간은 표시되어 있지 않으나 단군왕검 시대는 1,500년으로 분명하게 기록하고 있다.『고기』를 인용한 부분은 단군이 출생하는 과정, 고조선의 국도 변천, 단군의 최후 등 보다 다양한 사실을 전하고 있다. 내용으로 보아『고기』는 대개 단군에 대한 전설보다는 고조선의 역사를 주로 기록한 책인 것 같다.

『삼국유사』에 보면 단군은 1500년 간 재위하다가 기자가 동쪽으로 오자 물러나 아사달의 산신이 되었다고 한다. 1500년이란 기간에 대해 조선 초기 학자인 권근(權近)은 이를 단군의 자손들이 왕위를 이어간 기간을 말하는 것이라고 풀이하였다. 한편 근래 이 부분은 고조선의 역대 군장을 신성한 시조신의 육화(肉化)로 여겼던 관념을 반영한 것이라고 이해하는 견해가 제시되었다. 그럴 경우 군장의 즉위 의례는 시조 왕의 혼령을 받아들이는 절차였고, 군장의 교체가 되풀이되더라도 통치의 주체는 어디까지나 시조 왕이기 때문에 시조 왕의 재위기간이 인간의 수명을 넘어 장기간에 걸친 것으로 인식되었을 수 있다는 것이다.

결국 단군신화의 요체는 고조선이 하늘신과 웅녀가 결합하여 낳은 이에 의해 건국되고 그 자손들이 왕위를 이어갔다는 것을 내세운 데 있다. 즉 고조선 왕의 정통성과 존엄성의 근저를 그 신성한 핏줄에서 찾아 강조한 것이라고 할 수 있다. 그럴 때 천손(天孫)인 고조선 왕은 자연 반은 인간이요, 반은 신(神)인 신이(神異)한 능력을 지닌 존재로 내세워지게 되며, 단군신화는 고조선 왕실의 신성한 내력을 밝힌 일종의 '본풀이'라고 할 수 있다.

이상에서 단군신화에 인용된『고기』내용을 토대로 할 때 단군신화는 바로 고조선이란 나라가 어떻게 해서 있게 되었는가를 설명하는 것이라 할 수 있다. 이를 설명함에 있어 단군신화는 고조선사와 관련된 것이 아니라 시조 단군의 근본을 풀이하는 데 초점을 맞추고 있다. 다시 말해 단군은 지고신인 환인의 아들이며 지상에 풍요와 다산·문화와 규범을 가지고 온 문화영웅 환웅이 지상을 대표하는 웅녀와 합법적으로 신성결혼을 해서 출생한 신성한 존재이며, 바로 이러한 단군에 의해 고조선이 있게 되었다고 한다.

이처럼 신성한 왕실의 내력을 밝힌 단군신화는 일정한 제의(祭儀)를 통해 재연되었을 것이다. 그것은 당시 사회에서는 일종의 정치 이데올로기적인 성격을 지녔으며, 족장세력의 정치적·사회적 통합기능을 수행하였다고 할 수 있다. 그 제의에 각지의 족장층들이 참석하였을 것이다. 족장들이 자기 국가와 왕실의 신성함을 내세우는 의례에 참여하는 것은 고조선 주민들의 정서적인 일치감을 함양하는 데 큰 작용을 하였을 것이다.

단군신화는 당시 사회에선 일종의 정치 이데올로기적인 성격을 지녔으며, 정치적·사회적 통합 기능을 수행하였다고 할 수 있다. 삼국 및 부여·가야 등의 건국신화와 삼국 초기의 제의도 같은 면을 지녔다.

3. 기자조선(箕子朝鮮)과 위만조선(魏(衛)滿朝鮮) 인식

1) 기자조선에 대한 인식

고조선사의 출발단계와 관련하여 고조선(단군조선) 인식 외에 또 살펴보아야 할 주제가 기자조선, 즉 기자동래설(箕子東來說)이다.

『삼국유사』에 실린 단군신화에는 단군 이후 왕위가 기자에게 이어져 기자조선이 단군조선을 이어서 등장하는 왕조로 존재했다고 한다.

　국조로서의 단군에 관한 설화는『삼국유사』이전의 오래 전부터 전승
되어 온 바라 생각되지만, 이는 고려 지배층이 공인하는 바는 아니었다.
오히려 그 지배층은 이른바 유교적인 예교(禮敎)의 시초를 기자에서 찾
고, 그럼으로써 국사의 시작을 은연중 중국에 연결시키려 하고 있었던
듯하다. 단군신화로 표현된 단군조선이 고조선사와 관련해 곧바로 연결
시키기 어렵다 해도 기자조선의 경우는 그 기록 자체가 자세하여 사실성
여부가 고려·조선시대 유학자들 이래 인정되어 왔다.

　그러나『삼국유사』의 국사 인식은 이와는 아주 대조적이다. 기본적으
로 우리역사의 시작을 고조선(단군조선)에서 찾고, 기자조선의 경우 완
전히 부정하지는 않으나 고조선 왕조의 말미에 붙여 단군조선을 계승하
는 것으로 이해하고 있다.

　『삼국유사』「고조선」조에서는 마지막으로 「당배구전(唐裵矩傳)」을
인용하여 고려(高麗: 高句麗)는 본래 고죽국(孤竹國, 지금 海州)이었는데,
주(周)에 의해 기자가 봉해지매, 조선이 되었고, 뒤에 한(漢)은 여기에
삼군(三郡)을 두었다고 했다. 이 자료에서는 비록 기자조선만을 언급하
였지만 고려는 지역적으로 고조선을 계승한 것으로 전함으로써 고구려
와 고조선을 역사적으로 관련지어 소개하고 있는 점이 주목된다.

　이러한 고조선과 고구려의 역사적 계승관계에 대해서는 일연이『삼
국유사』의 고구려조에서 더 구체적으로 전함으로써 고조선에서 고구려
로 이어진다는 고대사체계에 대한 인식을 가졌음을 나타내고 있다.

　이러한 일연의 기자조선에 대한 인식은 우리 역사의 출발을 단군조
선 중심으로 놓고 한대(漢代) 문헌에 등장하는 기자조선을 우리 역사로
연결시킨 것이다. 이는 기본적으로 고려시대 이래 현명 군주로서 기자
와 기자조선을 인정해온 사대부들의 입장을 염두에 둔 것으로 보인다.
그러나 일연의 기자조선에 대한 인식은 주목할 만하나 최근의 연구 성
과를 보면 역사적 사실로 보기는 어렵다.

일찍이 동이족(東夷族)의 이동에 의해 한민족이 형성되었다는 김상기의 견해 이래, 기자조선의 문제를 체계적으로 이야기한 천관우는 기후(箕侯)세력의 실체를 인정하고 기자는 동이이며 기자족집단을 나타내는 것으로 보고 있다. 이밖에 발해만 일대에서 나오는 고고학자료를 기자집단의 유물로 인정하고 기자조선의 존재와 기자족의 동래 문제를 재확인한 이형구의 연구가 있다. 그는 기원전 12~11세기 경 주족(周族)으로부터 밀려난 은왕족(殷王族) 기자를 대표로 하는 은(殷) 유민(遺民)에 의해 대릉하 유역에 기자조선(箕子朝鮮)이 건국되었다고 보았다. 그리고 이 같은 기자조선이 기원전 2세기의 준왕(準王)에 이르기까지 거의 천년을 지속하였다고 하였다. 그 근거로는 대릉하 유역의 객좌현(喀左縣) 고산(孤山) 북동(北洞) 유적에서 발굴된 은대(殷代) 청동예기(靑銅禮器)에 기후(箕侯)와 고죽(孤竹)이라는 명문이 나오는 것을 들고 있다. 즉 대릉하유역 출토 상주(商周)시대 청동예기들은 요서(遼西) 객좌현(喀左縣) 일대가 기후와 관계가 있음을 증명하는 것이고, 여기서 기후는 기자와 동일 인물이라는 것이다.

이러한 주장과 달리 기자는 고조선 연맹 내에 포함된 한 작은 성읍국가(城邑國家)를 기반으로 성장하여 결국은 조선의 연맹왕국을 손에 넣었다고 보는 견해도 있다. 이러한 견해들은 결국 기자, 기자족, 기자조선의 실체를 인정하는 것으로서 이러한 주장이 설득력을 가지려면 기자조선의 실체에 대한 검토가 일차적으로 필요하다. 최근에는 고조선의 형성세력으로 기자 대신 그 이전의 토착세력으로 단군을 주목하는 견해도 제기되었다.

대릉하 연안의 객좌(喀左)에서는 일찍이 6기의 주요 상주(商周) 청동예기 유적이 발견되었는데, 여기에서는 모두 69점의 청동기가 발견되었다. 이들 청동예기에는 은말(殷末)~주초(周初) 시기에 중국 동북지역으로 이주한 여러 씨족 이름들이 새겨져 있다. 이들 명문 청동예기의 명칭을 보

객좌 북동촌 고산(孤山) 유적 발굴장면   객좌 북동촌유적 출토 기후명 방정(方鼎)

면 대릉하 유역의 저장 구덩이에 묻힌 동기(銅器)의 담당 족속은 고죽, 기(箕)와 연(燕) 등으로 분별할 수 있다. 또한 청동기의 명문내용을 볼 때 '연후(燕(匽)侯)의 상사(賞賜)를 받는 등' 명문에 나오는 족속의 대부분은 연후와 모종의 복속 관계를 맺고 있는 것이 확실하다. 결국 이들 명문 청동예기들은 바로 상주 시기에 연의 땅이 요령성 지역을 포괄하였음을 증명하는 유적이라 볼 수 있다. 따라서 일연이 『삼국유사』에서 고죽국을 기자가 봉한 곳이라 보고 그 지역을 황해도 해주지역으로 본 것은 현재의 고고학 자료 조사 결과와 들어맞지 않는다.

이형구의 주장처럼 설령 은족(殷族)들의 중국 동북지방으로의 이동이 집단적으로 이루어진 것을 인정한다 해도 당시 요서(遼西) 지역 일대에는 아직 초기 청동기문화인 하가점하층문화 주민들이 북방계청동기를 사용하면서 광범위하게 자리잡고 있었음을 고려해야 한다. 즉 기자를 대표로 하는 주민집단의 존재는 인정할 수 있어도 요서 대릉하 유역이 '기자조선'이었다는 논리는 성립하기 어렵다.

2) 위만조선(魏(衛)滿朝鮮)에 대한 인식

보통 '위만조선'이라는 용어는 위만이 집권한 이후 고조선이 멸망할 때까지, 위씨 왕실 때의 고조선을 가리킨다. 이 시기는 고조선의 역사상 가장 융성했던 시기이다.

일연은 『삼국유사』에서 고조선조에 이어 곧바로 위만조선조를 설정하여 기록하고 있다. 이것은 『제왕운기』처럼 명확하게 제시한 것은 아니지만 위만조선을 단군조선의 전조선에 대한 후조선으로 인식하고 있었음을 보여준다.

그리고 위만조선에 대한 기록에서 한 가지 눈에 띄는 것은 위만의 성씨로 '위(魏)'를 쓴다는 점이다. 위만의 위씨 성에 대한 표기는 『한서(漢書)』에는 성(姓)이 없이 '만(滿)'으로만 쓰였고, 『위략(魏略)』에서는 '위(魏)'를 '위(衛)'로 썼다. 이것은 아마도 특별한 의미보다는 '위'씨 성을 쓰는 과정에서 사서마다 혼동이 있었던 것으로 보인다.

『삼국유사』에 기록된 위만조선의 내용은 시작 부분에 "전한서(前漢書) 조선전(朝鮮傳)에 이르되…"라는 내용처럼 모든 내용이 『한서(漢書)』 조선열전(朝鮮列傳)의 내용을 그대로 전재하고 있다. 그리고 『한서』 조선열전의 내용은 사마천이 쓴 『사기(史記)』 조선열전의 내용을 거의 그대로 인용하고 있으므로 『삼국유사』 위만조선 조의 내용 또한 『사기』 조선열전과 큰 차이가 없다.

『사기』 조선열전을 자세히 보면 위만은 따로 중국적 질서에 편입되거나 유이민들을 토착인과 구분한 정책을 취하지 않았다. 위만은 이전 고조선 사회의 지배체제를 그대로 계승하여 국호도 여전히 조선이라 칭하고 국력 강화를 위해 노력하였다. 위만은 중국으로부터 받아들인 '병위재물(兵威財物)'을 가지고 주변지역을 정복하였고, 손자인 우거대에 이르러서는 강력한 국력과 한에서 멀리 떨어진 지리적 조건을 이용하여 한의 조서를 거부하고 독자적으로 주변 읍락집단과 소국들을 통제하기에 이른다. 이처럼 위만 왕조는 토착 고조선 사회에 바탕을 두고 독자적으로 발전을 추구해 나갔으며, 유이민 세력 집단이 따로 지배 세력으로 구분되어 존재하고 있지 않았다.

　여러 지역 집단들과 계층으로 분열되어 있던 고조선은 계속되는 중국의 동진 세력과 대립 관계가 조성되면서 점차 국왕을 정점으로 전 지역을 포괄하는 지배체제의 정비와 중앙정부의 통제력이 강화되어 갔다. 왕권이 부왕에서 준왕으로 계승되는 것을 볼 때 왕위계승이 비교적 안정적이었다고 할 수 있다. 준왕이 위만에게 고조선 서쪽 지역에 대한 통치와 박사 직위를 내린 것을 보면 대외적으로도 일정한 집권력이 있었던 것으로 보인다.

　이렇기 때문에 준왕에서 위만으로 왕의 지위가 자연스럽게 이어지지는 않았지만 고조선이라는 나라의 틀 안에서 일어난 변화라고 볼 수 있을 것이다. 곧 위만조선은 준왕의 고조선 왕조를 계승한 나라라고 할 수 있다. 이상에서 보면 일연의 위만조선에 대한 기술도 기본적으로『한서』조선열전의 내용을 바탕으로 하였지만 전조선인 고조선(왕검조선)을 이어 새로이 등장한 위만 왕조가 전조선을 계승한 후조선이라고 인식하였던 것으로 볼 수 있다.

4장. 조선 전기 단군 및 고조선 인식

조선 왕조는 성리학의 가치 기준에 따라 과거의 역사를 새롭게 정리했다. 왕조 개창기인 15세기에는 국가적 차원의 집단적 저술에 의한 관찬사서가 주류를 이루었는데, 단군 관계 사실도 국가적 차원에서 기록·정리되었다. 특히 조선 왕조에서는 국가의 명칭을 '조선'이라 정하여 조선 계승의식을 명확하게 했다.

태조 이후 단군 및 고조선사를 정리하는 노력은 정도전의『조선경국전(朝鮮經國典)』을 비롯해 권근의『동국사략(東國史略)』과 노사신 등의 『삼국사절요(三國史節要)』 등에서 체계화 되었다.

이 장에서는 이러한 내용을 중심으로 조선 전기 단군에 대한 인식이 어떻게 여러 사서에 서술되었는 지를 살펴보고자 한다.

1. 조선 초기 역사편찬과 단군에 대한 인식

단군과 고조선에 대한 인식은 고려 말기에 접어들면서 점차 확산되어 갔다. 고려 말에 새로이 등장한 사대부와 무인 세력이 연합하여 새로운 왕조가 세워졌을 때, 국호를 조선(朝鮮)으로 정한 것은 이와 같은 역사의식의 진전과 무관하지 않다.

대개 조선이라는 국호에는 단군조선에서 역사의 유구성과 천손 후예의 자부심을 찾고, 정전제(井田制)와 팔조교(八條敎)를 시행하여 조선을 도덕적 이상국가로 만든 기자조선에서 도덕 문명의 뿌리를 찾아 이를 계승한다는 역사 계승의식이 담겨 있다고 한다.

1392년(태조 원년)에 이미 조박(趙璞)은 "조선의 단군은 동방에서 처음으로 천명(天命)을 받은 임금이고, 기자는 처음으로 교화(敎化)를 일으킨 임금입니다."라고 하였다고 한다. 이는 조선 왕조 군주권의 정통성을 천명과 교화에 입각한 통치에 둔 것으로서 이러한 통치의 전형인 단군과 기자를 국가적으로 제사할 것을 건의하고 있다.

조선 시대에 들어 초기부터 이전 왕조인 고려 시대의 역사를 정리하는 '고려시대사'를 비롯하여 다양한 종류의 역사책이 서술되었다. 조선 시대에 쓰여진 각종 역사책에서는 고조선이 우리 역사의 기원이라고 확고하게 서술하고 있다. 그리고 단군조선, 기자조선, 위만조선으로 이어지는 세 개의 조선이 이후에 삼한으로 바뀌고, 다시 삼국으로 계승되는 고대사 체계가 세워졌다.

1394년(태조 3)에 편찬된 정도전의 『조선경국전』에서는 『제왕운기』에서 체계화된 단군조선(혈연공동체)→기자조선(문화공동체)→위만조선(민족생활권)으로 이어지는 3조선설에 입각한 국호사용을 제시하였다. 이는 국가의 기본 법전에서부터 중국과 대등하게 역사공동체가 출발했다는 것을 의미하는 조선 계승의식, 곧 전통적 민족의식을 수용했다는 사실을 의미한다. 이후에도 하늘에 대한 제사 문제와 요동지방이 조선 역사공동체의 생활권이었다는 문제와 관련되어서 고조선이 부각되었다. 이후 단군시대사를 정리하려는 노력은 권근의 『동국사략』과 노사신 등의 『삼국사절요』(1476)로 체계화 되었다. 이 사서들 역시 3조선설로 통일되어 있었다.

조선 시대에 들어와서 유학자들이 역사를 쓰면서 고기류(古記類)보다 중국 측 기록을 더 유념하는 경향이 강해졌다. 그 이유는 바로 그들의 역사인식 태도가 보다 합리적으로 진보된 까닭이다. 조선의 개국에서 임진왜란에 이르는 200년 기간에 간행된 사서들에서는 대체로 단군이나 단군조선에 관한 서술이 매우 간략한 형태로 압축되어 있을 뿐만 아니라 서술 체제상으로도 본기(本紀)에 넣지 않고 외기(外紀)에 넣었다. 성종 때 편찬된『동국통감(東國通鑑)』은 그 좋은 예이다.

　나아가 (조선전기 사서들은) 단군신화 자체를 합리적인 방향으로 고치려고 했다.『삼국유사』나『제왕운기』에서 단군이 왕위에 있었던 기간을 1천 년 이상이라고 기록한 것에 대해, 권근의『응제시(應製詩)』나『동국세년가(東國世年歌)』,『삼국사절요』,『동국통감』같은 조선 초기에 편찬된 책에서는 단군의 자손이 계속해서 나라를 다스린 기간으로 이해하고 있다. 그러므로 단군이 민족의 시조로 자리 잡은 것은 바로 조선 시대에 고조선에 대한 인식을 새롭게 하면서부터 이루어진 결과라 할 수 있다.

　『동국통감』에서는 신인(神人) 단군이 요임금과 동시에 개국한 사실만을 간단히 기술하고, 단군의 수명으로 전해져 온 1천 몇십 년은 단군조선의 역년(歷年)일 것이라고 재해석했다. 그리고 삼성(三聖)에 얽힌 신비스런 이야기들은 모두 삭제했다. 말하자면 단군신화에서 합리적인 요소만을 추출해서 이를 역사체계 속에 일단 흡수해 놓았으나, 1천여 년의 역사를 왕조사(王朝史)로 구성할 자료가 없기 때문에 본기에 넣지 못하고 외기에 넣었던 것이다. 그래도 합리성을 추구하는 유학자들이『고기』에만 보이는 단군조선을 정사(正史) 속에 일단 포함시킨 것은 크나큰 양보라 할 수 있다. 이는 고려 말기의 민족적 수난에 대한 경험이 아직도 몸에 배어 있는 증거였다.

　15~16세기의 사서들은 관찬(官撰)이건 사찬(私撰)이건 정도의 차이는 있을지라도 단군 및 단군조선을 이해하는 관점은『동국통감』과 대동소이하였다. 반면에 자료가 풍부하게 나타나는 기자조선의 서술을 점차적

으로 보강해 갔다. 그리하여 기자조선의 실재성은 의심할 여지가 없는 것으로 받아들여졌다. 다만 기자의 행적이 정복자가 아니고 또 단순히 무왕(武王)이 보내서 온 사람이 아니라 조선으로 도망 와서 일단 조선인이 된 다음에 높은 수준의 문화국가를 이룩했다는 관점에서 기자조선을 매우 영광스러운 시대로 인식했던 것이다. 그리고 이와 같은 상고사 이해는 합리적 역사 인식의 발전으로 평가되었다.

조선시대 사람들은 고조선 역사에 대해 주로 단군 신화와 기자 전설의 내용을 중심으로 이해하였다. 조선 초기에는 단군을 '동방에서 처음으로 하늘의 명령을 받은 주인', '단군은 실로 우리 동방의 시조' 등으로 인식하고, 이전부터 있던 구월산 삼성사(三聖祠)를 폐지하고 평양에 단군 사당을 건립하여 단군을 나라를 처음 연 시조이자 실존 인물로 보고 왕실에서 공식적으로 제사를 모셨다. 또 강화도에 삼랑성(三郎城)을 쌓았으며, 단군이 아들 부루(夫婁)를 중국에 파견한 기록 같은 임금으로서 단군의 구체적인 업적을 거론했다.

이러한 삼성사와 삼랑성에 대한 기록이 『세종실록지리지』와 『동국여지승람』에 나온다.

"문화현(文化縣) : 장장평(庄庄坪)이 현의 동쪽에 있고,【세속에서 전하기를, "조선 단군(朝鮮檀君)이 도읍한 곳이라." 하나 곧 당장경(唐莊京)의 잘못 이름이다.】삼성사(三聖祠)가 구월산(九月山) 성당리(聖堂里) 소증산(小甑山)에 있으며【단인(檀因)·단웅(檀雄)·단군(檀君)의 사당이 있다.】…"(『세종실록지리지』 황해도 풍천군 문화현)

"강화 도호부(江華都護府) : 진산(鎭山)은 고려 마리산(摩利山)이다.【부(府) 남쪽에 있다. 꼭대기에 참성단(塹星壇)이 있는데, 돌로 쌓아서 단의 높이가 10척이며, 위로는 모지고 아래는 궁글며, 단 위의 사면(四面)이 각기 6척 6촌이고, 아래의 너비가 각기 15척이다. 세상에 전하기를, "조선 단군(檀君)이 하늘에 제사지내던 석단(石壇)이라." 한다.】… 전등산(傳燈山)【일명(一名)은 삼랑성(三郎城)이니, 참성(塹城) 동쪽에 있다. 세상에 전하기를,

"조선 단군이 세 아들을 시켜서 쌓았다."고 한다.}"(『세종실록지리지』 경기
부평 도호부 강화 도호부)

삼성사가 있던 황해도 은율 구월산 전경   황해도 구월산 관산리1호 고인돌

이상의 역사 서술과는 별도로 단군 숭배 자체는 조선 건국 이후로 더
욱 강화되었다. 이때의 단군은 삼성(三聖)의 하나로서의 단군이 아니라
조선을 개국한 최초의 군장, 즉 시조로서 숭배된 것이다. 즉, 삼성 신앙
을 긍정하는 관점에서 단군 숭배가 아니라 유교적 숭조(崇祖) 관념에서
의 단군 숭배인 것이다. 그리하여 국가에서는 평양에 단군 사당을 따로
짓고 정기적으로 제사했으며, 중국 사신이 입국할 때는 이곳에 참배하
도록 조치하기도 했다. 단군에 대한 국가적 제사는 우리 역사상 처음 있
는 일이었다.

한편 정부와 지식인들에 의해 부정당했던 단군의 신화적·초인간적
측면을 강조하는 단군 인식은 민간에서 꾸준히 이어졌다. 단군을 환인·
환웅과 함께 신으로 숭배하고 제사 지내는 구월산 삼성사는 고려 시대
부터 있었을 것으로 여겨지는데, 조선 시대에 들어와서도 일반인에게
신앙의 중심지 역할을 했다. 그러나 조선 시대에 들어오면서는 우리 민
족의 시조이자 실존 인물로서 단군을 인정하지 않았으며, 더구나 환인·
환웅도 인정하지 않았다.

처음 조선 왕실에서는 성종 때까지 고려 초기부터 민간 신앙 차원에
서 모셔 왔던 황해도 구월산의 단군 제사를 유교 이념에 어긋난다고 하
여 인정하지 않았다. 이는 조선 왕조가 나라를 처음 세운 시조로서 단군
을 유교식으로 숭배했던 반면, 황해도 구월산 삼성사에서는 환인·환웅·
단군을 신으로 받들었기 때문이다. 그러나 조선 정부에서는 구월산 삼
성사에서 단군·환인·환웅의 신적 존재를 완전히 인정한 것은 아니지만
백성의 희망에 따라 삼성사에 대해서도 평양 단군 사당과 같은 공식적
인 제사를 실시하기로 정하였다.

이와 같이 조선 초기에는 신화적 존재로서의 단군을 역사적 실재 인
물로서 합리적으로 재해석하고, 그 재해석된 단군을 민족 시조의 차원
으로 승화시켜 국가적 숭앙의 대상으로 격상시켜 놓았다.

2. 만주(滿洲) 고토(故土)에 대한 관심과 역사지리(歷史地理) 연구

조선 초기에도 만주고토에 대한 관심과 관련하여 단군조선의 역사를
구체적으로 복원하고, 나아가 어느 정도의 역사 지리 연구도 행해진 바
있었다. 이미 세조 때에 만주 수복의 관심이 비등한 일이 있어 세조는
고대사를 영광스럽게 재구성하려는 야심에서 『동국통감』을 편찬하였다
고 한다.

조선 초기 지리지는 주로 국가체제 정비의 필요에 의해 편찬되었다.
국가 주도로 편찬된 지리지들은 중앙에서 각 지방의 사정을 파악하고,
군사와 행정의 편의를 위한 용도로 사용되었다. 이러한 지리지의 편찬
은 지배체제가 안정된 세종대부터 시작되었다.

1425년(세종 7)에 전국 지리지를 만들기 위한 작업의 일환으로 각 도

별로 지리지를 편찬하게 하였는데, 그 중『경상도지리지(慶尙道地理志)』만이 남아 있다. 1432년(세종 14)에『신찬팔도지리지(新撰八道地理志)』가 완성되었으나, 이 책은 전하지 않아『경상도지리지』로 내용을 짐작해 볼 따름이다.

1454년(단종 2)에 세종대에 편찬되었던 지리지를『세종실록』에 등재하기로 함에 따라 실록에 수록된 것이『세종실록지리지(世宗實錄地理志)』이다. 그 후, 1455년(세조 원년)과 1469년(예종 원년)에도 지리지 편찬령이 내려졌으나 지연되다가 1477년(성종 8)에『팔도지리지(八道地理志)』가 완성되었다. 그러나 이 책은 전하지 않으며, 편찬 자료로 만들어졌던『경상도속찬지리지(慶尙道續撰地理誌)』(1469)만이 전한다.

『팔도지리지』에 성종의 뜻에 따라 우리나라 문사들의 시문인 동국시문(東國詩文)을 모아 편찬한 것이 1481년(성종 12)에 완성된『동국여지승람(東國輿地勝覽)』이다. 이후, 성종 대와 연산군 대에 수교를 거치고 중종 대에 새로 증보하여 1530년(중종 25)에 완성, 1531년에 간행된 것이『신증동국여지승람(新增東國輿地勝覽)』이다.

위 조선 전기의 지리지들은 성격에 따라 크게 두 계통으로 구분할 수 있다. 하나는『신찬팔도지리지』-『경상도지리지』-『세종실록지리지』계통의 세종대 지리지이고, 다른 하나는『팔도지리지』-『경상도속찬지리지』-『(신증)동국여지승람』계통의 성종 대 지리지이다.

세종대 지리지가 호구(戶口), 전결(田結), 군정(軍丁), 토의(土宜), 공물(貢物) 등 경제·군사·행정적 측면이 강한 반면, 성종 대 지리지는 인물(人物), 예속(禮俗), 시문(詩文) 등 문화적 성격이 강했다. 세종 대 지리지는 통치기반을 확보하려는 목적에서 편찬되어 정치·경제·군사 등 실용적 내용들에 치중하였다. 반면, 성종 대에 오면 중앙정부의 통치기반이 보다 안정되어 인문학적인 관심이 증대되는 가운데, 지리지에 이러한 문화적인 내용이 증가하게 된 것이다.

조선 전기 대표적 관찬 사서인『동국통감』을 시작으로, 지리지 편찬 사업의 완결이라 할 수 있는『세종실록지리지』와『신증동국여지승람』에서는 고조선을 각각 단군이 세운 전조선, 기자가 정권을 잡은 후조선, 위만이 집권한 위만조선이라는 삼조선으로 구분하여 서술하고 있다.『세종실록지리지』에서 고조선을 3단계로 나누어 구분하고 있는 내용은『신증동국여지승람』 평양부(平壤府) 기록에 잘 나타나 있다.

한편, 권람의『응제시주(應製詩註)』1462년(목판본 간행연도)에는 "낙랑은 평양에 있었던 것이 아니라 압록강 북쪽 유주(幽州)에 있었다."든가 "기자가 건국한 땅은 청주(靑州: 요동·요서)이다."라든가, "요동이라는 지역은 요하의 동서를 다 포함한다."라는 주장이 있다. 이 주장들은 우리나라 사학사(史學史)에서 볼 때 역사 지리에 관한 한 혁명적인 변화라고 해도 과언이 아니었지만, 그 시대에는 그다지 주목을 받지 못하였다.

때문에 성종 때 완성된『동국통감』과 중종 때 완성된『신증동국여지승람』의 지리 비정이 정설의 위치를 차지하게 되었다. 특히『신증동국여지승람』에서는 고조선의 중심지를 압록강 이남에 설정하여 낙랑과 현토를 평안도에 비정했다. 이는 "본래 (평안도는) 삼조선의 구도(舊都)이다. 당요(唐堯) 무진년에 신인이 박달나무 아래에 내려오니, 나라 사람들이 그를 세워 임금을 삼아 평양에 도읍하고…"라고 기록되어 있는『세종실록지리지』의 내용과도 유사하다. 그리하여 만주에 대한 관심은 거의 역사서술에서 멀어지게 되었다.

조선 전기에는 도덕적인 포폄을 위한 역사학이 주도적이었다. 과거의 강역을 인식함에 있어서 한반도 바깥의 옛 조선과 고구려·발해의 유적에 대해서는 관심을 그다지 기울이지 못하였다. 일부 요동 지역에 관심을 보였던 서적이 있었으나 대체적인 경향성은 한반도 내 지역에 대한 관심에 머물러 있었다.

3. 『세종실록지리지』와 『신증동국여지승람』에 나타난 단군과 고조선 인식

1) 『세종실록지리지』와 『동국여지승람』 편찬

앞장에서 서술하였듯이 1454년(단종 2)에 세종대에 편찬되었던 지리지를 『세종실록』에 등재하기로 함에 따라 실록에 수록된 것이 『세종실록지리지』이다. 한편 『팔도지리지』에 성종의 뜻에 따라 우리나라 문사들의 시문인 동국시문을 모아 편찬한 것이 1481년(성종 12)에 완성된 『동국여지승람』을 1530년(중종 25)에 완성, 1531년에 간행된 것이 『신증동국여지승람』이다. 이 가운데 『세종실록지리지』는 현존하는 최고의 조선 초기의 전국 지리지로서, 사서의 부록이 아니라 국가 통치에 필요한 여러 자료를 상세히 다루고 있는 책이다.

국토의 위치와 연혁에 치중하여 지명의 설명과 나열을 중요시 한 『삼국사기』「지리지」 체제를 탈피하여 인문지리, 자연지리, 경제, 군사적인 내용을 상세히 기술함으로서 조선 초기의 지리지 편찬체제가 확립되었으며, 그 뒤 지리지 편찬의 모범이 되었다. 한편 유교 의식과 자주적 역사의식을 바탕으로 서술한 『신증동국여지승람』은 세종대 이래 지리지 편찬 사업의 집결본이라 할 수 있다.

『세종실록지리지』와 『동국여지승람』은 모두 조선 전기에 편찬된 지리서로서, 지리뿐만 아니라 역사·문화 등 제반 지식을 망라하여 국토에 대한 인식의 폭을 넓혀 주었다는 의의가 있다. 이들은 각 지방에 대한 연혁을 자세히 서술하여 국토의 역사를 체계화하였고 국토를 단순히 통치의 대상이 아닌 역사와 문화의 결집체로 인식하였다. 또한 연대표기 방식에 있어서 중국연호를 따르지 않고 우리나라의 왕력을 사용하여 자주적인 역사인식을 표출하고 있다.

위 두 사서는 이러한 자주적인 역사인식을 바탕으로 국토의 역사적 연원을 끌어올리고 있다. 즉 이전의 지리지에서는 각 지방의 연원을 삼국시대부터 시작하는 경우가 많았던 데 반해, 『동국여지승람』과 『세종실록지리지』에서는 고조선 혹은 삼한까지 연원을 소급하고 있다. 이는 우리 역사를 중국과 대등하게 인식하려는 의도에서 비롯된 것으로 보인다.

철저한 문헌고증을 거쳐 국토의 역사를 체계화하려고 하였다는 점도 의의로 들 수 있다. 조선 전기 국토의 역사에 대한 인식이 심화되면서 여러 연구 성과들이 쌓였는데, 이들 지리지는 여러 설을 검토하여 합리적인 결론을 도출하려 하였다. 『동국여지승람』에서 삼한의 위치에 대해 중국 측 문헌과 우리나라 문헌들을 검토하여, 마한의 땅을 백제로 보는 권근설을 부정하고 마한의 땅을 고구려로 보는 최치원설을 채택하여 지역을 비정한 것이 한 예이다. 이처럼 이들 지리지는 역사지리적인 고증 방법을 통해 역사를 체계화하였다.

『세종실록지리지』와 『신증동국여지승람』은 조선 전기 지리지의 대표로서 그 자체로도 의미가 크지만, 단군신화와 고조선 중심지 등 우리 민족의 기원과 관련한 기록을 찾을 수 있다는 데에서 문헌학적인 가치가 더욱 크다.

2) 단군 관련 기록

『세종실록지리지』와 『동국여지승람』은 단군신화를 기록하고 있어 문헌학적 자료가 절대적으로 부족한 고대사 연구에 귀중한 자료가 되고 있다.

『세종실록지리지』와 『동국여지승람』에서 서술하고 있는 단군신화의 내용은 고려 시대 역사서인 『삼국유사』나 『제왕운기』와 비교했을 때, 큰 틀에서 대동소이하다. 다만 특기할 만한 것은 『세종실록지리지』에서 단군의 탄생을 환웅과 웅녀의 결합이 아니라, 약을 먹어 사람의 몸이 된 환웅의 손녀와 단수신(檀樹神)의 결합에 의한 것으로 기록하고 있다는 점이다. 이러한 내용은 『제왕운기』의 내용과 유사하다.

　　"『단군고기(檀君古記)』에 이르기를, "상제 환인(上帝桓因)이 서자(庶子) 가 있으니, 이름이 웅(雄)인데, 세상에 내려가서 사람이 되고자 하여 천부인(天符印) 3개를 받아 가지고 태백산(太白山) 신단수(神檀樹) 아래에 강림하였으니, 이가 곧 단웅천왕(檀雄天王)이 되었다. 손녀(孫女)로 하여금 약(藥)을 마시고 인신(人身)이 되게 하여, 단수(檀樹)의 신(神)과 더불어 혼인해서 아들을 낳으니, 이름이 단군(檀君)이다. 나라를 세우고 이름을 조선(朝鮮)이라 하니, 조선(朝鮮), 시라(尸羅), 고례(高禮), 남·북옥저(南北沃沮), 동·북부여(東北扶餘), 예(濊)와 맥(貊)이 모두 단군의 다스림이 되었다. 단군이 비서갑 하백(非西岬河伯)의 딸에게 장가들어 아들을 낳으니, 부루(夫婁)이다. 이를 곧 동부여 왕(東扶餘王)이라고 이른다. 단군이 당요(唐堯)와 더불어 같은 날에 임금이 되고, 우(禹)가 도산(塗山)의 모임을 당하여, 태자(太子) 부루(夫婁)를 보내어 조회하게 하였다. 나라를 누린 지 1천 38년 만인 은(殷)나라 무정(武丁) 8년 을미에 아사달(阿斯達)에 들어가 신(神)이 되니, 지금의 문화현(文化縣) 구월산(九月山)이다."(『세종실록지리지』 평안도 평양부)"

　『세종실록지리지』에서는 『삼국유사』에서 나오는 웅녀가 사라지고, 환웅의 손녀가 등장하면서 뒷부분 서술의 변화가 생긴다. 단군의 어머니라는 점에서는 동일하지만 하나는 곰이 화신한 것이고, 다른 하나는 환웅의 손녀, 즉 신이 화신한 것이다. 고려시대 편찬된 『삼국유사』와 『제왕운기』에도 이렇게 상이한 기록이 보인다. 여기서 단수신(壇樹神)은 곰과 마찬가지로 사람이 아니라는 점을 감안하면, 곰이 마늘과 쑥을 먹고 견뎌 사람이 된 것은 환웅의 손녀가 약을 먹고 사람이 된 것과 동일한 맥락을 내포하고 있음을 알 수 있다. 단군은 '사람이 아닌 것'의 아들로서, 그의 신성성을 뒷받침해 주고 있는 것이다.

3) 고조선 중심지 문제

『세종실록지리지』와『신증동국여지승람』의 원문에서 고조선의 중심
지와 관련된 내용을 살펴보면 다음과 같다.

> "평양부(平壤府) : 본래 삼조선(三朝鮮)의 구도(舊都)이다. 당요(唐堯) 무
> 진년에 신인(神人)이 박달나무 아래에 내려오니, 나라 사람들이 〈그를〉 세
> 워 임금을 삼아 평양에 도읍하고, 이름을 단군(檀君)이라 하였으니, 이것이
> 전조선(前朝鮮)이요, 주(周)나라 무왕(武王)이 상(商)나라를 이기고 기자(箕
> 子)를 이 땅에 봉하였으니, 이것이 후조선(後朝鮮)이며, 그의 41대 손(孫) 준
> (準) 때에 이르러, 연(燕)나라 사람 위만(滿)이 망명(亡命)하여 무리 천여 명
> 을 모아 가지고 와서 준(準)의 땅을 빼앗아 왕검성(王儉城)【곧 평양부(平
> 壤府)이다.】에 도읍하니, 이것이 위만 조선(滿朝鮮)이었다. 그 손자 우거(右
> 渠)가 〈한나라의〉 조명(詔命)을 잘 받들지 아니하매, 한나라 무제(武帝) 원
> 봉(元封) 2년에 장수를 보내어 이를 쳐서, 진번(眞蕃)·임둔(臨屯)·낙랑(樂
> 浪)·현도(玄)의 4군(郡)으로 정하여 유주(幽州)에 예속시켰다. (『세종실록지
> 리지』 평안도 평양부)"
> "평양성은 가장 오래된 것으로 기자가 처음 봉해질 때에 이미 있었던 것
> 이다. …단군은 요(堯) 임금 갑진년에 여기(평양성)에 나라를 세웠다가, 뒤
> 에 구월산(九月山)으로 들어갔는데, 그 후의 일은 알 수 없다. (『신증동국여
> 지승람』 경도(京都) 상)"
> "본래 삼조선(三朝鮮)과 고구려의 옛 도읍으로…(『신증동국여지승람』
> 평안도 평양부)"

위 인용문에서 보듯이,『세종실록지리지』와『동국여지승람』은 모두
조선 시대 당시의 평양을 단군 이래 삼조선의 수도로 보고 있음을 알
수 있다. 두 기록을 보면 16세기 사람들의 역사 인식과 유사하게 고조선
의 중심지를 한반도에서 찾으려는 인식을 보여주고 있다.
『동국여지승람』에서는 고조선의 중심지를 압록강 이남에 설정하여

낙랑과 현토를 평안도에 비정했다. 이는 "본래 (평안도는) 삼조선의 구
도(舊都)이다. 당요(唐堯) 무진년에 신인이 박달나무 아래에 내려오니,
나라 사람들이 그를 세워 임금을 삼아 평양에 도읍하고…"라고 기록되
어 있는『세종실록지리지』의 내용과도 유사하다. 그리하여 조선 중기
만주에 대한 관심은 거의 역사서술에서 멀어지게 되었다.

고조선의 위치를 비정하는 데 중요한 열쇠는 고조선과 한나라의 경
계인 패수(浿水)의 위치를 파악하는 것이다. 그러나 문헌에 그 위치가
불명확하게 기록되어 있는 데다가, 패수로 불리던 강이 하나가 아니기
때문에 정확한 위치를 파악하기는 쉽지 않다.

패수와 관련하여『신증동국여지승람』에는 다음과 같이 기록되어 있다.

"지금 사마천의 열전을 살펴보니 한(漢)이 일어나 요동의 옛 장새를 수
리하고 패수(浿水)로 경계를 삼았다. 위만이 망명하여 동으로 달아나매 고
새를 나와 패수를 건너 왕험성에 도읍하니 압록강이 패수가 된다."

『신증동국여지승람』에서는 요동고새를 나와 처음 만나게 되는 강을
패수로 보아 패수를 압록강으로 비정하고 있다. 그러나『한서』「지리지」
에는 패수(浿水)와 마자수(馬訾水)가 동시에 기록되고 있으며,『신증동
국여지승람』에 "압록강은 … 마자수라고도 한다"고 하여 패수가 압록강
이 아니라는 문헌학적 증거가 보이고 있다는 점에서 그 역사적 진실성
여부는 더 논의가 필요하다고 생각된다.

4) 삼조선(三朝鮮) 구분

고조선은 기본적으로 단군조선과 기자조선, 그리고 위만조선으로 구
분되는 정치체를 포함하고 있는 사회이다.『세종실록지리지』와『신증

동국여지승람』에서는 고조선을 각각 단군이 세운 전조선, 기자가 정권을 잡은 후조선(기자조선), 위만이 집권한 위만조선이라는 삼조선으로 구분하여 서술하고 있다. 이는 기본적으로『제왕운기』에서 체계화된 단군조선→기자조선→위만조선으로 이어지는 삼조선설을 받아들인 것으로, 전통적 민족의식의 확립이라고 평가할 수 있다.

『세종실록지리지』에서 고조선을 3단계로 나누어 구분하고 있는 내용은『신증동국여지승람』평양부 기록에 잘 나타나 있다.

> "본래 삼조선(三朝鮮)의 구도(舊都)이다. 당요(唐堯) 무진년에 신인(神人)이 박달나무 아래에 내려오니, 나라 사람들이 〈그를〉 세워 임금을 삼아 평양에 도읍하고, 이름을 단군(檀君)이라 하였으니, 이것이 전조선(前朝鮮)이요, 주(周)나라 무왕(武王)이 상(商)나라를 이기고 기자(箕子)를 이 땅에 봉하였으니, 이것이 후조선(後朝鮮)이며, 그의 41대 손(孫) 준(準) 때에 이르러, 연(燕)나라 사람 위만(滿)이 망명(亡命)하여 무리 천여 명을 모아가지고 와서 준(準)의 땅을 빼앗아 왕검성(王儉城)【곧 평양부(平壤府)이다.】에 도읍하니, 이것이 위만조선(滿朝鮮)이었다.(『세종실록지리지』)"

> "본래 삼조선(三朝鮮)과 고구려의 옛 도읍으로 당요(唐堯) 무진년에 신인(神人)이 태백산(太伯山) 박달나무 아래에 내려왔으므로 나라 사람들이 그를 세워 임금을 삼아 평양에 도읍하고 단군(檀君)이라 일컬었으니, 이것이 전조선이요, 주 무왕(周武王)이 상(商)을 이기고 기자(箕子)를 여기에 봉하니, 이것이 후조선이요, 전하여 41대 손자 준(準)에 이르러 연인(燕人) 위만(衛滿)이 그 땅을 빼앗아 왕험성(王險城)(험(險)은 검(儉)이라고도 쓰니 바로 평양이다)에 도읍하니, 이것이 위만조선이다.(『동국여지승람』)"

위 기록처럼『세종실록지리지』와『동국여지승람』은 고조선을 삼조선으로 구분하여 서술하고 있으며, 이는 각각 단군이 세운 전조선(前朝鮮), 기자가 정권을 잡은 후조선(後朝鮮), 위만이 집권한 위만조선을 의미한다. 각 단계의 연대를 추측하자면, 전조선은 고조선의 성립부터 기

원전 3세기 초 연나라 장수 진개의 침략 시기까지가 될 것이고, 후조선
은 기원전 3세기 초부터 기원전 2세기 초 위만의 정변까지로 보고 있으
며, 위만조선은 기원전 2세기 초부터 고조선이 멸망하는 기원전 108년
까지로 보았다.

또한 3조선 계승의식이 국가적으로 법제화되면서 세종 11년(1429)에
는 평양에 단군 사당(동명왕과 함께 모심)이 세워졌다. 세조 21년(1456)
에는 단군 위패를 조선 시조로, 기자 위패를 후조선 시조로 확정하기도
하였다. 이 3조선설을 바탕으로 한 고조선 인식은 16세기까지의 한국
상고사 체계에 큰 영향을 주었다.

5) 단군릉(檀君陵) 및 범금팔조(犯禁八條)

(1) 단군릉

『신증동국여지승람』의 평안도 강동현(江東縣)조에는 단군릉과 관련
하여 다음과 같이 기록하고 있다.

> "대총(大塚): 하나는 현의 서쪽으로 3리에 있으며 둘레 4백 10척으로 속
> 담에 단군묘(檀君墓)라 전한다. 하나는 현의 북쪽으로 30리에 있으며 도마
> 산(刀ケ山)에 있는데 속담에 옛 황제(皇帝)의 무덤이라 전한다."

즉, 평양 근처인 평안도 강동현에 큰 무덤이 있는데, 민간에서 단군묘
라고 전해진다는 것이다.

1993년 북한은 '단군릉'을 발굴하여 기록으로 전해지던 단군묘가 실
재라는 보고서를 발표했다. 북한은 이어 1994년 단군릉을 재건한 뒤 이
를 근거로 삼아 5,000여 년 전 고조선(단군조선)이 평양 일대에 존재했
다고 주장하고 있다.

　단군릉의 등장으로 북한학계의 움직임이 급변하게 되었는데, 가장 큰 변화는 고조선 중심지 문제에서 일어났다. 1963년 리지린의『고조선 연구』가 발표된 이후, 요령설이 정설로 받아들여지다가 평양 부근에서 '단군릉'이 발굴되면서 고조선 평양중심설이 받아들여지게 된 것이다. 고조선의 사회성격과 관련해서도, 단군릉 발굴 이전 북한 학계에서는 기원전 7세기경의 강상무덤(돌무지무덤)의 주인공은 고조선의 왕이며, 여러 명의 노예를 순장할 정도의 권력을 가졌으므로 고조선은 노예제 사회라고 주장했었다.

　그러나 단군릉 발굴 이후 북한 학계는 단군릉 및 여러 유적에서 나온 인골의 연대측정 결과를 근거로 하여 이미 기원전 30세기경에 순장이 실시되었고, 대동강 유역의 토성을 왕성으로 하는 단군조선이 존재했다고 주장하였다.

　이에 대해 남한 학계에서는 단군릉의 발굴 사실과 수습된 유물에 관한 기사는 신빙성이 있으나, 연구 방법과 부정확한 서술을 문제 삼아 이를 단군과 관련지어 해석하는 것은 설득력이 부족하다고 보고 있다. 대개 학계에서 단군릉을 단군의 무덤으로 보지 않는 구체적인 근거는 다음과 같다. 먼저, 단군릉은 일제 때 도굴되어 학술적 결론을 내기가 어려운 무덤이라는 문제점이 있다. 그리고 단군릉은 고조선이 아닌 고구려 시대 무덤 양식으로 개장한 무덤이라는 문제점이 있다. 또 단군릉에서 나온 인골을 전자상자성 공명법에 의해 연대 측정을 했는데 모두 같은 연대를 얻었다는 그 측정 연대의 부정확성의 문제가 있다. 마지막으로 북한 학계는 민족 개념을 경제·문화·지역 공동체의 역사적 공통성보다 핏줄과 언어의 공통성을 기본으로 보려는 경향의 차이점 등을 안고 있다.

(2) 범금팔조

『동국여지승람』은 범금팔조의 내용을 소개하면서, 이를 기자가 조선의 백성들을 교화하는 과정에서 만든 것으로 설명하고 있다. 그 내용은 다음과 같다.

> 팔조(八條)의 가르침: 반고(班固)의 『후한서(後漢書)』에 이르기를 "기자(箕子)가 그 백성들에게 예의와 농사짓기·누에치기·베짜기를 가르치고 백성을 위하여 금법(禁法) 8조를 만들었다. 사람을 죽인 자는 사형(死刑)으로 갚고, 사람을 상한 자는 곡식으로 갚고, 도적질한 자는 그 집의 노비로 몰입(沒入)시키고, 제 죄를 속량코자 하면 1인당 50만 전을 내되 비록 면죄되어 평민이 되나 풍속이 오히려 부끄럽게 여겨 혼인할 데가 없게 된다." 하였다.

위의 기록에서는 범금팔조의 3개 조항이 보인다. 첫째는 살인에 관한 조항, 둘째는 상해에 관한 조항, 셋째는 절도에 관한 조항이다. 이러한 범금 조항을 통해 당시 고조선 사회는 엄격한 계급 사회였고, 화폐가 유통되고 있었으며, 노동력을 중시하는 농경 사회라는 것을 알 수 있다. 또한 사유재산 침해에 대한 엄격한 처벌은 초기 계급 사회에서 나타나는 특징인 점을 감안할 때, 고조선 사회는 아직 계급 분화가 미약한 단계의 사회라는 것을 알 수 있다.

5장. 조선 후기 실학자들의 역사지리관과 고조선 연구

왜란과 호란이라는 치욕적인 국난을 경험하고 난 조선조 후기의 지식인들 사이에서는 상고사에 대한 관심이 비상하게 고조되어 갔다. 그 관심은 역사 지리, 즉 강역에 대한 관심으로부터 출발하여 정치사와 문화사를 심도 있게 복원하려는 노력으로 확산되었다.

그 시기에 역사 지리 문제에서 일반 사람들의 가장 중요한 관심사 중 하나는, 고조선, 3국 이래 우리나라의 평범한 영역이 어떠한 경로를 밟아 확장 혹은 축소되었으며 그 복잡한 과정을 통하여 결국 조선을 통일한 최초의 국가로 어떤 왕조가 나타났는가 하는 문제였다.

역사 지리에 관한 연구는 17세기 이래 실학의 중요한 새 연구 부분의 하나가 되었고, 16세기 말~17세기 전반에 걸쳐 우리나라가 수 차례 남북 외적의 침략을 받고 그 여파가 오래도록 계속하여 내려온 사정과 관련하여 국방에 관한 사상은 실학자들의 주요한 관심을 끌었다. 또 그것은 필연적으로 자기 나라의 유구한 역사, 역사 지리에 대한 절실한 연구 의욕을 자극하지 않을 수 없었다. 이리하여 16세기 말 이래 17세기, 18세기를 거치는 동안에 한백겸, 유형원, 신경준, 안정복, 정약용, 한치윤, 한진서 등 실학의 거장들의 빛나는 연구 업적들을 대성하고 그것을 더욱 발전시켜 뒤 사람들에게 넘겨주었다.

대개 연구자들은 실학자의 범주로 실학의 비조라고 불리는 유형원, 그리고 이익, 안정복, 이긍익, 정약용, 한치윤 등을 들고 있다. 여기에 북학론자로 박지원, 박제가, 홍대용 등 이용후생학파가 있다. 이들 가운데 이 장에서는 역사지리적인 측면에서 한국 고대사와 관련하여 실증적인 논증을 전개한 학자로 한백겸을 먼저 검토하고, 이익, 안정복, 신경준, 정약용, 한치윤을 중심으로 그들의 고조선과 한사군 연구를 살펴보도록 하겠다.

조선 후기 일련의 역사 찬술자들은 그 사관의 기초를 어디까지나 춘추적인 대의명분론과 실증주의에 두고, 그 기준에서 객관적 방법을 구사했다. 이 기초는 근대 사학이 있기까지 역사 찬술의 기본 태도가 되기도 했다.

한편 조선 후기에는 정통론이란 사론이 등장하는데 이는 단순히 대의명분만 강조한 것이 아니고, 한국사 특히 고대사를 일정한 역사의식 밑에서 체계화시키는 데 크게 기여했다. 사실상 고대사에 대한 체계적 인식은 정통론이라는 세례를 받아 종래와는 다른 역사 인식으로 등장했다.

그리고 17~18세기에 이르면 그동안 중국에서 논의되어 점차 변화되어 가던, 문화적 가치에 의한 화이론이 조선의 지식인에게 전해지면서 조선의 지식인들 사이에 종래의 소위 소출지처에 의한 화이론이 점차 지양되었다. 그리하여 다산 정약용에 이르러서는 화이(華夷)의 구분은 문명의 수준에 의하여 평가되어야 한다는 새로운 사상으로 나타나게 되었다.

이익에서 비롯한 정통론은 안정복에 이르러 역사파악에 있어서의 체계성을 낳게 하였고, 정약용에 이르러 현실론적 주장으로 중화주의의 절대성의 잔재가 일소되고 현실성에 입각한 역사의 이해를 가져오게 했다. 그리고 실학자들은 역사 연구의 측면에서 우리 강역에 대한 문헌 고증을 심도 있게 전개하여 근대 역사학으로 나아가는 초석을 마련하였다. 따라서 조선 후기 실학자들의 역사지리 연구 성과를 검토하는 것은 당시의 역사 인식과 연구를 이해하는 가장 중요한 작업이라 생각한다.

이 장에서는 먼저 고조선을 둘러싼 상고사 체계에 대한 실학자들의 시대적 인식 변천과 그 의미를 짚어 보려고 한다. 그리고 그것이 이후 근대 역사학에 어떠한 영향을 미쳤는지를 살펴보고자 한다.

1. 조선 후기 실학자들의 역사지리관과 고조선 인식

1) 왜란(倭亂)과 호란(胡亂) 직후

조선 후기로 들어오면서 사실 추구 성향을 띤 역사지리학이 태동하기 시작했다. 그 효시가 된 책이 바로 한백겸의 『동국지리지(東國地理志)』이다. 이후 역사지리를 전문적으로 연구하는 일군의 전문 학자와 전문 연구서가 출현하였다. 그것은 근대 역사학과 지리학의 학문적 기초를 마련한 것이기도 하다.

한백겸은 주자 성리학의 도덕적 편사 규범에 구애되지 않고 우리나라 고대의 강역을 문헌 고증의 방법으로 해명하는 데 주력하였다. 또한 한백겸은 활동할 당시 만주 일대를 장악한 후금의 여진족 세력에 대처한다는 현실적 동기로 인하여 군사적 요충지인 관방의 위치 비정에 많은 노력을 기울여 저술하였다.

그는 삼국 이전 시대에는 한반도가 한강을 중심으로 남과 북으로 나뉘어 독자적으로 역사가 전개된 것으로 이해하였다. 고조선과 관련해서는 한(漢)나라와의 경계인 패수(浿水)를 청천강(淸川江)으로, 왕검성이 위치한 열수(洌水)를 한강으로 비정하였다.

한백겸은 패수에 대해 조선의 북계(北界)인데, 대동강이 아닌 것은 분명하고, 또 마자수(馬訾水)가 있는데 이 강은 서개마(西蓋馬)를 나와 서안평(西安平)으로 들어간즉 압록강이라고 보았다. 따라서 청천강은 압록강과 대동강 사이에 있으니 패수는 청천강으로 비정할 수 있다고 하였다.

이러한 한백겸의 입론은 패수와 관련하여 중요한 자료들을 정확하게 짚어낸 것으로 현재 학계의 수준에서 보아도 설득력이 높다. 나아가 한사군의 위치도 낙랑군을 평양으로, 현도군을 함흥지방, 임둔군을 강릉 일대, 진번의 경우만 불명하여 조선·임둔·진국 사이에 비정하고 있는데, 이러한 연구 내용은 이후 한사군 위치에 대한 대체적인 틀을 세웠다고 할 수 있다.

『동국지리지』의 내용과 한백겸의 사상은 후대 역사지리학자들에게 많은 영향을 끼쳐 조선 후기에는『동국지리지』와 비슷한 체제와 내용의 역사 지리 연구와 서술이 행해졌다. 오운의 『동사찬요(東史纂要)』, 홍여하의 『동국통감제강(東國通鑑提綱)』, 유형원의 『동국여지지(東國輿地志)』, 홍만종의 『동국역대총목(東國歷代總目)』의 지지(地誌)에서 한백겸의 삼한설을 취하고 있다. 이들 서술에서는 한백겸의 연구에서 가장 미흡하게 다루었던 고조선의 문화와 강역에 대한 연구가 발전을 보게 되었다.

18세기 영조 대에 이르면 전대 이래의 대명존화적(對明尊華的) 시각을 지니고 있으면서도 새로이 우리의 문화에 대한 자각이 일어났다. 그리고 숙종대의 백두산정계비 사건 이후 자국 영토에 대한 의식이 강화되었으며, 청·일과의 영토 문제에 수세적으로 대처한 것에 대한 지식인 사회의 비판 여론이 비등하였다. 또한 『요사(遼史)』나 『성경지(盛京志)』와 같이 고조선과 한사군 및 고구려의 옛 강역을 만주 일대에 비정하는 역사서가 새로이 주목되면서 이에 바탕한 여러 연구들이 이루어졌다.

이러한 점은 동 시기에 활동한 이익이나 이종휘의 요동 지역에 대한 상고사의 지리비정이 『요사』계통의 주장과 그리 차이가 나지 않거나 『요사』를 적극적으로 인용하고 있다는 점에서도 찾아볼 수 있다.

이익(李瀷)의 역사 인식은 요순 3대와 한대를 이상시대(理想時代)로 보는 상고사상에 토대를 두고 있으나, 청(淸)의 흥륭으로 화이 질서가 무너져 버린 국제정세의 변동이 그의 한국사 인식에 적지 않은 영향을 주었

다. 즉 한국 고대사는 요순 3대 문화의 동방적 전개로서 당연히 소중화로
서의 정통성을 갖게 되며, 그 정통의 시발은 요·순·우와 동시기로 설정하
였는데, 이는 기자정통설을 극복했다는 점에서 중요한 의미를 가진다.

　이익은 고조선의 문화와 강역을 더욱 깊이 연구하여 소위 단군조선
의 국호는 '단(檀)', 기자조선의 국호는 '기(箕)'라는 신설을 주장하고, 그
강역은 순(舜)의 12주 안에 들어있다고 하여 만주의 요심(遼瀋) 지방(요
하(遼河)의 동서)을 단군과 기자조선의 중심지로 보았으며, 단군이 개국
했다는 태백산도 묘향산이 아니라 요지(遼地)에 있을 것으로 추측했다.

　기국(箕國)의 강역에 관한 문제는 요심을 중심으로 남쪽은 한강을 경
계로 하고 서쪽은 만리장성 밖의 요하 동서 지방에 미쳤다고 보았다. 또
한 한사군의 위치도 낙랑을 요동에, 진번은 요하 서쪽에, 현토를 요동
에, 임둔은 강원도에 새롭게 비정했다. 그러나 낙랑은 요동에만 있었던
것이 아니라 뒤에는 평안도와 강원도 쪽으로 이동한 것으로 이해했고,
현도 역시 요동에도 있고 함경도의 옥저 땅에도 있어 그 이동 과정을
상정하였다.

　이익이 단군과 기자조선의 강역을 요령성 지역으로 보는 근거는 『위
략』의 기록 가운데 고조선이 서방 2000여 리를 빼앗기고 세력이 약해졌
다는 내용에 두고 있다. 그리고 서쪽 땅을 빼앗긴 이후 한과 경계로 삼
은 만번한(滿潘汗)이 바로 만주와 심양(瀋陽: 번(潘)은 심(瀋)의 오자라
해석)을 가리킨다고 해석한 데 기인한다.

　이익은 한(漢)과 고조선의 경계로 『위략』 기록의 '만번한'을 주목했
고, 그 만번한을 만주와 심양에 대한 합성어로 해석함으로써 고조선의
위치를 만주 일대로 비정하게 된 것이다. 한사군 연구 역시 고조선의 위
치가 요령성 일대로 비정되면서 자연스럽게 그 지역에 비정하게 되는
결과를 얻게 되었다.

요하(遼河)

이렇게 이익이 단군조선의 중심지를 요하와 심양으로 본 것은 지금
까지의 통념을 뒤엎는 매우 파격적인 주장이었다. 이러한 새로운 견해
들은 18세기 초·중엽의 사학 수준에서 볼 때 세련된 문헌 실증 방법론
과 한중 양국의 문화교류 관계를 폭넓게 이해한 토대 위에서 도출되고
있다는 점에서 근대 사학에 일보 접근한 것이라고 말할 수 있다. 그리고
이익의 입론을 만주 지역을 우리 고대 조상들의 활동 무대로 해석하는
실학자들의 입론에 많은 영향을 주면서 수용되었다.

2) 18세기 말 이후

이익의 주장은 조선후기에 들어와서는 최초의 발언이지만, 그 다음
안정복의 『동사강목(東史綱目)』(1778)이나 홍봉한의 『문헌비고(文獻備
考)』(1770), 이긍익의 『연려실기술(燃藜室記述)』(1797), 이종휘의 『동사
(東史)』 등에서는 이익의 주장이 그대로 수용되고 있다.

이익의 주장은 안정복의 『동사강목』에 가장 큰 영향을 주었다. 안정

복은 사가(史家)는 반드시 강역을 먼저 정해야 하는데 우리나라 사서의 지리지(地理志)에는 근거할만한 것이 거의 없다고 생각하였기 때문에, 지리고(地理考)에 상당한 비중을 두었다.

안정복은 서문에서 「지리고」를 특별히 싣는 경위를 "상고하건대 역사를 읽는 자는 반드시 먼저 강역을 정해놓고 읽어야 한다. 그래야 점거한 상황을 알 수 있고, 전벌(戰伐)에서의 득실을 살필 수 있고, 분합(分合)의 연혁을 상고할 수가 있다."고 설명한다.

『동사강목』의 「지리고」는 강역이나 산강의 위치를 고증한 43개 항으로 이루어져 있는데 주로 한강 이북을 대상으로 하였으며, 특히 요동 지방에 깊은 관심을 나타냈다. 그것은 단군과 기자 이후로 이 지역이 우리나라 강역이었다고 보았기 때문이다. 더욱이 이 지역은 역사적으로 전략적 요충지로서 동북아 제패에 매우 중요한 지점으로 여겨졌다. 때문에 요동에 대한 실지회복의 요구도 크게 나타났다.

안정복은 단군의 강역을 요동에서 한수(漢水)로 비정하였다. 이러한 추정은 기자의 봉지(封地)가 요동이었던 것, 북부여가 단군의 후손이라는『고기』의 기록, 『고려사』 지리지에 있는 단군의 기록 등을 근거로 한 것이다. 안정복이 『고기』 기록을 자료로 인용하거나 후대의 단군에 대한 믿음이 투영된 삼랑성 유적을 단군조선 자료로 활용한 점은 당시 상고사의 무대에 대한 관심사의 반영이자 역사 연구 수준의 기본적인 한계라 할 수 있다. 즉 안정복의 연구는 근대 역사학에서 중시하는 엄격한 사료 비판과 고증이 많이 미흡함을 볼 수 있다.

기자의 강역에 대해서도 중국 측 기록들에 대한 고증과 도읍지인 평양의 위치를 고려하여 요동과 한수 이북으로 비정하였다. 그러나 안정복은 연(燕) 말기에 요동이 중국의 영역이 되었다고 생각하였다. 이는 『한서』 지리지에 보인 요동군 동부 속현 번한(潘汗)을 만번한이라고 생각하였기 때문이다. 그리고『위략』의 서방 2000여리 상실 기사를 1천여

리로 해석하는 등 요즘 우리 학계에서 중심지 논의와 관련하여 고민하는 내용을 안정복도 정리하고 있었음을 확인할 수 있다.

안정복은 한사군(漢四郡) 문제에 대해서도 낙랑군이 관서의 동북지역에서 영동에 이르는 지역을 경계로 위치하였고, 현토는 옥저성에 위치했다고 보았다. 진번은 홍경(興京)의 동남방이 확실하고 임둔은 영동지방을 벗어나지 않았다는 것이 안정복의 지론이었다. 대부분의 실학자들이 진번을 제외하고는 나머지 군현을 한반도에 위치하고 있었다고 보았던 것처럼 안정복 역시 비슷한 생각을 가지고 있었다.

안정복과 비슷한 관점에서 고조선의 영역을 만주 지역에 비정한 이가 신경준(申景濬)이다. 신경준은 1756년『강계고(江界考)』를 쓰고 후일 영조 때『동국문헌비고(東國文獻備考)』여지고(輿地考)를 편찬하였는데, 고조선(기자조선)의 강역을 새롭게 고증하여 그 서쪽 경계선이 요하 서쪽의 고죽국(孤竹國, 지금의 산해관 부근)과 북경 북쪽의 상곡 동쪽에까지 미쳤다고 주장하였다. 이러한 신경준의 해석에는 안정복의『동사강목』의 내용이 주요한 근거로 인용되고 있다. 즉 신경준은 안정복이 요서 지역에 고조선의 위치를 비정할 때 중요 자료로 이용한『위략』의 만번한을『한서』「지리지」에 나오는 번한현(潘汗縣)으로 보아 고조선이 요서 지역에 넓은 영토를 가지고 있다가 진개(秦開)의 침입 이후 요동을 경계로 하였다고 보았다.

안정복·신경준의 생각과 비슷하게 고대 한국의 역사 지리에 대해 인식한 실학자는 한치윤과 그의 조카 한진서이다. 이들의 생각은 한진서의『해동역사(海東繹史)』「지리고」에서 확인할 수 있다. 그 주장을 요약하면 고조선의 '조선'이라는 명칭은 단군으로부터 시작되며, 기자조선의 수도는 지금의 평양이라는 것이다. 또 영평부(永平府)가 기자의 수봉지(受封地)라는『대명일통지(大明一統志)』의 기록은 잘못이고, 기자조선의 강역은 뒤에 요서 지방을 훨씬 넘어섰다고 보았다. 패수는 대동강이며, 평양과 왕검성은 별개 지역으로서, 지금의 성천(成川)이 왕검성(王儉城)이고,『통전(通典)』에서 평양을 왕검성이라 한 것은 잘못이며,『삼국사기』에서 단군 이름을 왕검이라 한 것도 잘못이라고 보았다.

이러한 견해는 동시기 정약용의 고조선 지리 고증과 비교하여 약간의 차이가 있다. 다만 기자조선의 영역이 요서 지역을 넘는다는 주장은 정약용의『아방강역고(我邦疆域考)』내용과 완전히 일치하고 있어 지리고가『아방강역고』를 참조한 것으로 보인다. 그러나 패수를 대동강으로 보거나 평양과 왕검성을 구분하는 주장은 논리적이지 못하고 설득력이 떨어진다.

조선 후기에 상고 시기의 역사 지리에 대한 연구는 정약용에 의해 한 단계 진전되게 된다. 정약용의 역사 지리에 대한 관심은 오래전부터 있어왔던 것으로 보이는데, 1811년(순조 11)에 그동안의 생각을 담은『아방강역고』책을 찬술하게 된다.

『아방강역고』저술의 첫째 목적은 기존 역사서의 오류를 바로 잡으려는 의도가 있었다. 실제로 그의 책에서는『삼국사기』와『동국여지승람』의 잘못을 지적하고 있다. 그리고 당시 국내에는 고조선의 강역, 고조선의 도읍지 평양의 위치를 만주에 비정한다든가, 한사군의 위치를 만주에 둔다든가, 발해를 적극적으로 우리 역사에 넣으려는 견해가 대두되었고, 그러한 우리 영토와 역사 지리에 대한 관심이 책을 저술한 동기로 작용했다.

『아방강역고』「조선고」에서 정약용은 먼저 조선에 대해 그 명칭의 기원부터 확인하여 평양의 땅 이름이 조선이었다는 사실을 밝히고 있으며, 조선은 기자가 도읍한 본거지로 비정하고 있다. 이에 따라 기자 이후부터 한나라에 이르기까지 영역 변천을 시대 순으로 살피고 있다. 정약용은 고조선의 중심지가 한반도이기 때문에 한사군도 진번을 제외하고는 모두 압록강 남쪽에 있었던 것으로 보았다.

이러한 정약용의 역사 인식은 유교적 명분론이나 정통론에 입각한 것이기 보다는 종족적 요소와 영토를 중시하는 현실적인 것으로, 이는 당시 정통론적 입장에 서 있던 안정복 등과 대립되는 것이기도 했다.

정약용은 한백겸과 마찬가지로 한국 고대사를 이원적으로 파악하여 열수(洌水:漢江) 이북은 조선, 이남은 삼한으로 보았다. 우리 역사에 대한 이들의 인식체계는 자신들이 처한 조선 시대의 입장에서 얻어진 영토 의식을 역사 속에 투영하면서 상고 이래 한반도는 원래 우리의 영토였음을 주장하는 것이었다.

실학자로 포함시키기는 애매하지만, 고조선을 포함해 한국 고대사의 활동 무대를 만주 지역으로 이해한 대표적인 학자로 이종휘(李種徽)를 살펴볼 필요가 있다. 이종휘는 『동사(東史)』에서 한국 고대사의 판도는 북방의 고조선 지역과 남방의 삼한 지역으로 나누어진다고 보았다. 이 가운데 고조선 지역의 범위는 한반도 북부 지역과 요동과 심양 일대를 비롯한 만주 지역의 상당 부분을 포함하는데, 이종휘는 이 지역을 고조선의 옛 땅이라는 의미에서 '조선고지(朝鮮故地)'라고 일컬었다. 즉, 이종휘는 만주와 한반도를 하나의 국토 개념 속에 포괄적으로 서술하되, 북방 중심의 강역 의식을 가지고 있었다.

이러한 고조선 인식을 바탕으로 이종휘는 현재의 강토가 단군조선, 기자조선의 영토에 비해 5분의 2로 축소되어 애석하다고 하면서 '만주수복론(滿洲修復論)'을 제창한다. 만주 지방이 단군조선, 기자조선, 고구려, 발해의 영역이었다는 역사적 정당성 외에도, 이 지역은 군사전략상 청의 군량미 보급지이자 남침의 근거지로 삼는 요충지이기 때문에, 압록강, 두만강 이남에 이만한 요새지가 없는 우리로서는 반드시 수복해야 한다는 것이다. 이는 이종휘의 북방 중심의 고조선 인식이 현실개혁의 바탕이 되어, 국방론으로 이어진 것이라 볼 수 있다.

이상의 조선 후기 실학자들의 글 속에는 비록 소박한 형태로 개진되었지만 20세기 들어 치열한 논쟁의 대상이 된 주제인, 고조선의 중심지 위치에 대한 세 가지 설이 이미 모두 나타나고 있다. 만약 실학자들의 실증적인 학풍이 계승·발전되어 나갔다면 고조선사를 포함한 한국 고대사에 대한 논의는 보다 바람직한 방향으로 진전되었을 것이다. 그러나 조선 역사는 일제 식민지로 귀결되었고, 실학자들의 문헌 고증에 바탕한 역사 지리 연구 흐름 또한 단절되고 말았다.

2. 일제 시기의 역사 서술과 고조선 인식

위에서 살펴 보았던 실학자들의 역사지리적 관점에서의 논의는 일제 식민통치 시기까지 이어졌다. 일제 시기 고조선사와 관련해서는 구체적으로 일본학자들과 민족주의 사학자로 나뉘어져 각자의 민족적·현실적 처지와 관련하여 고조선의 평양중심설과 요동중심설이 대립되었다.

특히 1920년대와 1930년대의 역사 서술과 역사 인식은 크게 세 가지 측면에서 이루어졌다. 첫째는 이마니시(今西龍), 시라토리이(白鳥庫吉)나 이병도와 같이 소박한 합리주의적 역사 서술을 하는 부류이다. 이들을 학계에서는 문화사학자로 보고 그들의 역산인식을 문화사관으로 분류하였다.

이들의 고조선에 대한 연구는 재평양설에 입각한 조선 시대 실학자들의 연구를 바탕으로 하면서 평양 지역의 고고학적 발굴성과까지 참고하여 진행되었다. 이들의 연구는 한사군 및 위만조선 연구에만 관심을 두었고, 고조선은 평양지역에서 세형동검 사용 단계에 등장하였다고 보았다.

문화사학자들은 언어학이나 문헌 사료를 동원하여 단조롭게 역사지리를 인식하는 서술을 하였다. 이마니시 류는 「열수고(洌水考)」에서 한백겸과 정약용을 비롯해 조선시대 여러 학자들이 열수(洌水)=한강설(漢江說)을 주장한 것을 비판하며 "만약 열수가 한강이라고 한다면 위만조선의 수도인 왕험성(王險城)은 한강 연안에서 찾아야 하는데, 이는 여러 문헌 기록과 상치된다. 따라서 왕험성은 지금의 평양 지역이 확실하다"고 주장하였다.

근대 역사학자로 고대 강역의 역사적 해명에 힘을 기울였던 이병도(1896~1989) 역시 일인학자들의 연구와 같은 방법론을 바탕으로 역사 지리 측면에서 연구를 진행하였다. 이병도는 여러 학자들이 해결하려고 하였던 강역 문제를 "역사지리상의 문제"라고 적고 있다.

이병도는 1928년 「고조선사군강역고」를 연재하면서 기존의 연구가 당시 지리적 상태나 당시의 대세를 무시하였다고 비판하면서 고조선 및 한사군의 역사지리 연구에 있어 근본 자료에 대한 치밀한 분석, 기왕 학설이 갖는 문제점에 대한 비판적 태도, 지리적 상태와 당시의 대세에 대해 중시하였다.

이병도는 "지리는 역사를 지배하지는 못하지만 이에 영향을 미치는 일은 많으므로 이제 역사 서술 들어가기 전에 먼저 만선(滿鮮) 양 지방의 지리를 개언(槪言)할 필요가 있다"고 하여 만주와 한반도의 지리적 환경을 함께 주목하고 있다. 이러한 이병도의 역사지리에 대한 관심은 일본의 동양사학자 가운데 역사의 기초를 지리라고 설정한 시라토리이이나 쓰다 소키치(津田左右吉), 그리고 이케우찌(池內宏) 같은 일본의 스승들로부터 배운 바가 컸다. 한편 이병도의 고조선 및 한사군, 삼한과 관련된 역사지리 연구는 한백겸과 안정복, 특히 정약용 같은 조선후기 실학자들이 이미 많이 고민해 왔던 내용을 바탕으로 수행되었다.

이병도를 포함한 일인학자(日人學者)의 연구는 근대 사학에서 요구하는 우리 역사의 독자성, 개별성을 근대적으로 재구성하려는 노력 속에서 수행되었으며, 그 연구 성과가 일본의 역사 인식과 대치되는 면을 외면하고 객관적이고 합리주의적 서술만을 추구했던 것으로 보인다.

일제시기 역사 서술의 두번 째 흐름은 우리 역사의 독자성을 강조하였던 민족사학자들의 연구를 들 수 있다. 민족해방운동 차원에서 역사학을 연구한 이들의 논의는 학술적인 접근에 있어 20세기 초반 식민지라는 상황에서 항일 독립운동의 중요한 정신적 지주로서 이른바 '단군민족주의'가 주요한 연구 주제였다. 나아가 '웅대한 고조선'의 역사상을 통해 민족정신을 진작시키고 조국 광복을 되찾자는 민족 운동 차원으로 고조선사가 연구되었다. 따라서 실학자들 가운데 만주 고토 수복론을 주장한 이종휘 등의 논의가 큰 영향을 미쳤으나 다산 정약용 등 한반도 중심의 입장은 이들에게 그다지 주목을 받지 못하였다.

일제 시기 세번 째 연구의 흐름으로 우리 역사를 세계사적 발전 법칙에 맞추어 역사발전론을 적용하여 서술하려고 하였던 백남운, 이청원 등의 연구를 들 수 있다. 이들은 발전의 논리를 갖고 역사 서술에 접근하였으며, 당시 사회의 문화적 특징이나 지리 문제를 거의 다루지 않았다.

이상 세 부류의 연구 흐름에서 소박한 합리주의적 사관에 입각해서 문화사관을 펼치고 해방 후에 학계의 고대사 연구를 주도하였던 이병도의 고조선사 연구에 대해서는 해방 이후 편에서 살펴보도록 하겠다.

3. 실학자들의 연구가 최근 고조선 중심지 논의에 미친 영향

실학자들의 역사지리적 관점에서의 논의는 최근 고조선 중심지의 위치를 둘러싼 논쟁에까지 많은 영향을 미치고 있다.

최근 고조선 중심지 논의와 관련하여 가장 주목하는 자료는 『위략(魏

略)』의 기록이다.『위략』에는 중국 제후국 연나라가 강성하여 '국(國)'을 칭하자 고조선 역시 '국'을 칭하고 세력을 키우다가 연장 진개의 침공으로 서쪽 땅 2000여리를 빼앗기고 만번한이라는 곳을 경계로 중국과 영토를 달리하였다고 한다. 그리고 이후 조선은 점점 약해져 진(秦)이 천하를 통일한 이후에는 몽염을 시켜 장성을 쌓아 요동에까지 이르게 하였다고 한다.

『사기』 조선열전(이 위만조선 및 한-고조선 전쟁 기사만 자세한 것에 비한다면『위략』의 기록 내용은 고조선사를 복원하는 데 대단히 중요한 정보를 제공하고 있다. 특히 전국시대 후반 연과 경계를 이룬 만번한은 패수와 함께 고조선의 지리적 위치에 대한 매우 중요한 지리적 정보를 제공하고 있다. 그리고 고조선의 서쪽 땅이 2000여리에 이르렀다고 하는 기사 역시 고조선의 지리적 위치와 관련하여 많은 점을 시사하고 있다.

현재 일부 연구자들은『위략』기록의 신빙성을 근거로 고조선의 영역이 상당히 넓었고 요하 서쪽에까지 이르렀다는 인식을 하고 있다. 그러나 대부분의 학자들은 고조선 서쪽 땅 "2000여리(二千餘里)"라는 수치에 대해 연이 요하 서쪽에서 동호로부터 1000여리를 빼앗고 계속해서 요하 동쪽의 이른바 고조선의 영토에 진공하여 1000여리의 땅을 빼앗아 "만번한"에 이르러 비로소 고조선과 경계를 정하게 되었다고 보고 있다.

이때 만반한의 위치는 고조선의 구체적 위치와 관련해 매우 중요하다.『한서』지리지에 의하면 전한 때의 요동군의 속현으로 문현(汶縣)과 번한현(潘汗縣)이 있었는데, 이 문(汶)·번한(潘汗) 두 현의 연칭(連稱)이 만번한과 통함은 분명해 보인다. 이 점은 안정복도 언급했지만 정약용에 이르러 분명하게 논급되고 있다. 이 가운데 문현의 위치에 대해서는 위(魏) 정시(正始) 원년(240)에 요동의 문현과 북풍현(北豊縣)의 유민이 산동반도로 건너갔다는 기록으로 보아 요동 일대에 위치했음을 알 수

있다. 다만 번한현의 경우는 청천강(淸川江) 유역으로 보는 입장과 요동
으로 보는 입장이 있다. 번한현을 청천강변의 '박천(博川)'으로 보는 입
장과 문현과 가까운 요동 일대로 비정하는 입장이 있다. 두 입장 모두
일정한 근거가 있는데, 이러한 논의의 출발에는 다산 정약용과 순암 안
정복의 입론이 배경이 되었다고 할 수 있다.

『사기』 흉노열전에는 동호(東胡)를 치고 장성(長城)을 설치한 곳이 요
동의 '양평(壤平)(현 요양시)'까지 1,000리라고 했고, 『위략』에서는 고조
선을 치고 경계로 삼은 요동의 만번한까지 2,000여리라고 했다. 우리 학
계에서는 두 기록을 합리적으로 이해하는 과정에서 대개 2,000리 가운
데, 1,000리는 동호를 치고 나머지 1,000리는 고조선을 친 것으로 이해하
고 있다. 이러한 입장을 더 강화하여 연장 진개가 동호를 1천여리 몰아
내고 사실상 요서 지역까지만 이르렀고, 거기서부터 요동반도 서남부
개평(蓋平) 일대의 '만반한'까지의 거리가 1,000리라고 주장하기도 한다.

이 주장 역시 『사기』 흉노열전의 기록과 압록강에서 북경까지의 거
리를 2100리로 보고 이 땅을 모두 연에게 빼앗긴 것이라는 다산 정약용
의 주장을 참고하고 합리적으로 해석하는 과정 속에서 나왔다고 할 수
있다. 다만 다산 정약용의 경우 『사기』 흉노열전에는 연나라가 조양(造
陽, 현 하북성 회래현)으로부터 양평(襄平, 현 요동 요양시)에 이르는 장
성을 쌓고 이 지역에 오랑캐의 침입에 대비하기 위하여 5군을 설치하였
다는 기록에 대해 주목하지 않은 한계가 있다.

조선 후기 실학자들의 글 속에는 비록 소박한 형태로 개진되었지만
20세기 들어 많은 논란의 대상이 된 고조선의 중심지 위치에 대한 세
가지 설이 모두 나타나고 있다. 만약 실학자들의 실증적인 학풍이 계
승·발전되어 나갔다면 고조선사를 포함한 한국 고대사에 대한 논의는
보다 바람직한 방향으로 진전되었을 것이다. 그러나 조선 역사는 일제

식민지로 귀결되었고 실학자들의 문헌고증에 바탕한 역사 지리 연구 흐름 또한 단절되고 말았다.

다만 실학자들의 연구 성과는 일제 시기와 해방 후 오늘날까지도 일정하게 영향을 미치고 있다. 특히 실학자들 가운데 가장 치밀한 논지를 전개한 정약용은 한사군의 위치 비정을 통해 대체로 압록강 이남을 우리의 영역으로 보면서 압록강 중류의 이북 지역에 대해서는 우리 영역과 관련이 있는 지역으로 보았다. 그러나 압록강 이북 지역을 우리 강토로 생각한 것은 분명 아니었다. 이는 일제 시기와 해방 후 한국 고대사 연구의 방향을 제시한 이병도의 입론의 근거가 되었다.

무엇보다 정약용 등 실학자들의 고조선사에 대한 인식에서 중요시되는 것은 실증에 입각한 문헌 고증과 비판 정신이다. 오늘날 고조선사를 연구하려는 학자들이 실학자들이 실증한 문헌자료 외의 것을 찾는 것은 불가능하다고 할 정도로 방대한 문헌 고증은 고조선사를 연구하려는 연구자들에게 귀중한 자료를 제공하고 있다 하겠다.

오늘날 고조선사에 관한 위치나 강역의 문제가 애국심 논쟁으로까지 비화되고 있는 실정에서 가장 필요한 것은 엄밀한 사료 비판을 통해 객관적인 고조선을 이해하는 것이라고 할 때 정약용 등 실학자들의 연구 방법과 비판 정신은 훌륭한 귀감이 되고 있는 것이다.

6장. 정약용의 『아방강역고』에 나타난 고조선 인식

고조선은 우리 역사상 첫 국가이다. 때문에 고조선사는 우리 민족사의 시작이자 민족의 동원성과 유구성에 대한 관심의 대상으로 인식되어 왔다. 고조선의 역사에 대한 관심은 고려 말 『삼국유사』에서부터 시작하여 『제왕운기』와 조선 시대에 들어와 많은 관심과 연구가 있어 왔다. 그러나 오랜 시간이 지나면서 후대에 인식된 고조선사는 당시의 시대적 상황에 따라 각각 다르게 표현되었다. 이것은 오늘날 우리가 고조선을 인식하는 데 어려움을 주고 있다.

조선 후기에는 왜란과 호란에 대한 충격으로 반왜(反倭)·반청(反淸)의식이 높아지고 민족의식이 강화되었으며, 붕당정치의 활성화와 사회모순의 격화에 대응하여 정치적 민주화와 사회개혁에 대한 관심이 높아지면서, 이러한 역사의식을 반영하는 수십 종의 사서가 편찬되었다.

특히 17세기 이후로 발달하기 시작한 실증적 역사 연구는 19세기에 들어와 활짝 꽃을 피웠다. 청으로부터 들어온 고증학의 영향이 도덕 위주의 성리학을 대신하게 된 것이다. 또한 이 시기에는 역사 발전의 원동력을 도덕적 기준에서만 보지 않고 과학기술이나 사회 경제적 조건에서 찾으려는 시각의 전환과 아울러 일반 민중까지도 역사 주체의 일부로 이해하려는 경향이 나타났다. 이는 역사 인식의 방향이 한층 과학성과 근대성을 띠면서 나오는 추세라고 할 수 있다.

한편 국제질서가 도덕적 관계에서 약육강식의 세력관계로 바뀌었음

을 자각하고, 약소국의 처지에서 벗어나 '자치·자강'의 힘을 기르기 위
해서 잃어버린 만주의 수복을 열망하게 되었으며, 이에 따라 고조선·삼
한·고구려·백제·발해 등 고대사의 강역에 대한 역사지리 연구가 활발
하게 진행되었다.

이처럼 역사 지리에 관한 연구는 17세기 이래 중요한 새 연구 부분의
하나로 되었다. 16세기 말, 17세기 전반에 걸쳐 우리나라가 수차 남북
외적의 침략을 받고 그 엄중한 후과들이 그 후 오래도록 계속하여 내려
온 사정과 관련하여 국방에 관한 사상은 조선 후기 실학자들의 주요한
관심을 끌었다. 또 그것은 필연적으로 자기 나라의 유구한 역사, 역사
지리에 대한 절실한 연구 의욕을 자극하지 않을 수 없었다.

역사지리적 관점에서 고조선사에 대한 본격적인 연구는 17세기부터
이루어졌다. 이러한 시대적 배경에서 면밀한 고증에 의한 고대 역사 지
리 연구의 효시라고 할 수 있는 한백겸의『동국지리지』와 정약용의『아
방강역고』가 나올 수 있었다. 정약용은『아방강역고』「조선고」에서 '조
선'이란 이름은 반드시 '평양(平壤)'에서 시작된 것이라고 강조하였다.
그 주장은 지금까지도 몇몇 학자에 의해 계속되고 있다. 이른바 고조선
중심지 재평양설은 필자를 포함한 남한 학계의 일부 학자, 일본 학계의
대부분과 단군릉 개건(改建) 이후 북한 학계에서 주장하고 있다.

필자는 기본적으로 정약용의 한국 고대사 인식 체계와 고조선사에 대
한 입론에 동의한다. 오늘의 연구 수준에서 보더라도 정약용의 주장은
매우 설득력이 있고 합리적이다. 따라서 이 장에서는 정약용의『아방
강역고』에 보이는 고조선사 내용을 세밀하게 분석하여 그 논지와 한계
를 서술하고, 그의 어떠한 주장이 오늘에까지 계승되는지를 살펴보고
자 한다.

이 장에서는 정약용의 고대 역사지리에 관한 연구만을 검토대상으로
삼고자 한다. 정약용의 500여 권에 달하는 방대한 정치 경제에 관한 저

술들은 모두가 역사적인 안목에서 다룬 것이기 때문에, 그의 역사연구의 전모를 이해하려면 이 모든 저술들을 검토 대상으로 삼아야 할 것이다. 그러나 4권의 『아방강역고』 분량만도 방대할 뿐만 아니라, 저자의 만년의 저술로서 독창적인 견해가 가장 풍부하게 나타나고 있다는 점에서 그의 대표적 역사지리연구서로 보아 의심할 여지가 없다. 또 이 책은 후세에 미친 영향이 크다는 점에서도 주목할 가치가 크다.

1. 『아방강역고(我邦疆域考)』에 나타난 고대의 역사 인식 체계

1) 집필 동기

정약용의 우리나라 역사 지리에 대한 관심은 청년 재관 시절에 이미 상당한 학문적 수준에까지 이르고 있었다. 28세가 되던 1789년(정조 13)에 실시된 내각친시(內閣親試)의 지리책(地理策)에 대한 시험에서 그는 수위로 합격하였다. 내각친시 대책 지리책의 시제(試題)의 요지는 고조선, 부여, 예맥, 3한, 4군, 3국, 신라, 발해, 고려, 조선의 유구한 시기와 광범한 지역에 걸쳐 역사 및 역사 지리에 관한 중요 사실들이 어떠한 연혁을 밟아왔으며 그것들에 어떠한 역사적 평가를 주어야 할 것인가를 묻는 것이었다.

당시 역사 지리 문제에서 일반 사람들의 가장 중요 관심사의 하나는 고조선, 3국 이래 우리나라의 평범한 영역이 어떠한 경로를 밟아 확장 혹은 축소되었으며, 그 복잡한 과정들을 통하여, 결국 조선을 통일한 최초의 국가로 어떤 왕조가 나타났는가 하는 문제였다.

시제 중에는 그 시기의 일반적 사상을 반영하여 "발해의 옛 영토가 절반은 거란으로 들어갔으니, 고려 태조의 국내 통일에 남은 한이 없겠느냐?"라고 하는 구절도 들어 있었다.

이에 대해 정약용은 "고구려가 단절한 후에 발해가 그 뒤를 이어 구 영토의 대부분을 회복하였었는데, 그것이 다시 거란에게 공멸되고 그 영토의 절반 이상이 거란으로 들어가서 고려 태조가 그것을 완전히 통일하지 못하였으니 우리 국토의 발전에 진실로 한이 많다."라고 대답하였다.

이 답안은 정약용이 조선의 국가 영토 소장(消長)의 흐름을 정확히 파악하였을 뿐 아니라 우리 역사상 매 시기의 중요 사실들을 마음 깊이 파악하고 있다는 것을 말해준다.

정약용은 이 지리책 답안의 마지막 부분에서 다음과 같이 건의하였다.

"우리나라 관찬 지리서들로 말한다면, 김부식의 『삼국사기』 지리지는 확실한 증거가 있음에도 불구하고 미상이라고 덮어 놓은 것이 많고, 정인지의 『고려사』 지리지는 착오된 것이 허다하며, 『여지승람』은 연혁의 사실들을 정확히 싣지 못한 것이 많으며 『문헌비고 여지고(輿地考)』에는 누락된 명론(明論)들도 적지 않다. 대개 국가에서 무슨 편찬 사업이 있을 때마다 당쟁의 이해에 끌려 기사의 취사선택을 그르치는 일이 허다하니 이것은 지리서 하나에도 아직 사람들의 신뢰를 받을만한 결정판이 나오지 못하는 이유로 되고 있다.

무릇 얻기 어려운 것은 때요, 잃기 쉬운 것은 기회인데 지금 다행히 성세를 만났으니 과거의 우수한 성과들을 참작하고 현재 여러 사람들의 지혜를 모아 일대의 권위 있는 지리서를 편찬하는 것이 어떠한가?"

정약용이 실학의 우수한 개별 연구 성과들이 있음에도 불구하고 당쟁의 이해관계를 초월하여 권위 있는 관찬 지리서를 편찬하자고 제의한 것은 물론 탁론이며 그것은 또 이 문제에 대한 그의 한없는 열정을 표현한 것이었다.

그러나 정약용의 이 정당한 제의는 그때의 왕정에서는 실현되지 못하였다. 이 제의가 실현되지 못한 중요한 이유는 정약용도 언급했듯이 바로 엉클어진 당쟁의 이해 관계였다. 『아방강역고』는 정약용의 개인 저서이기는 하나 이 분야에서 선행한 실학 거장들의 우수한 성과들이 비판적으로 섭취 도입되고 다시 자신의 창견이 충분히 발휘된 명저인 바 그 학술적 내용의 원 틀은 대체로 「지리책」 당시에 이미 구성된 것이었다.

정약용의 『아방강역고』에 서술된 고대 역사 인식체계는 한백겸의 『동국지리지』 내용을 많이 참작하였다. 한백겸은 삼국 이전시대에는 한반도가 한강을 중심으로 남과 북으로 나뉘어 독자적으로 역사가 전개된 것으로 이해하였다. 고조선과 관련해서는 한(漢)나라와의 경계인 패수를 청천강으로, 왕검성이 위치한 열수를 한강으로 비정하였다. 한백겸은 패수에 대해 조선의 북계인데, 대동강이 아닌 것은 분명하고, 또 마자수가 있는데 이 강은 서개마를 나와 서안평으로 들어간즉 압록강이라고 보았다. 따라서 청천강은 압록강과 대동강 사이에 있으니 패수는 청천강으로 비정할 수 있다고 하였다.

그로부터 11년 뒤인 1800년(정조 24)에 그는 『문헌비고(文獻備考)』의 오류를 조목별로 지적한 『문헌비고간오(文獻備考刊誤)』(3권)를 저술하였는데, 이 책에서도 『문헌비고』 가운데 『여지고(輿地考)』에 관한 비판이 가장 큰 비중을 차지하고 있다. 그는 이미 내각친시의 지리책에서도 『문헌비고』의 지리 서술에 대한 불만을 어렴풋이 토로했는데, 이제 그것을 더 구체화하여 위 책을 펴낸 것이다.

그의 역사지리에 대한 관심은 유배 시절에 더욱 깊어져서 1811년(순조 11)에 『아방강역고』를 완성하고, 해배(解配) 뒤에 발해 관계를 보완하여 속고(續考)를 첨부하였다(1833). 이밖에 왜란과 호란의 전란 기사를 수집한 비어고(備禦考)가 말년에 편찬되었고, 그의 제자 이정(李晴)에 의해서 편찬된 것이기는 하지만, 우리나라 하천사(河川史)에 해당하는『대동수경(大東水經)』(1814)에도 정약용의 역사지리에 관한 의견이 많이 반영되어 있다.

위의 내용들을 종합하여『아방강역고』의 저술 목적을 살펴보면 첫째, 기존 역사서의 오류를 바로 잡으려는 의도가 있었음을 알 수 있다. 실제로 그의 책에서는『삼국사기』와『동국여지승람』의 잘못을 지적하고 있다. 둘째, 당시 국내에는 고조선의 강역, 고조선의 도읍지 평양의 위치를 만주에 비정한다든가, 한사군의 위치를 만주에 둔다든가, 발해를 적극적으로 우리 역사에 넣으려는 견해가 대두되었고, 그러한 우리 영토와 역사 지리에 대한 관심이 책을 저술한 동기로 작용했다고 생각된다.

2)『아방강역고』에 보이는 고대의 역사인식 체계

(1)『아방강역고』의 구성 및 방법론

힘든 유배 생활 속에서 조선 후기 실학의 집대성 작업이 이루어졌다. 귀양 시절이던 1811년에 쓰고 1833년에 수정 보완한『아방강역고』(4권)에서는 두 가지 새로운 관점을 가지고 우리나라 고대 정치사와 강역을 새롭게 고증했다.

정약용은 실증적 역사 방법을 매우 중시하였다. 이것은 광범위한 자료 수집과 엄격한 자료비판에 근거하여 논리적으로 타당한 결론을 끌어내는 것이었다.『아방강역고』조선고에서는 "기자 당시의 영역은 넓지 않았다."라는 주제를 제시한 뒤,『위략』,『당서』,『위서』,『대명일통지』등을 제시하여 이들을 근거로 자신의 주장을 입증하는 방식을 취했다. 두찬(杜撰)으로 알려진 엉터리 역사서, 예를 들면『요사』지리지,『청일통지(淸一統志)』등의 기록과 신비적인 내용이 많은 우리나라의『고기』들을 믿지 않고, 고대에 편찬된 중국측 기록을 면밀히 검토하여 강역을 고증한 것이다.

정약용의 고대사 체계와 지리 고증은 북학파의 그것과도 매우 대조적이었다. 유득공·박지원 등 북학파 학자들은 대체로 고조선과 발해의 중심지를 요동에 비정하는 『요사』, 『성경지(盛京志)』, 『일통지(一統志)』 계통의 기록을 그대로 신빙하는 경향이 있었다.

박지원의 『열하일기(熱河日記)』에도 요동을 지나며 여러 학자들이 요동 벌판을 고조선의 무대로 비장한 것을 언급하며, 자신도 요동 벌판을 고조선의 무대로 보고 있음을 언급하고 있다.

영·정조 때 편찬된 『동국문헌비고(東國文獻備考)』도 같은 경향이 보이고 있다. 그러나 정약용은 『요사』 계통의 사서가 두찬이라는 것을 신랄하게 폭로 비판하면서 고대사의 중심지를 한반도에 비정하는 입장을 취하고 있다.

『요사』 계통의 사서에 대한 비판은 정약용보다 앞서 안정복의 『동사강목(東史綱目)』(1778)에서 먼저 시도된 바 있고, 정약용과 거의 동 시대인 한치윤(韓致奫)의 『해동역사(海東繹史)』에서도 똑같이 나타나고 있다. 이들은 모두가 기호남인으로서 공동보조를 취하고 있는 것을 볼 수 있다. 다만 한 가지 유의할 것은 『요사』에 대한 비판은 『요사(遼史)』를 특히 많이 참고하여 쓴 청(淸)의 관찬 사서 『만주원류고』(1778, 정조2)에 대한 간접 비판의 의미를 갖는다는 사실이다. 이 책은 만주 중심, 청나라 중심의 입장에서 한국사를 청나라 역사에 해소시켜 버린 것이다. 따라서 정약용 등 남인 학자들이 고대사의 강역을 반도에 비정한 것은 결과적으로 청나라의 부용적 위치로 전락된 한국사를 독자적인 역사로 끌어들이는 데 기여했다고 볼 수 있다.

정약용이 『아방강역고』를 집필한 다산초당

한편 정약용은 『아방강역고』를 저술하면서 자료를 모은 뒤 연대적인 배열을 중시하였다. 『아방강역고』의 체재를 살펴보면, 먼저 고조선에서 발해에 이르기까지의 역사 지리 내용의 항목배열을 연대순으로 하였기 때문에 항목배열이 저절로 역사체계를 이루도록 되어 있다. 따라서 이 책은 어느 정도 통사적(通史的)인 성격도 띠고 있다고 할 수 있다.

『아방강역고』의 목차는 다음과 같다.

  권1 조선고-기자, 사군총고, 낙랑고, 현도고. 권2 임둔고, 진번고, 낙랑별고, 대방고. 권3 삼한총고, 마한고, 진한고, 변진고. 권4 변진별고-가라고, 옥저고. 권5 예맥고, 예맥별고, 말갈고. 권6 발해고. 권7 졸본고, 국내고, 환도고, 위례고. 권8 한성고, 팔도연혁총서 상. 권9 팔도연혁총서 하, 패수변, 백산보. 권10 발해속고, 홍석주의 발해세가. 권11 북로연혁. 권12 서북로연혁, 구련성고

『아방강역고』에서 다루어지고 있는 내용은 크게 세 가지로 분류할 수 있다.

첫째는 고조선에서 발해에 이르기까지의 고대국가의 강역과 그 역사를 고증한 것이다. 여기에서는 먼저 조선고(朝鮮考)라는 이름 아래 기자조선의 강역과 그 역사를 고증하고, 이어서 한사군에 총론과 각론을 차례로 서술하여 사군(四郡)의 위치와 그 역사를 고증하고 있다.

두 번째로는 삼한(三韓)을 총론과 각론으로 구별하여 마한·진한·변진(가라)의 위치와 역사를 다루고 있다. 그 다음에는 옥저·예맥(濊貊)·말갈(鞨鞨)·발해의 순으로 북방 여러 나라의 위치와 역사를 검토하였다. 이중에서 정약용이 가장 주력하고 있는 것은 조선과 삼한, 사군 그리고 발해에 관한 항목이다.

『아방강역고』에서 다루어지고 있는 두 번째의 큰 내용은 고구려와 백제의 수도의 위치이며, 이에 부수하여 패수(浿水)와 백산(白山)의 위치를 개별 항목으로 설정하고 상세하게 고증하고 있다. 고구려의 초기 수도인 졸본(卒本)·국내(國內)·환도(丸都), 그리고 백제의 초기 수도인 위례(慰禮)와 한성(漢城)의 위치를 세밀히 고증하는 데 주력하고 있으며, 그 위치가 명백한 평양과 사비 등에 대해서는 언급하지 않았다.

세 번째로 다루어지고 있는 것은 조선시대 8도의 연혁 및 서북로(西北路)의 연혁을 고증한 것이다.『아방강역고』권11 북로연혁조(北路沿革條) 첫머리에서 정약용은 "앞서 저술한 팔도연혁 총서에서는 신라시대 말기까지에 그쳤고, 귀양지라 서적도 없어서 이어서 저술할 수 없었다. 이제 북로와 서로를 취해 당나라 시대 이후의 사실을 간략히 추보(追補)한다. 순조 33년(1833) 가을."이라고 밝히고 있다. 이 부분은 조선 당시의 행정구역을 토대로 하여 지방 단위의 역사적 변천 과정을 이해하고자 한 것이다.

각 항목에 대한 서술은 먼저 편찬자의 결론을 앞에다 제시하고, 그 다음에 그 결론을 뒷받침하는 국내외의 자료들을 넓게 망라하면서 그 자료에 대한 자신의 의견을 안설(按說)로서 비판·검증하는 형식을 취하고 있다. 중국과 우리나라의 역대 자료가 종횡무진으로 이용되고 있는데, 자료를 제시하는 방식은 중국 측 자료를 시대 순으로 먼저 제시하고 국내의 자료를 제시하는 순서로 하였으며, 자료의 시대적 변천을 중요시하였다. 또한 자신의 의견을 정리하면서 필요하면 사료를 인용하여 덧붙이기도 하였다.

아울러 정약용은 고대사 연구에서 초보적이지만 언어학적 방법도 도입하였다. 『아방강역고』 변진고에서 "변(弁)이란 것은 가락(駕洛)이다. 가락이란 것은 가야(伽耶)이다. 우리나라 풍속에 모자의 끝이 뾰족한 것을 통상 고깔(변)이라 하며 가나(駕那)라고도 한다."라고 하였다.

그러나 정약용의 역사학은 우리 사료보다 중국측 사료를 더 우선시하는 문제가 있었다. 그는 "우리나라 역사책은 모두 한·위·진의 여러 사책에 의거하여 모아서 만든 것이다. 혹 본국의 전기에서 수습한 것은 모두 허황하며 근거 없는 이야기이다. 알에서 깨어났다가 궤가 떠내려왔다거나 … 매우 부끄러운 것이다. 이제 가볍게 중국의 믿을만한 역사책을 어기고 스스로 민간의 야담을 따른다면 근본을 알았다 할 것인가. 중국의 역사가는 모두 고구려가 삼한과 관계없음을 알았다." 고 하였다.

정약용이 우리 자료를 비판하는 근거는 허황하며 비합리적이라는 데 있었다. 예를 들면 단군이 평양에 도읍했다는 것에 대해, "신선이라는 왕검의 이야기는 우리나라 사람의 글에 두루 있으나 … 왕검을 단군의 이름으로 하는 것은 망령되다."라고 하여 부인하였다. 정약용은 이처럼 단군조선에 관한 이야기가 허황되다고 생각하였다.

정약용의 중국측 자료에 대한 신뢰는 자신이 우리 고대사에서 고조선과 삼한의 이원 체계와 한반도 중심의 영역을 취하는 것과 관련되어 있다. 그렇다고 정약용은 중국측 사료를 일방적으로 믿은 것은 아니다.

낙랑의 영역을 한반도 남부까지 보는 중국측 사료에 대하여는 "중국이 우리나라를 미개하다고 보아 한 군(郡)을 취하여 그(신라) 왕의 이름으로 하였다. 이로써 그 강역을 생각할 수는 없다."고 비판하기도 하였다. 정약용은 자신이 틀리다고 보는 사료에 대하여 그냥 버리는 것이 아니라 그것이 갖는 의미, 그 사료가 나오게 된 배경 등에 대하여 생각하였다.

정약용은 인간이 짐승과 다른 것은 기술을 발전시켜 이용후생의 능력을 가지고 있기 때문이라고 보았으며, 이러한 생각을 바탕으로 역사의 원동력을 물질적 측면에서 보았다. 역사 발전의 동력을 도덕적 기준이 아니라 토지의 비옥도나 기후, 교통 조건 등 자연 환경과 기술 발전의 정도를 따져서 국가의 발전 수준을 가늠했다.

(2) 『아방강역고』의 역사체계

『아방강역고』는 지리고증이 중심을 이루고 있으나, 상고(上古) 시대의 정치사를 많이 보충하여 역사체계를 재구성했다는 점에서도 획기적인 의미를 갖는다. 『아방강역고』에 보이는 고대의 역사 인식 체계를 간략히 정리하면, 첫째 단군조선을 부정하고 기자조선을 강조했다는 점이다.

정약용은 단군조선을 부정하고 기자조선을 강조했다. "단군이 평양에 도읍하였다는 것은 믿을 만한 글이 없다."고 주장하였다. 이것은 그가 사료 비판에서 지나치게 형식적 합리주의 입장을 취하였기 때문이다. 그리고 다산은 기자가 전했다는 『상서(尙書)』의 홍범구주(洪範九疇)를 요순 삼대의 정치 이념으로 보고 이를 그 자신의 개혁사상의 근거로 삼았다. 이처럼 정약용이 단군조선을 부정하는 것은 결과적으로 우리 역사의 시작을 기자조선으로 하는 것이 된다. 그러나 전혀 아무것도 없던 곳에 기자가 온 것으로 보지는 않았다. 야만 상태의 동이족에게 기자가 와서 문명을 일으킨 것으로 생각하였다.

다음으로, 정약용은 우리 고대사를 이원적으로 파악하였다.

"(중국) 진나라와 한나라 교체기에 열수(洌水: 한강) 이북은 조선(朝鮮)이라 하니, 즉 한 무제의 사군(四郡) 지역이다. 열수 이남은 한국(韓國)이라 하며 진국(辰國)이라고도 하였다. 즉 동쪽의 삼한(三韓) 지역이다."

즉 한강 이북이 고조선, 한강 이남이 삼한이라는 것이다. 이것은 고조선과 삼한이 병립하여 있었다는 것이다. 기자조선의 영역은 대체로 한강 이북과 압록, 두만강 이남 지역으로 보았다. 기왕의 사서에 대하여 정약용이 가장 불만스럽게 생각한 것 중의 하나는 삼한의 역사를 미궁에 묻어버린 것이었다. 그는 기록이 없다는 이유로 삼한시대를 '묘망(渺茫)한 시대' 혹은 '수고(邃古)한 시대'로 던져버리는 선배 유학자들의 태도를 매우 못마땅하게 생각했다.

"우리나라 유학자들이 역사를 쓸 때 삼한을 삼국의 앞 시대로 인정하여 묘망한 시대로 돌려보내는 것은 잘못이 아닐까. 동유(東儒)들은 신라와 백제의 정명(定名)에만 집착하여 삼한(三韓)을 수고(邃古)한 시대로 귀속시키는데, 이는 사가(史家)의 대몽(大夢)이다. 저 황복(荒服)의 바깥에서 이미 망한 나라를 중국 사가들이 왜 열전(列傳)을 세워 썼는지를 한번쯤 생각해 보아야 한다."

즉, 삼한시대를 아득하게 먼 시대로 던져버리는 우리나라 사가(史家)의 태도를 비난하고, 중국인 사가들이 먼 황복 밖의 오랑캐 나라로서 이미 멸망해 버린 나라를 왜 열전(列傳)까지 세웠는지를 한번쯤 생각해 볼 필요가 있다고 지적한다. 그리하여 그는 가능한 한 문헌자료를 수집하고, 지리조건과 생산력을 따져보고, 또 언어적인 해석방법을 동원하여 삼한의 정치사를 복원하려고 대단히 노력하였다.

정약용은 기준(箕準)이 위만에 쫓겨 남쪽으로 내려올 때, 그의 종족은 평양에 그대로 남아 위만 치하에 잠복했다가 낙랑군(樂浪郡)이 설치되면서 한씨(韓氏)를 모성(冒姓)하면서 마한부(馬韓部)를 세웠다. 마한을 고구려(평양)에 비정한 최치원설은 여기서 유래한 것이다. 마한이 삼한의 패주(霸主)가 된 것은 한강 이남의 경기·충청·전라도 지방이 가장 풍기(風氣)가 온화하고 토양이 비옥하여 '동국(東國) 중의 중국(中國)'인 까닭이라고 한다.

정약용의 고대사 체계의 특색은 한강(漢江: 열수(洌水))을 평양에서 발생하여 북쪽엔 조선(기자조선)이, 남쪽엔 한국(韓國)이 거의 병렬적으로 형성되었고, 조선은 사군→고구려→발해로 이어지는 독자적 역사체계를 갖고, 한국은 마한이 백제로, 변진이 가야로, 진한이 신라로 연결되는 또 다른 독자적 역사체계를 가졌다고 보는 것이다.

이러한 새로운 역사체계는 기본적으로 17세기 초의 한백겸의 남북 이원설을 계승 발전시킨 것으로서, 이는 종전에 삼한을 조선의 후행국가로 보고, 특히 삼한의 패주인 마한을 기자조선의 후계국가로 간주해 온 것과 매우 다르다.

한백겸은 삼국 이전 시대에는 한반도가 한강을 중심으로 남과 북으로 나뉘어 독자적으로 역사가 전개된 것으로 이해하였다. 고조선과 관련해서는 한나라와의 경계인 패수를 청천강으로, 왕검성이 위치한 열수를 한강으로 비정하였다) 또한 삼한을 한강 이남에만 국한시킨 것은, 종전에 삼한을 삼국에 비정하여 삼한을 삼국의 전신으로 간주한 것과 전혀 다르다. 고구려는 삼한과 무관한 것으로 보기 때문이다.

2. 『아방강역고』에 나타난 고조선 인식

1) 단군조선 이후의 강토 변화

『아방강역고』를 통해 확인할 수 있는 정약용의 고조선에 대한 역사 인식의 첫 번째 특징은 단군조선을 부정하고 기자조선을 인정하고 있다는 점이다. 그는 자료에서 기자를 "무왕(武王)이 봉한 사람으로, 조선에 와서 8조의 법을 가르친 사람이며, 『역경(易經)』에 '기자의 명이(明夷)'라 한 것은 기자가 임금이 되자 외이(外夷)가 문명화했다는 일컬음이다."라고 하여 매우 높이 평가하고 있다.

기자를 강조하면서 단군조선은 매우 강하게 부정하고 있는데, 단군왕검이 평양에 도읍하였다는 것이 우리나라 역사책에는 두루 기록되어 있으나 믿을 수 없으며, 왕검은 원래 왕험(王險)으로 이는 지역명일 뿐이라는 주장이다.

당대의 강역에 대한 관심은 시간적으로는 단군조선 이후 강토의 변화에 대한 것이고, 공간적으로는 고구려와 발해 등 북방지역의 옛 강토에 대한 것이었다.

약용이 살펴보건대, 『역경』에 이르기를 "왕공(王公)은 험준한 곳에 도읍을 설치하여 나라를 지킨다."고 했으니, 평양의 다른 이름이 왕험이라는 것은 대개 이 뜻이다. 단군이 평양에 도읍했다는 것도 또한 믿을 만한 문헌이 없는데, 하물며 그 이름이 왕험이라는 것을 누가 알겠는가. 선인(仙人) 왕검(王儉)이란 말이 우리나라 사람의 기록에 두루 실려 있지만, 험(險)을 고쳐 검(儉)이라 한 것은 이미 매우 견강부회한 것이다. 또 『사기』에 곧바로 왕험이라 일렀으니(왕험성이라고 하지 않았다.), 이는 분명 땅 이름인데 단군의 이름이라 하는 것은 사실이 아닌 것이다.

『아방강역고』「조선고」에서는 가장 먼저 조선에 대해 그 명칭의 기원부터 확인하고 "조선의 이름은 평양에서 일어난 것이다"라고 하여 평양의 땅이름이 조선이었다는 사실을 밝히고 있으며, 조선은 기자가 도읍한 본거지로 비정하고 있다. 이에 따라 기자 이후부터 한나라에 이르기까지 영역변천을 시대 순으로 살펴보고 있다.

고조선의 도읍에 대한 문제도 명확히 언급하고 있다. 정약용은 고조선의 수도인 평양이 요동에 있었다는 『요사』, 『성경지』 등의 기록을 반박하고, 평양은 지금의 대동강 유역이며, 조선이라는 칭호도 평양에서 발생했다고 하였다. 말하자면 조선의 발상지는 만주가 아니라 한반도임을 강조하고 있다. 그리고 "'왕검'이라는 말은 '험한 곳'이라는 뜻을 가진 평양(平壤)의 별칭인데, 이를 왕검으로 바꿔 단군왕검(檀君王儉)이라 한 것은 잘못이다. 단군이 평양에 나라를 세웠다는 것은 증명할 만한 신문(信文)이 없다."고 강조하면서 단군조선의 실재를 믿지 않았다.

정약용은 『아방강역고』 「조선고」에서 『명일통지(明一統志)』의 "평양성은 압록강 동쪽에 있으며 왕험성이라고도 한다. 이곳은 옛 기자의 나라로 성 밖에 기자 무덤이 있다. 한(漢)나라 때 낙랑군의 치소(治所)가 있었다."는 기록을 인용하여 고조선이 평양에 있음을 강조하고 있다.

평양에 처음으로 건국한 조선은 기자조선이다. 그러나 정약용은 기자의 주봉설(周封說)이나 기자로부터 중화(中華)국가가 되었다는 문화적 측면에 관심이 있다기보다는 기자조선의 강역을 정확하게 이해하려는 데 주목적을 두고 있었다.

정약용은 『상서대전(尙書大傳)』의 '기자주지조선설(箕子走之朝鮮說)'과 『한서(漢書)』 지리지의 '기자주지조선설'을 인용하여 기자가 주 무왕(周 武王)의 봉함을 받기 전에 자율적으로 조선에 도망 왔다는 사실을 주목하고 있다. 그리하여 그는 기자의 도읍이 요서의 광령현(廣寧縣)에 있었다는 『성경지』의 기록을 반박하고 이곳은 후세에 척지(拓地)하여 강역이 된 곳이라고 주장했다. 기자 당시의 강역은 그리 넓지 않았으나 뒤에 강역을 넓혀서 서쪽으로는 요하를 넘어서서 연과 접했을 것으로 보았다. 또한 평양의 기자 정전유지(井田遺址)도 믿을 수 없다고 보고, 아마 당장 (唐將) 이적(李勣)이 평양을 점령했을 때 시행한 둔전(屯田)의 유지일 것 으로 추정한다.

대개 정약용은 기자조선의 영역이 평양을 중심으로 하고 있으나, 후 세에 요서까지 확장되어 중국의 연 나라와 접하기도 하였으나, 이 영역 을 그대로 유지하지 못하고 한나라가 일어난 이래 압록강 서북 지역을 잃게 되었다고 주장한다. 즉 정약용은 기자 당시의 조선 영역은 한반도 서쪽에 한하여 요하 유역까지 설정하고 있다. 그리고 한나라 때에는 압 수(鴨水: 鴨綠河) 곧 패수(浿水)까지 조선의 영역으로 보고 있으며, 단군 에 대해서는 단군이 평양에 도읍했다는 것은 부정하면서 땅 이름으로 파악하고 있다. 즉, 정약용은 조선에 대해 기자가 평양을 중심으로 세운 국가로 인식하고 있는 것이다.

정약용은 단군조선에 대해 부정적인 입장을 표명하였으나, 기자 이전 에 평양 지역에 어떤 역사적 실체가 존재하고 있다는 생각은 하고 있었 던 것 같아 보인다. 그러나 그 실체가 국가는 아니라고 생각했으며, 기 자에 의해 우리나라의 문명이 비롯된 것으로 인식하고 있다. 위만조선 에 대해서는 기자조선의 영역을 계승한 것으로 인식했으며, 위만조선을 우리민족의 국가로 보는가에 대해서는 명백한 언급을 하고 있지 않다.

「조선고」에서는 한백겸 이래의 모든 실학 거장들에 의해 논의된 정 설을 정식화하고, 다시 자기의 안설(按說)을 첨가하여 "지금 사람들이 혹 의심하기를 최초에 조선이 요동에 있지 않았는가 하기도 하나, 원래 『사기』 소진열전(蘇秦列傳), 화식열전(貨殖列傳) 및 기타에서 다 조선, 요동, 진번 등을 처음부터 갈라서 써 놓았은즉 이것들을 혼돈할 수는 없 는 것이다."라고 하였다. 이것은 당시 고조선의 실상과 지리적인 위치를 매우 정확하게 파악한 견해라 할 수 있다.

『사기』 소진열전에는 기원전 4세기에 요동지역이 조선과 병렬되고 있으며, 요동지역이 연나라에 속하지 않고 또한 조선과도 구분되어 나온다. 이때의 "조선요동"은 정약용이 본 것처럼 '조선'과 '요동'을 병렬된 것으로 보는 것이 순리이다.

정약용은 조선과 요동군은 처음부터 다른 것이요, 조선의 중심은 평양이었다고 생각하였기 때문에 조선왕 만(滿)의 국도(國都)였던 왕험(王險)이 요동군 험독현(險瀆縣)에 있었다고 한 후한인(後漢人) 응소(應劭) 및 기타의 견해를 반박하였다.

고조선 문제와 관련하여 정약용의 학풍이 과학적이라는 것을 보여주는 실례로서는 그가 고조선이 최초부터 걷잡을 수 없이 광막한 '영토'를 가진 초 대국이었으리라고 하는 당시 일부 사람들의 환상을 배제하고 고조선도 역시 처음에는 일정한 좁은 지역(다산은 그것을 현재 우리나라의 서북부라고 생각하였다)에서 출발하여 점차 광대해진 것이라고 생각하였다는 사실이다. 조선 후기 당시 일부 사람들은 희망적 요구에 의하여 고조선 영역이 최초부터 무조건 광대하였다는 독단을 내리고 있었다. 소위 '단군조선의 광대한 영역', '기자조선의 광대한 강역'에 관한 환상이 바로 이러한 것들이었다.

전통시대에 고조선이 요령성에 위치했다고 주장한 학자로는 이익과 안정복, 이종휘가 주목된다. 이익은 고조선의 문화와 강역을 더욱 깊이 연구하여 만주의 요심지방[요하의 동서]을 단군과 기자조선의 중심지로 보았다. 안정복 역시 단군조선의 강역을 요동에서 한수(漢水)까지로 비정하였다. 한편 이종휘는 『동사(東史)』에서 한국 고대사의 판도는 북방의 고조선 지역과 남방의 삼한 지역으로 나누어진다고 보았다.

18세기 영조 대에 이르면 전대 이래의 대명존화적(對明尊華的) 시각을 지니고 있으면서도 새로이 우리의 문화에 대한 자각이 일어났다. 그리고 『요사』나 『성경지』와 같이 고조선과 한사군 및 고구려의 옛 강역을 만주 일대에 비정하는 역사서가 새로이 주목되면서 이에 바탕한 여러 연구들이 이루어졌다. 이러한 점은 동 시기에 활동한 이익이나 이종휘의 요동 지역에 대한 상고사의 지리비정이 『요사』 계통의 주장과 그리 차이가 나지 않거나 『요사』를 적극적으로 인용하고 있다는 점에서 찾아볼 수 있다.

이익은 한과 고조선의 경계로 『위략』 기록의 '만번한'을 주목했고, 그 만번한을 만주와 심양(심(瀋)은 심(瀋)의 오자(誤字)라 해석)에 대한 합성어로 해석함으로써 고조선의 위치를 만주 일대로 비정하게 된 것이다. 한사군 연구 역시 고조선의 위치가 요령성 일대로 비정되면서 자연스럽게 그 지역에 비정하게 되는 결과를 얻게 되었다. 이렇게 이익이 단군조선의 중심지를 요하와 심양으로 본 것은 지금까지의 통념을 뒤엎는 매우 파격적인 주장이었다. 그리고 이익의 입론을 만주 지역을 우리 고대 조상들의 활동무대로 해석하는 실학자들의 입론에 많은 영향을 주면서 수용되었다.

이익의 주장은 조선후기에 들어와서는 최초의 발언이지만, 그 다음 안정복의 『동사강목(東史綱目)』(1778)이나 홍봉한의 『문헌비고(文獻備考)』(1770), 이긍익의 『연려실기술』(1797), 이종휘의 『동사(東史)』 등에서는 이익의 주장이 그대로 수용되고 있었다.

정약용이 이러한 비과학적인 견해들을 반대하였다는 것은 그가 국가 영역의 발전문제에 관하여 종래의 정통사상, 즉 태고로부터 영원한 미래에 이르기까지의 일국 일왕이라는 고정된 사상, 일국의 영역과 주민, 그리고 국왕의 영구 고정에 관한 사상에 사로잡히지 않고 이 모든 요소들의 변화 발전에 관한 사상을 소유하고 있었다는 것이다. 이러한 정약용의 입장은 오늘날 시각에서 보아도 매우 합리적이고 논리적인 해석이라 할 수 있다. 정약용의 이러한 입장은 근대에 들어와 이병도에 의해 고조선의 도읍(아사달)이 평양이라는 주장으로 적극 반영되었다.

2) 패수(浿水)의 위치

정약용의 고조선에 대한 연구의 또 다른 특징은 역사상 나타난 패수를 압록강으로 보고 있는 점이다. 이는 현재 우리 학계의 많은 연구자들이 취하고 있는 입장이다.

정약용은 조선이라는 명칭은 원래 기자가 도읍한 바 있는 평양에서 기인되었을 것이라고 말하면서, 『위략』에는 연나라의 진개가 조선의 서방 2000리를 빼앗았다고 기록되어 있는데, 북경으로부터 의주까지는 2100리가 되므로 진개의 침략으로 조선은 압록강의 서쪽 지역을 모두 잃었을 것이라고 보았다. 따라서 진개의 조선 침략 후 서한 초에 국경으로 정해진 패수는 압록강이었을 것이라고 하였다.

나아가 "한나라가 일어나 다시 요동의 고새(故塞)를 수리했으니, 이미 요하를 건넜는데 어찌 다시 요수로 경계를 삼는단 말인가? 요하와 압록강 사이에 다시 큰 강이 없다면 패수가 곧 압록강이다"고 보았다.

정약용은 역사상 패수로 인식된 강이 4개가 있다고 주장하면서, 하나하나 상세한 고증을 통해 설명하고 있다. 정약용이 글을 쓸 당시 패수로 이야기되던 4개의 강은 대동강과 압록강, 요동의 헌우박수(蓒芋濼水)와 평산(平山) 저탄수(豬灘水)로 이는 안정복이 주장하던 패수에 관한 것과 일치한다.

또한 패수에 대한 정의를 하면서 『수경(水經)』에서는 패수를 평양의 대동강으로 인식했는데, 역도원이 『수경주(水經注)』를 쓰면서 스승의 말을 근거 없이 바꾸어 후세 사람들에게 혼란을 일으키게 했다고 비판하였다. 그리고 『사기』 「조선열전」 내용 가운데 패수는 압록강을 잘못 인식한 것으로 주장하였으며, 『한서』 「지리지」에서는 압록강을 마자수로 대동강을 패수로 구분지어 혼동되지 않게 되었다고 보았다.

거슬러 올라가 보면 『동국여지승람』에 씌어진 이래 패수=압록강설이 주장되어 왔다. 이익도 "위만이 패수를 건넌 것인데 대개 압록일 것이

압록강 전경   청천강

다(據衛滿之渡淇則疑鴨綠也)"라고 하여 역시 패수=압록강설을 지지하였
다. 북한의 정찬영도 유사한 결론에 이르러 한과 고조선의 국경 방비선
은 요동반도 천산산맥(千山山脈)에 따라서 구축되어 있었다고 추측하였
다. 이케우치(池內宏) 등 일본의 많은 학자들도 압록강설을 지지하였다.
전술했듯이 최근 우리 학계의 이동설 주장에서도 패수를 압록강으로 보
고 있다.

패수를 압록강으로 보는 기본 논지는 다음과 같다. 『사기』 기록에 따
르면 위만이 요동고새(遼東故塞)를 나와 패수를 건너 진고공지(秦故空
地)에 거주했다고 하므로, 진말(秦末)과 한초(漢初)에 연(燕)·제(齊)의 유
이민과 위만이 거주하던 진고공지는 요동고새와 패수 이서(以西)에 있
어야 한다. 그러나 그 지역을 청천강~대동강으로 보기에는 너무 좁다.
그리고 『사기』 기사를 보면 한과의 경계인 패수는 한초에 진대의 고조
선과 경계가 멀고 지키기 어렵다고 하여 서쪽으로 그 경계선을 후퇴하
여 고조선과 경계로 삼았던 강이다. 그런 만큼 청천강이 그 경계라면 후
퇴한 것이 되지 못한다는 것이다.

이러한 패수 압록강설은 정약용에 의해 논리적으로 완성된 것이다.
정약용의 패수가 압록강이라는 주장은 고조선의 영역과도 관련이 있는

데, 고조선의 영역에 대해서는 한강 이북 한반도 북부지역으로 비정하고 있다. 이는 당시 조선팔도의 영역이 역사 이래 우리 민족의 것임을 역사지리적 고찰로써 정당화하려는 것이었다.

그러나 위만이 세력을 키운 '진고공지'를 청천강에서 대동강으로 볼 경우 범위가 너무 좁기 때문에 압록강이 패수라는 정약용의 주장은 진고공지의 영역을 너무 한정했다는 데 문제가 있다. 종전의 주장대로 패수를 청천강으로 보고, 위만이 청천강에서 대동강에 이르는 지역을 중심으로 활동했지만, 청천강 이북 지역의 토착민과 유이민 세력도 함께 통제했다고 보는 것이 더 합리적이다.

문헌들을 검토해 보아도 패수=압록강이라는 주장에 반하는 근거가 많이 있다. 예를 들어 『한서』 「지리지」에 패수와 나란히 압록강의 다른 이름이라고 보는 마자수로 나오며, 『동국여지승람』과 『통전』에도 압록강은 마자수로 나온다. 현재 출토되고 있는 고고학적 유물을 보아도 청천강을 경계로 중국 연나라 계통의 것과 고조선 독자의 것으로 구별할 수 있다는 점에서도 한대 압록강은 패수가 아닌 마자수였다고 보는 것이 합리적이다. 한대 고조선과 연의 경계가 되었던 패수는 이전 실학자 한백겸이 고증했듯이 청천강으로 보는 것이 합리적이라고 생각한다.

3) 정약용의 고조선에 대한 역사인식의 특징

정약용은 역사의 움직임에서 물질적인 측면을 기본적으로 인정하면서 인간의 주체적 응전을 중시하였다. 정약용은 기예론(技藝論) 등을 통해 물질의 발전이 역사의 원동력이라고 생각하였으며, 역사에서 지리적인 요인을 중시하여 객관적인 힘을 중시하였다. 정약용은 물질적 진보는 인정하였으나, 정신의 진보를 인정하지 않았는데 이는 윤리도덕·예의·풍속·제도 같은 것이 중국의 상고시대에 이미 완성되어 점차 타락되어왔다고 보았기 때문이다. 또한 역사학의 방법에서는 매우 광범위한

문헌고증에 입각한 실증주의와 문헌자료의 철저한 비판, 그리고 합리성
을 매우 중시하였다. 그의 사관에서 물질적 진보를 인정하는 것은 그 이
전에는 볼 수 없던 것이었다.

정약용은 역사지리학적 작업인 『아방강역고』에서 기술과 산물에 깊
은 관심을 보이면서 역사적 사실에 대한 인식기준을 '이용후생'과 '부국
강병'에 둠으로써 백제의 벼농사와 가야의 철과 해운으로 인한 초기 고
대문화의 선진성을 지적하는 등, 이익의 '시세(時勢)'에 보다 과학적인
기준을 부여하였다.

정약용의 역사인식은 물질적 진보관과 제도개혁을 중시하는 특징이
있다. 정약용의 『아방강역고』는 물질을 역사의 동력으로 파악하고 지리
적 요인을 바탕으로 고대국가의 영역을 재해석했다는 데 의의가 있다.
즉 단군조선을 부정하고, 기자조선을 강조하고 있다. 그리고 고조선과
삼한을 이원적으로 인식하였다.

남인계 학자들에게서 일반적 인식이었던 삼한정통론(三韓正統論)을
문헌고증적 입장으로 부정하여 기자조선과 마한과의 연결성을 부정하
고 병렬적으로 인식한 점은 학문적 입장에서 당파성을 극복할 수 있다
는 것을 보여준 것이다.

또 예맥족-부여 고구려, 조선족-기자, 한족-백제·신라로 보았고, 이 중
에서 한족(韓族)에 특별한 관심을 보이는 등 반도중심사관을 가졌다. 이
는 조선 후기 역사지리학의 발전을 계승한 것으로서 한반도를 중심으로
한 고대사체계를 보여준다. 이를 통해 그는 한반도를 우리의 영토로 확
정시키고 내치 위주의 개혁론을 펼쳤다. 이는 조선 후기 새롭게 대두되
던 고구려, 발해 중심의 역사관 흐름과 대조되는 것이다.

정약용의 삼한설은 한백겸의 입장을 따르고 있으며, 발해에 대한 치
밀한 지리고증을 바탕으로 해서 발해사 연구를 발전시켰다. 이는 유득
공·박지원 등 북학파 학자들이 고조선과 발해의 중심지를 요동 지방에

둔 입장을 비판한 업적이기도 하다. 그러나 그는 정치제도면에 있어서 중국의 상고주의(尚古主義)를 바탕으로 역대 제도를 독자적으로 해석함으로서 개혁의 모델을 삼았다.

또한 그는 역사학의 방법에 있어 광범위한 자료수집과 세련된 문헌비판을 도입함으로서 일제시기 문헌고증사학에 영향을 주었다. 전통적인 지리적 화이관을 극복하고 청의 문물 유입을 주장한 문화적 화이관을 제시한 것 역시 새로운 경향을 보여준다.

정약용의 역사인식은 그의 개혁사상과 밀접한 관련이 있다. 만주 지역을 적극적으로 우리나라 고대사의 무대로 보려는 인식(17세기 북벌론에서 출발)에 대해 부정적인 견해를 주장한 것은 북벌론이 그 명분을 통해 백성을 통제하고 사회개혁을 억제하는 허구적인 것이라고 판단했기 때문이었다. 즉 그는 매우 적극적이고 총체적인 사회개혁, 내정개혁을 주장하는 개혁론자였기 때문에 우리 역사의 무대를 만주까지 확장하려는 데에 반대했던 것이다.

정약용의 역사인식은 유교적 명분론이나 정통론에 입각한 것이기 보다는 종족적(宗族的) 요소와 영토를 중시하는 현실적인 것으로 당시 정통론적 입장에 서 있던 안정복 등과 대립되는 것이기도 했다. 또한 정약용의 역사인식은 그 후 일제 시기 민족주의 역사학자인 신채호, 정인보와도 매우 다른 특징을 보여주는데, 이는 민족주의 사학자들이 역사인식의 중심을 고구려와 만주에 두었기 때문이라고 생각된다.

이처럼 정약용의 역사의식은 전통적 성리학적 역사관을 탈피하고자 하는 조선 후기 실학의 새로운 경향으로서 이해할 필요가 있다.

요즈음은 조선 후기처럼 만주 중심의 상고사 인식이 성행하고 있다. 고조선의 영역에 대한 이해로 만주 일대를 주목하는 전공자의 연구 성과도 많이 나오고 있다. 그러나 조선 후기 실학자들, 특히 정약용의 『아방강역고』에서 보여주었던 고민과 연구의 성과는 이러한 인식의 문제점을을 명확하게 지적하고 있어 시사하는 바가 크다.

『아방강역고』「조선고」에서 정약용은 먼저 조선에 대해 그 명칭의 기원부터 확인하여 평양의 땅 이름이 조선이었다는 사실을 밝히고 있으며, 조선은 기자가 도읍한 본거지로 비정하고 있다. 이에 따라 기자 이후부터 한나라에 이르기까지 영역 변천을 시대 순으로 살피고 있다. 정약용은 고조선의 중심지가 한반도이기 때문에 한사군도 진번을 제외하고는 모두 압록강 남쪽에 있었던 것으로 보았다.

이러한 정약용의 역사인식은 유교적 명분론이나 정통론에 입각한 것이기 보다는 종족적 요소와 영토를 중시하는 현실적인 것으로, 이는 당시 정통론적 입장에 서 있던 안정복 등과 대립되는 것이기도 했다.

정약용은 한백겸과 마찬가지로 한국 고대사를 이원적으로 파악하여 열수(洌水: 한강) 이북은 조선(朝鮮), 이남은 삼한(三韓)으로 보았다. 우리 역사에 대한 이들의 인식체계는 한백겸, 정약용 자신들이 처한 조선시대의 입장에서 얻어진 영토의식을 역사 속에 투영하면서 상고 이래 한반도는 원래 우리의 영토였음을 주장하는 것이었다.

정약용의 역사 해석은 두 가지 새로운 의미를 지닌다. 하나는 도덕적 역사 해석을 사회경제적 역사해석으로 전환시켰다는 것이다. 다른 하나는 호란 이후 고조되었던 애국적이고 과장된 고대사 해석을 냉정한 서술로 바꾸어 놓았다는 점이다. 이러한 면들은 일제 강점기 문헌 고증 역사학자들에게 큰 영향을 주었으며, 오늘날까지도 그 가치가 발휘되고 있다.

정약용의 반도 중심적 고대사 인식체계는 허구적인 북벌론, 고토회복론을 반대하고 상대적으로 내정개혁을 강조하게 하였다. 역사학의 방법에서도 광범한 자료의 수집과 치밀한 고증과 합리적 해석 등 근대적인 면모를 띠고 있다.

　정약용을 위시한 실학자들의 역사 연구 결과들에는 물론 부족한 점들도 많이 있다. 그것은 주요하게는 당시 그들의 세계관, 역사관의 제한성, 연구 자료의 부족, 특히 역사지리 연구의 경우에는 무엇보다도 정확한 지도의 결여 등으로부터 오는 불가피한 것들이었다.

　이러한 시대적 조건들을 망각하고 역사주의적 입장을 떠나서 현대적 관점에서 시비를 논하는 것은 부당한 것이다. 특히 정약용의 경우에 그가 무슨 목적으로 많은 역사적 고증들을 하였는가를 정확히 인식할 필요가 있다

　정약용의 『아방강역고』는 개화기 역사학에 커다란 영향을 주었는데, 특히 장지연의 『대한강역고(大韓疆域考)』는 정약용의 『아방강역고』에 일본측 사서에서 뽑은 자료를 가지고 삼한에 대한 사실을 보완한 것이다. 그리고 오늘날 고조선과 관련해 학계의 통설인 고조선 중심지 이동설은 기본적으로 정약용의 설을 바탕으로 청동기시대 요령성 일대에 분포하는 비파형동검문화를 전기 고조선의 문화로 적극 해석한 결과라고 할 수 있다.

제3부

일제 강점기의 단군과 고조선사 인식

1장. 단재 신채호의 고대사 인식
-「평양패수고」와「전후삼한고」를 중심으로 -

1910년 일제 강점 이후 해외로 망명한 민족사학자들에 의해 민족사학
이 일어났다. 이들 민족사학자들 가운데 1910년대에 단군 및 고조선사
에 대한 인식 문제를 역사연구의 중심에 놓고 활동한 사학자는 신채호
라고 할 수 있다.

단재 신채호는 1906년부터 1930년대에 이르는 기간 동안 역사연구를
통해 일제의 '식민주의 역사관'을 극복하고 자주적이고 발전적인 민족
사를 제시하였다. 특히, 그는 한국 고대사 연구를 통하여 '식민주의 역
사관'이 가지고 있는 반민족적인 요소를 극복하고자 했고, 이 때문에 신
채호의 고대사 인식은 기존 역사가들의 고대사 인식과는 다를 수밖에
없었다.

신채호의 역사 연구 방법론은『조선상고사』총론에서뿐만 아니라 사
론과『조선사연구초(朝鮮史研究草)』,『조선상고문화사』및『조선상고사』
의 본문 등에서도 나타나는데, 특히『조선사연구초』에 실린 논문들은
그가 그의 연구 방법론을 실제의 논문 작성에 적용시켜 본 시험장같이
보일 정도로 진지한 면을 볼 수 있다.

따라서 이 장에서는 이러한 신채호의 독특한 한국 고대사, 특히 단군
과 고조선사 인식을 신채호 사학의 가장 대표적 글이라 할 수 있는『조
선사연구초』에 수록된「평양패수고(平壤浿水考)」,「전후삼한고(前後三

韓考)」두 논문을 통해 살펴보고자 한다.

이를 위해 먼저 신채호가 처한 시대적 상황을 살펴보고, 이러한 시대적 상황의 영향을 받아 형성된 고대사 인식의 배경을 정리해보겠다. 다음으로 「평양패수고」, 「전후삼한고」의 구체적 내용 속에서 그의 고대사 인식을 살펴보고 이를 바탕으로 신채호 사학의 의의에 대해 간략히 정리해보고자 한다.

1. 신채호의 역사 연구 방법론의 특성

신채호의 역사 연구 방법론에 대해서는 일찍이 이만열 선생의 크게 기존 구서(舊書)에 대한 비판과 고증(考證)을 통한 역사라는 정리가 있었다.

이를 바탕으로 신채호의 역사 연구 방법론을 더 세분해 보면 크게 4가지 정도로 정리할 수 있을 것이다. 제일 먼저는 『조선상고사』서문에서 역사를 아(我)와 비아(非我)의 투쟁 기록으로서 파악한 사실이 제일 주목된다. 이러한 역사 이해는 아의 역사로서 국사(國史)를 비아(非我)와의 대외투쟁 면에서 파악하도록 유도하였다. 이러한 역사에 대한 인식은 한말 이래 자강주의(自强主義) 성격을 강하게 띠었고, 일제 병합 이후에는 자주독립(自主獨立)을 목표로 설정했던 그의 사학의 성격을 뚜렷이 한 것이다.

신채호의 이러한 역사 이해는 한국 고대사 인식에도 적용되었다. 신채호는 한국 상고사가 중국 및 외족과의 투쟁에서 웅대한 모습을 드러내었다고 파악하는 한편, 중국사상이나 외족의 종교 세력에도 격파되지 않는 한국의 고유한 종교, 사상, 문화가 존재하였고, 그것이 고대사의 주류를 이루며 발전해 왔다고 주장하였다.

이러한 신채호의 역사 인식은 당시 전통적인 유가류(儒家類)의 역사 이해와 일본 하야시(林泰輔)의 『조선사』류의 역사서술이 일반적이었던 고대사 인식에 비해 매우 독특하다 할 수 있다.

신채호의 고대사 인식의 출발은 구서에 대한 비판에서부터 시작된다고 할 수 있다. 구서는 신채호 이전에 기록된 사서로서 『삼국유사』, 『삼국사기』 등 전통적인 한국 사서와 『위략』 등 중국 사서 또한 포함된다.

신채호는 한국 고대사의 실상이 독립자존의 웅대한 것임에도 불구하고 비주체적인 모습으로 나타난 것은 한국사를 서술한 역사가 때문이라고 보았다. 그는 단군 시대의 신지(臣智) 이래 정통적 독립주체적 역사가 낭가사상(郎家思想)으로 전승되어 오다가, 고려 시대에 이르러 독립자존의 사상과 주체적 역사 인식이 시대사상으로 변환되었다고 지적하면서, 이는 한국사를 서술한 사가들의 역사의식 결핍과 자기 문화와 전통에 대한 주체적 확신 부재 때문이라고 주장했다.

또한 신채호는 중국인들이 관구검의 고구려 침입 때 많은 사서를 가져가서 그들의 의도에 따라 취사선택하여 역사서로 편집하였는데, 그 때문에 한국 관계 기사에 심한 윤색이 보인다고 주장하였다. 중국 측에 불리한 기록들이 보이면 그것을 꺼리어 첨삭하거나 개작하였으며 관구검의 침입 때에 환도성에서 가져간 한국측 사서들까지도 개작하였다고 주장하였다.

신채호는 한국측 및 중국측 사서에 대해 이같이 비판하면서 한국 고대사를 새로운 사료와 방법론에 입각하여 연구하고자 하였다. 그러기 위해서는 기존의 전통적인 사서에 대해 사료 비판과 실증을 엄밀히 해야만 했고, 한편으로는 새로운 자료를 발굴해야 했다. 그는 실증의 구체적 방법으로서 류증(類證), 호증(互證), 추증(追證), 반증(反證), 변증(辨證)의 5가지로 제시하면서 이 다섯 가지 방법으로 전통적 사서가 가졌던 오류를 판단하여 그 정확함을 구하고 조선사를 재구성하려 하였다.

신채호는 사료 수집을 위해 매우 노력하였다. 만주 북경 등지에서 새 자료를 찾으려 하였으며, 심지어 감옥에서까지도 면회왔던 사람에게 여러 차례 사료 제공을 부탁하였다. 그는 야사 등 비유가 서적을 가까이 하는 동시에 북경에서의 생활을 통해 중국측 자료와 특히 선진문헌에 폭넓게 접할 수 있었다. 이렇게 폭넓은 자료를 채취하여 한국사 인식의 폭을 넓힘으로써 고적 답사에서 얻은 지식과 직관을 문헌자료에 효과적으로 연결할 수 있었고, 고고학, 신화학 등 인접 과학의 채용도 가능하게 되었던 것이다.

구서에 대한 비판은 신채호로 하여금 역사 연구를 위한 새로운 자료의 발굴에 눈을 뜨도록 하는 한편, 자료의 문헌 고증 비판과 실증을 깊게 만들었다. 근대사학의 특징인 사료 비판 능력과 실증성을 풍부히 하였다는 점에서도 그의 사학은 우리나라 근대사학을 성립하는 데 중요한 역할을 담당하였다고 할 수 있다.

한편 신채호는 선진 유가의 왜곡을 비판, 극복하고 실증에 근거한 자주적 사학을 재건 내지 정립하는 것이 당시 민족주의 운동의 가장 중요한 분야라고 인식하였다. 그는 비유가적 사서들을 발굴하고 거기에 나타난 내용을 수용하여 전통적 유가 사학으로 인한 한국사의 비자주성을 보완하는 데 노력하였다.

그가 수용하고 인용한 비유가적 사서들은 크게 세 가지로 나누어 볼 수 있다. 첫째 고기류(古記類)였다. 『해동고기(海東古記)』, 『삼한고기(三韓古記)』, 『신라고기(新羅古記)』, 『단군기(檀君記)』 등이 그의 사학에 자주 거론되고 있다. 둘째, 야사류(野史類)였다. 신채호 저서에 자주 인용되는 『서곽잡록(西郭雜錄)』, 『해상잡록(海上雜錄)』 등이 이런 류에 속하는 것이다. 셋째, 선가류(仙家類) 혹은 비록류(祕錄類)였다. 『신지비사(神誌祕詞)』, 『해동비록(海東祕錄)』, 『수서(修書)』 등이 여기에 포함된다.

신채호의 비유가사학 수용은 몇 가지 의의를 우리 사학사에 남겼다.

첫째, 역사적 사실의 허점을 보완하고 역사적 맥락을 연결시켜, 우리 역사를 더욱 다양한 성격으로 체계화한 것이다. 둘째, 기존에 외면당한 낭가사상 등 우리 문화와 전통에 내포된 원초적 비유가적인 역사 인식의 흐름을 하나로 접합한 것이다. 이를 통해 우리 역사학은 종래의 지배자 왕조사 중심의 폐쇄적인 유가 사학에서 야사, 민족, 민중까지 포함하는 폭넓은 사학으로 전진하게 되었다. 이러한 우리 역사 인식의 확장이 일제 강점 하에서 항일 독립운동과 민족 운동의 구심적인 관념 지주가 될 수 있었던 것이다.

신채호는 고대사 이해의 두 가지 방법으로 언어학적 방법과 지명이동설을 도입하였다. 이것은 우리 고대사에 관련된 사료들이 한자로 적혀 있거나 그 영향을 받아 원의를 상실 내지는 왜곡하여 고대사 이해에 제약이 있었을 뿐만 아니라, 고대사의 정확한 파악을 위해 우선 한자로 쓰인 우리말을 복원하거나 그 원의를 파악하고 우리 지명의 유래를 밝히는 것이 중요했기 때문이다.

먼저 언어학적 방법은 고대사에 나타난 각종 명칭을 해석할 때 사용된 방법이었다. 원래 고대사상의 인명, 지명, 관명 등은 우리말을 한자로 표기할 때 한자의 자음을 위해서 표기한 것도 있고, 한자의 자의를 취해서 표기한 것도 있었다. 그는 이를 통칭해서 이두문(吏讀文)이라 하였다.

신채호는 고대에 조선의 고유한 글이 있었다는 당시의 의견에 반대하고 조선이 최초로 사용한 문자는 한자로서, 한자의 수입과 사용은 기원이전의 일이 명백하다고 주장하였다. 신채호는 이두문이 설총 이전의 진흥왕 순수비 등에도 보이기 때문에 설총 때부터 시작되었다는 주장에 반대했다. 그는 이두문의 성립 시기를 3000년 전으로 보고 이 시기부터 한자에 의해 이두문 표현으로 여러 인명, 지명, 관명들이 적혀 고대사 이해에는 이러한 이두문 언어 해석이 매우 중요하다고 주장하였다.

다음으로 지명이동설은 주로 한민족의 역사 무대가 변천됨에 따라 지명이 변화도 수반되었다는 것으로 한국 고대사의 지명 고찰에 수용된 새로운 방법론이다.

신채호가 말하고 있는 지명이동설의 내용은 대략 세 가지로 구분해 볼 수 있다. 첫째, 부족 등 인간 집단의 이동에 따라 그들이 갖고 있던 지명, 강명, 산명 등도 옮겨갔다는 것이다. 전후삼한설에 입각하여 만주와 반도 북부에 있던 마한, 진한, 변한이 종족의 이동에 따라 그 명칭을 옮겨갔을 것이라는 점이다(「전후삼한고」).

둘째, 어떤 민족이나 국가가 갖고 있던 지역을 상실했을 때, 그 지역에 주어져 있던 지명을 다른 지역으로 옮기거나 혹은 그 지역의 이름을 정치적 이유로 옮기는 경우가 있다. 위만과 한대의 해성(海城), 헌우락(軒芋濼)의 펴라에서 대동강 상으로 천민(遷民)한 인민들이 그 새 거주지 또한 펴라로 명명하여 두 개의 펴라가 생겼다고 지적한다(「평양패수고」).

셋째, 부족 연맹 같은 경우 각 부(部)가 동일한 지명을 갖되 그들의 위치에 따라 동서남북 등의 형용사를 사용, 구별하는 경우가 있고 그러다가 연맹적인 통일이 깨지거나 열국으로 분열될 때 나라마다 그 지명을 그대로 두고 전에 구별하던 형용사를 없애면 지명에 따른 고적이 많이 혼란하게 된다는 것이다.

『조선상고사』에서 신채호는 원래 단군 5부(部)의 제(制)에, 동서남북 중 5부로 나누고 오부 안에 있던 지명은 매양 같이 짓고 그 머리에 동서남북 등 자(字)로 형용사를 씌워 구별하였다. 그리고 압록강이 세 개인데 송화강은 북압록, 지금의 압록강은 동압록강이라 하였다. 개마산도 두 개니 천산(千山)은 서개마, 백두산은 동개마산이라 하였다.

신채호의 이 같은 방법론은 이와 관련된 한국 고대사의 난제들을 해결하는 데에 방법론적인 시사를 주었으며 후대 학자들에게도 영향을 주었다. 그러나 언어학적 방법론은 고대사의 인명, 지명, 관명 등 단편적인 사실들을 파악하는 데서 더 진보하지 못하였으며, 지명이동설 또한 고대사의 방법론적인 시작을 확보하는 데는 공헌하였으나 그 체계적 인식에서는 혼란을 야기시킨 채 심도 있는 단계로 끌어올리지 못한 한계가 있다.

2. 『조선사연구초(朝鮮史硏究艸)』의 개요

『조선사연구초』는 본격적인 논문 형식을 갖춘 글로 신채호가 1924년부터 1925년까지 「동아일보」에 연재했던 조선사 관련 연구 글을 모아 간행한 책이다.

『조선사연구초』에는 「상고사 이두문 명사 해석법」, 「삼국사기 중 동서 양자 상환고증」, 「삼국지 동이열전 교정」, 「평양패수고」, 「전후삼한고」, 「조선역사상 일천년래 제일대사건」 등 모두 6편의 글이 실려 있다.

제1장의 「옛 사서에 나오는 이두문 명사 해석법」은 이두문의 해석을 통한 언어학적인 접근이 역사연구에 중요한 방법론이 된다는 점을 보여 준 논문이다. 신채호는 이러한 언어학적 고증을 고고학자들이 발굴조사를 통해 과거 문화를 이해하는 것에 비견할 수 있는 연구 방법으로 높이 평가하였다.

제2장 「삼국사기 중 동·서 두 글자 상환 고증」은 김부식이 이두문에 대한 이해가 빈약하였으므로 『삼국사기』를 집필하면서 동·서를 바꾸어 표시한 부분이 있으며, 이러한 부분을 제대로 이해해야 역사의 본 모습을 볼 수 있다는 주장이다.

예를 들어 "『삼국사기』에 서(西)자가 동(東)자(字)로 바뀐 것이 많으니… 온조왕 37년에 "한수 동북마을에 흉년이 들어 고구려로 유리하여 들어간 사람이 1천여 호나 되어 패수와 대수 사이에 비어 사는 사람이

없게 되었다.”고 하였는데 패수는 대동강이요 대수는 임진강이므로 한
수의 서북인 것이 확실하다. 따라서 한수 서북 마을 사람들이 도망하여
패수와 대수 사이에 사는 사람이 없어지게 된 것이므로, 한수 동북은 한
수 서북으로 적어야 옳다”는 것이다.

제3장 「삼국지 동이열전 교정」에서는 『삼국지』가 여타 다른 중국에
서 나온 사서에 비해 내용이 충실하지만 그 역시 중국인의 자존의식에
서 나온 것이므로 교정이 있어야 한다는 것이다.

제4장 「평양패수고」는 제1 평양 패수와 제2 평양 패수를 구별하여 그
강역과 위치를 고증한 논문이다. 요동에 있는 낙랑군과 평양에 있었던 낙
랑국을 구별하여 제1 평양은 해성(海城)이며, 제1 패수는 헌우락(蓒芋濼)
임을 논증하였다. 시대에 따라 땅 이름이 이동하여 바뀌었다는 논지를 적
용하여 평양과 패수의 위치를 고증하였다.

제5장 「전후삼한고」는 먼저 기준(箕準)이 남쪽으로 옮기기 전에 북쪽
에 진, 번, 막 삼조선이 있었으며, 이는 진한, 변한, 마한의 삼한이며, 또
한 신, 불, 말 삼조선이라고 보았다. 『삼국지』에 보이는 마한, 진한, 변진
은 삼한이며, 이 후삼한이 백제, 신라, 가야가 되었다는 구도 속에 전후
삼한을 정리하였다. 특히 후삼한의 경우 구체적인 위치를 비정하여 고
대사에 대한 인식의 폭을 넓혔다.

제6장 「조선 역사상 일천 년 이래 가장 큰 사건」은 묘청의 서경 전역
이 가지는 역사적 의의를 논한 것이다. 서경 전역을 낭가, 불가, 유가 3
가의 대립 구도 속에 파악하였으며, 낭가는 불가와 결합하여 독립적, 진
취적 모습을 가졌던 반면에 유가는 보수적, 퇴영적 입장을 가졌으며, 서
경 전역에서 유가가 승리함으로써 우리 민족은 사대주의의 노예가 되어
외세에 따라 옮겨 다니는 사회가 되었다고 주장하였다.

이상에서 소개한 『조선사연구초』의 글은 개별 논문으로 작성되면서
신채호가 생각했던 새로운 연구 방법을 구체적으로 적용한 것이라 할

수 있다. 특히 옛 역사를 논술하기 위해서는 다양한 사료의 수집도 필요
하지만 사료의 진위와 인용서의 가치를 먼저 살펴보아야 한다는 점을
곳곳에서 강조하고 있는 것이 그 특징이라고 할 수 있다.

이하에서는 『조선사연구초』에 수록된 「평양패수고」와 「전후삼한고」
의 구체적인 내용을 통해서 신채호의 독특한 고대사 인식과 연구 방법
에 대해 살펴보도록 하겠다.

3. 「평양패수고」를 통해 본 신채호의 고대사 인식

1) 패수고(浿水考) 상(上)

신채호는 지금 패수(대동강)를 옛 패수로 알고, 지금 평양을 옛 평양
으로 알면 평양의 역사를 잘못 아는 것이며 나아가 조선의 역사를 잘못
아는 것이라고 하면서 조선의 역사를 알기 위해 평양의 역사부터 알아
야 한다고 주장하였다.

신채호는 평양의 위치가 시대에 따라 다르며 그중에서 삼조선 시대
평양의 위치를 찾기 위해서는 많은 노력이 필요하다고 보았다.

신채호는 삼조선 시대의 평양의 위치에 대한 그동안의 착오를 제시
하고 이를 바로잡아 평양의 위치를 변증하고자 하였다.

첫째, 평양(平壤), 패수(浿水)의 음과 뜻을 해독하지 못했기 때문이라
고 보았다. 역사책의 평양(平壤), 평양(平穰), 평나(平那), 변나(卞那), 백
아(百牙), 낙랑(樂浪), 패수(浿水), 패강(浿江), 패하(浿河) 등을 그의 이두
문 해석에 비추어 모두 펴라의 음을 빌려 쓴 각종 글자라고 해석했다.

"평양(平壤), 평양(平穰), 평나(平那), 변나(卞那), 백아(百牙), 낙랑(樂浪),

낙랑(樂良), 패수(浿水), 패강(浿江), 패하(浿河)가 비록 그 문자는 각이하나
그 펴라의 가음됨은 동일하며, 비록 그 펴라의 가음됨은 동일하나 다만 패
수(浿水), 패강(浿江), 패하(浿河) 등은 강의 펴라를 가리키는 문자됨에 반하
여, 평양(平壤), 평양(平穰), 평나(平那), 변나(卞那), 백아(百牙), 낙랑(樂浪),
낙랑(樂良) 등은 성의 펴라를 가리키는 문자가 됨이 이(異)하며, 성의 펴라
와 강의 펴라가 이록 일수일육의 구별은 각이하나 양 펴라의 거리가 마치
눈과 눈썹같이 밀접할 지어늘…"(『조선사연구초(朝鮮史硏究草)』)

신채호는 여기서 펴라는 본래 강의 이름으로 그 강에 건설한 도성도
펴라라고 이름 지었으며, 양 펴라의 거리가 매우 밀접한 것으로 보았다.
이러한 강의 이름과 도성 이름의 밀접성을 후세에 이두문을 모르는 학
자들이 이를 한자의 음으로 바로 읽으므로 평양은 평양, 낙랑은 낙랑,
패수는 패수가 되어, 강과 육지에 있던 양 펴라의 밀접한 관계를 알 수
없게 되었다고 지적하였다.

둘째, 평양과 패수의 옛 전거에 관한 역사책의 본문을 잘 해석하지
못했다고 지적하였다. 예를 들면 『위략』에는 "조선은 후일 자손이 차츰
교만하고 포악해졌으므로 연나라가 장군 진개를 보내어 그 서쪽 지방을
쳤다. 이에 2000천여 리에 달하는 땅을 차지하며 만번한을 경계로 하자
조선이 드디어 쇠약해졌다. 한나라 때에 노관을 연나라 임금으로 세워
조선과 연은 패수를 경계로 하였다."는 기록이 있다.

『사기』 흉노전에는 "연나라에 지혜로운 장수 진개가 있었는데 호(胡)
의 인질이 되었다. 호의 사람들이 그를 깊이 믿고 돌려보내자 동호를 습
격하여 격파하니 동호가 천여 리나 물러났다. 연나라는 또한 요양(遼陽)
에서 양평(襄平)까지 이르는 사이에 장성을 쌓고 상곡, 어양, 우북평, 요
서, 요동군을 두었다."고 기록되어 있다.

이 두 기록을 통해 선대 학자들은 양서(兩書)의 한쪽을 옳다고 보아
패수를 대동강으로 만반한을 대동강 이남에서 찾거나, 패수를 압록강으

로 만반한을 압록강 이남에서 찾았다. 신채호는 이에 대해 『위략』의 2000여 리나 『사기』 흉노전의 1000여 리가 어느 지점에서부터 계산하기 시작하였는가를 따지지 않고 만반한의 위치를 구하는 것을 비판하면서, 2000여 리의 시작점과 만반한의 연혁에 대한 고증을 통해 패수와 평양의 관계되는 지방을 설명하고자 하였다.

"대동부부터 요양까지의 건장 이천여리의 지방이 곧 조선의 소유를 진개가 약취함이니 이천여리는 곧 상곡으로부터 기산하여 요양까지 지한 자요, 만반한은 한서 지리지의 요동부의 문 반한의 양현이니 양 반한의 연혁이 비록 전치 아니 하였으나 위략에는 만반한이라 하고 흉노전에는 지평양이라 한 바 양평은 한 요동군의 군치인즉 만반한은 곧 요동 부근의 땅이며, 연은 조선과 만반한으로 경계하였다가 한은 패하여 패수를 수하였은즉, 패수는 곧 요양 이서이며의 물이며 … 금 해성 헌우락의 고명이 패수인즉 남낙양의 설을 종하여 시수를 곧 패수로 잡는 동시에 만반한을 곧 해성동북 요양 서남으로 잡음이 가하며 험독현 주에 험독을 조선왕만 부 즉 왕검성이라 하였은 즉 왕검성인 험독은 금 해성됨이 명백하거늘 …" (『조선사연구초(朝鮮史硏究草)』)

신채호는 2000여 리의 시작점을 상곡으로부터 시작하여 요양까지에 이르는 거리로 보았으며 만반한을 기준으로 하여 해성(海城) 헌우락(䓁芋濼)을 패수로 험독현(險瀆縣)을 조선왕 만(滿)의 왕검성이자 옛 평양으로 해석한 것이다. 이를 바탕으로 신채호는 헌우락이 옛 평양, 옛 패수라는 고증을 얻어 조선 문명의 발원지인 옛 3경 가운데 하나인 평양과 7대강 가운데 하나인 패수가 제자리에 비정되었다고 주장한 것이다.

신채호가 초기 고조선의 중심지에 위치한 것으로 본 해성시 석목성 고인돌 원경

2) 패수고(浿水考) 하(下)

신채호는 중고시대 평양과 패수를 『삼국사기』와 다른 책을 보조하여 위치를 비정하고 이를 통해 현재의 평양이 평양이라 칭하게 된 된 시기와 대동강이 패수라 칭하게 된 시기를 찾고자 하였다.

그는 옛 평양인 왕검성 펴라가 한나라 무제의 침략을 받아 생겨난 4군의 하나인 낙랑군(樂浪郡)과 『삼국사기』에 기재된 낙랑국(樂浪國)은 다른 것이며, 낙랑국을 낙랑군으로 오인하는 것은 남, 북 평양의 위치를 혼동하게 되는 원인이라고 생각했다.

"왕검성 펴라 고평양 패수가 한무의 침구를 입어 사군의 일인 낙랑군이 되었으나 사군의 입지가 시무에 따라 선종무상하므로 낙랑군 수부의 입지는 해성에 고정한 자가 아니다. 그 전위가 요동 이외에 나오지 못하였거늘 종인이 매양 삼국사기에 기전한 낙랑국을 낙랑군으로 오인하여 드디어 남, 북 양 펴라를 혼동하였다." (『조선사연구초(朝鮮史硏究草)』)

또한 신채호는 낙랑과 평양이 모두 펴라의 빌린 글자라고 보았다. 그러나 낙랑국이 멸망한 뒤에 낙랑이라고 쓰지 않고 평양이라고 써서 요동의 낙랑군과 구별하였기 때문에 대무신왕 이후 『삼국사기』에 쓰인 낙랑, 곧 신라본기 기림왕 3년 이후의 낙랑은 대동강 가에 고정된 지금 평양을 가리킨 것이며, 그 나머지는 모두 요동의 한나라 낙랑군을 가리킨 것이고 평양은 모두 현재의 평양을 가리킨 것이라고 주장했다.

"동천왕 20년의 '위군이 어지럽히니 마침내 낙랑으로부터 파랑이 일었다(魏軍擾亂 遂自樂浪而浪)'라 한 낙랑은 요동의 낙랑이요 금 평양이 아니니 이때에 위군이 환도를 피하고 동천왕을 추(追)하다가 패퇴함인 즉 만인 금 평양의 낙랑이라 하면 이는 군을 진함이요 퇴(退)함이 아니니, 21년의 '왕이 도성으로 돌아와 난을 겪고 다시 회복할 수 없었고, 평양성을 축성하였다(王 以還都經亂不可復 都築平壤城)'은 금 평양이요 요동의 낙랑이 아니니 이때에 동천왕이 위군에게 패하고 도를 환하여 구를 피함이니 만일 요동의 낙랑이라면 이는 구를 근함이요 피함이 아니니 이에 남 펴라는 평양이라 쓰고 북 펴라는 낙랑이라 썼음을 볼지며…" (『조선사연구초(朝鮮史研究草)』)

즉, 신채호는 중고시대의 평양·패수는 남쪽과 북쪽에 나누어 대치하여 있었으며 남쪽에 있던 것은 낙랑국·평양성이라 일컬어 그 위치가 대동강 가에 고정되었고, 북쪽에 있던 것은 낙랑군이며 요동 내에 있었던 것으로 본 것이다.

지금까지 살펴 본 신채호의 평양 패수와 낙랑군에 대한 견해는 기본적으로 언어학적 방법론과 지명 이동설의 입장에 따른 것으로 하나의 주장의 완결성을 갖추었으나 논리적 설득력은 매우 약하다고 할 수 있다.

평양 대동강변 낙랑 벽돌무덤 원경   평양 대동강변 낙랑 벽돌무덤 입구

4. 「전후삼한고」를 통해 본 신채호의 고대사 인식

1) 전삼한(前三韓)

신채호는 고적 조사나 고물(古物) 연구에 대한 기술이 부족한 우리나라에서 옛 역사를 연구하려면 옛사람이 남긴 서적을 자료로 삼을 수밖에 없다고 생각했다. 여기서 신채호가 말하는 서적은 우리의 것만이 아니라 이웃 나라의 것도 포함되며 정사(正史)뿐 아니라 신화, 소설, 요담, 잡서에 이르기까지 역사적 가치를 얻을 수 있는 모든 것을 말하는 것이다.

신채호는 이러한 서적을 인용하여 역사를 논술할 때 분별해서 살펴보지 않고 조선에 관한 기재만 있으면 인용하는 것은 어리석은 일이며 옛 역사를 논술하기 위해서는 먼저 인용서의 가치를 살펴보아야 한다고 주장했다.

이 과정을 통해 신채호는 「전후삼한고」를 논술하기 위한 서적으로 『삼국지』, 『위략』을 주된 자료로, 『사기』의 흉노전, 봉선서, 조선열전 등을 부 자료로 선택하였다.

신채호는 구암 한백겸이 주장한 후삼한(後三韓: 한백겸은 한강의 남북을 잘라 그 북쪽은 조선, 사군(四郡), 고구려가 되고, 그 남쪽은 삼한, 신라, 가야, 백제의 사국이 되었다고 주장하였다.) 외에 전삼한이 존재했음을 주장하였다. 그는 먼저 전삼한의 역사를 말하려면 조선이란 뜻과 삼조선의 내력을 밝혀야 한다고 보았다.

"삼조선은 고려사에 단군, 기자, 위만을 삼조선이라 하였으나 … 이밖에 따로 실유(實有)한 삼조선이 있다. 사기 조선열전에「연 전성 시기에 진번과 조선을 공략하여 복속시켰다(始全燕時 嘗略屬眞番朝鮮)」이라 한 바, 이를 서광은 일작(一作) 진막(眞莫)이라 하고「색은(索隱)」에 진번을 이국으로 중하였으니 그러면 진막도 이국이니 진(眞)과 번(番)과 막(莫)이 삼조선이니… 진, 번, 막은 모두 신, 불, 말로 읽어야 한 것이다. 진번막 삼조선은 기준(箕準) 남천 이전 북방에 있던 전삼한이니… 삼조선의 명칭은「삼경」에서 비롯한 자니… 조선 고대의 미신 대상으로 삼신으로 말미암아 역시 한 자니 삼신은「고기」에 보인 바 단군, 환웅, 왕검의 삼신이니 …" (『조선사연구초(朝鮮史硏究草)』)

신채호는 단군, 기자, 위만의 삼조선은 임의로 정한 이름이며 실제로 존재한 삼조선이 있었는데 이것이 진·번·막의 삼조선이라고 보고 전삼한이라고 주장했다. 그리고 이러한 전삼한의 명칭은 삼경(三經)에 기록되어 있는 고대 신앙의 대상이었던 삼신, 즉 고조선의 환인, 환웅, 왕검의 삼신을 칭하는 것이라고 주장했다.

이러한 삼신은『사기』「봉선서」의 기록에 비추어 볼 때, 천일, 지일, 태일신을 가리키는 것이며 이두문 해석에 따르면 신한, 불한, 말한이 된다. 즉, 진·번·막의 전삼한의 명칭은 삼신을 가리키는 신한, 불한, 마한이 되는 것이다.

또한 신채호는 전삼한의 존재에 대한 실증에 더불어 전삼한의 강역에 대해 고증하였다. 그는 불한의 강역을 요하 이서(以西)와 요동 개원

(開原) 이북 지역, 말한의 영역을 압록강 일대, 신한의 강역을 요동반도
와 길림 일대로 비정하였다.

> "一.『만주원류고(滿洲原流考)』에 요동의 번한현을 변한의 고지(故址)로
> 비정함이 근리(近理)하니, 대개 삼조선 중 불한의 관경(管境)이 가장 중국과
> 밀접한 고로 발조선이란 명사가 가장 먼저 중국인의 서적에 보인바라. 연왕
> 희가 조선을 침략하여 영평부의 노룡현(盧龍縣)을 요서라 하고 그 이동을
> 요동이라 칭하였은 즉 불한의 서울이 당시에 내천(內遷)하였으나 당시에는
> 요하 이서와 개원(開原) 이북이 모두 번조선의 구양(舊壤)이었을 것이며,
> 二. 후삼한 중 변·진 양한은 천래한 것이나 마한은 본토에 있던 것이니,
> 마한의 전신인 막조선은… 다만 위만의 난에 임진강 이북을 전실하였으니
> 그 본토의 전체로 말하면 대개 압록 이북이 그 구양(舊壤)이었을 것이며,
> 三. 신한의 구양(舊壤)은 가장 모착할 수 없으나 신한은 임금의 겸임인
> 즉 왕검성의 즉 금 해성현(海城縣)이 그 서울이라 하면 요동반도와 길림
> 등지가 신한의 부분인 전조선의 구양(舊壤)이었을 것이다." (『조선사연구
> 초(朝鮮史研究草)』)

신채호는 위 글에서 전삼한의 존재에 대한 실증에 더불어 전삼한의
강역에 대해 고증하였다. 그는 불이『삼국사기』「신라본기」에 "혁거세
원년에 처음 조선의 유민이 산골짜기에 흩어져 살았는데 이것이 진한의
6부(部)가 되었다"는 기록과『삼국지』「삼한전」에 "진한은 마한의 동쪽
에 위치하고 있다. … 옛날의 망명인들이 진나라의 전역을 피하여 한국
에 왔는데 마한이 그들의 동쪽 땅을 분할하여 우리에게 주었다"는 기록
을 통해 그는 「신라본기」, 「삼한전」의 말을 대조하여 보면 진한은 원래
북방에서 옮겨와 마한이 떼어준 땅을 받아 살았던 것이라고 생각했다.
나아가 이 주민이 있기 전에 경상 좌우도가 모두 마한의 땅이었기 때문
에 진한과 변한의 본래 땅은 다른 지역에서 구해야 한다고 주장했다.
그리고 위 마지막 글에서 신채호는 전삼한의 창립자를 단군으로 보

았다.『삼국지』삼한전의 기록에 마한 여러 소국가들이 각기 별도의 읍
(邑)을 설치하여 소도(蘇塗)를 세우고 하늘의 신을 제사하는 한 사람을
두어 천군(天君)이라고 이름하였다는 것을 이두문 해석에 따라 소도는
수두이며 수두는 옛 말의 신단을 가리키는 말이라고 보았다. 이에 비추
어 단군왕검은 나무숲의 신단(수두)아래 나타나 시대의 방편에 따라 삼
신 오제의 신계를 만들었으며 자기가 곧 삼신의 하나인 신한의 창립자
라고 본 것이다.

신채호는 이러한 전삼한의 멸망을『사기』조선전의 기록에 비추어
연나라의 침략에 의한 것으로 생각했고, 이를 전삼한의 멸망 후 등장한
것이 후삼한의 마한, 진한, 변한이라고 주장했다.

"『사기』조선전에「처음 연 전성시에 일찍이 진번과 조선을 공략하여
복속시켰다(始全燕時 嘗略屬眞番朝鮮)」이라 하니 이것이 아마 삼조선의
최후일 것이다. 이는 곧 진개가 입구하여 만번한(滿番汗) 이북 천여리를 참
실하던 때의 일이다. 만번한은 곧 한서 지리지에 보인 문(文), 번한(番汗)의
양현이요, 만주원류고에 이른바 변한의 구지(舊地) 즉 불한의 서울인 지
라." (『조선사연구초(朝鮮史硏究草)』)

마지막으로 신채호는 그의 고대사 연구 방법인 지명이동설에 비추어
전삼한 멸망 후 만주와 북쪽 지역에 있던 이들 부족의 이동에 따라 전
삼한이 그 명칭을 옮겼을 것이라고 주장하였다. 즉, 신조선은 붕괴하여
삼국이 되었는데, 하나는 흥경현 환인현 등지로 들어가 불조선의 유민
과 연합하여 진번국이 되고, 또 하나는 경상우도로 들어와 변진국이 되
었고, 전자는 신조선의 유민이 주가 되어 진번이라 이름하고 후자는 불
조선의 유민이 주가 되어 변진이라 이름한 것으로 본 것이다.

"신조선이 붕궤(崩潰)하여 삼국이 되니 기일(其一)은 흥경현(興京縣), 환

인현(桓仁縣) 등지로 들어가 불조선의 유민과 연합하여 진번국(眞番國)이
되고 우일(又一)은 경상우도로 들어와 변진국(弁辰國)이 되니 전자는 신조
선의 유민이 주(主)가 되고 불조선의 유민이 부(副)가 되어 진번이라 이름
하며, 후자는 불조선의 유민이 주(主)가 되고 신조선의 유민이 부(副)가 되
어 변진이라 이름하니…" (『조선사연구초(朝鮮史研究草)』)

2) 후삼한(後三韓)

신채호는 진, 변, 마 삼한을 신라, 가라, 백제로 분배하여 후삼국의 강
역을 정돈한 선대 학자들의 공을 인정하였다. 그러나 선대 학자들이『후
한서』의 저자 범엽이『삼국지』의 저자 진수보다 뒤인 것을 알지 못하여
『후한서』에 보인 삼한을 주요 자료로 삼고『삼국지』는 보조 자료로만 인
용한 것을 비판하고『삼국지』를 바탕으로 후삼한의 강역을 고증하였다.

신채호가 삼한의 강역을 고증하면서『후한서』보다는 원전의 의미를
갖고 있는『삼국지』자료를 바탕으로 논지를 전개한 것은 매우 의미있
는 작업이라 할 수 있다.

신채호는 첫째로 후마한(백제)의 강역을 삼한전의 54국 기록과『삼국
사기』백제지리지의 주군 이름,『고려사』지리지의 조선 8도 땅이름에
맞추어 이두문 해석을 통해 다음과 같이 고증하였다.

"원양국, 모수국, 상외국, 소석색국, 대석색국, 우유모탁국, 신분활국, 백
제국, 속로불사국, 일화국, 고탄자국, 고리국, 노람국, 월지국, 치리모로국,
소위건국, 고원국, 막로국, 비리국, 점비리국, 신흔국, 지침국, 구로국, 비미
국, 감해비리국, 고포국, 치리구국, 염로국, 아림국, 사로국, 내비잡국, 감해
국, 만로국, 벽비리국, 구사오단국, 일리국, 불미국, 지반국, 구소국, 첩로국,
모로비리국, 신소도국, 막로국, 고랍국, 임소반국, 신운신국, 여래비리국, 초
산도비리국, 일난국, 구해국, 불운국, 불사분야국, 원지국, 건마국, 초리국,
비리(卑離) 등 제국(諸國)들은 곧 백제지리지에 실리(失里) 등 주군(州郡)

인데 감해비리(監奚卑離)는 고막부리 즉 고마성이니 금 공주요… 지침(支侵)은 당 도호부의 설부(設部)에 지침(支侵)이란 군명이 있으니 지침(支侵)은 주치(州治)가 지삼(只彡)인 고로 득명(得名)한 자요 지삼(只彡)은 신라가 여읍(餘邑)이라 개명한 바 여(餘)의 의(義)가 끼짐이니 금 해미(海美)요." (『조선사연구초(朝鮮史研究草)』)

둘째로 진한과 변한(신라와 가라)의 24국의 강역을 『삼국사기』 지리지와 『문헌비고』의 기록을 바탕으로 이두문 해석을 통해 다음과 같이 고증하였다.

"기저국, 불사국, 변진미리미동국, 변진접도국, 근기국, 난민리미동국, 변진고자미동국, 변진고순시국, 염해국, 변진반로국, 변약노국, 군미국, 변군미국, 변진미오야마국, 여담국, 변진감로국, 호로국, 주선국, 마연국, 변진구야국, 변진주조마국, 변진안야국, 변진독로국, 사로국, 우중국
고자미동(古資彌凍)… 고자(古資)는 구지 즉 반도(半島)의 의(義)니 고성(古城)이 반도인 동시에 또한 대해만(大海灣)에 감(監)한 고로 고자미동(古資彌凍) 구지미지라 이름함이며… 삼국사기 지리지 호용(互用)의 자(字)에 거(據)하여 진(珍) 미(彌) 매(買) 3자가 다 매로 독(讀)함을 알지니 성산(星山)은 별메의 의(義)요, 벽진(碧珍)은 별메의 음(音)인데 곧 별이니 변진반로(弁辰半路)는 성산가야(星山伽倻)이다." (『조선사연구초(朝鮮史研究草)』)

후삼한의 상호관계에 대해서는 삼한전의 기록을 반은 맞고 반은 틀린 기록이라 지적하면서 마한이 후삼한 시기에 쇠약했을지라도 오히려 한강 이남의 전부를 차지하여 고대의 한 큰 나라의 위치를 가졌고, 그 위상을 부르는 호칭은 신한 즉, 진왕이라 하여 70여 나라의 최고 군주가 되었다고 주장하였다. 다시 말해, 후삼한 가운데 마한이 가장 우위에 있었다고 주장한 것이다.

삼한전에 진한과 변진의 정체를 기록하여 가로대 '그 12국은 진왕에게

속하였고 항상 진한인을 써서 그 왕을 세웠고, 세세로 계승되어 진왕은 스스로 서서 왕이 될 수 없었다(其十二國 屬辰王 常用辰韓人作之 世世相繼 辰王不得自立爲王)'이라 하니 이는 실과 와(訛)가 참반(參半)한 기록이다…. 후삼한에 이르러서는 말한은 비록 쇠패(衰敗)한 끝이나 오히려 한강 이남의 전부를 차지하여 고대의 일대국의 입지를 가졌으므로 그 국호를 말한이라 하였으나 그 위호(位號)는 신한이라 하여 70여국의 공주(共主)가 되었으며 신한과 불한은 다만 그 유민(遺民)에 의하여 이로써 그 소거(所居)의 지명을 삼아 쓴 것이요. (『조선사연구초(朝鮮史硏究草)』)

지금까지 신채호의 고대사 인식을 그 배경과 구체적으로 이러한 인식이 반영된 『조선사연구초』에 수록된 「평양패수고」, 「전후삼한고」의 내용을 살펴보았다.

신채호의 고대사 인식은 그가 속했던 1900년대 초반의 시대적 상황을 반영하는 것이었다. 그가 단군, 고조선, 북삼한 등으로 연결되는 대륙의 역사체계를 부각시키고, 낙랑군의 위치를 요동에서 구하여 한반도가 중국 세력에 의해 침입받지 않았다는 인식을 제기한 것은 일본에 의해 국권이 침탈되는 상황을 주체적인 역사관을 통해 극복하려는 의지의 반영이었다고 할 수 있다.

또한 신채호의 고대사 인식은 종래의 유가적인 구서에 대한 비판에서 시작되어 비유가적인 사가를 수용함으로써 신채호 나름의 자주적인 사학으로 재탄생되었다. 그리고 그가 역사연구에 사용한 사료 비판, 지명이동설, 언어학적 방법론은 어느 정도의 문제점이 있을지라도 우리 고대사 인식의 범위를 확대하는 또 하나의 가능성을 제시하였으며, 우리나라 근대 역사학의 성립을 가능하게 하였다.

독특한 고대사 인식을 바탕으로 한 신채호의 사학은 과거의 왕족 중심의 역사관을 극복하고 민족 중심의 역사관을 처음으로 제시함으로써 민족주의사학을 개척하였으며, 일본인들의 식민주의적 역사관을 비판하면서 한국 근대 민족주의 사학의 과제 중의 하나가 반식민사학에 있음을 분명히 하였다.

신채호에 의해 성립된 우리나라 근대사학 및 민족주의 사학은 1930년대 정인보, 문일평, 안재홍 등에 의해 더욱 발전되어 나갔고, 1940년대에는 손진태, 안재홍 등에 의해 신민족주의 사학으로 계승되었다. 여기에 신채호 역사학의 사학사적 의의가 있다.

2장. 1920년대 문화사학자의 민족 자각론과 한국 상고사 인식

1919년 3·1운동을 계기로 우리나라는 물론 동아시아 전역에서는 '문화의 시대'가 펼쳐지고 있었다. 일본에서는 '타이쇼우(大正)데모크라시'의 시대로 불릴 정도로 보수세력에 대한 민중의 거센 도전으로 민주적 공간이 확대되면서 문화국가의 시대가 열리고 있었다. 중국에서는 신문화운동이 맹위를 떨치고 있었고, 우리나라에서도 '문화적 민족주의'가 득세하게 되었다.

우리나라에서 문화적 민족주의가 유행하게 된 것은 3·1운동을 계기로 당시 식민지 통치 권력이 '문화정치'를 표방하였고, 이에 따라 전국 각지에서 '문화운동'이 번져나간 것에 큰 영향을 받았기 때문이다. 이러한 사회적 분위기 속에서 3·1운동을 전후하여 식민지 조선의 지식인들에게는 세계 개조와 사회개조를 목표로 하는 '개조론'과 문화주의가 널리 받아들여졌다. 그 과정에서 1920년대에 처음으로 문화주의를 바탕으로 한 역사학, 이른바 문화사학의 흐름이 형성되었다.

1920년대 초반에 등장한 '문화사학'은 한국사 연구에서 통사 서술을 선구적으로 개척하였는데, 초기 문화사학자로는 안확, 최남선, 황의돈, 권덕규, 장도빈 등이 대표적이다. 이들 문화사학자들은 1923년을 전후하여 의미있는 조선사 통사 서술을 시도하였다. 그리하여 황의돈의 『신편조선역사(新編朝鮮歷史)』(1923), 장도빈의 『조선역사요령(朝鮮歷史要領)』

(1923), 안확의 『조선문명사(朝鮮文明史)』(1923), 권덕규의 『조선유기(朝鮮留記)』(1924)가 출간되었다.

1920년대의 황의돈 등 역사 연구자들은 대개 1930년대 문화사학자들과 구분하여 초기 문화사학자로 부른다. 이들 초기 문화사학자들은 민족주의적 정서를 바탕으로 하고 있으면서도 배타적이고 공격적인 중국 망명객 민족주의자들과는 달리, 문화주의적 역사방법론을 추구하면서 통사 저술을 통해 우리 역사의 발전 과정을 새롭게 체계화하는 성과를 올렸다.

1920년대 초반 '초기 문화사학자'들에 의해 저술된 '조선사' 통사들은 문화면의 서술에서 적극적이었다. 본문에서는 정치사 중심의 서술 방식으로부터 탈피하여 문화 분야의 서술을 강화하였고, 별도의 장과 절을 두어 문화를 서술하였다. 문화사학자들은 이처럼 역사 서술에서 문화면을 강조하며 통사 서술을 지향하는 것 외에, 일제 강점기를 살아가는 식민지 지식인으로서 우리 역사 속에서 민족사의 정체성과 특수성을 찾고자 노력하였다.

1920년대 문화사학자들의 통사 저술 속에서 가장 중점을 두어 서술한 시기는 한국 고대사이다. 한국 고대사 가운데서도 특히 단군과 고조선사 서술에 중점을 두고 있었다. 필자는 1920년대 문화사학자들이 문화주의에 입각해 한국사 통사 저술을 간행하고, 한국 상고사를 강조한 점에 주목하였다.

그동안 1920년대 문화사학자들이 고조선사를 중심으로 한 한국 상고사에 주목한 이유에 대해서는 여러 글에서 정리가 있었다. 다만 그것이 문화사학자 한 개인에 대한 정리에 그치고 있고, 1920년대 문화사학자 전체를 대상으로 한 종합적인 분석과 고찰은 이루어지지 않았다. 따라서 이 장에서는 과연 1920년대 문화사학자들은 우리 역사를 통사로 서술하면서 특히, 고대사 서술과 상고사 담론을 통하여 우리 역사에서 어떠한 측면을 부각시키고자 했으며, 거기에 어떠한 의미를 두고자 했었는지를 살펴보고자 한다.

구체적으로는 안확, 황의돈, 장도빈, 권덕규 네 명이 1920년대에 저술한 한국사 통사 글을 분석하여 그들이 내세운 문화의 개념 및 문화사의 내용을 살펴보고, 그들이 저술 속에서 중점을 두었던 한국 고대사, 특히 단군과 고조선사의 서술 내용을 살펴보고자 한다.

이 네 명 외에 1920년대에 활동한 역사학자로 이능화와 최남선이 있다. 그런데 이능화는 1920년대에『조선신사지(朝鮮神事志)』(1929) 등 조선 상고사에 관한 연구가 중심이었고, 통사 저술은『조선무속고(朝鮮巫俗考)』(1927)나『조선기독교급외교사(朝鮮基督敎及外交史)』(1928) 등 역사 일반을 다루고 있지 않아 비교 대상에서 제외했다. 최남선 역시 1920년대에는『불함문화론』(1925) 등 한국 상고사 연구를 주로 하였고, 이후에 통사 서술을 시작하여『조선역사강화(朝鮮歷史講話)』(1928)를 저술하였는데, 상고, 중고, 근세, 최근의 시대 구분법은 위 4명과 비슷하지만, 한국사의 체계화, 계통화에 주력하다보니, 고대사는 11%에 불과한 근대사 위주의 책이어서 비교 대상에서 제외하였다.

이 장에서는 한국 상고사 담론을 통해 1920년대 문화사학자들이 말하고자 했던 중요한 의미가 무엇인지에 대해 사학사적인 측면에서 살펴보고자 한다.

1. 1920년대 문화사학의 등장과 한국 고대사 서술

1) 1920년대 문화주의와 초기 문화사학

(1) 문화주의와 문화사학의 등장

1920년대는 조선 사회에 근대적 문명과 가치가 유입되고 본격적으로 유행하기 시작한 시기이다. 이 시기 근대 문명이 유행하게 되는 데에는 이른바 문화운동을 주도한 여러 세력이 연관되어 있었다.

1920년대에 문화운동이 유행하기 시작한 배경으로는 일제 식민통치의 방향이 바뀐 것이 중요한 요인으로 작용하였다. 일제는 3·1운동 이후 어떤 식으로든 자신들의 제국주의 지배를 정당화시킬 새로운 이데올로기가 필요하게 되었다. 이때 문명화를 틀로 하는 '문화정치'가 새로운 이데올로기로 주목되었다. 일제는 문화통치라는 이름으로 조선인에게 신문 발간이나 문화운동을 허용하며 새로운 방식의 통치 정책을 실시하게 되었다. 이러한 3·1운동 이후 일제의 변화된 지배 정책을 뒷받침한 이데올로기가 바로 개조론의 일본적 수용형태인 '문화주의'이다.

이른바 '문화주의'는 문치(文治) 사회의 전통이 강하고, 또 도덕 지향성이 강한 한국의 전통사회로 보면 얼마든지 자생적으로 성장할 수 있는 사상인데, 1920년대 초 신칸트학파의 사상이 도입됨에 따라 당시의 지성계에 새삼스럽게 부상하고 있었다고 한다. 그리고 문화주의는 세계개조와 사회개조를 목표로 하는 '개조론'과 함께 일본에서 유행하다가 3·1운동을 전후하여 식민지 조선의 지식인들에게 널리 받아들여졌다. 식민지 조선의 지식인들은 일본 사상계 변화에 민감하게 반응했던 유학생들과 각종 잡지 그리고 단행본을 통하여 거의 동시기에 개조론을 접하고 있었다.

1920년대 초반 문화정치의 시작과 함께 새로 발간된 각 신문·잡지 지면은 '개조'라는 용어가 유행어처럼 장식하고 있었다. 당시 일본에서 유행하던 '문화주의' 사조의 영향을 받아 한국에서도 활발한 문화운동이 일어나는데, 그 주도이념은 '문화주의'와 그로부터 파생된 '인격주의', '개인의 내적 개조론' 등이 주장되었다.

"지금 세계는 개조의 세계이라. 민중주의라 인도주의라 하야 전세계의

인류가 大改造에 入하였다. 무릇 세계는 얼마동안 一律로 지나면 반드시
변동이 생겨 가끔 개조하게 되나니 이 개조의 기회에 능히 적응하야 잘 개
조하게 되는 사회는 잘 생존, 확장하고 불행히 그 시대에 적응치 못하야 개
조의 불능 또는 不善한 사회는 열패 쇠망하는 것이라."

위 인용문은 장도빈의 글로, 여기서 장도빈은 근세 조선의 실패를 거
울삼아 개조의 기회를 잘 활용하여 우승열패의 국제사회에서 우리 민족
이 살아남아야 함을 강조하고 있다. 나아가, 문화주의자들은 '사람의 정
신개조'와 관련하여 한국인의 민족성 개조를 주장하기도 하였다. 이 주
장에서는 민족성을 개조하면 민족을 개조할 수 있다는 것이다. 이처럼
문화주의에서 민족은 개인 하나하나가 자각하고 개조되면 민족 전체가
자각되고 개조될 수 있다고 주장하였다.

문화주의자들은 개인의 인격이 발현되어 사회로 환원되면, 이 상태가
문화라고 주장한다. 따라서 '정신적 인격주의'를 실현하기 위한 방법론
이며, 상위 개념으로써 문화를 생활의 중심으로 설정하고 있었다. 그래
서 1920년대 문화주의자들은 문화적 활동을 통해 근대 문명의 핵심 개
념인 '개인적 가치'뿐 아니라 사회적 차원에서 민족독립의 기반이념인
'민족적 가치'를 여기에 통합·접목시키고자 했다. 나아가 이를 세계적
보편성 속에 위치시키고자 했다. 이러한 문화운동론의 목표 속에서 국
내에서 펼쳐진 문화운동은 주로 산업과 교육을 그 수단으로 한 방법론
이었다.

한편 민족적 가치를 고려하면서 개인적 자각을 중시한 문화주의자들
의 민족 문제 인식은 민족적 자각을 중시한 민족자각론으로 나타났다.
1920년대 문화주의자들은 민족적 자각을 위해서는 우리 민족만의 고유
의 것, 즉 '조선적'인 것의 가치를 고양시켜야 했다. 따라서 문화주의에
서의 개인주의는 기본적으로 자기 인식의 주체성을 중요시하였다. 이러

한 입장에서 외래 사상 역시 주체적 입장에서 수용해야 했다.

이러한 문화주의와 민족자각론을 배경으로 1920년대에 역사학에서 문화사관이 등장한다. 전술했듯이 1920년대는 일국적 특수성에 입각한 민족국가 수립에 특별한 동력을 획득한 시대였다. 3·1운동과 더불어 인도주의 사상이 고양되어 정의·인도의 사회를 추구하면서 역사변천의 동력 문제뿐 아니라 역사변천의 방향에 대한 이상주의적 요구를 고려하여, 사회의 문물제도 발전을 중심으로 역사변천을 추적해보려는 역사학, 즉 문화사학은 이렇게 대두하였다.

문화사학은 크게 보아 민족주의사학의 한 부류로 볼 수 있다. 1910년대 신채호, 박은식 등이 혼(魂), 민기(民氣), 혹은 낭가사상(郎家思想) 등의 정신적인 요소를 역사발전의 원동력으로 삼은 것과 달리 문화사학자들은 인간의 문화에 의해 역사가 변화한다고 보았다. 초기 문화사학은 황의돈, 장도빈, 안확, 권덕규 등이 중심이 되었으며, 이들은 사회의 상부구조인 정치·제도·문화·예술·종교 등을 연구하여 역사발전의 구조와 현상과 의미를 파악하려고 시도했다.

한편, 신채호 박은식 등 1910년대의 유심론사학이 얼마나 혼 등의 일원적인 정신요소를 강조한 반면, 문화사학은 문화 현상 전반의 관계 속에서 역사변천의 근거를 찾으려 했기 때문에 다원적인 성격을 띠었다. 또한 이들은 상부구조를 중심으로 역사를 연구했기 때문에, 당 시대의 '문화의 소유자'라고 보았던 지배계급을 중심으로 역사를 서술한 특징을 보인다.

한마디로 문화사학은 정치·경제·사회·문화 등 사회 전 분야를 통해서 역사 발전의 구조를 파악하려는 방법론을 의미한다. 문화사학에서의 역사는 곧 문화사라고 할 수 있다. 이 문화사학은 사회를 문화 총체로 보아 현상론적이며, 이상주의적 제도나 사회를 대상으로 한다는 점에서 일원론적 유심론 사학과 다르다. 그리고 이상사회의 목표가 설정되어 있으므로 발전적 시각에서 역사를 보려는 것도 특징이 될 수 있다.

이처럼 문화사를 역사 일반과 같은 뜻으로 사용하거나, 문화를 역사를 종합하는 창으로 여기는 이 같은 문화사 개념을 흔히 '넓은 의미의 문화사'라 할 수 있다. 이 같은 관점의 문화사 개념은 해방 이후 국사교육이 제도화된 때부터 국사 교육에서 흔히 찾아볼 수 있었다.

(2) 초기 문화사학자들의 '문화' 개념

이른바 문화사학자들에 의해 1920년대 초반 출간된 '조선사' 통사들은 문화주의의 영향을 받아 통사를 집필하는 과정에서 자연히 문화면의 서술에서 적극적이었다. 본문에서는 정치사 중심의 서술 방식으로부터 탈피하여 문화 분야의 서술을 강화하였고, 별도의 장절을 두어 문화 내용을 서술하였다.

그렇다면 1920년대 문화사학자들의 저술에서 서술된 문화면에는 과연 구체적으로 어떤 내용들이 서술되었는지에 대해, 황의돈과 장도빈, 안확을 예로 살펴보도록 하겠다.

황의돈은 민족주의 역사학자의 한 사람이었다. 3·1운동을 체험한 황의돈은 3·1운동이 민족정신의 건재함 속에서 가능했다고 믿고 그 정신을 발현하는 민족 문화에 대한 탐색을 시도하였다. 그리하여 그는 각지의 청년단체에 대해 '문화발전을 최촉하라'고 권고하는 한편, 한국사를 문화사학의 관점에서 재구성하였다.

황의돈은 역사 속에서 민족의 정신적 유산을 찾아내는 데 몰두하면서도 역사를 단편적인 양상이 아닌 종합적인 총체, 즉 문화로 파악하고자 하였다. 1910년대에 일원론적인 혼이나 정신을 부각시켜 민족정기를 살려보려는 신채호·박은식의 사관과는 달리 역사 속에서 다원론적인 문화양상, 즉 제도(정치·관제·법제)·종교·학술·공예·산업·풍속 등의 발견을 통하여 민족정기를 찾아내려고 했다.

1923년에 출간된 『신편조선역사』에서 황의돈은 '영역'과 '민족'이라는 외연을 물리적 범위나 혈통이 아니라 제도·종교·학술 등을 포괄한 문화를 통해 규정하고 있다. 예를 들어 제4장 '상고의 문화' 항목에서는 제도, 종교, 학술, 공예, 산업, 풍속으로 항목을 나눠, 여러 나라들의 각기 다른 문화와 제도를 설명하고 있고, 각 국가들이 공유했던 문화적 외연을 규정하고 있다. 특히 정치체, 종교, 학술, 풍속은 그 공통성을 유난히 강조하고 있다.

또한 황의돈은 기본적으로 우리 역사에서 이민족과의 투쟁을 강조하면서도 민족사가 발전해 왔다는 논리를 문화면을 통해 확인하려고 했던 것으로 보인다. 그가 통사에서 각 시대사 말미에 '문화'면을 설정하여 특히 강조한 것은 바로 그 때문이다. 그것은 결과적으로 형체가 없는 유심사관의 지나친 강조가 식민사관과 같은 또 다른 특수사관을 만들어낼 위험성을 경계하고 있었던 것이다.

황의돈은 문화가 타 민족과 우리 민족의 역사를 구분 짓는 중요한 요소로 작용하고 있다고 보았다. 민족 내부의 고유한 문화뿐만 아니라 외래문화가 적절히 변용되어 민족문화를 구성할 수 있다는 점도 지적하고 있다. 문화를 정체된 것이 아니라 끊임없이 외부와 영향을 주고받으며 변화하는 것으로 인식하고, 문화가 역사 발전에 매우 중요한 동력임을 확인하는 것이다.

1920년대에 한국사를 문화주의에 입각해서 바라보려 했던 또 다른 역사가로 장도빈이 있다. 장도빈은 인격 개조와 정신 개조를 문화주의의 실천과정에서 민족의식의 고취를 주장하였다. 장도빈이 주도했던 『서울』은 매호마다 우리 역사 인물과 문화를 소개하여 민족의 우수성을 부각시켜 민족의식을 고취하려 했다.

장도빈은 각 시대의 문화를 역사적으로 서술하는 데에 중점을 두었는데, 이는 사회라는 것을 문화의 총체로 사회 상층구조의 현상과 그 변천을 추적하는 데 중점을 두는 문화사학의 경향과 맞닿아 있는 것이라 볼 수 있다.

장도빈은 단군조선에서 위만조선에 이르는 고조선 시대를 문물이 뒤떨어지는 시대가 아니라 그 나름의 문화가 발달한 문명 시대로 보고 있다.『조선역사요령』에서 단군조선의 시기는 문화면을 따로 설정하지는 않았지만, 부족자치가 발달하였고 학술문화가 발달하였던 시기라고 서술하고 있다.

장도빈은 단군조선에 이은 열국(列國) 시대에는 제도 및 문화면을 따로 설정하고, 부여와 기자조선, 삼한, 예(濊), 옥저의 문화를 비교적 상세하게 서술하고 있다. 여기서 기자조선 시기에는 지방에 군현제를 실시하였고, 대부(大夫) 박사(博士) 등의 관직이 존재하였으며 법률로는 8조의 법이 있었다고 서술하였다. 그리고 문화로는 의례와 음악과 한문학과 공예가 있었다고 하여 매우 문화가 발달한 사회로 서술하고 있다.

장도빈이 단군조선 시기에 저술되었다고 하는『신지비사』는 대종교 계통의 책으로 단군조선 시기의 역사서로 신빙하기는 어렵다. 그리고 기자조선 시기에 지방에 군현제를 실시했다는 주장 또한 관련 기록이나 근거 자료가 없어 확인하기는 어렵다. 다만 이러한 주장은 1920년대 일제 강점기에 민족의식을 지닌 역사학자로서 우리 역사상 첫 국가로서 고조선 시기의 문화를 부각시키고 발전적으로 해석하고자 하는 노력의 결과로 바라볼 필요가 있다.

황의돈, 장도빈과 마찬가지로 안확 역시 역사를 사회구조의 다원적 현상에서 한국 문명의 우수성과 특수성을 밝히고자 하였다. 식민지 상황에서 민족의식을 가진 지식인으로서 안확의 조선사 연구는 일제의 식민사관에 대한 저항이자 민족적 자각을 통한 웅비를 염원하는 것이었다. 그는 기본적으로 민족주의적 관점을 견지하면서도 자유와 자치, 자율과 이성 위에 선 개인을 문명과 문화를 만드는 주체로 설정함으로써 국가이데올로기로 고착된 일본의 문화사와 길을 달리했다.

안확은 1920년대 모든 역사학에서 바탕을 두고 있는 민족주의를 학문적으로 승화시키기 위하여 문화사학의 입장에서 우리나라 문명사를 체계적으로 쓸 계획을 세웠다. 안확은 자신을 포함하고 있는 조선에서 '정신생활'의 산물로서의 '문화'가 어떠한 과정을 거쳐 '정신문화사'를 형성해왔는가를 고찰해야 할 필요성을 느꼈다. 따라서 그는 '문화'의 개념과 '문화사'의 방법론을 도입하여 지금 여기의 조선에서 방대한 '정신'의 계보를 추적하여 조선의 고유한 '정신문화사'를 정립하려 했다.

안확은 이러한 방법론을 한국 역사에 적용하여, 조선의 고유한 '정신'이 '단군'을 기원에 두고서 각 시기별로 나타난 '정신'을 거쳐 어떻게 계승되고 형성되어왔는가에 초점을 맞추고 있다. 안확은 '상고시대'에 '단군'으로부터 비롯한 '종교적 관념'과 '선조(先祖)'숭배가 '국민단합력(國民團合力)의 기초'를 이룬 조선의 '고유한 사상'으로 '유전'되어왔다고 보고 있다.

그리고『조선문명사』제2장 태고 부락생활시대 편에서 안확은 '단군의 헌법과 행정' 절을 두어 단군조선 시기가 그 어느 시기보다 법률과 행정이 잘 갖추어진 나라임을 서술하고 있다.

이어서 안확은 단군조선 시기의 입법과 행정은 종교 및 정치를 혼동하는 제정일치의 모습을 보이는데, 이는 이전의 관습법을 답습한 증거라고 보았다. 당시 정치는 유럽, 특히 고대 로마 사회와 비교하여 다수에 의한 군주정체였고, 왕족 자제들을 예(濊)나 부여(扶餘)에 봉하여 그 지역을 통치하는 봉건제 사회였다고 보았다.

안확은 1920년대 여러 문화사학자들 가운데 가장 객관적이고 과학적인 방법으로 단군조선 시기의 문화와 제도를 설명하고 있으며, 특히 서양 역사와 비교하여 우리 민족사의 특수성과 정체성을 부각시키고자 하였다.

2) 문화사학자들의 민족자각론과 한국 고대사 인식

1920년대 문화사학자들은 조선사의 특수성을 문화면 서술을 통해 구현하고자 노력하였다. 이와 함께 대부분의 문화사학자들은 1910년대의 신채호처럼 한국 고대사 인식에 큰 비중을 두고 있었다.

1920년대 문화사학자들이 저술한 조선사 책의 분량을 비교해 보면, 장도빈의 『조선역사요령(朝鮮歷史要領)』(1923)이 고대사 분량이 가장 많아 전체 내용의 63% 정도 서술되어 있다. 그리고 황의돈의 『신편조선역사(新編朝鮮歷史)』가 그 다음으로 고대사 내용이 많아 대략 37% 정도 서술되어 있다. 다음으로 안확의 『조선문명사(朝鮮文明史)』가 약 33% 정도 고대사 내용이 서술되어 있다. 권덕규의 『조선유기(朝鮮留記)』는 고대사 분량이 30% 정도 된다. 이상에서 장도빈은 물론 나머지 3명의 조선사 저술에서 원시사회부터 조선 후기까지의 내용에서 고대사 분량이 30% 이상을 차지한다는 것은 한국 고대사 서술에 매우 큰 비중을 두고 있다는 반증이다.

장도빈은 조선사 통사 저술에서 고대사 내용을 가장 많이 서술한 연구자였다. 장도빈이 1923년에 저술한 『조선역사요령』은 단군조선부터 1910년까지를 45장으로 서술한 것이다. 그런데 이 가운데 고대사에 해당하는 상고시대와 중고시대의 내용이 29장에 이를 정도로 고대사 서술에 특히 역점을 두고 있었다. 이처럼 장도빈이 우리 역사 책에서 고대사비중을 60% 넘게 서술하게 된 것은 신채호의 영향을 많이 받았던 것으로 볼 수 있다.

장도빈은 『조선역사요령』에서 조선 민족의 유사 이래의 연대를 4260여 년으로 보며, 이를 상고, 중고, 근고, 근세, 최근의 다섯 시기로 나누었다. 이는 황의돈, 권덕규, 안확 등 다른 문화사학자들의 시대 구분 방법과 동일하다. 아마도 이러한 시기 구분법은 1892년에 나온 일본인 학자

하야시(林泰輔)의 『조선사』에서 태고, 상고, 중고, 근세로 구분한 방법을 답습한 것이라 생각한다. 이들 문화사학자들에게서는 사회경제사적 문제 의식을 가져야만 포착할 수 있는 중세에 대한 시대 구분은 나타나지 않으며, 이는 식민사학의 정체성론에 대해 문화사학이 제대로 대처하기 힘들었음을 보여주는 것이기도 하다.

장도빈은 우리 역사의 계승 체계를 정리하면서, 상고사를 단군조선 시대와 열국 시대로 구분하고 있다. 단군조선 시대는 전조선으로 서술하였고, 후조선, 즉 위만조선의 시기를 옥저, 예, 부여, 삼한 등과 같은 열국 시기에 존재한 것으로 그려냈다. 또한 사회상이나 문화상 등도 열국 시대의 다른 나라들과 동일한 것으로 묶어내고 있다. 그다음 시기에는 삼국시대를 지나 신라가 백제를 통일하고 발해는 고구려를 대체하여 남북국이 되었다고 하였다. 가야에 대한 인식은 변한에서 가야가 나왔다는 내용 외에 특별히 서술하고 있지 않다.

황의돈의 경우도 『신편조선역사』에서 단군에서 한말에 이르는 시기를 상고사, 중고사, 근고사, 근세사, 최근세사의 5편으로 구성하였다. 특히, 상고사와 중고사 단원을 통해 한국 고대사 내용을 서술하고 있다.

황의돈 역시 장도빈과 마찬가지로 한국 상고사를 '단씨조선(檀氏朝鮮)'에서 '열국(列國)'까지로 보고, 중고사는 중앙집권적 고대국가가 들어선 시기로 보았다. 또한 『신편조선역사』에서는 단군조선의 멸망 이후에 단군이 부여나 삼한 지역이 아닌 만주로 옮겨갔다고 서술하여, 만주까지를 우리 역사의 영역으로 규정하고 그 안의 여러 민족을 우리 역사의 범위 안으로 포함하려고 했다.

이에 따라 열국(列國)의 역사로 부여(扶餘), 숙신(肅慎), 기씨조선(箕氏朝鮮), 옥저(沃沮; 南北二國), 예(濊; 東北二國), 맥(貊; 東北二國), 진(辰; 三韓)을 포괄하고 있다.

『신편조선역사』에서 중고사는 제1기를 삼국시대, 제2기를 남북국시대로 구분했다. 우선 제1기에서는 삼국의 건국 과정을 다루면서 한사군의 축출을 강조하고, 가락국을 언급함으로써 가야를 우리 역사로 분명히 서술하고 있다. 이러한 가야사 서술의 강조는 자연스럽게 일인학자들의 임나일본부설을 부정하는 결과를 가져왔다. 그리고 삼국의 성장과정은 각 국가별로 따로 기술하지 않고, 삼국 간의 관계를 중심으로 서술한 점도 특이하다. 또한 삼국의 문명에서 불교를 중시하고 있는 점도 특징이라고 할 수 있다.

권덕규 역시 『조선유기략』에서 황의돈, 장도빈과 마찬가지로 한국사를 상고-중고-근고-근세의 시대 구분에 따라 총 4편으로 구성하였다. 제1편, 상고시대에서는 조선의 지리와 종족, 신시시대, 단군조선, 부여시대를 서술하고 있다. 여기서 권덕규는 우리 민족의 첫 활동무대를 한반도와 만주로 보되, 백두산 북쪽 송화강(松花江) 언저리를 한복판(주된 활동 영역)으로 보았다.

제2편 중고사는 상하 양편으로 서술되었는데, 〈상편〉은 고구려, 백제, 신라의 삼국시대와 가야 시대를 언급하였다. 〈하편〉은 '남북국시대'를 서술하였는데, 통일신라와 발해가 서로 대치한 시대로, 이 시기는 민족분단의 시각이 아닌 우리나라 오천년 역사상의 융성한 시대 중 하나로 보고 있다.

마지막으로 안확의 경우는 『조선문명사』에서 앞서 소개한 문화사학자와 마찬가지로 우리 역사를 상고-중고-근고-근세의 시대 구분에 따라 서술하고 있다. 특이한 점은 황의돈과 권덕규가 상고시대 편에서 신시시대를 설정하고 있는 것과 달리, 안확은 상고시대 앞에 태고(太古) 시기를 설정하여 단군조선 시기 이전에 부락(部落) 생활 시대가 있었고, 이 시기에 조선 민족의 정주(定住)가 이루어지고 주변의 여러 종족 및 국가와 밀접한 관계를 맺게 되었다고 서술하고 있는 점이다. 이는 우리 역사를 자치제의 발달과정이라는 주제에 초점을 두고 통사 체제로 서술하는 과정에서 이른바 원시(선사) 시대에 대한 서술을 민족의 정착과 이주로 설명한 것으로, 다른 문화주의 역사학자들과 비교해 가장 학문적이고 객관적 역사 서술의 내용을 갖추었다고 할 수 있다.

태고시대 이후 내용 서술은 상고 소분립 정치시대에 단군 시대에서 삼한시대까지의 역사를 서술하고, 중고 대분립 정치시대를 전기와 후기로 나누어, 전기에 삼국시대를 서술하고 후기에 남북조시대를 서술하고 있다.

이상 네 문화사학자들의 고대사 서술의 공통점은 기본적으로 한국 고대사가 단군-부여(열국)-고구려-발해로 이어진다는 신채호의 고대사 인식 체계를 계승하였다는 점이다. 한편 신채호가 한국 상고사의 흐름을 '단군-부여'로만 이해한 데 비해, 황의돈 등 문화사학자들은 기본적으로 '단군-열국'의 체제를 견지하였다. 이러한 서술은 '단군조선의 봉건국가시대 - 열국시대 - 통일국가시대'라는 보편적 국가발전 단계를 토대로 민족사를 설명하려는 시도였다. 나아가 문화사학자들은 이러한 서술을 통해, 우리 역사의 정통성을 강조하는 신채호의 '단군-부여' 체계가 초래하는 민족사의 축소를 방지하고자 했다.

그리고 그 서술 분량이 많지는 않지만 가야사에 대한 서술이 어느 정도 이루어지고 있어 일본학계의 임나일본부설에 대한 자연스러운 비판이 이루어지고 있다는 점도 주목된다.

삼국시대와 통일신라를 다룬 중고사 편에서 가장 특이한 점은 무엇보다 발해사를 우리 역사의 범주에 포함하고 있다는 점이다. 이는 조선시대 이래 전통사학에서 정통론에 입각해 통일신라를 강조하던 것에서 탈피한 것이며, 상고사에서 만주까지를 우리 역사의 영역으로 설정했던 점을 반영한 것이다.

이처럼 1920년대 들어 문화사학자들로 대표되는 저술에서 활발해진 고대사 연구는 식민지 현실을 외면하고 관념화된 과거의 역사 기억으로 도피하는 게 아니라 한민족의 역사를 새롭게 구성하는 일이었다.

2. 문화사학자들의 고조선사 인식

1) 단군 및 단군조선에 대한 인식

(1) 단군 이전의 원시(原始; 신시(神市)) 시대 설정

장도빈을 제외하고 나머지 초기 문화사학자들에게서 보이는 또 하나의 특징은 단군 건국 이전의 역사를 설정하고 있다는 점이다. 1910년대 민족주의사학에서는 단군을 기점으로 한 민족사의 서술이 일반적인 경향이었다. 그런데 1920년대 문화사학자들은 민족사의 시원을 단군의 건국 이전으로까지 끌어올리고 있다.

문화사학자들은 3·1운동과 더불어 부양(浮揚)한 인도주의에 용기를 얻어 이상주의 성향을 가지고 있었다. 그리하여 문화사학자의 고대사 서술에서는 주(周)나라 봉건제도의 이상사회를 대입하고 있으며, 부족공동체 사회는 자치제도의 사회로 이상화하였다. 이러한 시각에서 단군조선 이전의 시대를 서술하게 되었던 것으로 볼 수 있다.

안확의 『조선문명사』 태고 편은 단군조선 이전 시기에 부족공동체 사회가 존재했음을 서술하고 있다. 이는 근대 역사서술에서 선사시대 서술 내용과 유사한 서술로, 1920년대 통사 서술에서 처음으로 선사(원시) 시대를 서술하고 있다는 점에서 큰 의미를 둘 수 있다.

안확은 '태고' 시대의 3절 '조선 민족 이외의 제 종족과 그 관계' 내용에서 타민족과 조선 민족과의 상호관계를 설명하고 있다. 즉, 태고 시대부터 조선은 여타의 민족을 식민지로 통합했고, 그 영역이 광범위했다는 것이다. 안확은 태고 시대 조선 민족의 식민 활동은 많은 다른 민족들을 흡수하거나 방축하는 결과를 낳았고, 그 대표적인 민족이 아이누족, 흉노족, 한족이라고 한다. 이 가운데 아이누족은 조선 민족에 밀려 일본 북부 지방으로 옮겨갔고, 조선족에게 쫓겨난 흉노족은 중국 대륙

으로 들어가 주(周)나라와 다투었고, 한(漢)족은 태고 시절에 조선족 일
파에 의해 계속 침략당했다는 것이다. 따라서 태고 시절에 조선 민족이
한족을 지배한 역사가 컸다는 것을 추측할 수 있다고 보았다.

이처럼 안확은 태고 시절의 원(原)조선 민족은 이후 다양한 민족(혹은
종족)들로 분화되어 갔다고 보았다. 그렇다면 현재의 조선 민족 또한 단
일한 민족이라기보다는 다양한 민족들이 서로 통합되는 방식으로 재구
성된 민족이라는 입장을 보인다.

안확과 달리 권덕규와 황의돈은 상고시대 내에서 단군조선 이전 시
대로 신시시대(神市時代)를 설정하고 있다. 권덕규의 『조선유기략(朝鮮
留記略)』의 제1편은 상고시대로 조선의 지리와 종족, 신시시대, 단군조
선, 부여시대를 다루고 있다.

여기서 권덕규는 우리 민족의 첫 활동무대를 한반도와 만주로 보되,
백두산 북쪽 송화강(松花江) 언저리를 한복판(주된 활동 영역)으로 보았
으며, 겨레의 시조를 단군으로 보되, 단군조선에 앞서 신화 시대로서 환
웅이 교화하며 다스리던 신시(神市)시대를 설정하고 있다. 나아가 권덕
규는 겨레의 공용기원, 즉 단기(檀紀)를 서기전 2333년으로 원년으로 삼
았다. 그러나 겨레의 시작은 그보다 몇백 년 이전의 신시시대로 생각하
고 있다.

권덕규는 『조선유기략』의 신시시대 서술에서 우리 민족인 환족은 요
서지방으로부터 이동해 온 민족이며 백두산과 송화강을 중심으로 흥기
하였고, 발달한 문화를 바탕으로 자연스럽게 동방의 중심지로 성장했다
고 서술하고 있다. 그리고 이들이 5000여 년 전에 일구어 낸 시대가 바
로 신시시대이며, 이러한 환족을 이끌었던 주상(主上)은 바로 환웅이었
다고 주장한다. 즉, 고조선의 시작은 단군 시대가 아닌 더 앞선 우리 민
족의 최초로부터 잡아야 한다는 것이다.

이처럼 지금으로부터 5천 년 전에 서쪽에서 이주해온 환족에 의해 신

시시대가 펼쳐졌다는 권덕규의 주장은 서술 내용 그대로 신빙하기는 어렵지만, 민족사의 시작을 단군조선 시대 이전의 시기로 끌어올리고자 하는 시도라는 점에서 그 의미를 둘 수 있다.

황의돈 역시 단군조선 시대 이전에 이미 신시시대가 있었음을 강조하고 있다.

이처럼 안확, 권덕규를 비롯해 황의돈은 우리 상고사, 즉 고조선사를 서술하면서 우리 역사의 시작은 단군조선이 아니라 더 이전의 시대, 즉 태고시대 또는 신시시대를 이끌었던 환족에서부터 출발한 것으로 보았다. 그리고 이 상고사의 흐름은 주변 여러 민족과 뒤섞이고 분화하며 우리나라 역사의 체계를 이끌어가는 것으로 파악하였다.

이처럼 1920년대 문화사학자들이 단군조선 이전에 태고(太古) 시기 또는 신시(神市)시대를 설정한 것은 우리 역사서술에서 선사시대(원시시대)를 서술하고자 하는 민족사 연구의 새로운 시각이라 할 수 있다. 그리고 이는 1910년대에 단군을 우리 역사의 시작으로 설정했던 대종교적 민족주의사학의 극복을 의미하는 것이었다.

부여 도성이 있는 제2 송화강 원경   백두산 천지

(2) 단군과 민족의 정체성 인식

1920년대 문화사학자들에 의한 조선 민족의 특수성과 정체성을 규명하는 문화 연구와 조선 민족의 저력을 드러낸 통사 기술은 과거 역사 속에 명멸했던 다양한 주체들을 동일한 역사를 공유하는 단일한 민족으로 상상하게 했다.

이러한 문화주의자들의 민족 문제 인식은 민족적 자각을 중시한 민족자각론으로 나타났다. 그리고 민족자각론은 조선 민족의 유구성과 정체성을 고양시키기 위한 노력으로 이어졌다.

1920년대 민족주의사학자들은 민족적 자각을 위해서 일차적으로 '조선적'인 것의 가치를 고양시켜야 했다. 문화사학자들이 주체성을 고려하고 민족적 자각과 조선적인 것의 가치를 고양하기 위해 찾은 것은 바로 고조선의 시조 단군에 대한 인식을 강화시켜 나가는 것이었다.

문화사학자들의 민족자각론은 그들의 단군 인식에서 전형적으로 나타났다. 단군은 민족 자각에 필요한 중요한 표상이었다. 따라서 1920년대 초반 문화사학자들은 단군을 민족 표상으로 정립하기 위한 시도를 광범위하게 시도하였다. 문화주의자들에게 단군은 '조선적'인 것의 순수 원형이었다. 유교적 폐단을 신랄하게 비판한 문화주의자들은 유교에 물들지 않은 우리 고대사가 조선적인 것이었고, 따라서 고대사의 시원인 단군은 조선적인 것의 순수 원형이었던 것이다. 한편 단군의 그 순수성이야말로 민족의 고유성, 주체성을 담보하고 있었다. 인간과 신이 합일하는 단군 신화의 모티프는 조선 민족성의 고유성과 독자성을 보여주며 외래 사상의 영향이 배제된 민족의 순수성을 증명하는 기제였던 것이다.

이러한 1920년대 문화주의자들의 단군 인식은 1910년대의 대종교적 단군 인식과는 성격을 달리하고 있었다. 신채호로 대표되는 대종교적 단군 인식은 절대 독립을 추구하는 독립운동의 이념으로서의 기능이 주효하였다. 한말에서 1910년대의 신채호의 역사 인식은 국가주의·민족주

의를 고취하기 위한 수단이었고, 만주에서 고대국가를 운영하였던 부여
족(扶餘族)을 우리 민족의 주족(主族)으로 설정하여 만주 수복을 촉구하
고 정당화하기 위한 방편이기도 하였다.

　반면 문화주의에서의 단군 인식은 외래적인 것, 즉 서구 문명과 '조선
적인 것'을 구분짓기 위한 자기 인식의 출발점이라는 기능이 주효하였
다. 다시 말하면, '민족의 정신적 실체'를 지킴으로써 '절대 독립'을 도
모하려는 '국수(國粹)'로서의 단군이 아닌 외래적인 것으로부터 조선적
인 것을 고수해야 가능한 자기 인식의 방편으로서의 단군이었다. 따라
서 문화주의자들은 광범위하게 단군 숭배 운동을 펼쳤다고 한다.

　황의돈은 『신편조선역사』에서 단군조선을 시작으로 고조선의 역사를
서술하고, 단군-기자-위만조선의 순으로 국가가 들어섰다고 보고 있다.
『신편조선역사』에서는 단군조선의 건국에 관련된 내용을 더욱 늘렸
다. 황의돈은 『신편조선역사』 건국 신화의 내용을 통해 단군조선의 신
성성을 더욱 강조하는 민족주의적 관점을 강화했다. 단군 건국의 연대
는 마찬가지로 무진년으로 잡고 있으며, 단군조선의 여러 치적에 대해
서도 큰 변동이 없이 기록하고 있다. 그리고 『신편조선역사』에서 황의
돈은 단군조선의 영역을 우리 역사의 최대 영역으로 간주하고 있다. 이
는 한반도뿐만 아니라 멸망 이후 단군이 이주하는 만주 지역을 포함하
는 넓은 영역으로 생각해볼 수 있다.

　이처럼 『신편조선역사』에서는 당시에 접할 수 있는 여러 기록들을
참고하여 단군조선을 그려내고 있으며, 독자적으로 어떤 내용을 지어내
기보다는 기존의 기록들이 이야기하는 범위 안에서 역사를 그려내고 있
다는 점에서, 비교적 실증적이고 객관적인 태도를 견지하려고 노력했다
고 평가할 수 있다.

　황의돈은 민족 최초의 국가로서 단군조선을 강조하려고 했으며, 이를
위해 단군조선과 관련된 자료를 최대한 이용하여 종합해냈다. 『신편조

선역사』에서는 단군조선에 대해서는 평가를 배제하고 서술함으로써, 단군조선의 역사를 '신화'나 '설화'의 차원이 아닌 실존하는 역사로 기술하려고 했다. 이러한 인식은 후술하는 장도빈이나 권덕규, 안확 등 초기 문화사학자가 모두 공유하던 생각이었다.

안확은 『조선문학사』 '상고의 사상'에서 고대의 '종교적 관념과 조선(祖先) 숭배의 국풍(國風)'이 국민 단합의 기초가 되고 국가 사회의 도덕이 되었으며, 한문화가 아닌 조선 고유사상의 발현으로 나타났다고 인식했다.

안확이 신화의 세계를 신앙의 영역을 넘어 보편학으로 이끄는 이유가 여기에서 분명히 드러난다. 단군을 국조로 하여 국민을 단합하고 국가 사회의 도덕을 정초하는 민족 고유의 정신문화적 원형이 전통으로 창조되는 것이다. 안확은 외래문물의 수용을 상고시대로부터 이어져 온 제천의식과 선조에 대한 숭배 관념 등 고유문화와 정신의 발현으로 이해했다.

안확은 『조선문명사』 상고 소분립 정치시대에서 단군시대부터 삼한시대까지를 '건국의 기초', '단군의 헌법과 행정', '봉건 정치와 그 성질'의 소절을 통해 설명하고 있다. 『조선문명사』 '건국의 기초' 절에서는 단군의 등장을 알리는 내용을 통해, 단군이란 여러 민족들의 통합 과정을 거쳐 새롭게 구성된 민족=공동체의 수장을 말한다고 보았다. 단군의 등장은 국가의 건설을 뜻하는 것이기도 하다. 이로부터 '상고시대' '소분립 정치시대'가 열린다고 보았다.

단군조선의 시작은 하늘을 숭배하는 종교심이 강한 힘이 되어 고조선 건국의 기초를 만들었다고 보았다. 그리고 조선 최초의 건국은 한 사람의 강한 힘으로 이루어진 것이 아니고, 전 민족이 공통 일치된 최대 다수, 또 최대의 힘으로 기초를 이룬 것이라고 보았다. 단군조선 시대의 정치는 다수의 의사에 의한 군주정체였고, 행정제도의 방법은 봉건(封

建)의 제도를 행하였다고 보았다. 물론 조선의 봉건제도는 게르만 왕국의 봉건이나 주나라의 봉건과 다르며, 여론에 기초한 군주정체를 완전히 성립한 것으로 보았다.

이처럼 안확은 단군조선 시대에 이미 여론에 기초한 군주정체를 수립하였고, 단군조선이 유럽이나 중국과는 다른 우리만의 봉건제도를 시행한 문명국가였음을 강조하고 있다. 이는 그 서술 내용의 사실성 여부보다 우리 역사상 첫 국가인 단군조선 시기를 정치제도가 매우 발달하고, 주민들의 여론을 수렴하는 주민자치제 질서가 유지되는 선진적인 사회였음을 강조하고 있다는 점에서 역사 서술을 객관적이고 발전적으로 서술하는 근대역사학의 방법론과 매우 근접한 서술이라고 할 수 있다.

권덕규는 『조선유기』 단군조선 장에서 기원전 2333년에 환족(桓族)인 단군이 즉위하여 단군조선을 열었다고 서술하고 있다. 그리고 단군조선에는 신지(神誌)라는 벼슬이 있어 신지가 지은 『비사(祕詞)』가 조선 글월의 처음이라고 쓰고 있다.

권덕규는 단군조선의 건국 시기를 기원전 2333년으로 보고 있다. 그리고 그 영역은 환족들이 여러 지역으로 이동하면서 서로는 난하와 대흥안령산맥을 경계로 하는 방대한 범위를 포함하고 있었다고 보았다.

단군조선에 대해 권덕규와 비슷한 인식을 가진 분이 장도빈이다. 장도빈은 『조선역사요령』의 상고 시기 단군조선 내용에서 단군조선의 실재를 믿고 그 역사를 강조하고 있다. "단군의 성은 환(桓), 명(名)은 왕검(王儉)이니 (중략) 이곳 조선의 시조니라. (중략) 때는 서력기원전 2333년이라"라고 보았다. 그리고 단군조선의 영역 지도를 보면 서쪽으로는 난하를 경계로 하고 있고, 북쪽은 흑룡강을 경계로 하고 있어 사실상 권덕규와 동일한 인식을 보이고 있다. 『신지비사』를 단군조선의 시기의 주요 학술문화로 서술하는 것 또한 권덕규와 동일하다.

이상에서 권덕규와 장도빈은 단군조선의 시작 시기와 그 영역의 범위를 대흥안령 산맥 이남의 만주 지역 전체를 대상으로 보고 있으며, 그 신빙성이 의심이 되는 『신지비사』를 단군조선 시기의 학술 문화를 다루는 등 단군조선의 역사를 지나치게 과장해 인식하는 면이 보인다. 이러한 점은 황의돈이 철저히 문헌 고증에 의해 고대사를 체계화하였던 것과 안확이 정치제도의 발달이라는 주제에 초점을 두고 우리 역사를 체계화한 것과 대비된다 하겠다.

2) 단군조선 이후의 한국 상고사 체계

황의돈을 비롯하여 1920년대 문화사학자들은 상고시대의 고조선에 대해 기술하면서 기본적으로 단군, 기자, 위만으로 이어지는 세 고조선의 존재를 모두 실재했고 계승하는 국가로 보았다.

황의돈은 『신편조선역사』에서 단군-기자-위만조선 사이의 우월이나 종속을 전제로 하지 않는다. 이는 각 나라가 고대국가의 발전단계에서 자연스럽게 등장했다가 세력이 약해지면 사라지는 존재로 이해되기 때문이다. 기자조선과 위만조선은 단군조선의 멸망 이후 이어지는 열국시대에 차례로 등장하는 열국 가운데 하나이며, 이들은 다른 열국과 함께 우리 역사의 영역에 포함되는 국가들이다. 따라서 이들 국가의 계승관계는 특정한 혈연으로 인한 것이 아니게 된다.

『신편조선역사』에서는 단군조선의 멸망 이후 부여, 숙신, 기씨조선, 옥저(남북이국), 예(동북이국), 맥(동북이국), 진(삼한) 등의 나라가 분립하는 열국시대로 들어섰다고 보고 있다. 부여를 정통으로 보는 기존 견해와 달리 이들을 병존하는 여러 나라로 봄으로써, 전근대적 정통론에서 벗어났다고 할 수 있다. 그는 단군조선의 천도에 대해서 기자에게 평양성 일대를 나누어 주고 천도하여 쇠락의 길로 접어들었다고 기록했다.

그동안 식민사학자들은 기자가 중국으로부터의 망명객이며, 선진의 문물을 가지고 망명하였다는 점을 우리 민족의 주체적 역량을 낮춰보는 근거로 삼았다. 그리고 유학자들의 역사 인식에서도 중국으로부터의 영향을 강조하여 기자를 지나치게 강조하는 흐름이 있었다. 그러나 황의돈은 주 왕실과 기자조선을 분리하여 '동래후수봉(東來後受封)'이나, '조주(朝周)'에 대한 이야기를 다루지 않고 있다. 이를 통해 기자조선이 중국으로부터 망명한 세력에 의해 세워졌지만, 독립적인 국가임을 강조하고 있는 것이다. 또한 『대동청사』에 장황하게 서술했던 기자조선의 왕력과 업적을 전부 배제하여, 중국의 영향을 강조하는 유학자들의 견해로부터 탈피했다.

이는 일제 식민사학의 타율성론에 대항하여 민족의 자주성을 강조하며, 만주와 한반도를 포괄하는 지역을 우리의 역사로 이해하려는 시도로 볼 수 있다.

기자조선의 멸망과 위만조선의 건국을 다루는 부분에서도 황의돈은 기존 유학자들의 기자 정통론을 상당 부분 극복하고 있다. 위만조선을 기자조선의 옛 강역을 다시 점유하여 세운 나라로 그리고 있으며, 기자조선의 왕과 유이민들이 마한을 정복하여 세운 나라를 기씨조선의 이동이 아닌 기씨마한으로 설명하는 점 등을 감안할 때, 기자조선을 정통국가가 아닌 열국 가운데 하나로 인식하고 있음을 알 수 있다. 이러한 점 또한 식민사학의 타율성론에 대항하는 역사해석으로 볼 수 있다.

이러한 황의돈의 고조선에 대한 인식에 가장 가까운 문화사학자는 장도빈이라 할 수 있다. 장도빈은 그의 저서 『조선역사요령』 상고편을 두 기로 나누어 제1기에 단군조선을 서술하고, 2기 열국시대에서 기자조선과 위만조선을 서술하고 있다. 여기서 장도빈은 열국 시대의 국가들은 모두 단군의 후손이 계승한 것이라 하였으며, 이 중에는 부여가 가장 대국이라고 하였다.

한편 권덕규는 단군이 도읍한 태백산을 백두산으로 서술하고 있다.

단군조선의 중심지는 이동을 하는데 과정을 단순화 시키면 '태백산(백두산)→ 평양→ 장당경(문화군) → 부여'이다. 이 도식에 따르면 권덕규는 단군조선의 역사적 정통성이 기자조선으로 이어진 것이 아니라 부여로 이어졌다고 보고 있다.

그러나 권덕규는 그 다음 장에서 단군조선 이후에 우리 상고사의 흐름이 부여로만 이어지는 것이 아니라 여러 나라들(列國)로 이어진다고 보고 있다. 즉, 단군조선 멸망 후에 중국 대륙 북쪽 지역에서는 그 역사가 부여로 이어지고, 한반도 북부 지역에는 낙랑이 있었고, 남쪽에는 삼한이 있었다고 보았다. 그리고 요하의 동서쪽에 중국인의 입거에 따라 기자조선과 위만조선이 이어지는 것으로 보았다. 즉 단군조선 이후에 등장하는 기자조선과 위만조선은 황의돈·장도빈과 마찬가지로 열국 시대의 국가로 이해하고 있는 점이 눈에 띤다.

이상에서 보면, 황의돈과 장도빈, 그리고 권덕규에 이르기까지 초기 문화사학자들은 단군조선의 멸망 후에 그 영역에 분립한 열국이 바로 우리 민족의 역사를 계승하는 여러 국가라고 이해하고 있다. 이러한 인식은 기본적으로는 조선 시대의 역사학적 정통론, 즉 삼한(마한) 정통론이 갖고 있는 역사의 폭을 좁히는 문제점을 극복하여, 민족사의 영역을 확대하는 중요한 계기가 되었다.

그러나 이러한 가운데에도 1920년대 문화사학자들의 저술에서 당시의 시대적 인식을 반영하여 민족주의적 성향은 강하게 유지되고 있다. 단군조선에서 열국, 그리고 삼국시대와 남북양조 시대로 이어지는 '민족'이라는 외연은 분명히 존재하기 때문이다. 그러한 흔적은 중국으로부터의 이민자들이 세운 기자조선과 위만조선이 모두 이전에 존재하던 국가의 '인정(矜惻)'을 통해 땅을 얻어 정착하면서 시작되었다는 점, 그리고 한사군의 설치 이후에 이에 대한 심한 저항운동이 일었다고 서술한 점에서 확인할 수 있다. 이는 우리 역사와 문화가 외부로부터의 영향

을 받았지만 주체성을 잃지는 않았다는 점을 강조하여 일제의 식민사관
에 대응하기 위한 특징으로 볼 수 있다.

1920년대는 일국적 특수성에 입각한 민족국가 수립에 특별한 동력을
획득한 시대였다. 이 시기에 우리나라에서도 문화주의를 바탕으로 하는
문화사학이 등장하였다. 1920년대에 등장한 문화사학은 사회의 상층구
조의 변화인 정치사·제도사·문화사·예술사·종교사·풍속사 등을 총체
적으로 혹은 부분적으로 추구하여 역사발전의 구조와 현상과 의미를 파
악하려는 역사방법론의 변화였다.

초기 문화사학은 황의돈, 장도빈, 안확, 권덕규, 최남선 등이 중심이
되었으며, 이들은 역사를 사회구조의 다원적 현상에서 한국 문명의 우
수성과 특수성을 밝히고자 하였다. 식민지 상황에서 민족의식을 가진
지식인으로서 문화사학자들의 조선사 연구는 일제의 식민사관에 대한
저항이자 민족적 자각을 통한 웅비를 염원하는 것이었다.

1920년대 들어 문화사학자들로 대표되는 저술에서 가장 중점적으로
서술된 시기는 한국 고대사였다. 문화사학자들에게 한국 고대사 연구는
식민지 현실을 외면하고 관념화된 과거의 역사 기억으로 도피하는 게
아니라 한민족의 역사를 새롭게 구성하는 일이었다. 이때 한국 고대사
의 첫 시기로 등장한 단군은 단순히 첫 국가 고조선의 시조가 아니라
민족 공동의 시원으로서 문화적 동일화를 이끌며, 단군과 단군조선사를
통해 발명된 민족의 정체성은 상처 입은 주체를 치유하는 것이었다.

초기 문화사학자들은 우리 상고사, 즉 고조선사를 서술하면서 우리
역사의 시작은 단군조선이 아니라 더 이전의 시대, 즉 신시시대를 이끌
었던 환족(桓族)에서부터 출발한 것으로 보았다. 그리고 이 상고사의 흐
름은 주변 여러 민족과 뒤섞이고 분화하며 우리나라 역사의 체계를 이
끌어가는 것으로 파악하였다.

　나아가 문화사학자들은 우리 역사의 주체성을 고려하고 민족적 자각
과 조선적인 것의 가치를 고양하기 위해 고조선의 시조 단군에 대한 인
식을 강화시켜 나갔다. 문화사학자들의 민족자각론은 단군 인식에서 전
형적으로 나타났다. 단군은 민족 자각에 필요한 중요한 표상이었다. 그
리고 문화사학자들은 단군조선의 멸망 후에 그 영역에 여러 열국이 분
립하였다고 보았다. 이 시기에 기자조선과 위만조선이 단군조선의 변혁
을 이끌어 고조선의 번성을 이끌었다고 하였다. 이러한 인식은 조선 시
대의 역사학적 정통론이 역사의 폭을 좁히는 문제점을 극복하여, 민족
사의 영역을 확대하는 중요한 계기가 되었고 일제 식민사학을 극복하는
하나의 서술로서 의미를 갖는다고 할 수 있다.

3장. 일제 강점기 이병도의 고조선사 연구

이병도는 한국 고대사 연구에서 큰 업적을 남겨 학계에 지대한 영향을 미쳤다. 이병도의 한국사 연구와 교육에 관한 활동은 크게 네 시기로 나눌 수 있는데, 그 가운데 일제 강점기인 1925년부터 1945년경까지는 주로 연구자로서 한국사 연구에 몰두한 시기였다. 이 당시의 연구 성과가 해방 후까지도 한국 고대사학자들에게 많은 영향을 미치고 있다는 점에서 이 시기 이병도의 한국 고대사 연구 성과 검토는 매우 중요하다.

이병도는 처음부터 고대사 연구에 매진한 것은 아니지만 유학 생활 당시부터 한국 고대사 연구에도 착수하게 되는데, 가장 영향을 받은 것은 일본인들에 의한 한국 고대사 연구 문제의식이다. 당시 일본인들이 한국 고대사와 관련해 주로 연구한 주제는 한사군 문제와 고조선사였다. 이병도는 일인 학자들의 한사군과 고조선 논문들에 자극받아 결국 일인학자들과 다른 자신만의 새로운 연구 성과를 내게 된다.

나는 최근 한국 고대사학계와 고고학계의 고조선사 관련 주장의 논리적 근거를 검토하는 중에 이병도의 연구 성과를 상세히 살펴볼 기회가 있었다. 그 과정에서 일제 강점기 이병도는 고조선과 관련해 기본적이고 의미 있는 내용을 제기하였음을 알 수 있었다. 그리고 이병도의 고조선사 연구 성과에 대해 연구자들 사이에서 일정 부분 오해가 있었고, 잘못 알고 있었던 사실들도 알 수 있었다.

그동안 이병도의 고조선사 연구에 대한 전반적인 정리는 많이 이루

어졌다. 그러나 일제 강점기 연구 성과만을 상세히 검토하고 사학 방법
론을 성찰한 연구는 거의 없었다. 그의 고조선사 연구 분석의 대부분은
연구의 결론을 개관하는 정도에 그치고 있고, 쟁점이 되는 내용과 그 논
리에 대해서는 구체적인 분석이 이루어지지 않았다.

이병도는 조선사편수회 활동을 그만둔 뒤인 1926년부터 1933년까지
의 8년 동안에 무려 16편의 논문을 발표하였다. 그 가운데 고조선사와
관련된 연구는 세 편의 글이 주목된다.

첫 번째 주목되는 연구는 1929년 동경대 중심의 역사전문학술지인 『사
학잡지(史學雜誌)』에 게재한 「진번군고(眞番郡考)」이다. 이 논문은 이병
도가 일본 사학계에 처음으로 발표한 것으로, 그의 한군현 관련 연구 가
운데 고조선사에 대한 생각이 가장 많이 반영된 글이라 할 수 있다. 논
문 말미에는 부언하여 「현토 급 임둔군고(玄菟 及 臨屯郡考)」를 싣고 있
다. 진번군이 고조선과 인접해 위치했던 관계로, 「진번군고」 논문에서
는 고조선의 역사지리와 관련된 내용을 많이 언급하고 있어 일제 강점
기 이병도의 고조선 인식을 어느 정도 엿볼 수 있다.

다음으로 이병도는 조선사편수회 기관지인 『청구학총(靑丘學叢)』에
패수(浿水)의 위치를 다룬 「패수고(浿水考)」를 게재하였다. 여기서 그는
한(漢)과 고조선의 경계 강인 패수의 위치 문제를 중심으로 고조선의 역
사지리에 대한 기본적인 생각을 정리하였다. 이 「패수고」 논문은 그가
훗날 한국 고대사 관련 글을 모아 편찬한 『한국고대사연구(韓國古代史
研究)』(박영사, 1975)에 게재되지 않아 전문 연구자들에게도 잘 알려지
지 않았다.

「패수고」 논문을 쓴 1933년에 이병도는 소위 '기자팔조(箕子八條)'에
대한 글을 작성하여 기자조선(箕子朝鮮)을 '한씨조선(韓氏朝鮮)', 즉 우
리 역사로 보는 주장을 하였다. 이 글에서는 전성기 고조선을 기자조선
시기로 보는데, 당시 기자조선은 한씨(韓氏) 성(姓)을 써서 한씨조선(韓

氏朝鮮)이라 불러야 한다고 하였다.

이상의 세 편 논문 외에 일제 강점기 이병도의 고조선사 관련 생각을 엿볼 수 있는 것으로는 1923년부터 1924년까지 「동아일보」에 88회 연재한 『조선사개강(朝鮮史槪講)』 글이 있다. 그러나 이것은 아직 고조선 및 한국 고대사에 대한 연구 시각이 정립되기 이전의 미완성 원고로 이병도조차도 유치한 글이라고 평하면서 전문적인 연구 성과로 인정하고 싶어하지 않았던 만큼 분석 대상에서는 제외하기로 하였다.

일제 강점기 이병도의 고조선 연구 논문에서는 고조선의 역사지리와 관련해 중요하고 기본적인 내용들이 다 언급되고 있다. 이 장에서는 위에서 언급한 세 편의 논문을 중심으로 일제 강점기 이병도의 고조선사 연구의 주요 논지를 정리하고, 이병도가 제기한 여러 주장이 오늘의 시점에서 어떠한 의미가 있는지를 살펴보려 한다. 그리고 기존의 이병도에 대한 다양한 평가와 관계없이 일제 강점기 이병도의 연구가 오늘날 한국 고대사학계의 고조선사 연구에 미친 영향과 그 연구의 의미 등을 중심으로 살펴볼 예정이다.

1. 한사군(漢四郡) 문제와 진번군(眞番郡) 연구

1) 한국 고대사 연구 시작과 한사군

이병도는 와세다 대학 유학 시절 요시다 도고(吉田東伍)와 쓰다 소키치(津田左右吉), 이케우치 히로시(池內宏) 등의 영향으로 역사학 중에서도 특히 한국사에 깊은 관심을 가지게 되었다. 그들을 통해 얻게 된 역사 연구에 대한 자세와 연구 방법론은 한국사 연구에 큰 영향을 미치게 된다.

"나의 연구 생활에 있어 직접적인 자극과 격려를 준 분들은 역시 와세다 대학의 츠다 박사와 그의 소개로 내가 동경에 있을 때 알게 된 이께우찌 박사로서, 그분들의 직접 간접의 지도가 더 많았다고 말하지 않을 수 없다."

그리고 한반도와 만주에 관한 조사 사업이 계속되는 와중에 이병도는 그 조사 사업에 참여하고 있던 이케우치로부터 계속해서 '만주지리역사연구보고서(滿洲地理歷史硏究報告書)'를 받아보고 있었기 때문에 가까이에서 그 연구를 접할 수 있었다고 한다.

"나는 한편으로 우리나라 고대사 연구에 착수하였다. 그것은 일본인 학자들에게 자극된 바 적지 않았다. 그들은 그들의 정치적인 요구와 학문적인 호기심으로 한국과 만주에 걸친 역사·지리에 관한 조사 사업에 분망하였던 것이다. 당시 이케우치 박사는 자기의 연구 논문을 거기에 많이 싣게 되었지만 나에게 만주지리역사연구보고를 꾸준히 보내 주었던 것이다."

만주 지역에 대한 연구 성과를 접하면서 이병도는 한국 고대사 연구가 필요하고 그를 위해서는 "재래 여러 학자 사이에 취송(聚訟)이 분분한 삼한사군(三韓四郡)의 문제를 먼저 해결하여야 하겠다는 생각을 갖게 되었다. 일제의 탄압 밑에 민족의 역사가 짓밟혀가는 수난 속에서 자기 나라의 역사를 밝혀야겠다는 일종의 의무감과 책임감이 따르기도 하였던 것이고, 한편으로는 내가 해내고야 말겠다는 일종의 자부심을 느끼기도 하였던 것이다. 그리하여 나는 먼저 사군(四郡) 문제를 연구하게 되었다."고 한다.

결국, 이병도는 1910년대 이후 만주 역사지리에 관한 연구 성과를 보면서 한사군 관련 연구 성과에 관심을 두었고, 그것이 한국 고대사에 관심을 갖게 된 계기가 되었던 것 같다.

이병도가 유학 시절 이케우치로부터 받아보았던 고조선·한사군 관련

연구 성과는 대체로 만선사관(滿鮮史觀)에 입각해 만주 역사의 일부로
조선사를 해석한 것들이었다. 그 가운데 1913년에 시라토리이(白鳥庫吉)
가『만주역사지리(滿洲歷史地理)』제1권에 쓴「한대의 조선(漢代の朝鮮)」
논문은 한사군의 성립부터 각 군에 딸린 현(縣)에 대한 자세한 정보를
정리하고 있는데, 사실상 한사군에 관한 종합적인 글로 이병도에게 많
은 영향을 주었을 것이다.

　같은 해에 이병도의 스승인 쓰다 소키치(津田左右吉)가『조선역사지
리(朝鮮歷史地理)』제1권의 제1편에 게재한「패수고(浿水考)」와「삼한강
역고(三韓疆域考)」역시 이병도가 고조선의 역사지리와 삼한 문제에 관
심을 갖게 되는 데 크게 영향을 주었을 것으로 생각한다. 1917년 이마니
시 류(今西龍)는「진번군고(眞番郡考)」논문에서『사기(史記)』,『한서(漢
書)』에 인용된 응소(應劭)의 주(註) 등을 통해 진번군이 한반도 남방에
있었음을 입증하고자 하였다. 이 글은 나중에 이병도가 진번군(眞番郡)
재남방설(在南方說)을 중심으로「진번군고」를 작성하는 데 많은 영향을
주었을 것으로 생각한다. 이마니시 류는 1923년에 기자조선에 관한 논
문을 쓰고, 1929년에는 열수(洌水)에 관한 논문을 썼는데, 이 가운데 열
수 논문은 이병도가 4년 뒤에 패수에 관한 글을 쓰는 데 많은 영향을
주게 된다.

　이상의 일인학자들이 쓴 한사군 관련 논문을 비롯하여 여타의 고조
선 관련 글을 바탕으로 이병도는 한사군 문제를 연구하게 되었으며, 그
성과로 발표하게 된 것이「진번군고」였다. 이 논문의 말미에는「현토
급 임둔군고(玄菟 及 臨屯郡考)」를 후속 글로 싣고 있다.

　이병도의 한사군 연구는 합리적 고증과 일인 학자와 다른 새로운 주
장 등으로 일본학계에 커다란 반향을 불러일으켰던 것으로 보인다.

　　"일본 동경에서 사학대회가 열렸을 때 와세다 대학의 기요미츠[清水泰

次] 박사의 권고에 따라 내가 현도군의 위치에 관한 연구를 발표한 일이 있었는데 저명한 학자가 다수 참집한 가운데서 스스로 자극을 적지 않게 받았던 것이다. 이 사군(四郡) 문제는 실상 재래 학자의 설과는 상거(相距) 가 많기 때문에 이를테면 일본학계에 일종의 센세이션을 일으킨 셈이기도 하였다."

한편 이병도는 일본에서 연구 발표를 하게 되는 중에 자신의 연구에 대해 다양한 견해를 접하게 된다. 그중 『사학잡지(史學雜誌)』에 발표한 「진번군고(眞番郡考)」는 처음 일본학계에 진출하게 된 논문으로, 이 논문은 일본학계에 한 센세이션을 일으켰을뿐더러 중국학계에도 주목을 받아 북경에서 발간하는 우공잡지(禹貢雜誌)에 전문 역재(譯載)되었다고 한다.

이상의 내용처럼 일제 강점기 이병도의 한국 고대사 연구는 고조선 멸망 후 4군의 위치 및 강역에 관한 연구로부터 시작되었다고 할 수 있다. 이후 이병도는 한사군의 위치에 관한 역사지리 연구를 중심으로 기자조선과 위만조선에도 관심을 가졌다.

한사군 문제는 조선 후기 학자들 사이에서도 많은 논란이 있었고, 일제 강점기 일인 학자 사이에서도 의견 통일을 보지 못한 난제였다. 이병도는 일제 관학자들이 제일 관심을 많이 가졌던 한사군의 위치 연구를 통해, 일인 학자들과는 달리 낙랑군은 지금의 평안남도 일대(고조선의 본토), 진번군은 자비령 이남 한강 이북으로 지금의 황해도와 한강 이북의 경기도를 포함하는 지역(원래 진번국이 있던 곳), 현도군은 동가강(지금의 혼강) 방면의 고구려 지방, 임둔군은 함경남도 방면으로 비정했다.

이러한 일제 강점기 이병도의 한사군 연구는 당시 신채호·정인보 등 민족주의 역사가들이 한사군의 허구성을 주장하면서 그 위치를 만주지방에 비정하였던 것과는 대조적이다. 이병도의 한사군에 대한 견해는 낙랑(樂浪)이 지금의 평양(平壤)이라는 통설은 받아들였지만 진번(眞番)

의 경우는 일본인 학자와 견해를 달리하였다. 가령 이나바 간키치(稻葉岩吉)는 진번을 충남지역에 비정하였고, 이마니시 류는 충청과 전라도에 걸쳐 있었다고 보았는데, 이러한 주장에 대해 이병도는 일본인 학자들이 토착 사회를 무시한 것이며, 남쪽의 진(辰)과 혼동한 결과라고 비판하였다.

이병도는 한(漢)이 사군(四郡)을 설치할 때 이전 토착 사회 단위에 기초를 두고 추진하였던 것으로 보았다. 때문에 한사군 위치 연구는 그 자체만 아니라 토착 사회 연구의 중요한 자료가 된다는 견해를 보였다. 결과적으로 이병도의 한사군에 대한 견해는 신채호·정인보 등 민족주의 역사가들의 고조선 중심지 위치 이동설을 부정하고 한사군의 중심지가 요동 지역과 한반도에 있었음을 재확인시킨 것이 되었다.

2) 「진번군고」와 고조선

전술했듯이 이병도가 한사군 문제 가운데 제일 먼저 관심을 갖게 된 주제는 '진번군(眞番郡)' 문제였다. 이병도는 「진번군고」를 쓰면서 한백겸 등 실학자는 물론 일제 관학자들의 한사군 연구와 관련 자료를 보았고, 논문의 여러 곳에서 고조선사와 관련된 역사지리 지식을 정리하고 있다.

「진번군고」에서 고조선의 위치와 관계된 내용이 자주 언급되는 데에는, 기본적으로 『사기』 화식열전(貨殖列傳)과 조선열전(朝鮮列傳)에 진번이 조선과 동시에 등장하여 서로 인접하고 있었다는 기록 때문이다. 즉, 진번의 위치를 비정하려면 기본적으로 조선에 대한 위치를 명확히 할 필요가 있었기에 「진번군고」에서는 조선의 역사지리에 대한 내용이 많이 언급되고 있다.

『사기』 조선열전 첫머리에는 전연(全燕) 시대에 연(燕)이 일찍이 진번·조선을 략속(略屬)하였다고 하고, 그 내용의 진번주(眞番註)에는 "서광(徐廣)이 가로되, 요동에는 만번한(番汗縣)이 있다."고 하여 요동(遼東)의 번한현(番汗縣)이 진번이라고 해석하고 있다. 종래에는『사기』조선열전 서광의 주처럼 번한현을 진번과 동일한 것으로 비정하는 사람들이 있었다. 그러나 이병도는 요동의 번한현을 진번으로 해석하여 진번이 요동에 있다는 주장은 근거가 박약하다고 비판하고 있다. 이른바, 진번군(眞番郡) 재북방설(在北方說)에 대해 기본적으로 비판적이었다.

이병도는 진번군은 번한현이 아니라 진번고지(眞番故地)에 설치한 것이고, 번한현은 본시 요동의 가장 동단인 만번한을 둘로 나누어 하나는 문현(汶縣), 하나는 번한현으로 개편하였는데, 바로 후자의 번한현을 가리킨다고 보았다. 그러나「진번군고」에서는 만번한에 대한 본격적인 지리 고증은 이루어지지 않았고, 4년 뒤에 쓴「패수고」에서 본격적으로 다루고 있다.

이병도는 진번군 재북방설(在北方說)의 가장 큰 문제로『사기』조선열전 연(燕)·진(秦)·한조(漢條)에 진번이 요동의 외계(外界), 패수의 남쪽에 위치한 것이라는 기록을 들고 있다. 이병도는『사기』조선열전에서 위만의 '조선입국(朝鮮入國)'에 관하여 "위만이 망명하는데···동으로 장새(障塞)를 나와 패수를 건너고 진고공지(秦故空地) 상하장새(上下障塞)에 거주하였다. 점점 진번조선(眞番朝鮮)의 만이(蠻夷)를 역속(役屬)시켰다."라는 기록을 중시한다.

『사기』조선열전 기록을 토대로 이병도는 연(燕) 시기에 략속(略屬)한 진번조선(眞番朝鮮)이 진대(秦代)에는 요동외요(遼東外徼)에 속하였다가 한(漢)이 일어남에 미쳐서 패수로써 (조선과의) 경계를 삼아 (그 이남의 진번조선을, 한(漢)의 봉건지인 연(燕)에 속하게 하였다는 것이다. 전후 문맥을 통해 볼 때, 이병도의 주장처럼 진번과 조선이 연·진·한대(漢代)에 모두 요동 외계, 패수 이남(以南)에 있었던 것은 분명한 역사적 사실이라 할 수 있다.

그러면 여기서 패수가 지금의 어느 강에 해당하느냐가 중요하다. 이에 대해 「진번군고」논문에서는 본격적인 고조선 논문이 아닌 관계로 개략적인 내용만을 각주(脚註)에서 간단히 서술하고 있다. 패수에 대한 자세한 내용은 4년 뒤 「패수고」 논문에서 정리하고 있다.

「진번군고」에서는 연에서 망명한 위만이 패수를 건너 조선 영내인 진대(秦代)의 고공지(故空地)에 거주하면서 차차 진번조선(眞番朝鮮) 등 만이(蠻夷)를 역속(役屬)하게 되었다고 한 것으로 보아, 조선은 물론 진번도 패수 남쪽에 있었다고 보았다. 그리고 위만이 처음 요동고새(遼東故塞)를 나와 거주한 진고공지(秦故空地) 상하장(上下障)을 청천강에서 대동강 사이에 위치한 것으로 보았다.

다음으로, 이병도가 패수의 위치에 대해 유력한 논거로 들고 있는 기록은 『사기』 조선열전의 아래 구절이다.

> "좌장군이 패수상군(浿水上軍)을 격파하고, 곧바로 앞으로 나아가 성(城) 아래에 이르러 그 서북쪽을 포위하였다. 누선장군 또한 가서 함께하였고 성(城)의 남쪽에 거처하였다.…"

이 기록에 성하(城下) 혹은 성남(城南)이라 나오는 성(城)은 말할 필요도 없이 위만조선의 수도 왕험성을 가리킨다. 따라서 이병도는 왕험성(王險城)의 위치를 분명히 하는 것이야말로 패수의 위치를 추정하는 데 밀접한 관계가 있다고 보았다. 한군(漢軍)이 고조선의 패수상군(浿水上軍)을 격파하고 곧바로 전진해서 성(城; 왕험성) 아래에 이르렀다고 기록되어 있기 때문이다.

이병도는 왕험성이 평양이라는 것은 오래된 설이지만, "좌장군이 그 서북쪽을 포위하였는데, 누선장군 또한 가서 함께하였고 성(城)의 남쪽에 거처하였다."에서 평양설이 가장 정확하다고 강조하고 있다. 성(城)의 서북을 둘러싸고, 혹은 성의 남쪽에 거하여 삼면으로 성을 포위한 것은 성의 동면이 대동강(大同江)에 직면하고 있다는 것으로, 지금의 평양을 제외하고는 왕험성에 해당되는 장소는 없을 것이라고 강조한다.

이병도는 왕험성의 위치를 지금의 평양에 비정한다면 패수는 자연히 평양의 북쪽인 청천강(淸川江)에 해당한다고 본다. 한군(漢軍)이 패수상군(浿水上軍)을 격파하고 곧바로 성(城) 아래로 이르렀기 때문이다.

『사기』 조선열전의 한(漢) 침공 기사를 중심으로 패수를 청천강으로 비정한 것은 매우 합리적인 추론을 거쳤기에 설득력이 높다. 이병도는 이러한 자신의 생각을 실학자의 글에서 영감을 얻은 바가 크다고 하였다. 특히 한백겸이 『동국지리지(東國地理志)』 낙랑군조(樂浪郡條)에서 청천강을 패수로 비정한 것을 높게 평가하고 있다.

이처럼 「진번군고」에 보이는 이병도의 견해는 한백겸을 비롯한 조선 후기 실학자들 중심의 역사지리 연구를 또 다른 배경으로 하였다. 비록 역사지리에 한정된 것이기는 하지만 실학자들의 연구 성과를 찾아내 본격적인 학설로 취급하였던 것은 아마도 이병도로부터 비롯되었다고 할 수 있을 것이다.

2. 한(漢)과 고조선의 경계, 패수(浿水)에 관한 연구

전술했듯이 이병도는 「진번군고」를 쓸 당시 패수 문제를 간단히 정리하고 있는데, 4년 뒤에 쓴 「패수고」를 통해서 조선의 자연 지리에 대한 생각을 세밀하게 논증하고 있다.

「패수고」 논문에서 이병도가 고조선의 역사지리에 대해 정리한 내용은 크게 4가지 정도라 할 수 있다. 먼저, 『사기』 조선열전의 기록을 바탕으로 기원전 4~3세기경의 고조선 영역에는 요동 지역이 포함되어 있음을 강조하고 있다. 즉 중국 전국시대에 고조선은 요동~서북한 지역에 위치하고 있었음을 강조한다.

다음으로 기원전 4~3세기 고조선은 진개(秦開)의 침략으로 서방 2000리를 빼앗겼다고 하는데, 여기서 고조선이 빼앗긴 서방 2000리는 진개가 요서(遼西) 지역의 동호(東胡)를 치고 빼앗은 1000리와 그 동쪽의 고조선을 치고 빼앗은 1000리를 합친 지역을 가리킨다고 보았다.

그리고 기원전 4~3세기 고조선이 서쪽 영역을 상실하고 중원(中原) 세력과 경계를 이룬 만번한은 『한서(漢書)』 지리지(地理志) 요동군(遼東郡) 속현조(屬縣條)에 나오는 문현(汶縣)과 번한현(番汗縣) 지역을 가리킨다고 보았다. 그 위치는 한반도 서북지방의 박천군(博川郡) 일대에 해당한다는 것이다.

마지막으로 한대(漢代) 고조선(古朝鮮)과 한(漢)의 경계인 패수는 요동고새(遼東故塞)와 열수(列水: 대동강) 사이에 위치한 청천강(淸川江)이고, 고조선의 수도 왕험성은 평양에 있었다는 것이다.

이상의 내용을 담은 「패수고」 글을 시작하면서 이병도는 제일 먼저 기존의 패수 관련 연구 성과를 정리하고 있다. 다음으로 문헌 및 고고 자료가 비교적 분명한 열수의 위치에 대해 정리한다. 열수와 관련해서는 그 위치를 대동강으로 비정한 이마니시 류(今西龍)의 「열수고(洌水考)」 논문을 기본으로 하고 있다.

이마니시 류는 기본적으로 『한서』 지리지 낙랑군조에 나오는 '열구(列口)'와 열구현(列口縣)의 위치를 율구현(栗口縣)과 같은 위치로 보아 대동강으로 비정하였다. 그리고 왕험성의 위치는 『삼국사기(三國史記)』 고구려본기 동천왕조 기록과 『통전(通典)』 변방조 기록을 인용하여 오늘날의 평양으로 보고 있다. 평양이 왕험성이라면 열수는 대동강이라는 것이다.

이병도는 낙랑군의 한 속현인 점제현(秥蟬縣)에 세워진 점제현신사비(秥蟬縣神祠碑)가 세키노 타다시(關野貞)와 이마니시 류(今西龍) 일행에 의해 발견되고(1914년), 열수가 점제현을 지나 바다로 들어간다는『한서』지리지의 기록에 의거할 때, 대동강이 열수라는 점은 확실하다고 보았다. 이러한 열에 대한 분명한 정리를 바탕으로 이병도의 패수에 대한 고증은 시작된다.

이병도는 고조선사 연구의 가장 믿을만한 사료인『사기』조선열전 기록 가운데 '패수(浿水)'와 '진고공지(秦故空地) 상하장(上下障)', '왕험성(王險城)의 위치' 문제가 고조선의 자연지리적 위치 문제 해명을 위해 제일 중요한 부분임을 강조한다.

「조선열전」기록을 통해 이병도는 요동군(遼東郡)과 조선국(朝鮮國; 箕子) 사이에는 일종의 완충지대(실제로는 조선의 침략을 차단하기 위한 방어지대)를 설치하고, 그 한쪽 끝은 요동군(遼東郡)의 내계(內界)로 하고 다른 한 끝은 외계(外界)로 하고 있었다고 보았다. 이 내외(內外) 2계(界)가 어느 지점인가 하는 것이 패수 문제의 해결책이라고 강조한다.

그렇다면 요동군의 외계(外界)는 어디인가? 이 문제를 살피기 위해 이병도는『위략(魏略)』기록을 검토한다.『위략』기록은 비록 짧지만 기원전 4~3세기부터 위만조선이 성립하기까지의 내용이 압축적으로 서술되고 있다.

먼저, "연(燕)이 장수 진개(秦開)를 보내 고조선 서방 2000여 리를 취하고 만번한을 경계로 삼으니 마침내 조선이 약해졌다."는 기록에 주목해, 연(燕)이 침략하기 이전 조선의 영토는 서방으로 많이 진출하여 요동 지방을 소유하고 있었다고 보았다. 이때 연(燕)이 차지한 '2000여 리'의 땅은 어디서부터이며, 그 2000여 리의 땅이 모두 고조선의 것인가? 이러한 의문을 던진 후, 이병도는『사기』흉노열전(匈奴列傳)과『위략』에 나오는 중원 제국의 동방 진출 기록을 비교하고 있다.

『사기』흉노열전에는 기원전 4~3세기 진개가 동호(東胡)를 1000여 리 물리치고, 조양(造陽; 하북성 회래현(懷來縣))에서 양평(襄平; 요동 요양시(遼陽市))까지 장성(長城)을 설치했다고 한다. 기원전 4~3세기 요서(遼西) 지역에 위치한 동호족(東胡族)은 1000여 리의 땅을 연(燕)에게 빼앗기는데, 그 지역은 상곡군(上谷郡)~요서군(遼西郡)까지를 가리킨다고 보았다. 동호를 1000여 리 물리친 이후 진개는 계속해서 그 동쪽의 조선까지 침공하여 서쪽의 땅을 많이 차지하였는데, 이것이『위략』기록의 '서방 2000리 땅을 취하였다.'는 기록이 나오게 된 배경이라고 보았다.

결국, 이병도는『위략』에 나오는 2000여 리(二千餘里)가 모두 고조선의 땅은 아니고, 그 중의 반절 이상은 동호족의 땅이 포함된 것으로 보았다. 다시 말하면, 중원 세력은 서방 2000리를 빼앗아 동호족의 땅에는 상곡(上谷)·어양(漁陽)·우북평(右北平)·요서군(遼西郡)을 설치하고, 고조선의 서쪽에는 요동군을 설치했는데,『사기』의 찬자가 이를 망각하고 요동군까지 동호족의 땅에 설치한 것으로 기술했다는 것이다.

이병도는 고조선이 진개에 의해 서방 2000리의 땅을 빼앗겼다는 것은 기원전 4~3세기경에 고조선이 요동 지역까지 진출하여 한반도 서북지방과 요동 지역까지를 세력 범위로 하고 있었음을 말해주는 것으로 보았다. 그리고 기원전 4~3세기 진개의 침략으로 그 영역이 청천강 이남(以南)으로 축소되었다고 보았다.

이처럼 기원전 4~3세기 고조선이 서쪽 땅 1000리를 상실하고 영역이 축소되었다는 해석은 최근 학계의 통설인 고조선 중심지 이동설의 가장 중요한 근거가 되고 있다. 이동설을 처음으로 체계적으로 정리한 글에서도『위략』의 서방 2000리 기록을 두고, 1000리는 동호로부터, 1000리는 조선에게서 빼앗았던 것으로 해석하고 있다. 이상에서 고조선 중심지 이동설의 대체적인 아이디어는 이병도가 제공했음을 알 수 있다.

그러나 이병도의 주장처럼『위략』에 나오는 서방 '2000리'는 1000리의 땅 두 지역을 합친 의미로 쓴 것이 아니라, '넓은 지역'이라는 의미로 사용한 것으로 보아야 한다. 『사기』 소진열전(蘇秦列傳)이나 『삼국지(三國志)』 부여조(扶餘條)에 기록된 '2000리'의 땅은 실제 2000리 넓이의 땅이라기보다는 넓은 지역을 가리키는 것으로 보는 것이 합리적이다.

『사기』 흉노열전과 『위략』 기록에 나오는 내용 모두 역사적 사실로 볼 수 있다. 그렇다면 두 기록을 놓고 기원전 4~3세기 역사상을 복원한다면 어떠한 해석이 가능할까?

기원전 4~3세기에 중국 동북지방에서 있었던 분명한 사실은 진개가 동호를 1000리 물리치고 요동 지역까지 장성(長城)을 설치한 것이다. 그리고 연(燕)이 동호를 치고 계속해서 조선을 공격했다는 『염철론(鹽鐵論)』 기록을 참조하면, 진개는 동호를 1000여 리 물리친 이후 요동을 지나 고조선 서방 지역을 차지했다고 볼 수 있다. 그렇다면, 『위략』의 고조선 서방 2000리 상실 기록은 기원전 4~3세기 당시 압록강을 넘어 진출해 있던 고조선이 연(燕)에게 서쪽 땅을 빼앗기고 세력이 위축된 사실을 표현하였다고 보는 것이 합리적이다.

이병도는 고조선 서방 2000리 가운데 진개에게 실제 빼앗긴 1000여 리의 땅은 요하(遼河) 유역부터 만번한까지의 지역이라고 본다. 그렇다면 만번한은 어디로 볼 것인가가 중요하다.

만번한의 위치에 대해서는 이미 「진번군고」에서 언급하였지만 패수의 위치를 논증하는 데 결정적인 자료이기 때문에 「패수고」에서도 자세히 검토하고 있다. 이병도는 중원 세력과 고조선의 경계 지역인 만번한을 『한서(漢書)』 지리지(地理志) 요동군(遼東郡) 속현(屬縣)조에 나오는 문현(汶縣)과 번한현을 연칭(連稱)한 명칭이라고 본다. 그리고 번한현(番汗縣) 지역에 흐르는 패수(沛水)를 여러 학자들이 패수(浿水)와 같은 강으로 보고, 압록강(鴨綠江)이라고 주장하는 데 대해 비판하고 있다.

『한서』 지리지에 번한현은 요동군의 한 현(縣)으로 나온다. 응소(應

劭)는 이 번한현에 주(註)를 달아 "패수(沛水)가 요동장새(遼東障塞) 바깥을 나와 서남쪽으로 흘러 바다로 들어간다."고 하여 요동 장새에서 발원하는 패수(沛水) 유역에 위치하였다고 보았다. 이때 번한현에 흐르는 패수(沛水)는 어느 강을 가리키는가? 한(漢)과 고조선의 경계 강인 패수(浿水)와 같은 강인가? 아니면 다른 강으로 보아야 하는가? 이러한 의문에 이병도는 만번한의 번한현 옆에 흐르는 패수(沛水)를 『사기』 조선열전에 나오는 한(漢)과 조선(朝鮮)의 경계 강인 패수(浿水)와 구분하여 지금의 평안북도 박천강(博川江)에 비정하였다. 번한현은 그 유역인 박천군(博川郡)에 비정하였다.

이병도가 패수(沛水)를 박천강으로 해석하는 데는 『사기』의 "패수가 새외를 나와 서남쪽으로 바다로 들어간다(沛水出塞外 西南入海)"는 기록에 따른 것이다. 서남쪽으로 흘러 바다로 들어가는 강은 한반도 서북지방에 있는 강일 수밖에 없는데, 박천강이 기록과 잘 들어맞는다는 것이다. 이처럼, 이병도는 『위략』 기록에 따라 기원전 4~3세기 중국 연(燕)과 고조선의 경계 지역으로 설정된 만번한이 요동에서 청천강 유역에 이르는 넓은 범위에 걸쳐 있었던 것으로 보았다. 한편 진번군은 번한현처럼 하나의 조그만 현(縣)에 해당하는 곳에 위치하지 않았을 것으로 보았다.

이병도가 고찰한 바처럼 만번한이 문현과 번한현이라는 두 개의 현을 아우르는 명칭임은 분명해 보인다. 처음 만번한이 요동군의 속현인 문현과 번한현을 가리킨다고 본 것은 다산 정약용(丁若鏞)이다. 정약용은 만번한을 『한서』 지리지에 나오는 문현과 번한현(의 합성어로 보았는데, 이는 매우 탁견이라 할 수 있다. 정약용의 이러한 견해는 이병도에 의해 그대로 인용되었다. 그리고 근래 고조선 중심지 이동설을 주장하는 연구자들에게도 받아들여져 문현과 번한현 두 현의 위치가 모두 요동반도(遼東半島) 일대로 비정되었고, 결국 우리 학계의 통설이 되었다.

통설처럼 문현의 경우는 관련 문헌 기록이 많아 요동에 위치했음이 어느 정도 분명해 보인다. 그러나 번한현의 경우는 '서남쪽으로 흘러 바다로 들어가는' 패수(沛水)의 위치를 고려하면 이병도의 설처럼 한반도 서북 지방에 위치하고 있다고 보아야 할 것이다. 다만 패수(沛水)가 패수(浿水)와 같은 강인가 아닌가의 여부는 학자마다 입장 차이가 있어 재론의 여지가 있다.

이병도의 주장처럼 패수(沛水)를 박천강(博川江; 대령강(大寧江))으로 보기에는 강의 흐름이 동남으로 흐른다는 기록과 맞지 않는다. 게다가 박천강 역시 청천강의 지류라는 점에서 패수(沛水)와 패수(浿水)를 굳이 구분할 필요가 있을까 하는 생각이 든다. 그리고 『염철론』에 보면, 패수(浿水)가 패수(沛水)로 기록된 것을 확인할 수 있다.

『한서』 지리지에 보면 압록강(鴨綠江)은 염난수(鹽難水)로 나오며 마자수(馬訾水)와 합류하여 요동군(遼東郡) 서안평현(西安平縣)에 이르러 바다로 들어간다고 한다. 따라서 이병도는 압록의 하류를 갖고서 패수(沛水)=패수(浿水)로 비정하고 압록강 북쪽에서 만번한을 찾는 것은 매우 불합리한 태도라고 비판하였다.

『한서』 지리지의 사료적 신빙성을 인정한다면, 한대(漢代) 압록강은 염난수(鹽難水) 또는 마자수(馬訾水)로 불렸기 때문에 패수(浿水)가 될 수 없다. 이 부분을 정확히 이해하고 패수(沛水)가 압록강이 될 수 없다고 본 이병도의 견해는 매우 합리적이다.

그렇다면 번한(番汗) 지역을 흘러 서해(西海) 바다로 들어갔다는 패수(沛水)는 어디인가? 이병도는 패수(沛水)가 번한(番汗) 지역에 있던 청천강의 지류인 박천강이라고 보았다. 박천강 유역은 요동군의 서계(西界)로 여겨지는 요하(遼河)로부터 거의 1000리 내외의 거리에 해당하는 곳으로 기록과 들어맞는다고 보았고, 그 곳이 요동군의 동계(東界)라고 비정하였다. 이후에도 연(燕)은 계속해서 남진하여 열수(洌水)에 이르러 조선과 경계선을 획정하여 요동군의 외계(外界)로 삼고, 박천군 일대의 박천강(=패수(沛水))을 내계(內界)로 삼았던 것으로 보았다.

　한편,『사기』조선열전에 따르면, 요동군의 내계(패수(沛水))와 외계
(열수(列水)) 사이는 일종의 완충지대인 연(燕)의 방어지대가 있었는데,
그곳에는 방어를 위한 상하(上下) 장새(障塞)가 있었다. 준왕(準王)이 위
만(衛滿)에게 다스리게 한 '서방(西方)'은 바로 이 상하장(上下障) 사이의
고공지(故空地)였다. 이병도는『사기』조선열전에서 위만이 거주한 지역
을 '진고공지(秦故空地)'라 표현한 것은 진말(秦末)부터 이 고공지(故空
地) 지역이 조선의 세력권에 들어왔음을 나타낸다고 보았다. 그리고 그
요동고새(遼東故塞)는 바로 패수(沛水; 박천) 유역에 있던 번한(番汗)의
새(塞)를 가리킨다고 보았다.

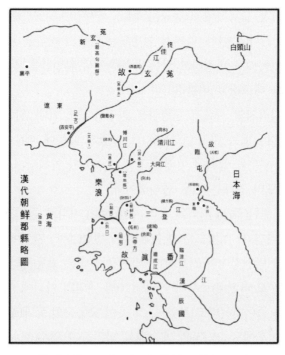

한대(漢代) 고조선·군현 약도(이병도, 「진번군고」)

그렇다면『사기』조선열전에 한(漢)과 고조선의 경계 강으로 나오는 패수(浿水)는 패수(沛水; 박천(博川)) 이남과 열수(列水; 대동강(大同江)) 이북, 즉 요동군의 내계(內界)와 외계(外界) 사이에서 구해야 하며, 결과적으로 고조선과 한(漢)의 경계 강인 패수(浿水)는 지금의 청천강이라는 결론을 내렸다. 이러한 이병도의 고조선과 한군현에 대한 생각을 정리한 것이 〈지도 1〉이다.

이병도는 패수(浿水)가 청천강 외에는 다른 하천이 될 수 없다고 확신하면서, 그의 생각이 실학자 한백겸(韓百謙)의 영향을 받았음을 밝히고 있다. 실학자 한백겸이『동국지리지(東國地理志)』낙랑군조(樂浪郡條)에서 "내가 살피건대, 진한(秦漢)은 모두 패수(浿水)를 조선북계(朝鮮北界)로 삼았으니, 대동강(大同江)이 아님은 분명하다. 또 마자수(馬訾水)가 서개마(西蓋馬)를 나와 서안평(西安平)으로 들어가니, 이것은 분명 압록강(鴨綠江)이 된다. 청천강(淸川江)은 압록강과 대동강 사이에 위치하였으니, 아마도 이것이 패수(浿水)일 것이다."라고 논한 것이 진실로 지견(知見)임을 알았다고 하였다.

또, 이병도는 패수가 청천강임을 입증하는 결정적 근거를 기원전 109년 한(漢)과 고조선의 전쟁 기록에서 찾고 있다. 앞에서 이미 서술했지만,『사기』조선열전에 나오는 한(漢)의 침공로를 보면, 육로(陸路)는 요동→패수→왕험성이고, 해로(海路)는 열수→왕험성이다. 이는 수(隋)의 고구려(高句麗) 침공로와 흡사하다. 패수(浿水)를 건넌 육군이 왕험성의 서북쪽을 포위하고, 수군은 성의 남쪽에 주둔하였는데, 이것은 왕험성이 평양성임을 입증한다는 것이다. 왜냐하면 성의 동쪽은 대동강이 흐르기 때문에 포위할 필요가 없었다는 것이다. 따라서 왕험성이 평양이라면 패수(浿水)는 자연히 평양의 북쪽인 청천강일 수밖에 없다고 보았던 것이다. 그리고 패수상군(浿水上軍)을 격파한 한군(漢軍)이 '곧바로 성 아래로 이르렀다'는 것 또한 패수와 왕험성 간의 거리가 그리 멀지 않았음을 보여주는 것으로 이는 패수(浿水)가 압록강)이라는 설의 허점이라고 보았다.

청천강은 지금의 평안남도를 가르는 곳의 자연적·정치적 경계이다. 강의 길이는 겨우 50리에 불과하지만 강남에는 묘향산맥이 동서로 지나가고 강북에는 적유산맥을 강거(江距)하여 하나의 구역을 가르는 천연적 경계를 이루고 있다. 그리고 한(漢) 당시 압록강은 염난수(鹽難水)라는 이름으로 불리고 있었다. 이러한 내용을 종합적으로 고려하면, 오늘날 압록강은 염난수, 그 아래에 흐르는 청천강은 패수(浿水)라는 이병도의 주장은 매우 합리적이라고 할 수 있다.

3. 기자조선(箕子朝鮮) 연구

이병도는 고조선의 역사지리에 관한 논문을 준비하면서 기자조선의 역사에 대해서도 중요한 성과를 내었다. 이병도의 기자조선에 대한 입장은 매우 특이하다. 그것은 기본적으로 기자동래설(箕子東來說)을 부인하고 단군조선(檀君朝鮮)을 이어 '한씨조선(韓氏朝鮮)'이 이어졌다고 주장하는 데 있다.

이병도는 「기자(箕子)8조교(條敎)」라는 논문에서 기자동래설(箕子東來說)을 부정하였을 뿐만 아니라 위만(衛滿)을 중국인(中國人)이 아닌 토착 고조선인(古朝鮮人)이라고 하였다. 즉, 기자조선은 중국인 이주민의 국가가 아니라 고조선의 토착 성씨인 한씨(韓氏)가 왕위에 오른 것으로 보고서 조선 사회의 자체 발전 과정으로 보았다. 이러한 주장은 최초의 고조선인 단군조선에서 기자나 위만의 등장을 고조선 사회 내의 정치 집단 곧, 지배 세력의 변천으로 파악한 것이다. 그리고 한씨조선은 한반도의 서북 지역에 위치했으며, 위만조선에 선행하는 고조선이라고 주장

하였다. 이러한 주장은 당시 일본인 학자의 고조선사 연구 경향과는 크
게 인식을 달리한 것이다.

이병도가 기자조선을 한씨조선이라고 한 가장 주요한 논거는 첫째,
기자동래설이 다른 학자의 견해와 같이 애매하기 짝이 없다는 것이다.
또 후한(後漢) 때 왕부(王符)의 『잠부론(潛夫論, 권9)』을 보면 "후에 한서
(韓西)는 또한 성이 한씨였는데, 위만에게 정벌되어 바닷길로 옮겨갔
다."고 하여 위만에게 쫓긴 조선왕 준(準)의 성(姓)이 한씨였다는 것이
다. 고조선 왕실에서 어느 때부터 한씨(韓氏)라고 창씨하였는가는 자세
히 알 수 없으나 위의 내용으로 보아 준왕 이전에 이미 한씨를 칭한 것
은 사실이라고 보았다.

또 『삼국지』 위서(魏書) 한조(韓條)에 의하면 준왕이 남천하여 '스스
로 한왕(韓王)'이라 하고, 『위략』에는 위만에게 억류된 준(準)의 아들과
그 친족이 한씨를 성(姓)으로 했다고 쓰여 있다. 이는 즉, 준왕의 일족이
남북으로 갈려 있었으나 이전대로 한씨를 칭하였다는 것이니, '자호한
왕(自號韓王)' 역시 그가 한씨였던 까닭에 그와 같이 호칭한 것이라고
보아야 한다는 것이다.

이병도는 준왕 남래 이전에는 남쪽에 아직 한(韓)이란 이름이 생기지
않았던 것으로 보았다. 삼한(三韓)의 칭(稱)은 후일에 생긴 이름으로 그
시원은 준왕이 '자호한왕(自號韓王)'하고, 그 교거지역(僑居地域)을 '한
(韓)'이라고 한 데서 시작한 것이라고 생각하였다.

이병도는 한씨조선을 우리 고대 국가의 기원으로 보았다. 이 시기는
중국 전국 시대인 연(燕) 소왕(昭王) 때로 기원전 4세기 말에서 기원전
3세기 초이며, 청동기와 초기 철기도 사용한 것으로 이해하였다. 이처럼
이병도가 고대 국가의 성립 시기를 기원전 4~3세기로 설정한 것은 문헌
기록에서 고조선 왕(王)의 칭호가 '제후(諸侯)'에서 '왕(王)'으로 변한 시
점을 주목한 것이다. 『위략』이나 『사기』 조선열전에 의하면 고조선이

이전의 '제후' 칭호 대신 '왕'을 칭하고 중원 제국의 동방 진출에 맞서
그 힘을 강화하고 국가의 틀을 갖추어 가는 시기는 바로 기원전 4~3세
기이다. 이 시기는 바야흐로 중원 제국의 철기문화가 동쪽으로 전해지
던 시기이다. 이 시기를 고조선의 국가 형성 시기로 본 것은 매우 합리
적인 해석이라 할 수 있다.

이병도는 고조선의 전성 시기를 한씨조선, 즉 기자조선에 설정하고
있다. 이 시기에 고조선은 요동반도까지 영역을 확장하고 있었다고 한
다. 전성 시기 기자조선(한씨조선)의 중심지를 대동강 유역의 평양(平壤)
으로 보고 있으며, 한씨조선의 강역은 최전성기에는 요하 유역에 다다
랐으나, 연(燕)의 침략을 받아 패수(浿水; 지금의 청천강) 이북의 땅을
잃고, 패수를 중원 제국(燕·秦·漢)과 경계로 삼게 되었다고 보았다.

이병도가 문헌 기록을 활용해 기자조선을 한씨조선으로 보고 우리
역사로 이해하고자 하는 노력에 대해서는 높이 평가할만하다. 다만 기
자조선을 한씨조선으로 부르는 것이 얼마나 역사적 타당성을 갖는지는
한 번 더 생각해 볼 일이다. 기자(箕子)와 관련된 많은 기록이 현존하고
기자동래설(箕子東來說)이 어떠한 연유에 의해 발생했는지에 대한 많은
연구가 있었던 점을 고려하면 중국 한대(漢代) 이래 기자조선이라는 명
칭은 역사성을 가지고 사용되어왔다고 볼 수 있다.

4. 일제 강점기 이병도의 고조선사 연구가
고대사학계의 연구에 미친 영향

지금까지 이병도의 일제 강점기 고조선사 관련 연구 성과에 대해 살
펴보았다. 일제 강점기 이병도의 연구 활동에 대해서는 일본 관학자들
에게 사사를 받았고, 조선사편수회를 경험하였으며, 다른 학자들과 달

리 실증적인 연구만을 하였던 점에서 부정적인 평가가 적지 않았다. 물론 긍정적인 평가가 많긴 하지만, 많은 연구자들은 일제 강점기 실증사학을 방법론으로 한 이병도의 학술 활동 전반을 비판적으로 보고 있다.

그동안 일제 강점기 이병도의 고조선사 연구에 대해서는 기자조선에 대한 새로운 해석과 위만조선을 우리 역사로 해석한 점 등을 높이 평가하였다. 반면 이병도의 일제 강점기 고조선사 연구에서 가장 주목할 만한 성과인 역사지리 연구, 특히 「패수고」에 대한 분석은 빠져있었다.

일제 강점기 이병도는 일제 관학자들과 다른 관점에서 고조선사의 전개 과정과 지리적 위치에 대해 상세히 고증하였다. 이병도는 청동기시대에 요동~한반도 서북지방에 걸쳐 세력을 키우던 고조선이 기원전 4~3세기경 중국 세력이 진출하자 패수(浿水; 청천강) 이남으로 그 영역이 축소되었고, 서북한 지역에서 왕(王)과 대부(大夫) 등 초기 고대 국가로서의 국가 조직을 갖추고 성장해 나갔다고 보았다.

이병도의 고조선사 관련 주장은 주로 『사기』 조선열전과 『위략』 기록을 바탕으로 하였다. 거기에다 서북한 지역에서 출토된 고조선 시기 고고 자료 등을 근거로 매우 합리적이고 설득력 있는 논지를 전개하였다.

이병도는 일제 강점기 고조선 관련 논문에서 고조선이 요동~한반도 서북지방에 걸쳐 존재하고 있었다고 보았다. 즉 요동 지역을 처음부터 고조선의 주요한 영역으로 설정하고 있었다. 이것은 그동안 이병도가 고조선을 포함한 우리 고대사의 활동 무대를 한반도로 축소시켰다는 주장에 정면으로 반하는 내용이다. 그리고 기원전 4~3세기 진개의 공략으로 고조선이 빼앗겼다고 하는 2000리는 동호(東胡; 상곡군~요서군)를 치고 빼앗은 1000리와 고조선(요동군)을 치고 빼앗은 1000리를 합한 것으로 해석하였다. 결국, 전국시대 이후 고조선은 청천강~대동강 유역으로 그 영역이 축소되었다고 보았다.

이병도는 이상의 고조선의 공간적 범주에 대한 생각을 1976년도에 발간된 『한국고대사연구』(박영사) 책의 머리말에 표현하였다. 거기서 보면 이병도는 처음부터 요동 지역을 우리 역사의 무대로 설정하고 있었다.

이병도는 한반도 서북해안 지대에 위치한 조선·진번 계통을 서북행렬(西北行列) 사회로 보고 그 사회에 대해 아래와 같이 정리하고 있다.

"고대에 있어 우리 동이맥족(東夷貊族)의 가장 두드러진 활동 무대를 든다면, 아무래도 발해연안지대와 반도의 서북해안지대를 위요(圍繞)한 말굽형의 지역이라 할 수 있다.

이는 문헌상으로 보나, 고고학적 면에서 보더라도 수긍할 수 있는 사실이다. 특히 이른바 북방식 지석총이 우리 서북해안지대에는 말할 것도 없고, 이와 유사한 지석이 요동 반도의 남단을 포함한 만주의 서남 일대에 수십 기가 있는 것은 이미 잘 알려진 바이며, (중략) 그뿐 아니라 산동 반도를 중심으로 하여 각처로 전파된 흑도(黑陶; 미송리식토기)가 요동 반도에서도 많이 발견되고, 또 평북 강계(江界)의 두 곳(공귀리와 풍룡리)과 기타에서도 출토되었다. 이러한 모든 점으로 보아, 위에서 말한 말굽형의 지대는 동일문화권, 특히 거석문화 민족의 서식처였던 것을 짐작할 수 있다. 더욱이 이 지대는 대하(大河)의 밀집 지역으로 경제적 조건과 해륙교통의 편의로 말미암아, 인류 서식의 한 큰 보금자리를 이루고 있던 곳이다.

그러므로 고조선 계열의 문화발상지로 요동 반도와 지금의 평안·황해도를 포함한 서북행렬 제(諸) 사회에 구하여야 할 것은 말할 나위도 없다. 그런데 장차 말할 바와 같이 고조선의 중심 지역이 전설적 기록으로 보면, 지금의 대동강 유역이 되어있는데, 그것은 민족이동에 있어 도리어 좀 후기에 속한 지대일 것이다."

그러나 요동 지역에 세력을 가지고 있던 고조선의 모습을 정리할 수 있는 자료가 없기에, 이병도는 고조선과 관련된 별다른 기록이 없는 이상, "우선 기록적 기재에 의거하여 고조선의 중심지를 대동강 유역의 평양 일대에 비정하고, 그 사회의 변천 과정을 살펴볼 수밖에 없다."고 하였다.

이와 같은 일제 강점기 이병도의 고조선 연구는 최근 우리 학계의 통설이라 할 수 있는 고조선 중심지 이동설의 바탕이 되었다. 이동설을 주장하는 논자들의 가장 중요한 해석의 근거가 『위략』 사료에 나오는 서방(西方) 2000리에 대한 해석인데, 그것을 이병도는 「패수고」 논문에서 동호족으로부터 1000리, 고조선으로부터 1000리를 합산한 지역이라고 해석하였다. 이러한 해석은 사실상 해방 이후 한국 고대사학계의 기본 입장으로, 그 해석의 기본 틀이 일제 강점기 이병도에 의해 나왔음을 확인할 수 있다. 그리고 일제 강점기 이병도의 고조선 연구 성과는 해방 후 교과서 서술 및 고대사 연구에 그대로 적용되었다.

이상에서 살펴본 일제 강점기 이병도의 고조선 역사지리 연구는 기본적으로 일본 식민주의 역사학자들의 역사지리 연구와 궤도를 같이한다. 그러나 양자 사이에는 근본적인 차이가 있다. 이병도는 역사지리가 단순한 지리 고증에 그치는 것이 아니라 역사 연구의 본질적인 문제이기 때문에 매우 중시하였다. 즉, 문화 풍토와 전통이 어우러진, 곧 역사지리 문제를 중시하였다.

일제 강점기 이병도는 고조선 연구를 통해 고조선을 한국 최초의 국가로 파악하고, 그 왕조가 단군조선에서 기자조선, 위만조선으로 이어진다고 이해하였다. 그는 고조선이 국가체제를 어느 정도 갖춘 것은 기자조선(한씨조선(韓氏朝鮮)) 시기로 파악하고, 그 시기의 역사를 역사 지리적 관점에서 실증적으로 정리하는 데 노력하였다. 특히, 「패수고」 논문에서는 그동안의 평가와 달리 고조선사의 전개와 활동 무대를 초기부터 요동 지역을 포함시켜 이해하고 있었다.

이병도는 일제 강점기 이래 줄곧 요동반도~한반도 서북지방(평안 황해도)을 고조선 계열의 문화발상지로 보았다. 그리고 청동기시대에 요동~한반도 서북지방에 걸쳐 세력을 키우던 고조선이 기원전 4~3세기경 중국 세력이 진출하자 청천강 이남으로 그 영역이 축소되었고, 그 이남

지역에서 왕(王)과 대부(大夫) 등 초기 고대 국가로서의 국가 조직을 갖추고 성장해 나갔다고 보았다.

이병도의 일제 강점기 역사 연구는 역사 서술에서 단조로운 역사지리 인식을 보여주고 있다. 그러나 고조선 역사지리에 대한 구체적 내용 서술은 민족주의 사학자들의 연구 성과보다 객관적이고 합리적 인식을 보여준다. 나아가 근대 민족주의 사학자들이 관심을 가진 우리 역사의 독자성과 개별성을 근대적으로 재구성하려는 노력과는 상대적으로 대치되는 서술을 보였다.

이러한 일제 강점기 이병도의 고조선사 연구는 최근 고조선과 관련해 논란이 되고 있는 내용을 객관적이고 합리적으로 정리하고 있다. 그리고 최근 학계의 통설조차도 이병도의 연구에서 아이디어를 얻을 정도로 많은 영향을 미쳤다.

그러나 일제 강점기 당시의 역사학이 식민사학에 의해 왜곡되고 폄하된 우리 역사를 바로잡고 한국 고대사의 웅대한 면을 그리려고 노력했던 것에 비하면, 이병도의 고조선사 연구는 역사 서술의 합리성만을 추구했고, 식민지 시대에 요구되는 실천적 지식인으로서의 모습은 찾아볼 수 없다는 한계가 있다.

이병도의 연구는 일제 강점기 민족주의 역사학자나 사회경제사학자들의 연구 성과를 고려하지 않았고, 일부러 외면하거나 무시하는 한계를 갖고 있다. 한마디로 일제 강점기 이병도의 한국 고대사 연구는 역사 서술의 합리성만을 추구하고, 식민지 시대를 살아가는 지식인으로서의 고민과 문제의식이 부족하였다고 할 수 있다.

4장. 1930~1940년대 정인보와
안재홍의 고조선 인식

1930년대는 일본의 만주 침략이 노골화하고, 한국인에 대한 동화정책이 가열차게 전개되던 시기였다. 이에 대응하는 우리 민족의 독립운동은 좌우의 양편에서 새로운 모습을 띠고 나타났다. 이 시기는 민족사학뿐만 아니라 민족운동 전반에 걸쳐 체제와 사상이 정비되고 발전한 시기였다. 이 시기에 민족사학의 윤곽도 방법론에 따라 정비되면서 발전해갔다.

1930년대 역사학은 좌우의 분열과 협동을 반영하면서 전개되었다고 할 수 있다. 우익에서는 안확에 이어 1920년대에 유행한 문화사학을 한층 심화시킨 전문적 학자들이 나타났다. 대표적으로 1934년 진단학회의 『진단학보』 발간을 들 수 있다. 역사학자로는 이병도, 김상기, 이상백 등이 활동하였다. 조동걸 선생은 이러한 1930년대의 문화사학을 1920년대의 문화사학과 구별하여 후기 문화사학이라 이름하였다.

한편 민족사학자들 가운데는 좌우 협동의 독립운동을 실천하면서 신채호의 민족주의 역사학을 계승하는 학자들도 등장했다. 스스로 민족주의 좌파 혹은 순정 우익을 자처하면서 언론 활동을 통하여 민족정신을 고취하던 문일평, 안재홍, 정인보 등이 그들이다.

좌익에서는 백남운, 이청원, 전석담, 김석형과 박시형 등이 마르크스주의 역사학 방법론을 도입하여 한국사 체계를 재구성하면서 세계사적 보편성에 입각하여 역사 서술을 하였다. 이들은 대부분 해방 후 북한으로 건너가서 정치활동을 하거나 역사학자로서 활약하였다.

이러한 크게 세 부류의 역사학의 흐름 속에서 1930년대의 역사학은 이른바 후기 민족주의역사학이라 할 수 있는 박은식과 신채호의 한국사 전통을 계승한 정인보, 안재홍, 문일평 등이 주도하였다. 이들은 조국이 식민지화되자 박은식, 신채호와 함께 망명하여 직접 민족해방운동에 참여한 경험이 있었기 때문에 투철한 항일 민족의식을 가지고 있었고, 따라서 이들 역시 역사 연구를 민족해방운동의 일환이라고 생각하고 있었다.

특히 안재홍과 정인보 등이 추진한 정약용의 『여유당전서(與猶堂全書)』의 간행 작업은 지식인 사회에서 사회경제에 대하여 관심을 높인 촉진제가 되었다. 그리고 1934년 다산(茶山) 서거(逝去) 99년제를 계기로 『여유당전서』의 간행사업과 함께 '조선학운동'이 일어나 문화사학의 지평을 넓힌 계기가 되었다.

1930년대에 민족과 세계의 모순 없는 발전 논리를 모색하면서 안재홍이 민세주의(民世主義)를 제창하고 있었던 사실도 1930년대 문화사학의 일면을 나타낸 것이라 할 수 있다.

따라서 이 장에서는 1930년대 민족주의자 가운데 특히, 『조선사연구』라는 저술을 통해 문화사관과 신민족주의 사관에 입각해 한국 고대사, 그 가운데 단군과 고조선사에 대해 강조한 정인보와 안재홍의 고조선 인식에 대해 살펴보도록 하겠다.

1. 위당(爲堂) 정인보(鄭寅普)의 고조선사 인식

1) 정인보의 역사 연구의 특성

위당 정인보(1893~1950)는 대대로 조정에 출사(出仕)한 집안 내력과 조선 양명학을 대표하는 '강화학파(江華學派)'의 영향으로 오랜 기간 유

가 경전과 제자백가를 위시하여 불교, 역사, 언어, 민속 등 다양한 분야
의 서적을 섭렵하여 '한국학의 독보적인 거성'으로 추앙받은 학자이다.

일제 강점기인 1923년 연희전문학교(延禧專門學校)의 전임교수를 맡은
이래 주로 한문학과 양명학 등 사상사 방면의 강의, 연구에 주력하면서
『조선고서해제(朝鮮古書解題)』(1931), 『양명학연론(陽明學演論)』(1933) 등
관련 저술들을 차례로 선보이는 한편 정약용(丁若鏞)의 『여유당전서』
등 선인들의 문집 편찬을 주도하였다.

원래 고서에 편력하다가 1931년 『여유당전서』를 교열하면서 역사에
관심을 갖게 되었다. 1935년 동아일보에 연재한 「오천년 간 조선의 얼」
은 역사학에 대한 관점의 일단을 함축하고 있다. 정인보의 대표 저술
『조선사연구』는 1935년 1월 1일부터 1년 7개월간 「오천년 간 조선의 얼」
이란 제목으로 「동아일보」에 연재되었던 글을 모아 뒷날 『조선사연구』
상·하로 간행(1946~1947)한 것이다.

「동아일보」에 실린 「오천년 간 조선의 얼」 서문을 보아도 정인보는
사람의 마음 속에 있는 얼이 중요함을 강조한다.

　　"우리로서 우리의 역사를 귀하다 함은 그 지엽이나 행묵(行墨)을 가지고
　하는 말이 아니다. … 무릇 세사(世事)는 만단(萬端)이다. 그러나 그 본(本)
　함은 인심(人心)이요, 역사는 백변(百變)·천환(千幻)한다. 그러나 그 수혈
　(髓血)을 순마(循摩)하여 보면 곧 인심(人心)의 완연굴절(蜿蜒屈折)함이다.
　인심 또한 진위(眞僞)·허실(虛實)·사정(邪正)의 체대(遞代)함이 교산(巧算)
　으로써 헤일 수 없는 것이라. 그러나 그 척주(脊柱)는 이 이른바 '얼'이니,
　이 '얼'이 있는지라 변(變)해도, 또 환(幻)해도 구름속의 용신(龍身)과 같이
　일관된 대선(大線)을 탐색할 수 있는 것이다."

이 책에서 정인보는 역사의 본질을 민족정신인 '얼'이라 규정하였다.
즉, 역사를 연구한다는 것은 얼을 찾는 작업이라는 것이다. "얼을 잃었

다면 자실(自失)한 것이지 남이 빼앗아 간 것이 아니다"라고 하여 얼의 자존(自尊)·자주성(自主性)을 말하고, "세상은 변하고 사람의 육체는 생사(生死)하여도 얼은 장존(長存)한다"고 하여 얼에 대한 주체적 속성을 강조하였다. 식민지 현실의 모순은 오천년 동안의 유구한 얼의 정신을 통해 극복해야 한다는 일념을 나타낸 것으로 보았다. 이런 관계로 그는 실학에 대한 이해와 신채호 사학을 계승하면서 '조선의 얼'을 강조하였다.

"역사학이란 본질적으로 역사의 대척주(大脊柱)로서 얼의 대서(大緒)를 추색(推色)하는 학문인 것이며, 그 추색을 위한 하나의 방법으로 역사가는 얼의 반영체인 역사적 사실의 간지(幹枝)를 규명하게 되는 것"(「오천년 간 조선의 얼」)이라 이해하였다.

이러한 정인보의 얼에 대한 인식은 실제로 인류가 지닌 보편적 속성을 반영하는 것이지만 세계사적 보편성에 대한 인식은 약화된 것이라 할 수 있다.

2) 정인보의 고조선사 인식

홍이섭의 글에 따르면 정인보가 고대사에 관심을 갖게 된 것은 신채호의 고대사 연구에 자극을 받은 때문이라고 한다. 그러나 정인보는 신채호와 달리 국내에 있었기 때문에 신채호보다 더 엄밀하고 내용면에서도 견해가 같은 것은 아니었다.

정인보의 『조선사연구』는 독특한 점이 많고 또 그 논증 과정이 광범위하여 전공자들도 읽기가 쉽지 않다. 책은 상권이 총 301쪽의 분량으로 고조선부터 삼국의 성장 내용을 다루고 있고, 하권이 총 383쪽의 분량으로 가야사와 삼국의 발전과 항쟁기(5세기)까지의 역사를 다루고 있다. 하권 마지막에 부언(附言)으로 일찍이 '오천년 간 조선의 얼'이라고 제목하였던 내용을 부기하고 있어 전체적으로 정인보는 중국 한족(漢

族)과 대립하였던 한국 고대의 역사
속에서 우리 역사의 자부심과 민족
의 얼을 강조하고 되찾고자 하는
인식을 보여주고 있다.

상권은 시조 단군부터 삼국의 성
장까지 쓰고 있는데, 전체 301쪽의
분량에서 순수 고조선사만의 내용
이 124쪽 분량이고, 한사군까지 포
함하면 216쪽에 달하는 내용이 단
군과 고조선사이다. 서술 내용의 비

정인보, 『조선사연구』

중으로 보면 『조선사연구』 책 내용에서 단군과 고조선사는 가장 많은
비중을 차지한다고 할 수 있다.

정인보는 『삼국유사』에서 『위서(魏書)』를 인용하여 단군조선에 대해
언급한 것을 신뢰하고, 현존하는 『위서』에 단군이 보이지 않는다고 단
군 존재를 부정할 수 없다고 보았다.

정인보는 먼저 「시조단군」 장에서 맨 처음에 단군은 신(神)이 아니라
인간임을 강조하고 있다. 「고조선의 큰 줄기(大幹)」 장에서 고조선의 강
역은 매우 넓었는데, "백두(白頭)의 고산(高山)과 송화(松花)의 장강(長
江)을 시기(始基)로 하여 가지고 조선을 만드시매"라고 하여 송화강 일대
를 고조선의 첫 중심지로 삼았다가 "단군 이후 진취(進取)의 전개가 늘어
갈수록 총집권(總集權)의 수도를 점차 이동하여 요하(遼河)를 중심함에"
라고 하여 여러 자료로 논증하면서 고조선의 한반도 중심설은 당초부터
배제하고 한반도 내의 선민(先民)은 대륙 고조선의 유민으로 파악하였다.

정인보는 고조선을 발조선, 진번조선, 예맥조선, 낙랑조선 등으로 파
악하였다. 그 전체 판도의 윤곽을 조선 이외에 요동평야에 위치한 개원
(開原) 이북 흥경(興京; 현 심양) 이동으로 길림·봉천(奉天; 지금의 장춘)

내지 흑룡강성까지 거의 포함하여 한토(漢土)와 투쟁한 것으로 보고, 그 영역 안에 무수한 소국을 분통(分統)하는 지배자를 한(汗: 韓·馯, 모두 군왕의 뜻)으로 파악하였다. 특히 산동반도의 회수(淮水)지역 동이(東夷) 는 조선(朝鮮)으로 그들의 활약도 기술하였다.

정인보는 조선의 명칭은 숙신(肅愼)에서 나왔고, 이 조선을 중국인들 은 이(夷)로 불렀는데, 그것은 중국인들이 부른 것일뿐 이는 바로 조선 이라 보았다. 그리고 사료에 조선이 발조선(發朝鮮), 진번조선, 예맥조 선, 낙랑조선 등 열 조선이 있었다 하는데, 이들 조선이 모두 '조선의 관 경(管境)'에 포함되어 있었다는 뜻이라고 보고, 그만큼 조선의 영토가 넓었다고 강조하고 있다.

기자(箕子)에 대해서도 신채호와 다른 독보적 서술을 하였다. 우선 기 자동래설(箕子東來說)에 대해서도 기자동래설은 날조였다고 강조하였 다. 즉, "무왕(武王)이 조선땅에 … 기자가 힘들일 것 없이 가졌다는 것 도 우습다". 중국 문헌에 의하면 기자의 무덤이 박현(薄縣), 몽현(夢縣), 하남(河南)에 있다는 설도 있으니 이와 같이 무덤의 소재도 분명하지 않 으므로 조선에 거주한 자체가 확실하지 않다는 것이다. 위만(衛滿)에게 망했다는 기준(箕準)도 "그 때 조선의 천왕(天王)으로 단군(檀君)의 원서 (遠緒)를 계(繼)한 종자(宗子)이다"라고 하면서 기자는 다름아닌 단군이 었다고 보고 있다. 따라서 단군조선의 쇠망은 기자가 아니라 위만란(衛 滿亂)에 의한 것이라고 분석하였다.

그리고 '고조선을 계승한 여러 나라들'과 「상대(上代)의 특수한 정치」 장에서, "제2세 부루(夫婁)는 하(夏)에 왕회(往會)하고 하왕(夏王) 우(禹) 는 조선에 래유(來遊)함부터가 그때의 일체 발전이 벌써 초매(草昧)를 넘어 치성(治成)에 달하였음을 생각할 수 있게 할뿐 아니라 - 전역(全 域)을 나누어 무수한 소국(小國)을 만들고 이를 분통(分統)하는 제한(諸 汗: 韓, 君王의 뜻)이 있어 가지고 그 위에 최고한 군주가 있던 정체(政

體)이므로 정령(政令)의 행함이 조금도 둔체(鈍滯)함이 없어서 문화가
진작부터 주흡(周洽)하였던 것인줄 생각할 수 있다'라고 전통사서에서
는 물론이지만 한말사서에서도 보인 부루조하설(夫婁朝夏說)을 원천적
으로 봉쇄하면서 고조선을 문명사회로 서술했다. 여기에는 안확(安廓)
의 『조선문명사(朝鮮文明史)』 같은 문화사학자들이 고조선을 주(周)나라
방식의 봉건제도로 파악한 것과 유사하여 흥미롭기도 하다.

　그리고 정인보는 조선은 국가(國家)의 호칭일뿐 아니라 지역 이름인
동시에 민족(民族)의 명칭으로 파악하고 있다. 정인보는 고조선을 계승
한 여러 나라들로 부여와 예맥, 읍루와 옥저를 들고 있고, 한반도에 정
착한 우리 조상인 조선족은 세 갈래로 나뉘어 한반도와 만주에 걸쳐 살
았다고 보았다. 따라서 조선 안에는 부여, 예, 읍루, 옥저 등의 나라가
있다고 보았는데, 이는 고조선을 여러 개의 폴리스 또는 노모스 국가로
형성된 헤라스(희랍)와 같은 성격으로 파악한 것으로 이는 1920년대 안
확 황의돈 등 문화사학자들이 이해한 봉건제도와도 달랐다고 하겠다.

　또 정인보는 삼한(三韓)의 한(韓)을 국명이나 지명으로 보지 않고 지
배자의 뜻으로 해석했다. 처음 조선은 진국(辰國)으로도 기록되었는데,
때문에 진한(辰韓)은 조선의 군왕이라는 뜻이라고 하였다. 그런데 "삼한
을 지명시(地名視)하여 고조선과 갈라 보는 것은 후인(後人)의 소홀(疏
忽)함에 인함이다"라고 하면서 삼한의 한(韓)은 크다는(大) 뜻으로 군
(君)을 가리키고 한(汗)이나 간(干)과 공통된다는 것이라 하였다. 이는
"사가(史家) 신채호가 주장한 고조선의 정체가 최고한 군주를 대(戴)하
되 그 아래 좌우보필로 이한(二韓)이 있어 래찬(來贊)하였다는 것이 실
로 정해(正解)라 할 것이다"라고 했으니, 조선 숙종(肅宗) 때의 홍여하
(洪汝河)가 『동국통감제강(東國通鑑提綱)』에서 제기한 이후 실학(實學)
사서에서 일반화되어 끝내는 대한제국(大韓帝國)의 국호까지 탄생시킨
마한정통설(馬韓正統說)을 그 뿌리 채 근거를 부인하고 말았음은 물론

이려니와 삼한(三韓)을 지역이나 국가 명칭으로 파악한 일체의 논의가 흔들리게 된 것이다. 따라서 마한(馬韓)이니 변한(弁韓)이라는 것도 진한(辰韓), 즉 고조선 군왕 밑에 있는 어떤 존위(尊位)의 호칭에 불과할 수밖에 없는 것이다.

마지막으로 정인보는 고조선 멸망 후 세워진 한사군(漢四郡)이 압록강 이남에 존재한 일이 없었다는 이른바 만주 중심의 상고사 인식을 가지고 있었다. 이는 단재 신채호의 학설을 계승한 것이라 할 수 있다.

정인보는 특히 한사군이 모두 중국 땅에 있었다고 주장하여 한사군이 한반도에 있었다는 주장을 일축하고, 한사군의 진번을 요서의 대릉하 부근, 임둔을 요동의 소자하 부근, 현도를 요동의 혼하, 낙랑을 요동의 어니하(패수, 지금의 해성시 해성하) 동쪽으로 해석했다. 나아가 한사군은 고정된 군현이 아니라 진퇴가 무상한 일시적 점거일 뿐이며 일종의 가상적 군현이라고 축소해석했다.

이상의 정인보의 고조선과 관련된 여러 해석은 그 당시는 물론 오늘날의 한국 고대사, 특히 고조선에 대한 아주 독특한 해석이자 재구성이라 할만하다. 정인보의 주장 가운데 가장 설득력이 있는 것은 고조선의 명칭이 지역 호칭이라는 주장이다. 정인보는 바로 그 넓은 고조선의 역사 속에서 조선의 얼을 발견하고 있는 것이다. 이것은 기자동래설에서 조선의 역사가 비롯된다고 하는 식민사학자의 타율적 조선사 인식에 대한 크나큰 수정이요 반격이었다.

2. 민세(民世) 안재홍(安在鴻)의 고조선 인식

1) 안재홍의 역사 연구

안재홍의 글을 시기별로 구분하면, 해방 이전의 글과 해방 이후의 글로 나누어 볼 수 있다. 해방 이전에는 「그러면 조선아」(1924년)라는 시사 논설을 시작으로, 「민세 필담(筆談)」(1935년) 등 140여 편의 글을 저술하였다. 이 시기의 글에서는 일제 강점기라는 배경 아래 조선인들의 각성을 촉구하는 주장, 일제 통치에 대한 비판, 신간회의 정신과 활동 등이 실려 있다. 한편 해방 이후에는, 「신민족주의와 신민주주의」(1945년), 「한민족의 기본 진로-신민족주의 건국이념」(1948년) 등 110여 편의 글을 저술하였다. 이 시기의 글에서는 그의 정치사상인 '신민족주의론'에 관한 글과 당시 사회에서 우리 민족이 나가야 할 길 등을 제시하고 있다.

또한 안재홍의 글은 크게 정치사상에 관한 글과 역사 인식에 관한 글로 나누어 볼 수 있다. 이 중 대부분의 글이 정치사상에 관한 글이고, 역사 인식에 관한 글로는 『조선상고사감(朝鮮上古史鑑)』과 『조선통사(朝鮮痛史)』 정도를 들 수 있다.

안재홍은 1930년 「조선상고사관견(朝鮮上古史管見)」을 『조선일보』에 연재한 이후 한국 고대사 연구에 매진하였는데, 그 성과로서 간행된 것이 『조선상고사감』 상·하(1947·1948)이다. 한편 『조선통사』는 본래 한국 고대사에 대한 개별적인 연구를 토대로 한 개설서로서 계획한 것이었지만, 통사를 아우르는 데에는 이르지 못하고 한사군까지만 집필되어 미완의 작품으로 남게 되었다.

위의 글들은 모두 안재홍이 납북되기 이전의 것으로, 납북된 이후 북한에서의 연구 내용들은 잘 알려져 있지 않다. 또한 그가 주장한 '신민족주의론'이 좌익의 성향을 보이고 있다는 이유로, 6·25 이후 냉전 체제에서는 한동안 연구되지 못하였다. 그러나 1970년대에 이르러 '남북 적십자 회담' 및 '7·4 남북 공동 성명'과 같은 남북 화해 구도가 형성되면서 서서히 안재홍에 대한 연구가 시작되었다. 대표적인 연구 성과로는 『민세 안재홍 선집』을 꼽을 수 있는데, 1981년 1권이 발간되기 시작하여 2008년 8권까지 간행되었다. 냉전 체제의 탈피, 『민세 안재홍 선집』의 간행 등으로 인해 안재홍에 대한 연구가 활발해지게 되었다.

2) 안재홍의 역사인식

안재홍의 역사인식은 그의 정치사상이기도 한 '신민족주의'로 집약된다. 안재홍이 자신의 사상을 '신민족주의'라고 명명한 것은 해방 이후지만 그의 사상은 일제 강점기부터 형성된 그의 민족관에서 비롯되었다. 그의 민족관은 안으로는 자강론적 민족주의에 입각하였고, 밖으로는 강대국에 대항하는 약소국의 투쟁 주체로서 민족을 강조하였다. 여기서 민족이란 '투쟁을 통하여 형성된 역사적 응결체, 즉 민족의 독립과 자유와 완전한 생존을 옹호하기 위하여 투쟁을 통하여 그 의식이 형성된 동일언어·동일혈연의 집단'을 말하며, 민족주의란 각 시대마다 '민족자존의 생존협동체를 주도하는 이념'이다. 해방 직후 안재홍은 이 사상을 「신민족주의」라고 명명하였다.

한편 그는 인류의 역사를 '투쟁의 역사'라고 보았다. 투쟁에는 자연을 정복하기 위한 투쟁, 종족·국가·민족 간의 투쟁, 계급투쟁 등 세 가지가 있는데, 모든 투쟁에는 공동의 투쟁대상을 향한 동족·동일국민·동일계급의 협동과 단결이 필수적으로 동반된다. 또한 투쟁으로서의 역사는 운명공동체로서의 역사와 뗄 수 없는 것이므로, 투쟁의 주체는 운명공동체인 민족이 되어야 한다고 하였다. 이러한 투쟁적 역사관은 역사를 '아(我)와 비아(非我)의 투쟁'으로 보았던 신채호의 영향을 받은 것으로 보이며, 다른 민족주의 역사가들과 마찬가지로 민족항쟁사적 관점에서 전개된 것이다.

신민족주의 역사관은 민족의 특수성과 세계사적 보편성의 병존을 강조하였다는 점에서 기존의 20세기 초 민족주의 역사관보다 진일보 한 것이라 할 수 있다. 즉 민족주의 역사가들처럼 민족의 고유성으로 '한국혼', '낭가사상' 등을 전제하고 있지만 이를 절대시하거나 배타적이지 않았다. 신민족주의 역사관은 인류의 역사는 그 주체인 민족에 따라 각자 다른 문화적 특수성을 지니지만 결국 세계적 보편성에 합치한다는 일원적 세계관에 기초하였다. 안재홍은 헤겔의 관념적 변증법과 맑스·엥겔스의 유물사관을 모두 비판하며, 관념과 물질은 개별적으로 발전하는 것이 아니라 상호 작용하며 일원화되고 있는 것이라고 보았다. 일원적 세계관은 민족적인 것을 찾는 노력이 반드시 보수주의로 흐르는 것이 아니라 진보적·세계적·보편적인 것이 될 수 있다는 역사관을 낳았다. 안재홍은 이처럼 민족의 특수성과 세계적 보편성의 병존을 추구하는 시각에서 우리나라의 역사와 문화의 특징을 독자적으로 해석해 나간 것이다.

보편성과 특수성의 조화를 강조하는 신민족주의 역사인식은 민족 내부의 문제를 해결하는 데 있어서도 극좌와 극우를 배척하게 하였다. 안재홍은 사회혁명으로서의 계급투쟁을 인류 역사의 한 구성요소로는 인정하지만, 민족과 계급을 중층적이고 병존적인 것으로 설정하여 양자가 모두 민족공동체 안에서 조화되어야 한다는 논리를 제시하고, 그 이유를 우리나라 역사의 특수성으로 설명하였다. 즉, 수천 년간 우리 민족은 항상 주변 강대국의 침략 문제를 해결하는 데 시급하여 계급투쟁에까지 이르지 못했으며, 따라서 계급투쟁보다는 계급 협조가 요구된다는 것이다. 모든 계급의 공생을 목표로 하는 이러한 이념은 '신민주주의'로 명명되었다. 신민주주의는 극우와 극좌 모두를 배척하며 민족주의와 사회주의 이념의

적절한 조합을 통해 '중앙당'을 이루자는 정치노선으로 제시되었다.

안재홍은 신민주주의의 원형을 한국 고대의 민주주의 이념인 '다사리 주의'에서 찾았다. '다섯'의 숫자에 대한 발음을 풀이하여, '다사리'는 '다사리=다 살린다'는 통치 이념이 담긴 한국 고유의 민주주의 이념의 산물이라고 본 것이다. 선조들은 다사리 이념을 매 시대마다 다른 제도로 실천하려고 보았는데, 고조선에서는 '홍익인간'으로, 고구려에서는 '제가평의'로, 백제에서는 '정사암', 신라에서는 '화백'이 그 예라고 하였다. 또한 고대에는 하층계급을 배제한 민주주의였으나 현대에는 전민중이 향유하는 새로운 민주주의가 되어야 하는데, 이것이 바로 신민주주의라고 하였다.

이처럼 안재홍의 역사관은 특수성과 보편성의 결합 논리를 강조하였지만, 민족의 특수성·고유성을 관념화하거나 절대화하는 한계를 가진다. 안재홍은 민족주의 역사가들이 민족의 고유성을 정신의 문제로 파악하던 것과 마찬가지로 민족의 고유성을 '민족정기'로 파악하였다. 그는 민족정기가 최고조에 달했던 고대사회(古代社會)를 영광스런 시대로 보고 고려·조선으로 오면서 퇴영의 길을 걸어왔다고 파악하였는데, 이는 정체성론을 크게 벗어나지 못한 것처럼 보인다. 문화적 특수성에 입각하여 역사발전의 후진성을 민족문화의 고유성으로 대치시켰지만 결국 역사발전의 후진성을 인정하는 결론을 내려, 한국사의 타율성·정체성론을 적극적으로 극복하지 못하는 한계를 지니게 된 것이다.

3) 『조선상고사감(朝鮮上古史鑑)』에 나타난 고조선 인식

(1) 저술 배경

『조선상고사감』은 상권에 「기자조선고」 등 8편, 하권에 「부여 조선고」 등 5편의 글을 싣고 있으며, 『조선통사』 또한 한사군까지 서술되어 있어, 안재홍의 관심이 고대사 연구에 집중되고 있음을 알 수 있다.

안재홍은 『조선상고사감』의 서두에서 이 글을 저술하게 된 동기를 다음과 같이 적고 있다.

　　단군이래 삼국통일기까지 거의 삼천수백 년의 사이에 모든 국사상에 나타나는 정치적 법제적, 문화적, 제 안건과 민족흥망에 관계 깊은 제 사실은 어느 것 하나도 이태껏 그 전모가 뚜렷이 천명된 바 없어 표연한 암중모색의 상태로 된 바이니 이는 우리가 반만년 문화를 운위하는 만치 하나의 문화적 총결산으로서 투철한 조선통사를 써서 신시대 창성의 정신적 근간을 지어야할 것이 요청되고 있는 소이이다. (중략) 만주사변이 부르터난 후, 나는 거듭 투옥되고 세국은 갈수록 험난한데 빠졌다. 나 영어에서 헤아리건대 정치로서 투쟁함은 한동안 거의 절망의 일이오 국사를 연찬하여 써 민족정기를 불후에 남겨 둠이 지고한 사명임을 자임하였을 새 이에 국사 연구에 전심한지 다시 거의 십 년인데 닥쳐오는 수란의 명에는 드디어 멀리 벗을 수 없었고 이 뜻인즉, 갈수록 굳셈 있었을 새 먼저 이 고징서를 완성하고 뒤이어 조선통사를 완성코저 함이 나로서의 지대한 염원이었었다.

인용문을 통해 『조선상고사감』의 저술 동기를 분석해 보면, 크게 두가지로 요약할 수 있다. 첫째는, 아직까지 규명되지 못한 상고사의 역사적 사실에 대한 호기심이다. 이러한 점은 위의 인용 부분 외에도 소년 시절에 이미 역사가가 될 입지를 갖고 있었다고 고백했던 것이나 상고사에 관한 여러 의문점들을 나열하면서 깊은 고징감(考徵感)을 충동이는 사항들이라고 표현한 부분에서도 느낄 수 있다. 둘째는, 만주사변 이후 정치적인 민족운동이 거의 불가능하게 된 상황에서, 또 다른 민족운동의 방편으로 한국사 연구를 하게 되었다는 점이다. 이는 당시 민족주의 사학자들의 공통적인 경향이었고, 안재홍 역시 예외가 아니었다. 그는 1937년 6차 투옥 이후에 고향에 칩거하면서 연구 활동에 몰두하였는데 『조선상고사감』도 이 시기에 집필되었다.

安재홍, 『조선상고사감』

한편 안재홍의 역사관이 신민족주의라는 민족주의사상을 배경으로 하고 있다는 점에서 볼 때, 『조선상고사감』의 저술에는 신민족주의가 바탕에 있음을 고찰해 볼 필요가 있다.

안재홍이 자신의 사상을 '신민족주의'라고 명명한 것은 해방 후이지만, 그의 이러한 사상은 이미 1920년대부터 기초가 싹트기 시작한 것으로 보인다. 이후 1930년대 「조선학운동」과 관련하여 역사에 대한 연구가 심화되었으며 민족주의에 대한 이해도 체계화되었다.

이러한 맥락에서 민족주의와 국민주의를 구분하여 각각 선진국형 국민주의와 후진국형 민족주의의 형태로 나누기도 하였다. 또한 1945년 간행된 「신민족주의와 신민주주의」에서 신민족주의론의 이론적 근거를 한국의 전통적 정치철학에서 발견하려고 노력하였다. 즉, 한국사의 정치원리를 '다사리이념'에서 추출하여, 나-나라-누리(개인, 국가, 세계)의 조화를 추구하였으며, 만민공생의 한국적 민주주의 원리로 발전시킨 것이다. 이를 다시, 마르크시즘적 계급투쟁을 극복하고, 서양의 부르주아 민주주의와 사회주의를 지양, 종합하는 새로운 민주주의, 즉, 신민주주의를 핵심으로 하는 신민족주의로 체계화시켰다.

이러한 민세의 인식은 『조선상고사감』에서도 찾아볼 수 있다. 삼국시대 귀족회의 형태인 제가평의와 화백제도를 기술하면서 고대 민주적 전통을 강조하고 있는 것이 한 예이다. 이는 비록 귀족계급 중심의 폐쇄된 민주주의라도 점차 개방적 민주주의로 승화시켜 나간다면 국제공영의 원리인 신민족주의로 발전시킬 수 있다는 사상에서 나온 것으로 생각된다.

(2) 『조선상고사감』의 내용

가. 시대 구분

『조선상고사감』에서 제시한 부여·고구려 중심의 고대사 체계와 시대 구분은 기본적으로 신채호를 좇았으나, 각 시대의 명칭과 삼한의 시대 구분 문제에서는 안재홍만의 독특한 면이 나타나고 있다.

안재홍은 한국 고대사의 발전 과정을 여계사회(아사달 사회=聖母사회)에서 출발하여 남계 중심의 부족사회(부족연합국가=단군조선)를 거쳐 근세류의 봉건귀족국가(부여부터 삼국건설 초기까지)와 봉건귀족국가(삼국시대)의 4단계로 구분하였음을 알 수 있다. 이러한 안재홍의 한국 고대사 시대 구분에서 눈에 띄는 점은 우선, 단군조선 이전의 시기를 아사달 사회, 즉 신시시대(神市時代)로 규정한 점이다. 신시시대를 언급한 사학자들은 이종휘를 비롯하여 이능화, 권덕규 등 많은 민족주의 사학자들과 비슷하지만 이 시기를 여계시대로 파악하고 있는 것은 다른 민족주의 사학자들과 구분되는 점이다.

안재홍은 또한 서양의 보편적인 역사 연구 방법인 삼분법을 받아 들여 한국 고대사 시대 구분에 적용하였는데, 여계 시대부터 역사 발전이 점층적으로 진행되었고, 생활 체제가 점차 농업 경제 체제로 발전됨에 따라 시대가 구분되었다고 하였다.

고대사 이후의 시대 구분에 대해 전문적으로 연구한 적은 없으나, 대체로 조선 시대까지를 봉건 시대로 파악하고 한말 이후를 부르주아 단계로 보았으며, 1920년대 이후를 좌우 협진 단계로 각각 설정하고 있다. 그는 고대에서 근세로 오면서 퇴영의 길을 걸어왔다고 하였는데, 이는 식민사관에서 주장하는 정체론적 시각을 크게 벗어나지 못했다는 비판을 받았다. 그러나 이 주장은 사회사적 발달단계의 측면이 아니라 국가사·민족사의 측면에서 제기된 것으로, 식민사관과 동일시할 수는 없을 것이다.

나. 단군왕검의 의미와 고조선의 도읍

안재홍에 의하면 단군은 곧 천군(天君)의 뜻으로 진방(震方)의 고어로 '덩걸'이라 할 수 있으며, '덩걸'은 덩그러니 크고 큰 '얼'을 일컫는 것으로 보았다. 이것은 '한얼'보다 오래된 말로써, '대령(大靈)' 및 천(天), 또는 천왕(天王)의 뜻으로도 쓰이니, 곧 정령이요 통치자의 의미도 갖고 있음을 알 수 있다.

또 단군은 '천왕'인 동시에 '신(神)왕'의 의미로 천왕이 '덩걸'이면 신황은 즉, '붉한'이니, 명왕 및 성왕, 혹 신왕의 의미를 모두 가지고 있다고 보았다. 그리고 단군은 남계 중심의 성왕(聖王)·태백신·평양왕·대부여왕의 의미로도 사용되었으며, 역사 사회학적 관점에서는 원생지 군장의 뜻으로 백악(白岳: 붉달, ᄇ달)의 군장으로서의 의미도 가지고 있다고 볼 수 있다. 반면에 왕검은 '왕금'의 사음(寫音)으로 '대군(大君)'으로 보면서 '금'은 신인(神人)의 뜻으로 원래 뜻은 '임검'이었던 것으로 보았다. 그는 또한 단군이 1인이 아니며, 고대사에서 지배자의 명칭으로써 세습된 신분이라고 하였다.

이를 통해 볼 때, 안재홍이 동시대의 민족주의 사학자들과 마찬가지로 단군이 실존 인물임을 증명하기 위해 노력했음을 엿볼 수 있다. 당시 일본 학자들은 단군의 존재를 부정하고, 단군의 존재를 신화속의 인물로 치부하여 한국 고대사의 정통성을 말살하려고 하였다. 이에 대항하여 단군의 신화성을 부정하고, 단군을 실제 인물로 부각시켜 유구한 한국 고대사의 역사를 밝히고 민족의 정통성을 확립하기 위해 노력하였던 것이다.

또한 위의 원문에서 고조선의 수도와 관련한 인식도 엿볼 수 있다. 안재홍은 단군이 아사달에 나라(단군조선)를 세우고 홍익인간을 기치로 다스렸으며, 그 수도도 백악인 아사달에 있다가 이를 평양으로 옮기고 조선의 국호도 그때 정하였다고 보았다. 여기서 도읍을 아사달에서 평양으로 옮겼다고 한 것은 언어학적 방법론에 의해 증명되는데, 즉 고대에서 아사달의 달(達)은 '달'이니, 고어로 '산악'이요, 또 '월(月)'과 '들'의 어원으로 사용되었는데, 이 아사달은 신시(神時: 밝불)로도 되고, 나중에는 불나·평양(ᄇㅣ나)으로 호칭이 바뀌었다는 것이다. 보다 자세히 살펴보면, 고대에서 땅 혹은 산을 가리키는 용어가 처음에는 '달', 다음에는 '불', 그리고 나중에는 '나'로 변해 갔다는 것으로서, 이것이 바로 안재홍이 주장한 '달→불→나'의 진행 원칙이다.

한편 백악과 아사달·평양성·태백산을 모두 같은 것으로 보았다. 즉, 아사달은 곧 백악이고, 백악은 또 평양성이니 실제로는 도읍의 위치와 명칭이 모두 변경된 것이 아니라, 단지 명칭만이 바뀌었다고 할 수 있다. 이는 신채호와 정인보 학풍의 영향을 받은 것으로, 특히 정인보가 단군조선의 도읍지 문제에 있어서 단군의 개기(開基)는 백두산이라고 하면서, 평양은 수도를 나타내는 고어이기 때문에 여러 개의 평양이 있을 수 있다고 한 것과 맥락을 같이 하는 것이다.

다. 기자 동래설의 비판

안재홍의 고조선에 대한 연구는 기자조선에서부터 출발하고 있다. 그는 우선, 「기자조선고」의 서두에서 '조선은 지의 나라'라고 전제한 후, 비교언어학적 방법을 통해 기자는 고유명사가 아니고 '크치계급', 즉 대공(大公)을 의미한다고 하였다. 기자조선에 대한 그의 인식은 『조선상고사감』(상)권의 「기자조선고」에도 잘 나타나 있는데, 관련한 원문은 다음과 같다.

송화강 유역인 북만의 북부여에 아득한 일찍부터 크치조선이 있었는데, 대동강변에도 은기자의 후예인 줄로 후세에 오인되는 문화적 기구를 옹유한 크치조선이 있었고, …크치조선 혹은 크치국 또는 크치시대라고 하여도

좋을 만큼 크치의 위호를 가진 고조선이 당시에 널리 인식되었음이니, 이
는 기자조선으로 오인된 역사적 본원이다. (중략) 기자의 동래한 지역이 요
서방면의 국한된 일지방이라고 치면 이를 수긍할 수도 있다. (중략) 무릇
단군의 신정적 통치시기의 종언으로부터 부여조선 마한, 고구려, 백제, 신
라, 가라 등 위구태, 신운견지, 위건길지, 건길지, 마립간, 수로왕(간) 등등
의 앙장된 위격 및 그 국격이 발생성장하기 이전까지 연속한 길거나 짧거
나의 「크치, 큰지, 한기, 신지」의 시대는 어느게나 모두 기자조선이오, 또
기자국이오, 기자시대인 것이다.

위에서 '은기자동래교화설'을 '크치조선', 혹은 '크치국'의 와전으로
오인된 것이라 하여 부정하고 있다. 즉, 기자조선을 '사회의 핵심에서
신경향의 추진력의 인적 근원'으로 파악한 지계급(크치, 큰지, 한기, 신
지 등)의 정치적 발달에 의해 변화된 나라로 보고 있는 것이다. 이처럼
안재홍은 '기자동래설'을 부정하였으며, 기자조선을 토착세력의 변화에
의해 파악하였다.

그의 이러한 '크치조선설'은 신채호, 정인보, 최남선의 고대사 연구와
연계해 볼 수 있다. 우선 신채호는 앞서 조선상대 신두수시대를 계승한
신·불·말의 3조선 중, 불조선의 성씨가 기씨라고 주장하였었다. 정인보
역시 전통적 사서에서 기자의 후예로 취급되었던 부왕, 준왕을 기자조
선과 연결시키지 않은 채, 고조선의 존재를 발조선, 진번조선, 예맥조선,
낙랑조선 등으로 파악하여 기자조선 자체를 부인하였다. 최남선 또한
'기ᄋ지 조선설'을 주장하여 이와 비슷한 입장을 보이고 있다. 안재홍은
이들에서 보이는 비교언어학적 학풍의 영향을 받은 것이다.

라. 고조선 계승관

안재홍은 「부여조선고」의 서두에서, 우리나라에는 아사달 이래 문화
의 전통을 계승하여 그 생장발전의 제단계를 지나는 원생적 중심 사상

이 있었음을 밝히고 있다. 이를 증명하기 위하여 독특한 비교언어학적 방법을 취하였는데, 즉 고대종족의 이름이 붉→불→ㅂ어의 호칭으로 변화되었음을 간파해내고, 이에 의거하여 국명, 지명, 직명(職名)의 확산 과정을 추정하였다.

안재홍은 밝, 부로, 혹은 배어로 불리워지던 고대종족이 세운 국가가 한자로 백국민, 부여국, 태백국, 단국, 환국 등 다양하게 표기되었지만 의미상으로는 동일한 나라라고 하였다. 즉 붉신(광명신(光明神))을 섬기고, 자신들의 원생지로 믿는 생활의 근거지를 'ㅂ딸(ㅂ달) 혹 ㅂ어들'이라고 부르며 주변 산천을 'ㅂ산(백산(白山)), ㅂ수(패수(浿水))'라고 불렀다는 것이다. 그리고 이를 중심으로 만들어진 도시가 밝달(백악(白岳)), 배어달(백아강(百牙岡)), 배어(부여(夫餘)) 등으로 발전한 것이므로 고조선과 부여는 별개의 것이 아니라는 전제 아래, 부여조선의 존재를 밝혀내고 있다.

또한 고조선과 부여의 관계를 동일 국가라고 전제한 후, 고대사 문제를 규명하는데 근간인 부여사의 탐구가 중요한 학적 가치를 갖는다는 의미를 부여하고 있다.

이와 관련된 연구의 일환으로, 안재홍은 언어학적 방법을 사용하여 단군의 어의를 규명하고 있다. 단군의 어원을 진방(震方)의 고어 '덩얼' 곧 '덩그런히 크고 큰 얼'이라는 뜻의 '대령(大靈), 천황(天皇)' 등으로 해석하면서, 주서(周書) 고려전 및 마한조의 기록과 연결지어 부여신과 등고신 단순한 유화태후와 동명왕신을 지칭하는 것이 아니라고 하였다. 즉 부여신은 일신(日神)에서 전환된 밝신, 불신, 혹은 부루신, 배어신이며, 등고신은 덩걸신, 즉 단군신의 이자(異字)로 해석해야 한다는 것이다. 또한 동명왕의 뜻이 '새붉한' 즉 동백왕, 동부여왕의 어의라는 점 등에 비추어 볼 때 고구려의 왕통은 단군의 혈통을 계승하였다고 보았다.

안재홍의 『조선상고사감』 책은 식민사학을 극복하려는 문화적 저항

뿐만 아니라, 저자의 신민족주의가 한민족 고유의 이념에 근거하여 당
시의 극좌·극우 이념보다 우월한 보편적 가치임을 증명하기 위한 저서
이기도 했다. 그러나 문헌 고증에 입각한 실증에서 엄밀하지 못했고 언
어학에 너무 의존했다는 한계를 내포했다.

고대사의 계승 관계는 밝족(부여족)에 의해 세워진 단군조선=부여의
혈통이 고구려로 계승된 것으로 파악하였다. 즉 단군조선에서 삼국시대
까지의 한국사의 대계를 고조선 사회의 발전과정으로 정리하였다. 그리
고 모두 '밝 신도(神道)'의 종교를 가지고 있었고, 귀족적 민주제를 시행
하고 있었는데, 이는 홍익인간(弘益人間)·제세이화(濟世理化)의 건국이
념을 계승한 우리 민족 고유의 만민공생 사상, 즉 '다사리 사상'의 출발
점이 된다고 서술하고 있다.

본론에서 밝혔듯이, 한국 고대사는 한민족의 기원을 밝히는 부분으로
서 일제 관학자들의 식민사학에 의해 왜곡이 많은 부분이었다. 따라서
정인보와 안재홍은 심도 있는 고대사 연구를 통해 일제 관학자들의 식
민사학을 극복하려 한 것으로 보인다.

특히, 안재홍은 기본적으로 언어학적 방법과 사회발전단계설을 도입
하고 있다. "언어학적인 방법을 통해서 고대사회의 발전 과정의 큰 계
통을 찾는 동시에 그 사회발전의 단계성도 아울러 파악한다."는 방식을
취하였다. 신채호나 정인보의 고대사 계통을 따르면서도 사회사적인 방
법론을 도입하여 연구 방법론을 체계화하였다. 즉 신채호나 정인보를
따라 비교언어학적 방법을 사용하면서도, 모건의 『고대사회』 이론을 적
용하여 사회발전이라는 더 본질적인 성격 규명을 위해 천착함으로써 고
대사 연구의 시야를 확대하는 데 독보적 공헌을 하였다.

5장. 일제시기 일인(日人) 학자들의 고조선 인식

　흔히 일본의 제국주의적 침략을 정당화하며, 민족의 역사상을 축소·왜곡하는 역사관을 가진 학풍을 일컬어 식민사학이라고 한다. 일본은 특히 민족주의가 강했던 조선에 대해서는 더욱 강력한 식민지화 정책을 펼쳤는데, 조선의 역사를 정리하는 일은 그들에게 매우 중요한 일이었다.

　일본은 근대 이전인 에도시대부터 조선에 대한 연구를 해 오고 있었다. 조선의 퇴계 이황(李滉)의 학문을 받아들인 성리학자들의 연구와, 일본의 국학 전통을 따르는 학자들이 『고사기(古事記)』, 『일본서기(日本書紀)』 등의 일본 고전을 바탕으로 한일관계를 연구하는 흐름이 대표적이었다. 후자의 연구는 일본을 '신의 나라'로 미화하며, 과거 일본의 신이나 '천황'이 조선을 지배했다는 주장을 내세웠으며, 이러한 주장은 이후 정한론(征韓論)의 중요한 근거로 작용했다.

　이후 메이지 시대에 이르러 제국대학의 시게노, 구메, 호시노 등이 『국사안(國史眼)』(1888)을 저술하고, 여러 차례에 걸쳐 개정하여, 고대 이래의 한일관계를 '일선동조론(日鮮同祖論)'이란 측면에서 다루었다. 이러한 역사연구를 통해 조선이 고대부터 일본의 지배 아래에 있었다는 조선상을 세웠으며, 이러한 인식은 교과서를 통해 일본 내에 광범위하게 확산되었고, 『국사안』의 역사관은 이후 일본의 식민주의 역사관의 근간을 이루었다.

　일본이 제국주의적 팽창을 본격화하기 시작하면서, 한국사 관련 연구는 침략행위를 정당화하기 위한 방향으로 진행되었다. 특히 만주까지 진출하기 위한 교두보를 마련하기 위해 이나바 등이 주도하여 만선사관(滿鮮史觀)을 만들어냈으며, 이를 통해 조선의 역사를 대륙에 의존적인 것으로 만들어 타율성을 강조했다. 또한 이미『국사안』등을 통해 주장했던 일선동조론을 강화하여, 일본이 조선을 지배하는 것이 정당하다고 주장했다. 이는 3·1운동 이후 독립운동을 무마하려는 중요한 논리로 사용되었다. 한편 후쿠다, 가와이, 구로타, 야마지, 기다, 이나바 등이 정체성론(正體性論)을 제기하며, 역사적으로 한국이 스스로 발전할 수 있는 능력을 가지고 있지 않다고 주장하며 식민지배를 합리화했다.

　식민사학을 연구하던 일본인들이 중요하게 내세운 방법론은 바로 철저한 실증주의였다. 1887년 제국대학에 사학과가 창설되면서 주임교수로 랑케의 제자인 리스를 초빙한 것에서부터 일본의 근대적 역사학은 실증주의를 바탕에 두고 있었다. 그러나 실증주의적 방법론은 제국주의와 결합하여 '발달한 서구 대(對) 낙후한 동양'이라는 이분법을 강화하는 역할을 하게 된다. 서양의 시대구분과 사회발전모델을 차용하여 자신들은 발달한 국가로, 이외의 아시아 국가는 중세에 머무른 국가로 보았던 것이다. 특히 한국은 중세적 봉건제가 보이지 않기 때문에 고대에 머물러 있었다고 평가절하 하였다.

　이러한 식민사학 연구는 일본 내는 물론이고 식민지 조선 내에서도 활발하게 이루어졌다. 일부 '민간' 혹은 '학술'의 형식을 띠고 있기는 하지만, 대다수의 연구는 조선총독부의 적극적인 주도 아래 이루어졌다. 조선총독부는 연구, 저술, 강연 등의 활동을 적극적으로 주도하고 지원하였으며 이를 위한 조직을 만들었다. 한국사와 관련된 사료의 정리에 중점을 두었던 조선사편수회와 학술모임의 형태를 띤 조선사학회는 총독부의 이러한 의지를 잘 반영하는 조직이었다.

　이하에서는 위와 같은 일제 식민사학에서 바라보는 단군과 고조선사 인식문제를 오다 세이코(小田省吾)의 『조선사대계(朝鮮史大系)』와 이마니시 류(今西龍)의 『조선고사의 연구(朝鮮古史の研究)』에 실린 글을 중심으로 살펴보도록 하겠다.

1. 일제시기 조선총독부의 식민사학 활동

조선을 식민지화한 일본은 그 체제를 더욱 강화하기 위해 적극적으로 한국사를 정리하기 시작했다. 이는 곧 구관제도조사·사료조사·조선고적조사사업과 총독부 중추원에서 1915년부터 주도한 『조선반도사(朝鮮半島史)』 편찬사업으로 대표되었다.

3·1운동에 충격을 받은 일본은 『조선반도사』 편찬사업보다 더 적극적인 식민사학 연구를 위해 이를 중단하고, 새로운 기구를 출범시키기로 결정했다. 1921년 사이토 총독의 발의로 조선사편찬위원회의 설치가 계획되고, 이듬해 12월 총독부 훈령으로 규정이 확정되었으며, 1925년 6월 칙령으로 조선사편수회로 개편되었다.

조선사편수회는 총독 직할의 독립관청으로서 식민사학의 총본산이었다. 여기에서는 『조선사(朝鮮史)』(37권), 『조선사료집진(朝鮮史料集眞)』(3질), 『조선사료총간(朝鮮史料叢刊)』(22권) 등의 사료집을 편찬했다. 한국사, 특히 고대사와 관련된 사료는 양이 많지도 않은데다가, 일반인들이 접근하기에 어려웠기 때문에 사료집의 편찬은 한국사 연구의 저변을 확대하는 계기가 될 수도 있었다. 그러나 이 과정에서 자신들의 식민사학 연구에 필요한 사료만을 선택적으로 수록했다. 또한 민족의식을 고취시킬 수 있는 사료는 의도적으로 배제하고 폐기하며 실증주의를 강조하면서, 식민사학에 동조하는 연구자들을 양성하는 계기로 삼았다.

정식 기구가 아닌 학술모임의 형태로도 식민사학자들의 활동이 활발했다. 대표적인 조직은 1923년에 만들어진 조선사학회였는데, 사이토 총독에 의해 계획된 것으로 보인다. 이 학회는 '조선사의 연구와 보급'을 위해 창립된 것으로 정무총감을 총재로 하고 있어, 사실상 총독부가 적극적으로 관여한 것으로 볼 수 있다. 따라서 일제하 최고의 정치적 권위를 지닌 식민사학 학회라 평가할 수 있다.

조선사학회는 『조선사강좌(朝鮮史講座)』를 매월 1회씩 1년 예정으로, 상고(上古)—현대(現代)의 조선사를 조선사편찬위원회와 총독부 관계 관리들이 강사로서 분담 집필하기로 하였는데, 일본 학계에서도 이를 '조선총독부 관찬의 역사'로 규정하고 있다. 조선사학회에서는 조선사강좌 외에 수차의 강연회를 개최하기도 하였으나, 1924년 이후는 『조선사대계』의 간행(1927)을 제외하고는 별다른 활동 기사를 찾을 수 없다.

조선사편수회의 활동이 사료집 편찬이었다면 그 직원들이 중심이 된 조선사학회는 논문집과 통사의 발간에 힘썼다. 그리고 그 가운데 중심적인 활동을 펼쳤던 오다 세이코가 쓴 『조선사대계』와 이마니시 류의 『조선고사의 연구』는 총독부 주도의 한국사 연구를 잘 보여주는 책이며, 이를 분석함으로써 식민사학의 고조선 인식을 잘 살펴볼 수 있을 것이다.

2. 『조선사대계』와 『조선고사의 연구』를 통해 본 일인 학자의 고조선 인식

1) 단군조선(檀君朝鮮) 인식

『조선사대계』의 저자인 오다 세이코는 한국사의 계통을 고조선—지나조선(支那郡縣)—삼국[고구려, 백제, 신라]—(신라통일)—후삼국[후고려, 후백제, 신라]-고려-조선으로 보았다. 여기서 조선의 타율성론과 정체론을 강조하기 위해 한사군이 고조선과 삼국 사이의 시기로 편성된 점은 식민사학자들의 논리를 전형적으로 드러내준다. 그는 고조선에 대해서 다음과 같이 서술하고 있다.

"보통의 조선사가들은 단군이라는 신인(神人)이 처음으로 군왕이 되어 나라를 다스리고 후에 기자가 지나로부터 와서 단군은 다른 곳으로 이주하였고, 기자의 자손이 40여대 동안 조선을 다스렸으며, 연으로부터 온 위만에 의해 나라를 빼앗겼으나 위씨는 3대만에 한무제에 의해 멸망했다고 보고 있다." (『조선사대계』 권1 상세사(上世史), 제2장 지나통치이전(支那統治以前)의 북선(北鮮)), 제1절 총설)

그는 '보통의 조선사가'라고 지칭하는 기존의 연구 경향을 둘로 나눠 소개하면서 고조선에 대해서는 전조선(단군조선)-후조선(기자조선)으로 나누는 견해와 단군조선-기자조선-위만조선으로 나누는 견해가 존재한다고 보았다. 그는 이 가운데, 후자를 이용하여 당시 일반적인 고조선사에 대한 인식을 소개하고 이를 바탕으로 논의를 전개하고 있다. 그러나 그가 고조선의 실체를 인정했기 때문에 그랬던 것은 아니다.

다음의 인용글을 보자.

"단군조선이 반도 고대사의 한 시기를 획(劃)하였다는 것은 확실한 역사의 연구법을 통해 확인하는 것이 불가능하다. (단군조선은) 지나의 근본 사료에서는 전혀 보이지 않는다. 단지 기자조선과 위만조선의 존재는 사실로 인정하기에 가능한 기사는 위만조선에야 보인다." (『조선사대계』 권1 상세사(上世史), 제2장 「지나통치이전의 북선), 제1절 총설)

단군조선은 지나의 근본사료에 보이지 않기 때문에, 『조선사대계』에서 단군조선에 대한 이야기는 등장하지 않는다. 그는 1929년 『조선연구

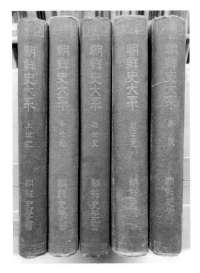

『조선사대계』 1권~5권

(朝鮮硏究)』에 발표한 「단군전설에 대하여」라는 글을 통해 단군조선에 대한 견해를 상세히 밝히고 있다.

단군조선에 대한 기록은 『삼국유사』에 처음 등장하는데, 그 이전에는 그에 대한 어떤 기록도 찾아볼 수가 없다며 단군조선은 승 일연에 의해 만들어진 역사라고 주장했다. 이는 당시 고려인들의 반원(反元) 감정에서 비롯된 것이며, 승려들이 고구려의 시조 신화를 이용하여 단군신화로 둔갑시켰다고 보았다. 고구려 계승의식을 가졌던 고려인들이 고구려의 시조 신화를 토대로 단군신화를 만들어냈다는 것이다.

이후 조선의 지배세력들도 비록 성리학적 '지나(支那)숭배사상'으로 인해 기자조선을 강조하기는 했지만, 자신들의 정통성을 내세우기 위해 '단군신화'를 적극적으로 이용했다는 것이다. 이는 이마니시 류(今西龍)의 연구를 통해서도 확인해볼 수 있다.

"단군조선이 고려 원종 무렵에 존재하였다는 것은 삼국유사 고조선조에 기록된 것과 같은 것으로서 당시 이미 한 두 개의 이설이 있었던 것 같다. 이처럼 이설이 있게 된 것은 그 전설의 유래가 그다지 새로운 것이 아니며, 또한 예부터 유래된 것이 아님을 증명하는 것이다. 삼국유사에 기록된 단군전설은 이 책의 찬자 보각국존 일연이 재래의 전설을 골자로 하여 고서·고기에 가탁하여 작출한 것은 아니다. 일연의 작출로 보기에는 불교 취미가 적은 것에서도 명백하다. 일연은 그 시대에서 멀지 않은 시대에 무격·참위자가 성문한 것을 취하여 그 저서의 처음에 수록한 것이 아닐까 생각된다. 지금 이 전설의 구조를 보면 자구상에 도교적 요소가 많은 것을 쉽게 알 수 있다." (이마니시 류, 『조선고사의 연구』)

이마니시 류는 단군조선에 관한 『삼국유사』의 기록에서 '단군'이 여러 차례 언급되고 있지만, 그 인물이 같은 인물인지 다른 인물인지를 분명히 제시하지 않고 있다고 지적했다. 그러한 이유는 이미 단군에 대한 여러 다른 설이 존재했기 때문이며, 이는 단군 전설이 오래된 것이 아니기 때문이라고 보았다. 그러나 『삼국유사』에 실린 내용이 불교적 색채보다는 도교적 색채가 짙은 점을 근거로 고려 초·중기 정도에 도교의 영향을 받은 것으로 보고 있다. 나아가 당시 중국과의 대외관계 변화와 이와 맞물린 고려 내의 집권층·불교인층·무속인층 사이의 인식 차이를 지적했다.

"고려는 북적이라 칭하며 자신들이 천시했던 거란이 그들이 존숭해 흠모하는 중화를 침입하여 황제라 칭하자 마침내 기자의 구방이라 자부하며 그들을 압박하여 신례를 얻는다. 조정의 문사와 문벌자제는 번왕국이라는 사상 외에는 생각해내지 못했던 것이다. … 하물며 반도 고유의 신교적 요소를 크게 함유한 당시의 지리참위가와 반승반무의 무리에게 자주독립의 지기가 대두된 것은 당연한 일이다. 그들의 사상이 혼돈스러운 것은 말할 수조차 없지만 그 까닭에 널리 퍼지게 되었다. 그들은 주변의 형세에 어두웠지만 그 때문에 용기가 있었고 이로써 자주독립의 국가를 꿈꾸는데 이르게 된다. 이 이상은 조야 상하의 사람들에게는 자못 적절한 것이었다. 이적에서 발흥한 강대한 신제국에게 대항하여 이와 대등 이상의 우월을 꿈꾸면서 무력을 결실한 고려는 그 이상의 성취는 신불의 가호에 의지하는 외에 다른 방도가 없었다." (이마니시 류, 「단군고」 『조선고사의 연구』)

그는 고려에게 '오랑캐'로 인식되었던 거란이 강성해져 송나라를 위협하는 가운데 고려의 지배층들은 이들에게 사대하는 길을 택했지만,

고유의 토속 신앙과 결합한 사람들에게는 이것이 굴욕으로 받아들여졌다고 지적했다. 그러나 이들에게는 이를 뒤집을 만한 힘도 없고 주변 형세에 어두워, 단순히 자주 의식을 고취시키기 위한 방편으로 단군조선을 이용했다는 것이다.

이러한 논리는 일본의 식민사학자들에게서 공통적으로 찾아볼 수 있는 논리였다. 당시 민족주의 역사학자들이 민족의식을 고취시키기 위해 단군조선을 강조했으며, 특히 단군을 숭상하고 민족의 시조로 삼는 종교가 등장했던 점을 매우 경계하고 있었다.

한국인들이 자신만의 고유한 시조를 가지고 있다는 것은 식민지배를 정당화하기 위한 '일선동조론(日鮮同祖論)'에 정면으로 위배되는 것이었기 때문에, 식민사학자들은 단군조선을 강하게 부정해야만 했다. 이를 통해 '독립국 조선의 인민'이 아닌 '식민지 조선의 신민'을 강조했던 것이다.

이러한 이유로 조선사편수회가 편찬한 『조선사(朝鮮史)』에는 단군조선이 본문이 아닌 주석으로 등장한다. 신라시조 혁거세 21년 고구려 동명왕 원년조에는 『삼국유사』에 수록된 동명왕 기록 가운데 주몽이 단군의 아들이라는 대목에 이어 곧바로 『삼국유사』의 고조선조가 제시되었다. 단군조선이 한국사에서 가장 오래된 역사로 취급되는 것이 아니라, 주몽의 건국신화에 전하는 전설의 일부로 서술되었던 것이다.

2) 기자조선(箕子朝鮮) 인식

기자조선은 『조선사대계』에서 사실상 한국사의 시작점으로 서술되고 있다. 그러나 앞서 언급했던 것처럼 저자는 기자조선 역시 그 실체에 대해서 회의적인 입장을 보이며 기자조선의 건국과 관련된 이야기를 '전설'로 소개하고 있다.

"소위 기자조선이라는 호칭은, 고대 조선반도에 나타났던 원시적 국가 가운데 가장 유명한 것으로, 가장 오래 전에 건국했으며, 또한 중국과 보다 밀접한 관계가 있는 비교적 개명(開明)에 이르렀던 국가였다. 전설에 의하면 기자조선의 건설자는 중국 은의 왕실 출신이며, 주왕의 태사였다. 공자가 꼽은 삼인(三仁) 가운데 한사람으로 불리며, 중국인들의 이상적 명현(名賢)으로 존숭되었다. 그는 기국에 봉해져…" (『조선사대계』 권1 상세사, 제2장 지나통치이전의 북선, 제2절 기자조선)

"앞서와 같이 기자의 개국전설은 이상하게도 오래되었지만, 이를 통해서 직접적으로 기자의 도선설(渡鮮設, 동래설)과 다르게 해석되는 것은 출래해 왔다는 설이다. 각 설은 입증할 수 있는 기록이나 물건이 아니기 때문이다. 일찍이 은이 망하고 한이 들어설 때까지 900여년의 시간이지만, 이 시기의 선진문학 가운데 어느 하나도 기자가 조선에 들어간 것을 기록하고 있지는 않다. 또한 현재 조선의 평양에 있는 기자릉이라 칭하는 것은 지금부터 800여 년 전인 고려 예종 때에 처음으로 찾아낸 것이며, 중국에는 그 이전부터 유적지가 남아있었다. 또 평양의 기자정전(箕子井田)이라는 것도 사실 굳게 믿을 만한 근거가 부족하다."『조선사대계』 권1 상세사, 제2장 지나통치이전의 북선, 제2절 기자조선)

기자조선이 한국사의 시작으로 서술된 유일한 이유는 기자조선의 건국이 수록된 사료인 사마천의『사기(史記)』이다. 일찍이 일본의 식민사가들은『국사안』 등을 통해서 기자동래설을 기정 사실로 인식하고, 이를 근거로 기자조선이 중국의 영향을 받았으며 더 나아가 중국 민족의 지배 아래 놓였던 국가임을 강조했다. 그러나『조선사대계』를 서술한 오다 세이코는 그 실체에 대한 강한 의문을 제기하고 있는 점이 주목할 만하다.

존재를 부정하기 힘든 사료에 제시된 내용인 만큼 기자조선을 소개하고 있기는 하지만, 저자는 그 내용을 크게 신뢰하지는 않는다. 저자는 기자가 한반도 지역으로 옮겨왔다는 설을 부정하면서, 그 근거로 선진

문헌에 흔적이 없으며, 기자릉도 고려 때에 만들어졌고, 평양 인근에 전하는 기자정전(箕子井田) 터도 확신할 근거가 없다는 점을 지적했다. 기자조선을 한국사의 시작으로 제시하기는 했지만, 사실상 기자의 영향은 부정했던 것이다. 이러한 주장은 오다 세이코 개인만의 견해는 아니었다. 이마니시 류는 여기에서 더 나아가 기자조선을 '연구의 가치가 적은 일개 전설'이라고 평가했다.

"조선인들에게 전하는 (기자의) 옛 전설은, 신라·고구려·백제 삼국의 시원이 되는데, 그 이전까지 올라가면, 아무것도 전해온 일이 없는 까닭으로 오직 지나 사적에서만 근거를 찾아볼 수 있다. 고조선에 관계해서는, 조선인도 지나 사적을 읽고 나서야, 처음에 이 국가가 존재했던 일을 알게 되었다. 반면 그 지나 사적의 기록된 바도, 사기의 조선전의 위씨조선의 흥망에 올라 있는 소략한 문헌에 존재하는 것, 이른바 기자조선에 올라있는 유일한 조선의 왕과, 짧은 전설이 기록된 것뿐이다. 삼국지 동이한전에 기자의 자손에 관계하여 소략하게 기록된 바를 보면, 그 기사의 출처에 대해 의논해야 할 점은 적다고 할 수 없다.

조선에서 기자전설은 그 본원으로 거슬러 올라가보면 연구의 가치가 적은 일개 전설에 그치며, 이 전설을 조선사람들이 사실로서 믿기 시작한 것은 왕씨고려에 이르러서이다. (그 때에) 사람들의 사상에 다소 영향을 미쳤고, 이씨조선에 들어서면서 정교(政敎)에 적지 않게 영향을 미치게 되었다. 한편 영향력이 커지면서 이르러서 이 전설의 '씨앗'에 (다른 내용이) 첨부되고 재구성되어, 어지럽게 확대[尨大]되었던 것은, 여러 방면에 영향을 끼쳐, 조선의 정교와 사상을 연구하는 데에 흠을 남기게 되었다." (「기자조선전설고(箕子朝鮮傳說考)」 『조선고사(朝鮮古史)の연구(研究)』)

그는 기자조선이 중국의 사료에만 소개되어 있으며 한국인들도 중국의 사료를 통해 알게 된 것으로 고려시대에 이르러 믿게 되었고, 그 영향력이 조선시대에 성리학으로 인해 확대되었다는 것이다. 그는 기자조선이 허구인 이유를 선진문헌은 물론 한대(漢代)의 사서에도 등장하지 않기 때문이라고 보았다. 중국인들이 화이관에 입각하여 중화의 영역을 확장하기 위해 만들어냈기 때문이라는 것이다.

"인현(仁賢) 기자 자손의 나라가 해동에 존재했다고 하면, 반드시 전국 (戰國)과 한대(漢代)의 여러 책에 그 사실이 보여야 할 것인데, (존재하지 않았기 때문에) 역시 『사기(史記)』조선전(朝鮮傳)에는 어떠한 기사도 남아 있지 않다. … 위략에 "준왕[其]의 자손과 친척들 중 위만조선[國]에 남은 자들은 (준왕이 한(韓)을 점령하고 스스로 한왕(韓王)으로 칭했던) 이유로 그들의 성을 한씨라 했다"고 기록되어 있다. 이 기사에 의해서, 낙랑의 한 씨가 전조선 왕가의 자손을 칭하여 거주했던 사실을 알 수 있다. … 한씨 에 대해서는, 『사기』 조선전에서 한(漢)에 항복한 조선의 재상 한음(韓陰) 은 같은 책 제후연표에는 적저후(荻苴侯)로 되어있으며, … 『한서(漢書)』 권17 공신표에는 적저후를 한도(韓陶)에게 주었다고 되어있는데 … 기자의 후예라 칭한 것이, 이 한씨 가문인지 다른 한씨인지 불명확하다. 낙랑에 한 씨 이전에 (있었던) 일은 고분에 전해오는 문헌에 잔존해 있어 명확하다. 이들이 낙랑에 있었던 한 호족이라고 할 수 있다. 그리하여 낙랑·대방의 한인(漢人)들이 가계를 만들어 제왕의 후계를 만들었는데, 실존하지 않는 왕명을 작성하여, 이를 자신의 가계로 삼았던 것은…" (「기자조선전설고 (箕子朝鮮傳說考)」 『조선고사(朝鮮古史)の연구(研究)』)

그는 위만조선이 들어선 뒤 낙랑 지역에 거주하던 호족 세력이 한(韓) 씨라고 칭하면서, 자신들의 계통을 기자조선으로 세웠다고 보았다. 그 는 기자의 후손을 자처한 한씨가 사실은 낙랑·대방군 지역에 살았던 한 (漢)의 유민들이었으며, 이들이 자신들의 집안을 높이기 위해 기자를 조 상으로 삼았다고 보았다. 이러한 점을 토대로 기자조선은 한국사와 관 계가 없을 뿐만 아니라, 중국인들에 의해 만들어졌다고 주장한 것이다.

이렇게 식민사가들 사이에서 기자조선에 대한 견해가 차이가 나는 것은 기자조선에 대한 중국의 영향을 강조하는 논리가 한편으로는 한국 사의 타율성을 강조하면서도 다른 한편으로는 성리학자들의 중화주의와 그 논리가 맞닿아있기 때문이었다. 중국 기자의 영향을 강조하고 존숭하던 성리학적 세계관은 일본이 한국에 대한 중국의 영향을 배제하기 위해서 가장 먼저 타파해야 할 대상이었다. 이러한 점들을 고려하여 조선사편수회에서는 '중국의 정통 사서'에 실려 있는 점을 고려하여 기자조선을 기록하되, 중국의 영향은 배제하는 쪽으로 서술했던 것이다.

3) 위만조선 인식

오다 세이코는 『조선사대계』의 총설에서, 위만조선이 역사적 방법론을 통해 확인할 수 있는 유일한 고조선의 실체라고 주장했다.

"위만은 일찍이 조선을 멸해 그가 왕이 되어 왕검을 도읍으로 삼았다. … 위만이 왕이 되었을 때 한은 요동 태수로 하여금 약조해 제(諸)종족들을 억제하게 하였고 … 위만은 그들이 한에 입조하는 것을 방해하였다. 위만세력은 주변종족을 위협하고 혹은 꾀하여 임둔·진번 등의 제국 모두를 복종시켰다. … 위만이 죽고 우거에 이르러 처음에 한의 망인(亡人)이 중심이 된 이주가 늘어나면서 한족(漢族)이 대다수가 되었다. 이는 기자조선과 크게 다른 점이다. … 그 세력범위는 대동강 유역을 중심으로 동쪽은 일본해, 남쪽은 한강 이남에 미쳤다. … 이 시기 한무제는 세력을 넓혀 결국 조선의 경영에 착수해 원봉2년 사신을 파계해서 우거에게 귀복을 명했지만 우거는 이에 응하지 않았고, 이에 한무제가 조선을 공격했다. … 무제 원봉3년 조선은 한에게 멸망당하였다. … 위만조선은 나라를 겨우 3대 80여년 지속시켰다." (『조선사대계』 권1 상세사 제2장 지나통치이전의 북선 제3절 위만조선)

그는 위만조선의 인적 구성에 한(漢)의 유민이 많았으며, 이것이 기자조선과 구별되는 특징이라고 서술하고 있다. 앞서 기자조선에 대한 기자와 중국의 영향을 배제했던 것과 달리, 위만조선에 대해서는 다시 중국의 영향을 강조하고 있다. 이는 위만조선의 멸망 이후 한반도의 북부에 한사군이 설치되어 중국의 영향 아래 놓였다는 것을 강조하기 위함이다. 그러면서도 이 장의 제목을 한반도의 북부를 의미하는 '북선(北鮮)'으로 하여, 한반도 남부에는 강력한 정치체가 존재하지 않았으며 한사군의 영향도 미치지 못했다는 암시를 두고 있다. 한반도의 남부는 일본의 영향력 아래에 있었다는 주장, 그리고 고대 일본과 한국인들은 같은 조상이었다는 일선동조론(日鮮同祖論)을 내세우기 위해서였다.

식민사학자들은 한국사의 상고사 영역을 축소·부정하고 있다. 이는 한국사의 타율성과 정체성을 강조함으로써 자신들의 식민지배를 정당화하기 위해서였다. 단군조선을 부정함으로써 민족의식의 고취를 막고, 기자조선을 부정함으로써 성리학적 중화주의를 배제하고 일본 중심의 세계관을 강요했다. 위만조선은 한족이 대다수였으며 그나마도 오래 지속하지 못했다고 서술함으로써, 한국사의 타율성을 강조했다. 자신들의 제국주의에 협력하는 '식민지 민(民)'을 길러내기 위해서는 민족을 부정할 필요가 있었기 때문이다. 이런 논리를 뒷받침하는 사료집을 편찬하고, 이에 충실한 연구를 강조하는 실증주의를 바탕으로 식민사학의 확산에도 힘썼다.

그러나 이러한 일련의 작업은 단순한 '민족말살'의 차원을 넘어선다. 일본 식민사학자들은 조선의 타율성과 정체성을 강조하는 것만큼이나, 중화주의에서 벗어나는 것을 중요하게 생각했다. 이는 조선을 비롯한 아시아 국가들을 기존의 중국 중심 '천하'가 아니라 새로운 '아시아', '동양', '동아'로 지칭되는 일본 중심의 국제질서로 편입시키기 위함이며, 역사를 기술할 때에도 그런 의도를 반영하고 있는 것이다. 이는 일본이 중심이 되는 '아시아', '동아', '동양'을 구축하려는 것이었고, 그런 가운데 자신들의 제국주의적 팽창을 정당화하려는 시도였다.

제4부

해방후~최근의 단군과 고조선사 인식

1장. 해방 이후 신국가 건설기 한국사 교과서에 나타난 고조선 인식과 단군민족주의

　우리 역사상 첫 국가 고조선의 시조이자 우리 민족의 시조로서 단군에 대한 인식은 최근까지 이어지고 있다. 『삼국유사』에 기록된 이래 지금까지 단군과 단군조선사는 한국인들에게 민족적 동질성과 정체성을 나타내는 상징으로 사람들의 마음속에 확고히 자리하고 있다. 단군은 우리 역사를 통해 각 시기마다 새롭게 재인식되면서 민족의 상징으로 거듭나는 과정을 되풀이해왔다.

　북한에서는 1993년 단군릉 개건과 함께 세계 5대 문명으로서 대동강문화론의 전개를 통해 단군조선의 역사를 실재한 역사로 서술하고, 우리 역사의 뿌리와 정통성을 단군조선의 역사 속에서 찾고 있다. 남한에서는 고려·조선 시대 이래 국조로서의 단군 인식이 정립된 후 일제 식민지 시기를 거치면서 단군은 우리 민족의 동원성(同源性)의 상징으로 여겨졌다. 해방 직후에도 민족의 시조로서 단군 숭배의 분위기가 이어져 1948년 한국 교육의 이념으로 단군신화에 나오는 홍익인간 사상이 채택되는 결과로 이어졌다. 최근에는 민족의 시조로서 단군과 단군조선사에 대한 일반인들의 인식이 깊어지면서 역사 전공자들의 고조선사에 대한 연구 성과와 주장을 식민사학이라 매도하고 부정하는 상황에까지 이르렀다.

　이처럼 남북한 사람 모두에게 우리 민족의 시조로서 단군이 마음속에 살아 움직이게 된 계기와 그 연원은 무엇일까? 오래 전부터 지녀왔던 이러한 고민 속에서 필자는 해방 직후의 새로운 민족국가 건설 방략과 관련하여 제기된 다양한 논의와 역사서를 주목하고 있다.

1945년 해방은 우리 민족사에 대한 관심을 크게 고조시켰다. 일제에 빼앗겼던 역사와 문화를 되찾겠다는 의지와 더불어 새 국가 건설과 새 국민 양성을 위한 목적에서 역사 관련 서적들이 쏟아져 나왔다. 교과서를 포함한 약 200여종 가량의 역사 관련 저서가 해방 직후에 출간되었고, 신문과 잡지 등에서도 역사 관련 글이 많이 등장했다. 이러한 의욕은 해방 후에 비롯된 것이 아니라 식민지 시기에 축적되어온 것이었고, 그것이 해방과 동시에 폭발한 것으로 보아야 할 것이다.

해방 이후 발간된 많은 역사책들은 우리 민족의 뿌리를 단군에서 찾았다. 해방 직후 등장한 여러 정치 사회 집단에게 단군과 단군조선은 새롭게 되찾은 나라, 되찾은 역사의 상징으로 주목되었다. 대부분의 역사책에서 단군은 첫 국가 고조선의 시조이자 우리 민족의 시조로 인식되었다. 이처럼 민족의 시조로서 단군에 대한 인식은 해방 후 정립되어 오늘에까지 이르고 있다. 따라서 단군에 대한 인식의 정립 과정을 이해하기 위해서는 해방 후 출간된 역사서를 살펴보는 것이 중요하다.

해방 후 출간된 한국사 교과서를 살펴보는 것은 일제 강점기부터 이어져 온 민족주의적 역사 인식이 해방 후 신국가 건설기에 어떻게 반영되었고 이후에 대단군민족주의로 이어졌는지를 살펴보는 데 매우 의미 있다고 생각한다. 이것은 해방 후 각급 학교에서 사용된 역사 교과서가 대부분 대표적인 역사학자들이 집필하였고, 정부의 검인정을 받아 사용하였다는 점에서 해방 당시의 역사 인식을 가장 잘 보여주기 때문이다.

그동안 해방 후 간행된 역사 교과서에 대해서는 어느 정도의 연구 성과가 있었다. 이번 장에서는 기존의 연구 성과를 바탕으로 해방 후 집필된 초등국사와 중등 역사 교과서를 대상으로 단군과 단군조선사에 대한 서술 내용을 분석해 보고자 한다. 이를 통해 민족의 시조로서 단군에 대한 인식이 한국인의 인식 속에 어떻게 자리하게 되었는지를 이해할 수 있을 것이라 생각한다.

1. 신국가 건설기의 교육 흐름 및 역사교과서 편찬

1) 신국가 건설기 교육정책과 역사교육

1945년 8월 15일 일제 식민통치로부터의 해방은 아직 해방을 맞이할 준비가 제대로 갖추어지지 않은 채 이루어졌다. 당시 새 교육제도의 중심에 있었던 오천석이 "우리는 아무런 준비도 없이 해방을 맞게 되었다. 이것은 교육에 있어서도 마찬가지였다. 새 나라를 만듦에 있어 옛 교육으로서는 불가능하다는 굳은 신념이 있을 뿐이다."라고 한 것처럼, 해방은 우리의 힘으로 충분히 준비된 상태에서 이루어진 것이 아니었다. 해방 후 바로 미국에 의해 군정이 시작되었고, 미군정 당국은 당시 한국의 역사나 사회 문화에 대한 지식이 거의 없이 일반적인 점령 원칙하에 교육정책의 방향을 잡아갔다.

미군정기에 나타나는 교육정책은 1945년 9월 17일 '미군정청 일반명령' 제4호로 발령된 '신조선의 조선인을 위한 교육'을 최초 근거로 출발하였다. 점령 초기 미군정의 교육 문제에 대한 대응 방식은 현상 유지를 전제로 한 당면과제의 해결을 그 특징으로 하고 있다. 그러한 특징은 국무·육군·해군성 조정위원회의 최초 기본 훈령에 나타나 있다.

그 훈령의 대체적인 내용은 "교육기관은 그 기능을 계속 수행토록 허용하며 폐쇄된 것은 빠른 시일 내에 재개할 것과 아울러 과거 일본에 협력했던 교사나 군사점령의 목적에 적극적으로 반대하는 모든 교사는 해임하여 교체하고, 훈령의 한정된 기간을 고려하여 만족스러운 교육과정이 모든 학교에서 채용되어 각급 학교에서 일본의 영향을 일소할 것"을 규정하고 있다.

위 훈령은 적극적 교육정책이나 교육개혁의 방안은 전혀 제시되지 않은 채 현상 유지를 내세웠고, 식민통치의 영향을 일소하는 것에 초점을 맞춘 것이다. 물론 이는 미국의 한국에 대한 사전정보나 준비가 부족한 때문이기도 했으며, 또 하나는 미국의 대 소련 전략과 연관된 정책에서 비롯되었기 때문이다. 소련과의 협상을 전제로 한 미국은 초기에 남한에 적극적으로 개입할 필요성을 느끼지 않은 것이다.

미군정은 우선 당면과제의 해결을 위해 학교 교육을 재개하였다. 그리고 교육 재건에 대한 원조계획을 세워 교육원조추진심의회를 1945년 10월에 구성하였으며, 민주주의의 적극적 보급을 위해 사회생활과가 탄생하게 되었다. 1946년 6월 미국무성 정책교서를 발표하고, 구체적인 교육개혁으로의 전환이 이루어져 1947년 6월 뉴욕 시립대 교수 등 5명으로 구성된 교육조사단이 내한하여 보고서를 작성하였으며 해방 후 교사 부족현상의 심각함을 해소하기 위해 속성과와 양성소를 통한 약식교육을 통해 교사 충원 및 교사 재교육을 실시하였다.

해방 직후 남한에서의 새 정부 수립과 교육에서의 가장 중요한 과제는 일제 식민통치의 잔재를 어떻게 극복하느냐 하는 것과 민주주의와 공산주의 세력의 대립에서 미군정과 연계된 자유민주주의 이데올로기를 어떻게 강조할 것인가, 그리고 교육에 있어서는 새 시대 새 정부의 교육정책을 어떤 방향으로 구상할 것인가에 있었다. 특히, 해방 후 교육계에서 당면한 문제 가운데 현실적으로 하루 빨리 해결해야 할 것이 있었는데, 그것은 교사의 확보와 교육 과정의 작성, 한글로 된 교육의 지도와 교과서 편찬 등의 문제였다. 이러한 문제를 협의하기 위하여 1945년 11월 23일 학계와 사상계, 교육계의 지도적 인사 70여 명으로 조선교육심의회(The National Committee on Educational Planning)가 구성되어 한국 교육의 전반적인 계획을 수립하기 시작하였다.

조선교육심의회는 교육이념, 교육제도, 교육행정, 초등교육, 중등교육, 직업교육, 사범교육, 고등교육, 교과서, 의학교육의 10개 분과 위원회를 두어 관련 의제를 분과 위원회에서 협의하고 전체회의에서 결정하였다. 조선교육심의회는 1946년 3월 7일 마지막 전체 회의를 마치고 4개월여 만에 해산했으나, 건국 초기에 교육이 필요로 하는 중요 사항들을 해결하여 민주 교육의 기틀을 마련했다.

조선교육심의회의 활동으로 결정된 사안 가운데 가장 획기적인 것은 새로운 나라의 교육 이념으로 홍익인간을 채택하였으며, 학교 제도를 새로이 확정한 것이었다. 이때 확정된 학교 제도는 6-3-3-4제를 기본으로 한 것으로서 오늘날 한국의 학교 제도의 근간이 되었다. 조선교육심의회의 활동 결과 새로운 나라의 교육이념으로 홍익인간이 채택되었던 것은 그만큼 민주적 민족공동체 의식을 정립하는 것이 무엇보다도 중요했기 때문이다.

해방 직후 국사 교육에 대한 열기는 대단했다. 그런데 국사교육에 대한 열망이 오히려 혼란을 야기했고, 국사 연구 성과가 축적되지 않았기 때문에 제대로 된 국사교과서나 참고서도 드물었다. 국사교육을 누구보다 강조했던 손진태는 국사교육이 민주주의 방향으로 나아가야 한다는 데 이론이 없다고 했다. 하지만 국사교육의 목적은 민족으로서 행복을 누리고, 민족의 발전을 위한 것이라고 했다. 통합 사회생활과를 강조했던 사공환도 국사교육의 중요성을 이야기했지만, 그 역시 국사교육은 흥국적(興國的) 사명을 가진 것이라고 했다. 해방 직후 새로운 국가 건설과 그 주체로서 민족이 강조되던 시대적 상황이 국사교육의 목적과 방향을 규정했던 것이다.

해방 직후 국학자들은 국민이 한국사를 아는 것이 민족의 정체성을 되찾고 새로운 나라를 건설하는 길이라고 생각했다. 그런데도 역사학자들은 국사교육이 왜 필요하며, 어떤 관점에서 어떤 내용을 가르쳐야 한다는 견해를 적극적으로 제시하지 않았던 것으로 보인다. 해방 후 역사학자들은 국사 교육이 사회적 과제라는 점은 인식하고 있었지만, 한국사 연구와 국사 교육을 특별히 구분하지 않았다. 간혹 국사 교육을 언급하더라도 그 내용은 자신의 한국사관을 제시하는 것이었으며, 한국사 개설서를 펴내는 일을 곧 국사 교육을 하는 것으로 생각했다. 따라서 국사 교육에 대한 생각은 이들이 제시한 역사관과 펴낸 한국사 개설서에 반영되어 있다고 할 수 있다.

해방 직후에는 역사교육, 특히 국사 교육에 대한 관심이 매우 높았다. 많은 한국사 책들이 나왔으며, 한국사 연구 단체들이 재건되고, 국사강습회가 열리기도 했다. 역사서술의 방법과 사관에서도 베른하임의 발전사관에서 유물론 사관에 이르기까지 다양하였다. 구한말의 계몽주의 사서가 식민지시기에 유심론사학, 문화사학, 유물론사학의 개설서로 발전하여 해방 후에는 발생-발전사관이 확산되면서 개설서 또는 통사 서술이 다양화되었다. 특히 발전사적 관점이 강조되면서 역사를 생동감 있게 묘사하고 종적 현상으로 구명하려는 노력을 보였던 점은 새로운 학풍으로 이해된다.

2) 신국가 건설기 역사 교과서 편찬

1945년 8월 15일 갑작스럽게 해방이 되자 우리말과 우리 역사를 되찾는 것이 교육계에서 시급한 문제였다. 미군정은 일본어 교재를 한글로 바꾸고, 일본사 위주로 되어 있는 역사의 내용을 한국사 중심으로 바꾸는 등 최소한의 내용 수정만으로 일단 일제 말의 교육제도를 그대로 유지한 채 교육을 하도록 하였다. 또한 한국어로 된 적당한 교재가 없을

때는 외국어를 사용할 수 있도록 조치했으며, 일부 과목은 학생용 교과
서 없이 일본어로 된 교과서를 교사용으로 사용해서 가르치도록 하였다.
그러나 국어, 국사, 공민 등의 과목은 성격상 일제 말의 교과서를 사용할
수 없었으므로 교과서 없이 수업이 진행될 수밖에 없었다. 따라서 군정
청 학무국에서는 서둘러 국어 및 국사 교과서의 편찬에 착수하였다.

　해방 이후 교과서 편찬 사업은 미군정의 책임자인 군정장관 아놀드
(A. Arnold)가 1945년 9월 17일 포고한 신조선의 조선인을 위한 교육방침
중 교과용 도서 발행시책에 정책적 근거를 두었다. 해당 포고문에서 강
조하는 교육 목표는 일제 식민 잔재를 없애고, 미국식 민주주의 도입을
위해 평화·질서 유지와 실생활에 적합한 지식 연마를 큰 과제로 삼았
다. 이를 반영하여 교과서를 간행하였으나, 교과서 발행 제도가 정착되
지 않았기 때문에 1949년 1월 교수요목이 제정되기 이전의 국사 교과서
는 저자와 출판사가 자유롭게 교재를 구성하였다.

　역사학자들은 해방 후 당시 역사교육의 필요성 속에서 미군정 당국
의 요구와 정부의 요청으로 역사 교과서 집필을 하였고, 그 속에 그들의
역사관을 피력하고 국사 교육을 주도하는 역할을 하게 된다. 이러한 과
정에서 해방 후에는 통사 체제를 갖춘 역사책이 대학 교재나 전문서로
저술된 것이 많았다. 그중 통사로 간행된 개설서의 경우 많은 것들이 일
선 중등학교에서 교과서로 사용되었다. 즉 해방 직후에는 교과서와 역
사서는 큰 차이가 없었고, 오히려 일반용 역사서보다 수준이 높은 학생
용 교과서도 있었다.

　국어와 국사 교과서의 편찬을 위해 미군정 당국은 기본적으로 조선
어학회 및 진단학회와 교섭하였고, 그 결과 1945년 9월 17일에 진단학회
의 송석하, 조윤제, 손진태 위원과 회견하여 국사 교과서와 지리 교과서
의 편집을 위촉하였다. 그리고 학무국이 1946년 1월 22일 자로 초등학교
5~6학년용 국사 임시교재인 『초등 국사교본』(초등용 국사 교과서)을 각

군에 한 부씩 우송하였고, 각 군에서 다시 프린트하여 각 학교에 배부하
였다. 그리고 중등학교의 경우는 1945년 12월 진단학회에 중등학교 국
사 교과서의 집필을 위촉하였다.

진단학회는 1946년 1월에 학회에서 활동하던 이병도와 김상기에게
집필을 부탁하여 5월 26일 중등 국사 교과서『국사교본』을 발행하였다.
진단학회에서는 1945년 해방이 되자, 건국준비위원회와 손잡고 그해 9
월 10일부터 국사 교사에 대한 강습회를 개최하면서 교과서 편찬을 준
비하고 있다가 미군정청과 교섭하여 국사 교과서를 편찬했다고 한다.

『국사교본』은 당시 중등학교 교과용으로 펴낸 유일한 국사책이었으
며, 그 밖에 다른 적당한 국사 교재도 없었으므로 널리 사용되었다. 그
러나 삽화와 지도를 넣을 시간이 없을 정도로 급히 쓰여졌으며, 주로 정
치적 변화 위주로 쓰여진, 빈약한 임시교재였다. 또한 일제 통치기의 역
사서술에서 벗어나지 못하고 역사적 사실을 선택적으로 배열하는 데 지

나지 않았다. 그러나 이나마도 보급
은 턱없이 부족했던 것으로 보인다.
『국사교본』은 학생 수가 1948년에는
124,468명, 1947년 197,859명, 1948년
278,512명으로 급증하던 추세에 비
추어보면 대다수의 학생들은 여전히
제대로 된 교과서 없이 국사 학습을
했을 것임을 짐작할 수 있다.

미군정기에는 교과서 발행제도가
아직 정비되지 않았던 시기이기도
하다. 따라서 반드시 미군정청이 발
행한 『국사교본』만 교과서로 사용
해야 하는 것은 아니었다. 경우에 따

군정청 문교부 의뢰로 震檀學會에서
간행한 『國史敎本』

라서는 시중에 나와 있는 다른 한국사 책들을 교과서로 사용하거나 직접 교재를 제작할 수도 있었다. 역사 교과서 발행제도가 마련되지 않았던 해방 직후의 상황이 오히려 자유 발행제 효과를 가져온 것이라고 볼 수 있다. 이런 상황 속에서 당시 일반 출판사들이 개별적으로 간행한 최남선, 이병도, 김성칠 등의 개설서들이 교재로 사용되었다.

이때까지는 교과서 발행에 관한 법적 규정이 없었으므로 국정이나 검정이라고 구분되지는 않았으나 제작과정으로 보면 후일의 국정교과서 발행제도에 해당하는 방식이라 할 수 있다. 그러나 교과서 발간, 공급이 적절하게 이루어지지 못했기 때문에 일선 학교에서는 국정이 아닌 다양한 교과서를 사용할 수밖에 없었다. 이 당시의 교과서는 학무국이 발행하여 각 도로 내려보내면 각 도에서 다시 발행하여 각 학교에 내려보내는 방식을 취하였기 때문에 제목이나 목차, 내용 서술 방법이 조금씩 다른 교과서들이 존재하였던 것이다.

1946년 9월 초·중등학교 교과과정이 개정, 공포되면서 새로운 교수요목이 적용되었다. 이에 따라 역사는 사회생활과(초, 중, 고)에 편제되어 교과서 역시 이에 맞게 제작되었다. 초등은 국정교과서 정책이 적용되었으며, 중등 교과서는 군정청 문교부의 검정(국사, 세계사)으로 발간되었다. 이러한 과정에서 연구자들 사이에 한국사 교육에서 다루어야 할 내용이나 교과서 개선에 대한 논의는 찾아보기 어렵다. 다만 이 시기부터 최남선의 저서는 검인정을 받지 못하였고, 정부가 수립된 직후 10월에는 문교부 당국이 최남선과 이광수의 책을 교과서로 채택하지 말라는 지시를 내렸다.

1948년 정부 수립 이후에도 미군정기 때 공포된 교수요목에 의거하여 검정이 시행되었다. 그리고 이 검정에 통과된 교과서들이 사용되었다. 그러나 새로운 교과서의 개발은 그리 활발하지 못하였다. 더구나 한국전쟁으로 각 교과의 교과서 개발은 중단되고, 전시 교육 체제 아래에서

전시용 교재로 대체되었다.

이 글에서는 이들 교과서에 반영된 고조선사와 단군민족주의에 대한 인식을 살피고자 해방 후 발간된 위의 여러 교과서 가운데 미군정기의 초등·중고등용 교과서와 교수요목기에 발간된 초등·중고등용 교과서를 중심으로 분석하였다.

교수요목기에 발간된 중등용 교과서는 11권이나 되는데, 본고에서는 대표성을 갖는 1949년 검정 통과된 중등 국사교과서 7종 가운데 6권의 역사 교과서를 분석하였고, 단군과 고조선에 대한 풍부한 내용을 담고 있는 최남선의 『중등국사』를 함께 분석하였다. 고등용의 경우 미군정이 진단학회에 의뢰해 집필된 『국사교본』과 황의돈의 『조선역사』(중등용)와 권덕규의 『조선사(조선유기)』를 분석하였다.

2. 신국가 건설기 한국사 교과서에 나타난 고조선 인식

1) 민족의 단일 혈통 강조와 만주 중심의 역사 인식

(1) 우리 민족의 기원과 단일 혈통의 강조

일제 식민통치에서 벗어난 이후 신국가 건설의 방향성은 민족의 정체성을 찾기 위한 민족의식 고취와 국난 극복사를 강조함으로써 국가의식, 나아가 민족의식을 고취하는 것을 목표로 하였다. 이러한 시대적 상황을 반영하여 해방 후 서술된 대부분의 역사 교과서는 맨 처음에 '우리 민족의 기원' 내용을 서술하여 우리 역사의 시작을 알리고, 다음으로 우리나라가 위치한 자연 환경과 지리적 위치, 즉 우리 역사의 무대와 공간적 범위에 대해 서술하고 있다.

해방 후 출간된 대부분의 역사 교과서 첫머리에는 민족의 시원에 대해서 언급하고 있는데, 거기서는 우리 민족이 오래 전부터 한 나라를 일구었고, 한겨레 한마음의 민족이며, 그 역사가 아득하다거나 유구하다는 표현을 써서 민족 자긍심을 고취하려는 의도를 나타내고 있다. 이러한 민족의 기원을 단일 민족의식과 연결하여 강조한 것은 미군정기에 발간된 초등용 교과서에 특히 강조되고 있다.

군정청 문교부에서 발간한 『초등국사』(1945)에서는 '옛 조선' 꼭지를 단군왕검 내용 앞에 두고 다음과 같이 서술하였다.

"차차로 발달하여 오시든 우리 한아버지들이 처음 모으시와 한 나라를 일우자 그 이름을 조선이라 하였으니 이를 가르쳐 옛 조선이라 하는 것이다. 옛 조선은 어느 때부터 비롯하였을가? 여러 가지 옛 글에 씨워 잇는 것을 종합하여 보면 아득한 상고로부터 있어온 옛나라임을 짐작할만하다."

1947년과 1949년에 발간된 『우리나라의 발달』 책에서도 한겨레, 한마음, 한가족, 한 살림, 한 덩어리, 한 민족이란 용어를 쓰면서 우리 민족이 일찍부터 하나의 민족을 형성하고 발전해 왔음을 강조하고 있다.

"이 때에 우리 할아버지들은 핏줄이 같은 한겨레로서 한마음 한뜻으로 한덩어리가 되어 보려는 운동의 첫걸음을 내디디기 시작하였던 것이다. 그래서 처음에는, 가장 가까운 겨레끼리 모여, 한가족 한 살림을 이루었다. (중략) 그러나 시대의 발전을 따라서 이러한 살림만으로는 만족한 생활을 이루기 어려우므로, 다시 한번 더 나아가서 가까이 있는 부락과 부락이 각기 연합하여 조그마씩 조그마씩한 여러 나라가 또 되었던 것이다."
"(한족과 부여족) 이 두 갈래는 다 핏줄이 같고, 말이 같으며, 종교·풍속 여러 방면으로, 비슷비슷하던 한 민족으로서 한 때는 갈라졌던 그들도 뒤에 합쳐서, 지금은 우리 겨레로 한 덩어리가 되고 말았다."
대부분의 중등 역사 교과서 역시 교과서 맨 처음에 민족의 기원 내용을 서술하여 우리 역사의 시작이 오래되었음을 알리고, 다음으로 우리 나라가 위치한 지리적 위치, 즉 우리 역사의 무대와 공간적 범위에 대해 서술하고 있다. 다만, 많은 중등 역사 교과서에서는 우리 민족의 기원에 대해 초등 역사책보다는 구체적인 고증을 통해 우리 민족이 북방의 우랄 알타이어계 퉁구스족에 속하고, 이 종족이 한반도 중부 지방을 중심으로 그 북쪽에는 예맥족과 부여족이, 그 남쪽에는 한족(韓族)이 분포하여 살았다고 하고 있다.

역사교과서에서 이처럼 민족의 기원과 그 활동 무대에 대해 글의 앞부분에서 강조하는 것은 민족의 주체성과 자주성, 단일민족으로서의 자긍심을 고취시키려는 의도가 강한 서술이라고 할 수 있다. 이러한 민족 중심의 역사 서술을 하는 것은 해방 후 새로운 국가 건설 과정에서 민족적 단결과 정체성 교육이 중요했기 때문이다.

이인영은『우리나라의 생활』'우리 민족의 유래와 발전'에서 국사 교과서에서 민족의 유래와 발전 내용을 쓰는 것이 민족 중심의 역사관에 따른 것임을 강조하고 있다.

"이제 우리는 과거의 왕실 중심의 역사관을 버리고 민족 중심의 민주주의적 역사관으로써 우리 민족의 역사를 살펴보지 않으면 안 될 것이다. 민족적 입장에서 볼 때 삼국시대까지는 아직 민족의 결성을 보지 못하였는데 7세기에 들어서 내부와 주위의 형세는 삼국의 통일 즉 민족의 대동단결을 촉진시켰으므로 신라에 의한 민족의 통일을 보게 되었다."

지금까지 살펴 본 것처럼, 해방 후 국사 교과서에 쓰여진 한민족 단일민족 기원 주장이나 '한핏줄, 한겨레, 몇천만 동포'라는 용어가 지닌 의미는 우리 민족 구성원 모두가 민족이라는 이름 앞에 대등한 권리와 의무를 지닌다는 것을 내포하고 있다. 이런 의식은 만민은 법 앞에서 평등하다는 시민 사회의 논리와 결합하는 방향으로 전개되어 나갈 수 있

다. 한편으로 한민족 단일기원 주장이나 한 백성, 한겨레 등의 표현이
내포하고 있는 또 하나의 면은 민족의 집단성을 핏줄로 결합된 숙명적
운명공동체성을 강조하고 있다는 점이다.

따라서 민족의 집단적 운명성을 강조하는 후자의 주장은 개인을 사
상한 채 파시즘적 전체주의 논리와 연결되어 국가지상주의를 지향하는
의식으로 전개될 수 있는 가능성을 가지고 있다고 본다. 이러한 대표적
사례가 안호상과 이승만의 한백성주의, 즉 일민주의라고 할 수 있다.

> "오늘은 그 소리를 하나로 하여 세계에 표명하자는 것입니다. (중략) 무
> 엇이든지 하나로 만들자! 한 덩어리로 애국정신을 뭉쳐 우리의 원하는 바
> 를 세계에 보여야 한다. 그 기관을 만들자 이 모임은 실로 조선독립을 위하
> 여 우리의 역사에 길이 남을 것이다."
> "우리 본래 오랜 역사(歷史)를 가진 단일(單一)한 족(民族)으로서 언제나
> 하나요 둘이 않이다. 이 하나인 우리 민족은 무엇에고 하나이어야 한다."
> "오랜 역사를 가진 언제나 하나인 이 민족이 결코 이류(異類)에게 물들이
> 가 없다."

1945년 이승만이 조선독립촉성중앙협의회 결성 자리에서 자신의 정
치노선을 밝힐 때의 내용이나 1949년 정부 수립 직후 이승만이 썼다고
하는 『일민주의 개술』에 나타나는 강령의 내용이 한민족, 한 백성 등의
주장과도 일맥상통한다는 점에서, 이승만 정부와 안호상의 일민주의는
역사학자들의 한민족 단일기원 주장이 정치 이념의 도구로 활용된 대표
적 사례라 할 수 있다.

(2) 만주 중심의 역사 인식

해방 후 간행된 대부분의 역사 교과서에서는 민족의 기원 소절을 두
어 우리 민족의 역사가 오래되고 오래 전부터 만주 일대에 넓은 무대를

누렸음을 강조하고 있다. 우리 민족의 기원과 활동 지역에 대한 내용은 대개 같은 꼭지에서 함께 서술되고 있는데, 초등용이나 중등용 할 것 없이 모두 만주 중심의 역사관을 보여주고 있다.

교수요목기에 나온 초등『우리나라의 발달』교과서에 실린 '고조선' 개관 내용은 다음과 같다.

> "만주와 반도 넓은 벌판에는 아득한 옛날에 벌써 우리 민족끼리의 뭉쳐진 여러 나라가 벌어 섰던 듯하다. 그러나 그중에 가장 먼저 옛 기록에 나타난 나라가 곧 조선(朝鮮)이다. 이 나라가 가장 오래된 조선이라 하여 뒷사람들이 이를 고조선이라 불러왔다."
>
> "우리 겨레는 아시아 동북 민족 중의 한 부분인 조선 민족으로서, 오랜 옛날 만주 북쪽으로부터 송화강의 물줄기를 따라 남으로 내려오며 퍼져 살았다. 그리하여 태백산(지금 백두산)을 중앙에 두고 그를 싸고 돌면서, 나무숲을 헤치고 짐승을 사냥하며 만주와 대한 반도의 벌판을 개척하였던 것이다."

중등 역사교과서에서도 초등 역사교과서처럼 우리 민족이 살았던 무대에 대해서는 대부분 만주 일대와 한반도였다고 서술하고 있다. 상고시대 우리 역사의 중심에는 백두산이 있었고, 그곳을 중심으로 한 만주와 한반도 일대가 우리 역사의 중심 무대라고 비정하고 있다.

대표적으로 유홍렬은『우리나라 역사』에서 고대에는 만주 중심의 역사가 펼쳐지다가 고려시대에 와서 한반도로 그 영토가 축소되었음을 말하고 있다.

> "우리 조상은 옛적부터 만주와 우리 반도를 활동의 무대로 하여 오다가 고려 때부터는 반도 안으로 모여 들어서 오늘에 이르게 된 것이다. 만주 북쪽으로는 흑룡강을 경계로 하여 시베리아와 연하여 있고, 서쪽으로는 흥안령산맥을 경계로 하여 몽고고원에 잇대어 있다."

신석호 역시 자신이 쓴『중등국사』에서 우리 민족의 유래와 발전에 대해 다음과 같이 서술하고 있는데, 이러한 주장은 다른 교과서들도 대동소이하다고 할 수 있다.

> "우리 민족은 우랄 알타이계 퉁구스족의 한 부분으로, 만주에 들어온 후, 두 패로 갈라져 이동하였는데, 한 패는 송화강을 따라 남으로 내려와 백두산을 끼고 만주 각지와 반도 북부에 분포하고, 다른 한 패는 황해 연안을 끼고 남으로 내려와 중부 이남 지방에 분포하였다. 역사상 만주와 반도 북부에 분포하여 있는 사람을 부여족이라 하고 반도 남부에 거주하는 사람을 한족이라 한다. 그러나 이 두 부족은 본디 혈통이 같고 언어와 풍속이 또한 같은 까닭에 후에 서로 합하여 지금 조선 민족을 구성한 것이다."

이처럼 해방 후 대부분의 역사 교과서에서 만주 중심의 역사관을 피력한 것은 우리 역사가 오래 전부터 만주라는 넓은 무대를 장악하고 웅대한 역사를 펼쳐왔음을 강조함으로써 학생들에게 민족적 자긍심을 불러일으키고, 나아가서는 민족의 주체성과 자주성을 함양시키고자 하는 노력의 일환이라고 할 수 있다.

2) 단군조선 중심의 고조선사 인식

(1) 단군, 국조(國祖)에서 민족(民族)의 시조로

한말 이후 일제시대에 이르기까지 민족주의 사학자, 사회경제사학자, 실증사학자들은 그들의 사관에 따라 단군신화를 역사적 사실로 인정하거나 고조선의 건국 신화이지 실재하지 않은 역사로 보기도 하였다. 그러나 민족주의 사학자들은 국권 상실과 식민통치라는 역사적 상황을 극복하는 독립운동의 방편으로서 우리 민족 전통의 유구함을 강조하고 민족사의 시원으로서 단군의 역사성을 강조하며, 단군왕검의 개국설을 통하여 민족의식과 선민사상을 고취하여 왔다.

해방 후에도 새로운 국가를 건설해야 하는 과제 속에서 역사학자들이 일반 사람들에게 민족의식을 고취시키는 문제는 민족 정체성 확립을 위하여 가장 우선시하는 주제였다. 이인영이 "과거의 왕실 중심의 역사관을 버리고 민족 중심의 민주주의적 역사관으로써 우리 민족의 역사를 살펴보지 않으면 안 될 것이다."라고 강조했듯이, 해방 후 간행된 대부분의 역사 교과서는 초·중등을 막론하고 민족 중심의 역사관을 피력하고자 노력하였고, 민족국가의 시작으로 만주와 한반도를 무대로 한 고조선사를 단군조선 중심으로 서술하였다.

단군신화 내용을 역사적 사실로 인정하고 단군을 첫 국가 고조선의 시조이자 우리 민족의 가장 오래된 조상으로 인식하는 시각에서 고조선사를 서술하였다. 그리고 단군조선은 단군 왕검이 BC2333년 10월 3일 건설하였는데, 그 단군왕검은 민족 시조라고 기술하고 있다. 단군 개국년도는 BC2333년으로 이 해가 기원 원년이자 개천절이라고 하고 있다. 나아가 이 개천절을 기념하여 단군을 중심으로 민족이 단결해 왔음을 강조하고 있다.

새국가 건설기에 대부분의 교과서는 『삼국유사』의 고조선(왕검조선)조 기록을 근거로 환인-환웅-단군의 계보를 고조선사의 전개 과정에서 서술하고 있다. 일제시대에 한국의 고대 신화를 부정하고 존재 자체를 언급하지 않았던 것과 비교하면 일단 모든 교과서가 우리 민족의 시조로 단군을 인식하고 어떻게든 풀어내려 하고 있다는 점에서 민족의식을 고취시키려는 노력을 볼 수 있다.

먼저 초등학교 역사 교과서를 보면, 초등학교 교수요목에 따라 간행된 검정 국사 교과서가 보급되기 전까지 역사교과서로 사용된 『초등국사』의 첫 번째 주제는 단군을 한국사의 시작으로 설정하고 고대사 중심의 서술을 하고 있다. 단군왕검에 대해서는 단군신화 기록을 인용하여 사실상 단군조선을 인정하고 그 후손이 부여, 고구려, 백제 등 여러 나라를 세웠다고 인식하였다.

"옛 조선을 처음 세우시고 다스리시든 어른이 곧 단군왕검이시나 그 어른이 곧 우리 국조로서 오랫동안 누구나 다 높이 믿어왔었다. 옛 글에 씨워 있는 것을 보면 한울님 환인의 아드님이신 신시천왕 환웅께서 한울님의 뜻을 받으시고 인간을 잘 살리시기 위하여 천부인 세 개를 가지시며 무리 3천명을 거느리시고 태백산 단목하에 나리사 주곡(主穀), 주명(主命), 주병(主病), 주형(主刑), 주선악(主善惡)같은 인간의 360여사를 주장하시와 세상을 다스리고 가르치셨다. 그리고 이 어른의 아드님이 단군왕검이시니 단군 기원 원년에 임금이 되시와 서울을 평양성에 정하시고 나라의 이름을 조선이라 하시더니 천여년 뒤에 그 후손이 갈라져서 부여, 옥저, 예, 신라, 고구려, 백제 등 여러 나라가 되었다."

이후 문교부에서 1947년과 1949년에 발간한 『우리나라의 발달』 국사 교과서에도 고조선 단군왕검이 기본적으로 국조이면서 우리 민족의 혈통적 종교적 할아버지임을 강조하고 있다. 그리고 단군신화의 내용 가운데 홍익인간 이념을 강조하고, 단군 기원을 기원전 2333년으로 보고 그날을 개천절로 지정하여 기념해오고 있음을 중요하게 서술하고 있다.

『초등국사』의 이러한 단군조선 중심의 고조선사 서술은 해방 후 출간된 중등 역사교과서에서도 거의 비슷한 내용으로 서술되고 있다. 유홍렬을 비롯해 해방 후 출간된 대부분의 역사 교과서에서는 단군조선을 그대로 역사 사실로 인정하기보다는 고조선의 건국신화로 보고 단군을 고조선의 개국 시조로 인정하고 있다.

유홍렬과 김성칠은 국사 교과서 고조선(古朝鮮) 항목에서 단군조선을 고조선이라는 우리 역사상 첫 국가의 시조로서 서술하고 있다. 이러한 시각은 김상기가 집필한 고등학교용 『국사교본』의 내용도 비슷하다. 이들 국사 교과서에서는 우리나라 건국설화인 단군신화를 인용하여 단군조선이 B.C.2333년 수많은 원시 부족국가 중 하나로 등장하였음을 말하고 있다. 그리고 단군은 제정일치시대의 군장이라고 한다.

이처럼 단군이 단군조선의 개국 시조로 서술된 것과 달리 다른 많은 교과서에서는 단군이 개국시조만이 아니라 우리 민족의 공동 조상이자 시조로 인식하고 강조되어 서술되어 있다.

신석호는 『중등국사』에서 단군을 개국의 시조이자 민족의 시조로 인식해야 함을 강조하고 있다.

"고조선은 우리 민족 국가 가운데 제일 먼저 일어난 나라인 까닭에 우리는 단군을 민족의 시조로 추앙하고 단군께서 개국한 해를 기원 원년으로 정하고 개국한 날을 개천절이라 하며 매년 이날을 기념하여 단군을 중심으로 민족이 단결하여 왔었다."

민족 시조로서의 단군에 대한 인식은 이인영과 손진태의 글에서 더 강조되고 있다. 이인영은 단군조선 시기에 우리 민족이 한 나라 한민족으로 통일됨에 이르러 우리 민족의 공동 조상으로 단군 신앙이 나타났음을 강조하고 있다. 손진태는 민족의 전통은 민족 감정의 가장 강한 표현이라고 하면서, 단군 시조 전통은 우리 조상들의 우월감과 자존심에서 우러난 민족 시조 전통임을 강조하고 있다.

"민족 시조 단군의 이야기는 때에 따라 여러 가지로 설명되어 왔는데, 우리 민족의 조상들은 씨족 사회 시대에는 씨족마다 씨족 조상의 설화를 가졌었고 삼국시대에는 각국 마다 개국 시조의 신화 전설을 가졌었다. … 우리 민족이 한 나라 한 민족으로 통일됨에 이르러 우리 민족의 공동 조상으로서 단군의 신앙이 나타나게 되었다. 그러므로 단군 신앙은 우리 민족의 형성과 발전에 따라 진전하였다. 그 신화적 부분은 확실히 원시 시대의 우리 민족 조상들의 설화 방식을 계승한 것으로 시대의 진보와 사람의 지능 발달은 차차로 원시적 방식을 버리고 합리화 시키고 있다."

"모든 민족은 각각 그들의 시조(始祖)에 대한 전통(傳統)을 가졌다. 그리고 대개는 그 시조의 위대(偉大)하고 신성(神聖)함을 자랑하기 위하여, 시조를 하늘로부터 내려왔다고 한다. 우리 조상들도 오랜 옛날부터 단군을 시조님이라 하고, 단군은 하늘로부터 태백산(太白山, 지금 白頭山) 박달나무 밑에 내려와 처음에는 평양(平壤)에 국도(國都)를 정하였다가, 뒤에 아사달(지금 황해도 九月山?)로 옮기고, 또 장단경으로 옮겼는데, 2333B.C 에 중국의 첫 임금인 요(堯)와 동시(同時)에 즉위(卽位)하여, 1천여년을 누리시다가 아사달로 돌아가셨다고 한다. 그러므로 우리 시조는 신인(神人)이요, 우리는 우월한 천손(天孫)민족이며, 우리 민족의 역사는 중국과 같이 오래되는 것이다. 이것은 우리 조상들의 우월감(優越感)과 자존심(自尊心)에서 울어나온 민족 시조 전통이다."

이상에서 해방 후 간행된 초등·중등용 국사 교과서에서는 단군을 첫 국가 고조선의 시조이자 민족의 시조로서 확고히 인식하고 단군조선의 역사가 고조선 역사의 중심이었고 이 초기 고조선은 위만이 계승하여 더 발전시켰다고 인식하고 있음을 알 수 있었다. 이러한 민족 시조로서의 단군에 대한 인식은 이후에 이른바 단군민족주의 인식이 형성되는 주요한 배경이 되었다고 할 수 있다.

(2) 기자조선에 대한 부정

해방 후 간행된 국사 교과서가 예외없이 단군조선 중심의 고조선사를 서술하는 가운데, 단군조선을 이어 고조선 왕조를 이끌었다는 기자조선은 대부분 부정하고 있음이 주목된다.

중국 상나라와 주나라 왕조에서 관리로서 복무한 기자가 동쪽 조선 땅에 와서 기자조선을 세우고 홍범구주를 중국에까지 전해주었다는 기자조선에 대한 인식은 3종의 초등 국사 교과서는 물론이고, 대부분의 중등 교과서도 부정하고 있다. 중등 한국사 교과서 가운데 유홍렬의 『우리나라 역사』 책과 고등학교용 『국사교본』, 최남선의 『중등국사』를 제외하고는 모든 교과서가 기자조선의 역사를 부정하고 있다.

김성칠은『우리나라의 생활』에서 '기자조선이라 일컫는 시대' 항목을
설정하고 "단군조선 1천년 동안 엉뚱한 이야기가 옛날 역사책에 적혀
있다."고 하면서 기자조선은 나중 사람들이 꾸며낸 것으로 역사 사실이
아니라고 강조하고 있다. 그리고 역사책에 기자조선 이야기가 실려 있
는 것은 중국 숭배 버릇 때문이라고 비판하고 있다.

이처럼 기자조선에 대한 부정적인 견해와 달리 유홍렬은『우리나라
역사』에서 단군조선이 계속되는 동안에 산업이 매우 발달하고 인지도
깨우치게 되어 더 크고 새로운 나라를 이룩하게 되었으니, 이것이 곧 이
른바 기자조선이라고 하고 있다.

"이른바 기자조선은 우리 겨레들로 만들어진 새 나라이었으니, 이 때에
는 영토도 제법 넓어져서 만주 남쪽까지 다스리게 되었다. 그 후 (중략) 남
만주 지방에 살던 연나라 사람인 위만이 1천 명의 무리를 거느리고 조선으
로 들어와서 살기를 청하니, 우리 임금 준왕은 패수(=청천강) 이북의 땅을
그에게 맡기어서 외적을 막게 하였다(B.C.195). 그러나 위만은 준왕의 신임
을 배반하고 (중략) 준왕을 남쪽으로 내 쫓고 나라를 빼앗았다.(B.C.194) 이
리하여 이른바 기자조선은 40여왕 929년만에 나라를 잃고 준왕은 마한 땅
으로 내려가서 임금으로 되었다."

그리고 김상기가 집필한 고등『국사교본』에서는 고조선사를 세 조선
이 이어지는 것으로 보고, 단군조선에 이어 기자조선이 시작되는데 이
는 후조선이라 부르고 있다.

"전조선의 신정(神政)이 오랫동안 행하는 사이에 산업도 차차 열리고 민
지(民知)도 점점 깨쳐지매 새로운 국가가 일어나게 되었다. 이를 가르쳐 후
조선이라 하거니와 이도 역시 왕검성을 서울로 하여서 있었던 것으로서
그의 지역은 대개 반도의 북부와 만주의 남부 일대에 걸쳐 있어 고조선 가
운데에도 가장 일찍이 열린 곳이었다."

고조선과 관련해 많은 글을 남긴 최남선은 기자조선을 개아지 조선이라 하였는데, 사회가 발달함에 따라 제사와 정치를 갈라낼 필요가 생겨 단군은 새로 신도(神都)를 구월산 밑에 만들어 옮기고 왕검성에는 개아지(해 아드님의 뜻)라고 일컫는 새 어른이 나오셔서 세상 일을 다스리게 되었다고 한다. 그리고 단군과 개아지의 이름으로 고조선이 2천년 동안 이어졌다고 한다.

기자조선과 관련해 가장 독특한 주장을 하고 있는 학자는 이병도이다. 이병도 역시 기자조선을 부정하고 있지만, 역사상 기자조선 시기에 해당하는 왕조에 대해 기자 대신 예맥족의 일파인 준왕이 한강 이남에서 한(韓)을 세웠다는 점에서 기자조선 대신 한씨조선이라 불러야 한다고 보고 있다.

"단군조선이 천 수백 년 계속한 후 이른바 기자조선이 일어났다 하나, 기자는 실상 조선에 온 일은 없고, 그 왕실에서 가계를 빛나게 하기 위하여 일부러 기자의 자손이라 꾸민 때문에 그러한 전설이 생긴 듯하다. 이 왕조는 조선 사람이 세운 것으로 서울은 역시 평양 부근에 있었다. 진보된 정치 조직을 갖고 왕실의 성도 후에 중국식으로 한씨(韓氏)라 일컬었으니, 이 조선은 실상 한씨조선이라 함이 좋겠다."

이처럼 기록에서 중국 상주시기 인물로 기술하고 있는 기자의 동래설과 기자조선에 대해 해방 후 교과서를 집필한 역사학자들은 대부분 부정하였고, 민족의 시조인 단군과 단군조선사를 주목하였다. 이는 해방 후 민족주의 사학이 활발히 전개되던 분위기에서 나온 자연스러운 결과로서 중국의 문명을 배경으로 하는 기자의 동래설과 기자조선사는 부정될 수밖에 없었던 것이다.

(3) 고조선의 변천에 대한 인식

단군조선 및 기자조선에 대한 인식 문제와 연결되는 문제로, 해방 후 간행된 한국사 교과서의 고조선사 서술 내용 가운데 또 하나 주목해 보아야 할 점은 '고조선의 변천'에 대한 서술이다. 이것은 고조선의 역사가 단군조선에서 어느 왕조로 그 역사의 흐름이 이어졌는가에 대한 문제이다.

해방 후 발간된 대부분의 역사 교과서에서는 고조선의 역사가 '단군조선'을 이어 한반도에서 등장한 여러 나라로 이어지는 것으로 서술하였다. 즉, 대부분의 국사 교과서는 단군조선-부여-고구려-발해로 이어지는 계통을 다른 나라들보다 크고 굵은 글씨로 표시하고 있는데, 이를 통해 대부분의 역사 교과서에서는 중국에서 온 기자가 아니라 단군의 후손이 한국사의 주류라고 인식하고 있음을 알 수 있다.

초등역사 책 가운데는 황의돈이 저술했다는 『초등 국사교본』에서 이런 시각을 확인할 수 있다.

> "이 어른의 아드님이 단군왕검이시니 단군 기원 원년에 임금이 되시와 서울을 평양성에 정하시고 나라의 이름을 조선이라 하시더니 천여 년 뒤에 그 후손이 갈라져서 부여, 옥저, 예, 신라, 고구려, 백제 등 여러 나라가 되었다."

이러한 시각은 2년 뒤에 간행된 『우리나라의 발달』에서도 동일하다. 『우리나라의 발달』 6학년 국사교과서에서도 "단군의 후손은 뒤에 갈라져서 부여, 예, 옥저, 비류, 고구려, 백제, 신라 등 여러 나라가 되었다."고 하여 단군조선 중심의 역사 흐름을 강조하고 있다.

중등용 국사 교과서에서 단군조선 중심의 역사 흐름이 잘 드러난 것은 손진태의 『우리나라 생활』이다. 손진태는 『우리나라 생활』의 머리편에 '민족의 시조 단군'이라는 항목을 두어 다음과 같이 서술하고 있다.

> "단군은 국호(國號)를 조선(朝鮮)이라 하였다. 이것이 우리나라 이름의
> 처음이며, 뒷날의 부여, 고구려, 신라, 백제의 시조와 백성들이 모두 단군의
> 자손이었다. 이렇게 전통 위에서도 우리 조상들은 단일(單一)민족임을 부
> 르짖고, 민족의 단결을 강조(强調)하였던 것이며, 전통은 민족 감정의 가장
> 강한 표현(表現)이다."

한편, 단군 이래 고조선 역사의 흐름을 서술하는 과정에서 중국 연나
라 사람인 위만이 세운 위만 왕조를 고조선사에서 어떻게 자리매김하는
가의 문제도 중요한 주제였다.

전술했듯이 유홍렬은 『우리나라 역사』에서 기자조선을 인정하면서,
단군조선에서 기자조선으로 역사가 이어지는 것으로 보았다. 그리고 이
기자조선은 위만이 세운 위씨조선으로 이어진다고 하였다. 고조선사가
삼조선의 역사로 계승된다고 보는 시각이다.

이러한 시각은 미군정 시기 진단학회에 의뢰해 집필하였던 『국사교
본』에서도 보인다. 『국사교본』에서는 고조선의 역사가 전조선인 단군
조선에서 그 이후의 후조선인 기자조선으로 이어지고 있고, 후조선의
마지막 왕인 준왕이 위만에 의해 남으로 내려가 한을 세운 뒤 후조선은
위만조선으로 바뀌었다고 서술하고 있다.

그러나 이 두 한국사 교과서 외에 나머지 대부분의 한국사 교과서에
서는 단군조선을 뒤이어 기자조선이 아니라 위만조선으로 곧바로 이어
진다고 보고 있다. 해방 후 출간된 대부분의 한국사 교과서에서는 기자
조선의 존재를 인정하든 안 하든 관계없이, 단군 조선의 역사적 경험이
연나라 사람 위만이 세운 위만조선에 이어졌다고 서술하고 있다. 즉, 위
만조선(위씨조선)은 비록 중국 연나라 사람이 중심이 되어 세웠지만, 그
지배층에는 고조선 사람이 참여하고 조선 국호를 그대로 이었다는 점에

서 고조선의 마지막 단계를 이끈 조선으로 서술하고 있다.

유홍렬은 『우리나라 역사』에서 위만조선을 위씨조선이라 하면서 그 역사에 대해 기록을 인용해 자세히 서술하고 있다.

"위만은 곧 왕검성(평양)에 서울을 정하고 패수로써 한과의 경계를 삼고 있었으나, 한에서는 그를 이용할 수단으로 그로 하여금 우리 여러 나라와의 무역을 맡아 보게 하였다. 이리하여 위만은 차차 세력을 잡아서 그 이웃에 있던 우리의 여러 나라, 즉 진번(황해도 경기도), 임둔(함경남도 강원도), 예맥(압록강 가)들을 합쳐서 한과의 무역을 방해하였다."

이인영도 고조선의 변천 내용에서 "위만은 차차 세력을 길러 마침내 서기전 194년에 준왕을 몰아내고 스스로 조선왕이 되어 서울을 또한 왕검성에 두게 되었으므로 준왕은 남쪽 진국으로 망명하고 말았다."고 하였다.

이러한 위만조선에 대한 인식은 김성칠과 신석호, 이병도, 손진태에 이르기까지 거의 비슷한 내용을 서술하고 있다.

광복을 맞이하자 식민지 교육의 잔재를 없애고, 민족자주의식을 자극하여 단군을 건국시조로 하는 단군 기원(紀元)의 사용이 국회에서 결의되고, 단군을 국조로 하는 국사 교과서가 발간되었으며, 단군이 나라를 세웠다는 10월 3일을 개천절이라 하여 국경일로 정하게 되었다. 이 같은 단군 역사의 구체화는 독립된 단일민족으로서의 정신적·문화적 통일을 열망하는 민족의식의 발로였다.

식민지 시대 저항의 논리로 작용한 민족의 정통성 강화는 해방 이후 공교육에서 국사가 담당해야 하는 역사적 소임이었다. 이런 면에서 한국사 교육은 해방 이후 지금까지 민족의식 고취로 일관해 왔다고 해도 과언이 아니다.

해방 후 교과서를 포함해 모든 역사학 연구 성과에는 민족주의적인 시각이 반영되어 서술되었다. 그리고 그 내용에는 언제나 단군이 상징적으로 존재하였다. 즉, 단군은 우리 역사상 첫 국가의 건국 시조이면서 우리 민족의 시조로서 인식되었고, 그 후손이 지금까지 계승되었다고 서술하였다. 이처럼 단군조선은 우리 민족의 유구성을 강조하는 증거로 서술되고 있다.

한편으로, 전문 연구자만이 아니라 민간에서도 단군에 대한 역사·문화·민속·신화 등의 연구가 전개되었으며, 단군의 통치이념으로 전해오는 '홍익인간'의 이념을 받들어 민족문화의 창달과 민족의식을 고취하여, 민족정신의 통일을 목적으로 하는 사회단체들이 조직되기도 하였다.

이처럼 해방 이후 단군 이야기는 우리나라 사회통합의 기능을 수행해 왔으며, 그것들은 시간의 경과와 더불어 한국인의 생활양식의 중요한 부분이 되어 민족 생활의 기층문화·심층문화의 일부분이 되기도 했다. 오늘날 단군조선에 대한 실증적인 연구에 대한 일반인들의 부정적인 반응과 비판 역시 그 연원을 따져보면 바로 해방 후 우리 사회에서 일어났던 단군민족주의에 있다고 할 수 있다.

앞으로 단군에 대한 인식의 바람직한 방향은 민주적 민족공동체의 상징으로서 단군에서 찾아야 할 것이다. 그럴 때 단군은 남북한의 우리 동포들 사이에 숨 쉬는 민족의 소중한 유산으로 또 한 번 거듭나게 될 것이다.

2장. 유사(사이비) 역사학의 등장과
상고사 논쟁의 전개

1960년 4월혁명 이후 민족주의와 민주주의의 분위기에 호응하여 분단 이후 단절된 사학의 전통을 계승·발전시키려는 노력이 일어났다. 이후 1970년대 박정희 유신시대 말기와 전두환이 집권한 제5공화국 시대에는 일반 시민들 사이에 한국 고대사에 대한 관심이 고조되었다. 특히 한국 상고시대의 영역과 국가 성격에 대한 일반인들의 관심 속에 많은 단체들이 우후죽순처럼 생겨났고, 이른바 유사 역사학자가 점차 증가하였다.

이 장에서는 1960년대 이후 유사역사학의 등장과 함께 한국 상고사 논쟁의 전개 과정을 살펴보고자 한다.

1. 유사(사이비) 역사학의 등장

대체로 1960년대 이후 민족정신 함양을 위하여 전반적으로 국사 교육이 강화되어 갔다. 당시 한국 상고사, 즉 고조선사 문제는 그 자체의 본질과 맥락으로 인하여 널리 일반 지식인에게 확산되어 가면서 깊은 관심을 갖고 연구하는 직업 연구자 외에 이른바 유사(사이비) 역사학자가 점차 증가하였다.

그동안 역사 전공자들은 정식으로 학계에서 학문적으로 훈련이 되지 않은 일반 시민 가운데 우리 역사에 대해 많은 관심을 가지고 활동하며, 특히 웅대한 상고사 복원에 노력하는 아마추어 역사학자들을 '강단사학자'와 구분하여 '재야사학자'라 불러왔다. 그러나 그들의 역사 해석은 객관적이거나 합리성을 갖지 못하고 자료 가운데 자신들의 생각에 부합되는 자료만 다루며, 해석 또한 매우 자의적으로 하여 환상적인 고대사상을 그려내고 있다. 이 중에는 강단에 있지만 철학이나 사회학, 언어학 등 역사학 이외의 분야를 전공하면서 민족주의적인 시각으로 웅대한 상고 역사를 찾고자 노력하는 분들도 포함된다. 최근에는 '재야사학자'라는 명칭이 부적절하다고 하여 보통 '유사 역사학'이라고 부르고 있다. 그리고 이들 유사 역사학자들을 강하게 비판하는 전공자들은 '사이비 역사학'이라는 용어를 사용하고 있다.

유사역사학 그룹 가운데 문헌 자료를 근거로 고조선사와 관련하여 논지를 전개하는 분들은 크게 보아 『환단고기』나 『규원사화』와 같은 고기류에 근거하여 논리를 전개하는 부류와 『사기』 등 중국 정사 등의 사료를 인용하여 주장을 펴는 두 부류로 나눌 수 있다.

1980년대에 이들은 보통 『환단고기』나 『규원사화』 같은 고기류(古記類)에 근거하여 이야기를 전개하였다. 그러나 최근에는 『산해경』이나 『만주원류고』 같은 역사서는 물론 중국 정사(正史)인 『사기』 기록 등을 근거로 주장을 펼친다. 이 그룹이야말로 한문 자료를 읽을 줄 알기에 중국 정사 등의 역사 사료를 인용하여 주장을 편다.

대부분의 유사 역사학자들은 역사학의 본령이 사실 검증에 있다고 주장한다. 하지만 정작 역사적으로 근거가 될 수 있는 사료는 모두 제쳐두고 역사서로 보기 어려운 『고기』나 두찬(杜撰)인 『만주원류고』 등을 근거로 논리를 전개한다. 시대상을 복원하는 데 가장 중요한 사료나 사서 대신에 단지 역사 이야기로서 사료로 인용하기 어려운 자료를 근거로 활용하고 있는 것이다.

유사 역사학자들의 주장에는 극단적 반공사상이 덧씌워져 있다. 애국과 매국의 논리를 앞세워 기존 학계를 공격하는 유사 역사학자들의 주장은 맹목적 애국주의를 앞세우는 정부 집권 세력들의 논리와 일정 부분 연결되어 있다.

최근까지 활발히 활동하고 있는 유사 역사학자들의 한국 고대사에 대한 국수주의적인 주장은 보수적이고 정권 연장을 생각하는 정부로부터 일정한 역할을 요구받고 정부의 보이지 않는 배경하에 양성화되고 있다. 해방 후 역사에서 보면 보수적인 정부가 들어서게 되면 집권 세력들은 항상 환상적 고대사 인식에 기대어 우리 내부의 갈등과 모순을 호도하고 억압하는 기제로 활용해 왔다.

유사 역사학자들은 항상 단군을 중심으로 한 민족주의를 표방한다. 현재의 국가적 상황이 매우 큰 위기이기 때문에 단군을 구심점으로 한 민족 공동체의식이 필요하다는 것이다. 하지만 그들의 주장은 식민지 시대의 민족주의 역사학과 본질적인 차이가 있다. 식민지 시기 민족주의 사학은 식민지라는 특수한 상황에서 한국사의 발전을 민족의 정신적 측면에서 설명하고, 한국사 발전의 관건을 민족의 혼이나 정신에서 찾았다. 그러나 유사 역사학자의 경우 민족주의라는 미명하에 특정 집단의 이데올로기에 편승하여 반민중적 역사 이해를 강조하고 있다.

2. 1970년대 말~1980년대 초 한국상고사 논쟁

1970년대 박정희 유신시대 말기와 전두환이 집권한 제5공화국 시대에는 유달리 일반인들 사이에 한국 고대사에 대한 관심이 고조되었다. 그 주장의 대부분은 『환단고기』와 『규원사화』를 근거로 한 내용들이었다. 당시 일반인의 관심은 고조선의 영역과 국가 성격에 대한 논의에 집중되었다. 이들의 활동은 점차 확대하여 하나의 단체로까지 발전하여 이제는 수를 셀 수 없을 정도의 많은 시민 단체들이 한국 상고사에 대한 관심을 갖고 강연과 모임을 통해 활동을 벌이고 있었다.

상고사에 관심을 가진 일반인들은 국사찾기협의회를 중심으로 자신들의 역량을 집결시키는 한편 월간 『자유(自由)』(1968년 창간)와 각종 강연회 등을 통해 자신들의 주장을 확산시키기 위한 적극적인 활동을 펴나갔다. 그리고 학계의 일부 인사들에 대해 식민주의사관에 물들었다고 비난하는 등 인신공격을 본격화하였다.

급기야 1978년 10월 일부 인사들은 '국정교과서 오류 시정 및 정사(正史) 확인 건의서'를 문교부에 제출하는 한편 '국사 교과서의 국정 교재 사용금지 및 정사(正史) 편찬 특별기구 설치 등의 시행 요구'에 관한 행정소송을 제기하였다.

1980년대에 들어와서는 일반 시민 단체들이 그들만의 연구 방식으로 성과를 축적해감에 따라 기존 학계와 다른 웅대한 한국 고대사의 내용을 주장하게 되었다. 필연적으로 기존 사학계와 서로 견해차가 심화되어 갔고, 사회적 갈등으로까지 이르게 되었다.

결국 국사찾기협의회를 중심으로 한 일부 인사들은 한국상고사 문제를 국회로까지 끌고 갔다. 그들은 1981년 9월 '국사교과서 내용시정 요구에 관한 청원'을 국회에 제출하였고, 11월 26일~27일에 걸쳐 국회 문공위에서 이른바 국사교과서 서술 내용을 문제 삼아 공청회가 개최되었다. 때마침 1982년 일본 역사교과서의 한국 관계 내용의 상당 부분이 왜곡 기술된 사건은 이 문제를 정치적·사회적 관심사로 표면화시켰다.

결과적으로 1982년에 간행된 국사교과서에는 단군신화가 고조선 건국 과정의 역사적 사실과 홍익인간의 건국이념을 밝혀준다는 내용이 들어갔으며, 한군현의 위치를 생략하였다. 유사 역사학자들은 단군신화를 '신화'로 취급하는 것은 식민사관의 논리를 그대로 받아들이는 것이라고 비판하였고, 한사군이 한반도에 위치하지 않았다고 주장했는데, 결과적으로 이들의 주장이 어느 정도 반영되었다고 할 수 있다.

당시 유사 역사학자들 주장의 대부분은 위서인 『환단고기』와 『규원사화』를 근거로 한 내용이었다. 그리하여 단군 이래 수십 명의 왕위가 이어진 단군조선 왕조가 만주 일대에서 당당히 그 역사를 펼쳐 나갔음을 밝히는 많은 성과물이 나오게 되었다. 당시에는 『규원사화』, 『환단고기』, 『단기고사』 등의 번역본과 그들의 주장을 담은 저술들만을 따로 모아 놓은 서가가 등장하였다. 이러한 찬란하고 웅장한 고대사에 대한 인식은 5공화국이라는 암울한 정치 상황에 좌절한 국민들의 의식들을 쉽게 고대 역사에 심취하게 하였다.

1970년대 말과 1980년대 초 한국 고대사에 대한 인식이 높아지게 되는 배경은 바로 극우적 민족주의 성향을 지닌 인사들과 5공화국 정치세력이 밀접하게 연관된 데 기인한다. 기본적으로 5공화국 정부는 군인 출신들이 정부 요직을 장악하여, 이들은 역사적 사실의 근거 여부와 상관없이 유사 역사학자들의 주장에 호기심을 보였다. 극우적 민족주의적 성향을 가진 이들은 정치적으로 보이지 않는 후원을 받으면서 급속히 목소리가 커졌다. 당시 군사 정부의 목소리를 홍보하는 확실한 장으로서 군부대 등에서는 웅대한 한국 고대사를 대대적으로 교육하기 시작하였다.

육군본부에서 발간한 『통일과 웅비를 향한 겨레의 역사』 책에서는 제일 첫 장에 「민족의 형성과 발전」이라는 항목을 설정하여, '동이족의 활약과 문화권', '고조선의 사회와 문화', '민족문화의 연원' 등의 내용을 서술하였다. 이 책에서는 '만주'와 중국 '대륙'이 우리 역사의 무대였다는 점을 강조하면서 『환단고기』나 『단기고사』를 직접 인용하면서 대륙 수복의 의지를 천명하였다.

이처럼 1980년 역사학계를 달구었던 일명 '국사교과서 파동'에는 '단군과 고조선 문제'가 있었다. 유사 역사학자들과 기존 학자와의 '식민주의 사관 논쟁'에서 그 설전의 싸움터가 되었던 국사교과서는 특히 단군과 고조선 등 한국 상고사를 둘러싼 쟁점이 두드러지게 나타났다. 이런 점에서 1980년~1992년 교육부 역사 담당 편수관을 지낸 윤종영씨가 쓴 『국사교과서 파동』(혜안)은 단군의 실존 문제와 고조선의 실체 문제가 그동안 어떻게 다루어져 왔는가를 보여주는 하나의 객관적 기록이다.

1980년 11월 윤종영씨가 역사 편수관으로 업무를 맡자마자 처음 찾아간 사람이 국사교과서 시정 건의를 냈던 안호상 박사였음을 밝히는 이야기로 시작하는 이 책은 '국사교과서 내용 시정 요구에 관한 청원'을 다루었던 1981년 국회 공청회, '국사 교과서 새로 써야 한다'는 「조선일보」 특별기획 기사로 일어났던 1986년 '국사교과서 편찬 준거안' 마련 과정을 지켜본 담당자로서 증언하고 있다.

1981년 8월 31일 안호상을 청원자로 하고 권정달 당시 민정당 의원 외 18인을 소개 의원으로 해 국회 문공위원회에 제출된 청원서가 초·중·고등학교용 국사교과서에서 고칠 점으로 든 사항은 다음 7가지이다. ①단군과 기자는 실존 인물인가, ②단군과 기자의 영토는 중국 북방까지였다, ③왕검성은 중국 요령성에 있었다, ④낙랑군 등 한사군은 중국 북경지방에 있었다, ⑤백제가 3~7세기 동안 북경에서 상해에 이르는 중국의 동안을 통치했다, ⑥신라의 처음 영토는 동부 만주이고 통일신라의 국경은 한때 북경이었다, ⑦고구려·백제·신라, 특히 백제 사람들이 일본 문화를 건설했다.

그 첫째가 단군과 기자는 실존 인물이라는 것이다. 윤 편수관은 "정책 문제가 아닌 학문적인 내용 문제를 공청회를 통해 전공학자가 아닌 국회의원이 일반 국민들의 여론을 듣고 교과서 등재 여부를 결정하는 것은 하나의 웃음거리밖에 되지 않는다."는 의견을 냈으나, 5공화국 출범 초기 가라앉은 국민들의 관심을 모을 사안을 찾던 정치권 분위기에 밀려 묵살 당하고 말았다.

1981년 11월 26일과 27일 양일간 국회 문공위원회 회의실에서 열린 공청회는 청원자쪽에서 안호상(국사찾기협의회장), 박시인(서울대교수), 임승국(한국정사학회장), 발표자로 최영희(국사편찬위원회장), 김원룡(서울대 교수), 이기백(서강대 교수) 등 8명이 참가해 열띤 공방이 벌어졌다. 국회에 처음 나와 그 관행에 생소한 학자들을 마구잡이로 다루는 국회의원들을 보며 민망해하던 윤 편수관은 결론 안 난 이 공청회 에필로그를 이렇게 끝맺었다.

"이 공청회로 국사학계가 고대사 분야에 많은 관심을 갖게 되고 국사교과서에 재야사학자들의 주장이 일부 수록될 수 있었던 것이 하나의 수확이었다. 대신 공청회에 참여한 일부 학자들이 국회에서 받은 충격 때문에 교과서 개발 참여를 기피하게 되는 등 후유증을 낳기도 하였다."

「조선일보」가 1986년 8월 15일~29일 연재한 특별기획 '국사교과서 새로 써야 한다'는 '일본의 역사왜곡 이길 고대사 교육 회복 시급'이란 부제가 보여주는 것처럼 역시 한국 고대사에 주목해 논란을 불러왔다. 1973년 국사교과서 통일안을 확정할 때, 단군, 기자, 위만조선, 삼국 건국시조 등을 삭제했다고 지적한 이 기사는 결국 교육심의회를 만들어 국사교과서 편찬 준거안을 만드는 도화선이 되었다.

구체적으로 '단군조선을 역사적 사실로 서술할 것인가, 단순한 건국 신화로만 볼 것인가', '단군조선의 역사적인 내용을 어떻게 서술할 것인가' 등 우리나라 역사교육의 문제점 및 교과서 내용 검토에 방대한 주제를 다룬 이 준거안은 해를 넘겨 1987년 6월 5일 최종안을 발표했으나 "아직도 식민사관 잔재가 남아있다"는 주장을 완전히 잠재우지 못했다.

현재 고조선사를 포함하여 한국 고대사를 체계화하기 위해 많은 전문 역사학자들이 노력하고 있다. 한국 고대사를 체계화하는 일은 전문 역사학자들이 해결해야 할 과제임은 두말할 필요가 없다. 전문 연구자들이 고민하고 있는 역사서술의 문제를 가지고 국회의원들이 공청회를 개최한 사실은 한국 사회의 인식 수준을 보여주는 사건이었다. 정치가 모든 분야의 활동을 좌우하는 후진국 사회의 모습이 우리 역사 연구에까지 등장한 것이라 할 수 있다. 특히 국사교과서 내용의 가장 골칫거리였던 고조선사 서술의 문제가 이때부터 시작하였던 것이다. 이후 학계에서는 이른바 단군민족주의를 표방한 유사 역사학자들의 목소리를 어떤 형태로든지 고민해야 할 숙제로 떠안게 되었다.

유사 역사학자 그룹 가운데 고기류(古記類)에 입각하여 논지를 전개하는 유사 역사학자들은 단군신화를 역사적 사실로 인정한다. 그러나 『○○고기』라는 책은 현재 존재하지도 않지만 다른 책에 인용된 내용을 보아도 구체적인 역사로 보기보다는 후대 사람들이 단군에 대한 인식을 담은 역사 이야기에 불과하다고 볼 수 있다. 전술했지만, 김정배는 단군신화에 나오는 『고기』는 분명 서책(書册)이고, 그 동안 알려진 바가 없었으나, 『삼국사기』에 나오는 고기는 『삼한고기』일 가능성이 크다고 보고 있다.

『고기』를 바탕으로 한국 고대사를 연구하게 되면 고조선사, 특히 단군 중심의 역사가 한국 고대사의 핵심 내용으로 서술된다. 그러나 한국 고대사는 단군 중심의 역사가 전부가 아니다. 단군조선은 우리 역사상 첫국가 고조선이 초기 단계에 시작하는 역사일 뿐이다.

우리 조상들은 종교나 문학 차원에서 역사를 기록했다. 그 기록들을 후세 사람들은 『고기』라고 불렀다. 『고기』를 보면 우리 태초의 조상들은 모두 하늘에서 내려왔고, 사람이 할 수 없는 초인적인 능력을 발휘하는 것으로 되어 있다. 그러나 『고기』의 내용은 현세 사람들의 삶을 전한다기보다는 그 『고기』를 쓴 사람의 첫국가 시조에 대한 '믿음'을 보여주는 것이라고 할 수 있다. 따라서 『고기』는 그 진위를 가려야 하는 어려움이 생기게 된다.

대부분의 유사 역사학자들은 역사학의 본령이 사실 검증에 있다고 주장한다. 그러면서도 정작 역사적으로 근거가 될 수 있는 신빙성있는 사료는 모두 제쳐두고 역사서로 보기 어려운『고기』만을 근거로 논리를 전개한다. 시대상을 복원하는 데 가장 중요한 사료나 사서 대신에 단지 역사 이야기로서 사료로 인용하기 어려운 역사 이야기를 근거로 활용하고 있는 것이다. 예를 들어 한말 대종교단에서 발간한『단기고사』나 신채호의『조선상고사』내용들도 당 시대 상황에 맞춰 쓴 사서이지 결코 사료로서 기능하는 것은 아니다.

근대 역사학은 엄격한 사료 비판을 바탕으로 논지를 전개해야만 독자들에게 합리성과 설득력을 얻게 된다. 그러나 유사 역사학자들이 사료로 신봉하고 있는『환단고기』나『규원사화』는 대략 1920년 이후 단군 신앙이나 관념적인 민족감정을 바탕으로 씌어진 것으로 역사서술을 위한 사료로 인용할 수 없는 것이다.

이미 많은 연구 성과가 있어 여기에서는 자세히 언급하지 않겠지만, 일본에서 번역되고 국내에서도 널리 읽히고 있는『환단고기』는 대종교도에 의해 쓰여진 사화(史話)의 일종이라는 연구는 이제 거의 정설로 받아들여지고 있다.

이 책들은 단군 신앙과 관련된 종교 사화(史話)일뿐 한국 고대사 연구에 어떤 도움을 줄 수 있는 사료가 아니다. 오히려 이 책은 1920년대 일제의 지배에 저항하였던 민족주의적 움직임의 한 예로서 일정한 의의가 있다.

3. 계속되는 상고사 논쟁 : 1980년대 말~1990년대

상고사 논쟁과 관련하여 1980년대 말에 주목되는 일은 1987년 한국학

중앙연구원(당시 한국정신문화연구원)에서 개최한 「한국상고사의 제문제」를 주제로 한 학술토론회이다.

당시 국사(國史), 특히 고조선 문제가 사회 여론화되면서 청와대·문교부 등의 국사교과서 개정 요구로서 구체화되기에 이르렀다. 이로부터 한국정신문화연구원에서 학술회의 개최요망이 전달되어 1987년 2월 26일과 27일 양일 간 「한국 상고사의 제문제」란 주제의 학술회의가 열렸다.

학술회의는 크게 두 가지 목적을 두고 개최되었다. 하나는 해방 후 민족주체사관 확립의 주요 과제로 되어 있는 고조선의 여러 문제점에 대한 체계적인 진단을 통하여 이 부문 연구에 전환점이 되도록 하고, 또 하나는 이른바 유사 역사학자들과 강단사학자 간의 폭넓은 의견교환을 통하여 피차 쟁점을 분명하게 드러내어, 앞으로 이 부문의 연구를 심화·수렴하고 그 결과를 국사교육에 적극 활용하도록 하는 데 두고자 하였다.

그러나 학술회의는 '민족사 바로잡기 국민회의'의 세를 과시하는 장소가 되고 말았다. 학술회의가 열리는 양일간 모인 약 1200여명의 인파는 해방 후 개최된 학술회의로서는 가장 많은 참여 인원이었으며, 고조선 문제의 관심과 심각성을 바로 나타낸 것이라 할 수 있다. 발표에 대한 토론은 시종일관 유사 역사학자들이 주도하였으며, 거기에 참여한 학계 인사 중 일부에 대한 욕설과 비방이 난무하였다.

당시 학계에서는 많은 충격을 받고 그들의 활동과 목소리에 우려하는 글을 발표하였고, 이후에는 무대응으로 일관하였다. 다만 『한국사시민강좌』(1988년 창간)를 창간하는 등 학계 나름의 대중 교육을 위한 준비를 해 나갔다. 그리고 이후에는 어떤 식으로든지 유사 역사학자들의 목소리를 반영한 글과 교과서를 쓸 수밖에 없는 상황이 초래되었다.

1990년대에 오면 윤내현을 중심으로 한 강단에 있는 분들 중에 단군조선과 단군민족주의를 주장하는 부류가 생기고, 이와 함께 "한배달학

회", "단학선원", "한문화운동연합(1999년 당시 공동대표 이경원·장영
주)", "다물민족학교", "민족정신회복 시민운동연합(김지하)" 등의 여러
시민 활동과 강연회가 활발히 개최되었다.

김지하가 대표를 맡은 민족정신회복 시민운동연합의 경우를 예로 들
면, 1999년 8월 4일 '율려학회' 창립대회에서 '4~5천년 전 고대의 신시
(神市)로 긴 여정을 떠나자'고 하면서 왜곡된 상고사 교육을 바로잡아야
한다고 주장하였다.

이러한 유사 역사학자들의 주장은 고조선이 단군신화로 표현된 시기
만을 말한다고 보고서 고조선사 문제에 접근하기 때문에 많은 오해를
낳고 있다. 일반적으로 고조선은 이성계가 세운 조선왕조 이전에 '조선'
이라 칭한 나라를 가리킨다. 때문에 고조선에는 단군조선, 기자조선, 위
만조선이 속한 것으로 이해할 수 있지만, 중국 및 우리 고대 문헌 기록
에서 고조선의 역사를 논할 수 있는 시간은 기원전 7세기를 올라가지
않는다.

『관자』 등 선진문헌에는 기원전 8~7세기 당시에 '조선'이라는 지역
명칭이 겨우 등장할 뿐이다. 이후 기원전 4세기 전국시대 말에 와서야
고조선이 초기 국가 단계로 성장하는 모습이 기록되어 있다. 고고학 자
료를 보아도 남만주, 즉 중국 동북지방에서 청동기문화가 개화하는 시
기는 기원전 8~7세기이다. 고조선이 이 시기 이전에 존재할 수 없는 것
은 분명하다.

단군신화를 둘러싼 유사 역사학자들의 주장은 주장 차원에서 그치지
않았다. 그것을 국사 교과서 서술 문제에 끌어들여 이른바 잃어버린 국
사찾기운동과 민족정신 회복을 단군민족주의 사상 보급을 통해 가능하
다고 하였다.

초·중·고교 국사교육과 관련하여, 당시 유사 역사학자들이 지적하였
던 고대사 서술 내용은 고조선의 건국에 관한 해석과 단군조선의 기원,

단군조선의 강역 문제 등이다. 당시 논쟁을 주도하던 윤내현은 초등학교 및 중학교의 경우, 단군의 건국 이야기를 "곰이 웅녀가 되어 환웅과 결혼하여 단군을 낳았다."는 기존 신화화된 내용만을 싣고 있다고 비판하였다. 나아가 한반도의 청동기시대를 기원전 10세기로 보면서 단군의 건국 기원은 역사서의 서술과 일제가 기술한 내용에 따라 기원전 24세기(2333년)로 적고 있다고 비판하였다.

일부 유사 역사학자들은 "기원전 2500여 년의 역사를 입증하는 고고학적 증거들이 속속 발견되고 있는 상황에서 과거 일제가 기술한 내용을 고집하고 있다."고 기존의 연구를 비판한다. 그러나 기존의 고고학계 주장을 종합해 보면 남만주, 즉 중국 동북지방에서 청동기문화가 발전한 것은 기원전 1000년을 넘어가지 않는다. 유사 역사학자들처럼 연대를 무조건 끌어올려 고조선사의 출발로 연결한다고 민족주의적 서술이 되는 것은 아니다. 이것이야말로 국수주의적인 시각이며, 역사 사실과는 다른 주장에 불과한 것이다.

유사 역사학자들은 단군신화의 내용을 실재했던 사실로 인정한다. 단군신화는 고조선을 건국하기까지 우리 민족이 성장한 과정을 말해주고 있으며 그 구성 내용에는 우리 민족 가치관의 원형이 들어 있는데 이를 기존 학계에서 거짓으로 꾸민 이야기로 알고 있다고 비판한다. 이러한 유사 역사학자들의 주장은 신화의 내용과 역사적 사실을 구분하지 못하는 데서 발생한다. 이들의 비판과 달리 대부분의 고대사학자들은 단군신화의 가치를 부정하지 않는다. 다만 그것은 고조선 시기에 국가체제를 갖추었을 때 자기들의 지배를 합리화하기 위해 이데올로기 차원에서 건국신화로서 정리된 것이라는 점을 주목해야 한다. 단군신화 속에는 외부로부터 선진 집단이 이주해오고, 지배와 피지배 등 계급이 일부 발생하고, 그 가운데 등장한 지배자가 제사장적 성격이 강하고 행정적인 통치행위도 했다는 것 이상의 어떠한 사실도 알 수 없다. 단군신화 속에는 고대국가 건설 초창기의 경험이 담겨 있지만, 이것을 역사적 사실로 서 증거를 찾는다는 것은 사실상 불가능한 것이다.

단군이 건국한 연대 또한 요(堯) 임금의 건국연대를 송나라 사람 소 강절(邵康節)이 추정해 보고 그것을 사마광이 『자치통감(資治通鑑)』에 인용하면서부터이다. 중국학계에서는 소강절의 추정을 전혀 믿지 않는 다. 단군이 건국한 연대는 중국학자의 추론을 인용하여 조선 초기 성리 학자들이 추정해본 연대에 지나지 않는다. 그것이 몇 년이 되었든, 문 제는 그 연대가 아무런 의미를 갖지 못한다는 것이다. 일연은 단지 중 국 요임금과 같이 고조선의 건국연대가 오래되었다는 것만을 말하려고 했다.

유사 역사학자들이 단군조선이 존재했다고 주장하는 기원전 3000년 경은 신석기시대로, 계급이나 어떠한 정치집단도 확인할 수 없는 단계 이다. 따라서 유사 역사학자들은 엄연히 다른 역사적 존재를 같은 역사 체로 이해하는 과정에서 존재하지 않은 허상을 역사적 사실로 인식하는 과정에서 문제를 일으키는 것이다.

윤내현처럼 단군의 실존을 인정하는 사람들은 한국 상고사 체계를 단군조선→열국시대(여러 나라 시대)→사국시대→삼국시대로 보아야 한다고 주장하며 교과서에 이 내용을 담아줄 것을 요구하였다. 현실적 으로 쉽게 반영될 것은 아니라고 보면서도 꾸준히 문제 제기를 하다보 면 어떤 형태로든지 받아들여질 것이라는 계산이 있었던 것 같다. 실제 교과서 서술 시에 연구자가 전공하는 시대나 주제에 대해 계속해서 보 완을 요청하면 교과서를 쓰면서 그 주장을 외면할 수 없는 것과 마찬가 지 이치이다.

결과적으로 국사 교과서에 실린 고조선사는 기존 학계의 연구 성과 와 유사역사학의 주장이 뒤섞인 내용이 반영되면서 단군과 고조선사에 대해 어떻게 이해해야 될지 그 어느 쪽도 만족시키지 못하는 기형적인 서술이 되고 말았다.

한편 일반 시민들이 주도하는 여러 학회에서는 주로 "우리 겨레는 상고 시절에 위대한 제국을 건설해 만주를 지배한 위대한 민족이었다."는 주장을 하였다. 구체적으로 단군과 고조선사에 대한 사상적 접근까지 이루어졌다. 김지하의 경우는 단군신화를 통한 민족정신 회복운동은 "우리 민족의 활로를 개척하기 위한 운동일 뿐만 아니라 인류적 보편성을 지니는 사상운동"이라고 규정하였다. 한편 고고학 성과를 활용한 학계의 가세가 이루어지기도 하였다. "한국 청동기문화는 은·주 교체기 산동반도 일대에 있던 동이족 일파가 생존을 지키기 위해 사회적으로 결속한 결과"이고, "고조선식 동검문화"라는 개념을 사용하기도 했다.

이러한 고대사에 대한 관심이 지속되어 1990년대에는 유사 역사학자들의 여러 학술단체가 범람하고, 기존 학자들 간에도 여러 활동이 이루어졌다.

4. 일본과 중국의 역사 왜곡 : 2000년대

2000년대 들어 디지털 시대를 맞아 인터넷 사이버 공간을 통해 상고사에 대한 일반인의 관심이 더 높아졌다. 사이버상에서 수십만 명의 사람들이 유사 역사학자의 주장에 동조하였으며, 유사역사학 단체들이 활성화되었다. 사이버 공간에서의 활동도 활발히 전개되었다. 특히 T.V. 매체에서 역사물의 제작이 활발해지면서 고대사에 대한 관심은 더욱 고조되었다. 한편 기존 학계에서도 영상물에 대한 적극적 참여가 이루어지고, 역사교육에서 대중성 확보를 위한 노력이 진행되었다.

2000년대 초 역사 관련 인터넷사이트에 실린 내용들이다.

"교과서에는 고구려 전성기의 서부 국경이 대체로 현재 만주의 요하 지역인 것으로 묘사하고 있다. 하지만 이는 논란을 피하려는 의도일뿐 전혀 사실이 아니다.", "우리 조상은 1만 4천년 전 흑해 연안의 마고성에 살았으나 원죄를 짓고 환인(桓因) 천제(天帝)의 인도 아래 동쪽으로 이동, BC8396년 신시를 열었다.……"

이것은 우리 역사 내용이라기보다는 하나의 종교 시조의 모습을 연상케 한다. 최근 온라인상에서 활발히 벌어지는 네티즌들의 역사공방이 상고사를 둘러싼 혼란을 가중시키고 있다. 이들은 대개『환단고기』,『규원사화』,『부도지』등 위작 시비에 휘말린 고문헌을 사실로 받아들이는 데다 주류 사학자들의 주장을 계급사관·식민사관으로 몰아 붙인다.

특히 네티즌의 상당수인 청소년들은 기성세대와 제도권에 대한 특유의 반항심리 때문에 '이설(異說)'에 경도된 나머지, 수업 시간에 황당한 질문으로 역사교사들을 당혹스럽게 만드는 경우도 있었다. 나의 경우도 당시 전국의 중·고생으로부터 한국 상고사 관련 메일을 제일 많이 받았던 것 같다.

당시 인터넷 사이트 중 참여가 활발하고 회원 규모가 큰 것으로는 KBS 역사스페셜 홈페이지, 한국상고사학회, 다음 카페 중 '바로잡아야 할 역사들', '우리역사 바로알기 시민연대', '대륙조선사 연구회', '우리 역사의 비밀', '대륙 고려', '유목민 마을' 등을 들 수 있다.

이 가운데 KBS 역사스페셜 홈페이지는 당시 이전의 프로그램이 사실상 종영되고 새롭게 60회 한정 방송을 하고 있어 사이트가 운영되지 않고 있었다. 하지만 당시에는 매일 100여 건의 의견이 올라올 정도로 많은 사람들이 의견을 교환하는 장이었다. 다음 카페의 경우 7,900명의 회원 가운데 절반 이상이 중고등학생으로 알려졌다.

역사스페셜 게시판에 글을 띄운 한 네티즌은 '단(檀)=하늘=천(天)'이라며 "권력에서 밀려났던 단군의 혈족들이 일본으로 건너가 천황을 칭했다"고 주장했다. 다음 카페에 드나드는 네티즌은 "교과서를 보고 있자니 끓어오르는 혈압을 주체할 수 없다"며 '국사교과서 디비기(뒤지기)'란 제목의 시리즈를 연재하였다. 대륙조선사연구회는 '반도 중심의 조선사를 부정하고 중국 일제가 조작한 대륙조선의 역사를 회복하는 것'을 모임의 목적으로 명시했다.

이처럼 한국상고사가 일반 시민들의 견해와 함께 혼란의 소용돌이에 휩싸인 것은 역사 대중화 붐을 타고 상대적으로 상상력의 공간이 넓은 상고사 분야에서 다양한 해석과 문제 제기가 쏟아졌기 때문이다. 여기에다 비주류 사학자들이 인터넷이라는 '대중계몽활동공간'을 확보했으며, 일본 역사교과서 왜곡사건을 계기로 우리 국정교과서에 대한 비판의식이 높아진 것도 큰 몫을 하였다.

「바른 역사 밝은 민족」이라는 소식지를 매월 발간하는 '우리역사 바로알기 시민연대'의 경우 일본의 식민사관을 비판하는 글과 단군조선의 역사를 중심으로 고조선 시리즈 글을 싣고 있다. 그리고 '단군조선의 문화' 등의 항목을 설정하여 여러 회원의 글을 통해 단군조선을 우리 역사로 설명하는 내용의 글을 싣고 있다.

우리역사 바로알기에서 발간하는 소식지 '시민연대, 바른 역사 밝은 민족' 2005년 7월호의 목차를 제시하면 다음과 같다. 앞머리글 - 일본의 역사왜곡, 바로 알자! 고조선 시리즈 - 고조선의 올바른 이해, 실천과 나눔 - 바른 역사를 전하는 기쁨, 사진으로 보는 우리 역사 - 천해(天海), 바이칼 호수, 단군문화 기행이다.

한편에서는 여전히 교육인적자원부에 국사 교과서의 정정을 요구하는 청원이 제기되었다. 당시 국사광복회 회장을 맡았던 최재인씨는 일본의 역사왜곡에 앞서 〈우리 역사왜곡을 어떻게 할 것인가?〉라는 글을 통해 국사교과서의 정정을 촉구하였다.

2000년 1월 5일 교육인적자원부 장관에게 교과서의 정정을 촉구하면

서 서면 질의서를 통해 국사교과서 상고사의 왜곡 날조 문제를 지적하
였다. 당시 한나라당 국회의원이었던 권철현 의원을 통해 보낸 질의서
내용의 핵심은 다음과 같다.

"현행 국사는 대륙의 한사군을 반도의 한사군이라고 조작하고 산동성 북
부와 하북·요서·요동의 2천년 대륙조선(大陸朝鮮)을 부정 말살해 버리고,
전연 문헌 사료가 없는 만주 요령(遼寧) 중심 조선의 역사로 쓰고 있다. BC
10세기 이후 언제 건국되었는지 알 수 없는 국사로 조작하고 날조한 국사
가 일제의 식민지사관을 탈피한 국사라고 주장하는 의식을 지닌 국사학자
들이 일본인인지 한국인인지를 물어보지 않을 수가 없음을 밝히는 바이다."

이들의 논리는 기본적으로 현행 국사는 일제 식민사관의 복사판이라
는 것이다. 이에 대해 2001년 11월 3일, 국사학계는 상고사 연구를 우리
나라 사서와 중국측 사서들의 사료를 널리 이용하여 연구하고 있다고
하면서, 다만 상고사 분야의 사료가 빈약하다는 답변만 내놓았다.

한편 1990년 말부터 2000년대에는 고조선단군학회를 중심으로 기존
학계의 연구자와 유사 역사학자들 간의 발표와 토론의 장을 마련하여
의견을 교환하는 자리가 많이 만들어졌다. 고조선단군학회는 1997년 김
정배 선생님을 초대 회장으로 하여 출범하였다. 대개 기존 학계에 계신
분들이 중심이 되어 상고사에 관심을 가진 일반 시민들과 소통하고자
하는 취지에서 창립되었고, 매년 학술지 〈고조선단군학〉을 통해 고조선
및 단군 관련 논문을 게재하고 있다. 그러나 2000년대의 단군학회는 기
존 학계 연구자들보다는 유사 역사학자들이 중심적으로 활동하는 장으
로 변했고, 고대사 연구자들은 거의 참여하지 않았다.

한편 2000년대 초에는 여전히 TV매체에서 역사물 제작이 활발해지면
서 고대사에 대한 관심이 더욱 고조되고 있다. 기존 학계에서도 영상물에
대한 적극적 참여가 이루어지고, 역사교육에서 대중성 확보를 위한 노력

이 진행되고 있다. 다만 그 역사적 진실을 파헤치려는 연구자들의 연구 성과와 방송 제작진의 결론은 여전히 일치하지 않는 면을 보이고 있다.

5. 요하문명론(遼河文明論)의 등장과 유사역사학

2000년대에 한국 상고사와 관련해 일반 시민들과 유사 역사학자들이 가장 주목한 것은 이른바 '요하문명론'이었다.

요령성박물관 '요하문명' 전시실 입구   우하량 제1지점 여신묘 출토 여신상

대개 2002년부터 중국에서 동북공정의 하나의 논리로 제기된 '요하문명론'의 핵심은 요하(遼河) 일대에서 발원한 모든 고대 민족을 황제족(黃帝族)의 후예로 삼고, 이 지역의 고대 민족들이 이룬 모든 역사를 중국의 역사로 편입시키는 것이다. 나아가 황하문명보다도 앞서고 발달된 요하문명을 중화(中華)문명의 시발점으로 삼는 것이다. 요하문명 논리에 따르면 기존에 중국을 둘러싼 사방 오랑캐라고 보았던 동이(東夷), 서융(西戎), 남만(南蠻), 북적(北狄)을 모두 중화민족 범주에 포괄한다.

'요하문명론'에서는 고조선 이전에 요령성 일대, 요하 일대 문화를 중국 상고문명의 하나로 파악한다. 이때 기원전 4000년경 내몽고 적봉시 일대의 우하량, 동산취 등 제단(祭壇)과 신전(神殿), 적석총을 조성하였던 홍산문화를 하나의 문명으로 해석하고, 중국의 전설상의 시조 황제가 남긴 것으로 해석한다. 중국의 건국신화에 등장하는 황제이야

우하량 제2지점 적석총 유적

기를 역사 사실로 믿고 당시에 이미 권력 관계가 수립되었는데, 그것을 입증해 주는 유적이 우하량, 동산취 등 홍산문화라고 주장하고 있다.

이러한 중국학계의 주장은 요하 유역을 포함한 만주의 역사는 물론 동북아시아 전체를 상고시대부터 중국사로 편입시키려는 시도라 할 수 있다. 이처럼 2000년대 초 중국이 기원전 4천년 전의 홍산문화를 중국 민족사와 연결시키면서 요하문명론을 제기하자, 우리나라에서는 이에 대한 반발이 먼저 시민 단체들에 의해 나왔다.

시민 단체와 유사역사자들은 요하문명론에서 중국 황제 문명으로 해석하는 홍산문화가 우리 민족과 관련된 것이라고 주장하였다.

우리 학계에서 처음으로 요하문명론에 대한 체계적인 정리는 사회학 전공자인 우실하 교수에 의해 이루어졌다. 다만 우실하는 역사 비전공자이다보니 요하문명론의 전개 과정에 대한 자세한 소개는 이루어졌으

나 중국학계의 주장을 과도하게 부각시키고 요하문명론의 진정한 주인
공을 근거없이 단군조선(고조선)과 관련시켜 해석하고 말았다.

우실하는 홍산문화는 고조선 또는 맥족의 문화이고 이것을 중국이
빼앗으려는 것이 요하문명론인데, 식민주의사학에 젖은 우리나라 국사
학자들이 제대로 대응하지 못한다고 비판하였다. 2015 개정 교육과정을
준비할 때에는 요하문명과 관련된 내용을 교과서에까지 반영하려는 움
직임이 있었다.

우리 역사상 첫 국가 고조선이나 예맥족에 관한 문헌 기록은 아무리
올려본다고 해도 기원전 10세기 이상으로 올라가지 않는다. 홍산문화는
이보다 2천년 이상 올라간 신석기시대의 문화일 뿐이다. 양자를 연결시
키려는 것은 현재와 2, 3천 년 전의 일을 직결시키는 것과 같은 일이다.
신석기 문화에 문명을 설정하거나 고대국가 또는 고대 종족과 연결시키
려는 것은 물론이요, 고조선이 수천 년간 존재했다는 것은 세계사에서
유례가 없는 상식 밖의 일이다.

3장. 2010년대 이후 유사 역사학과의
한국 상고사 논쟁

2010년대에 들어와서도 유사 역사학자들과 시민 단체는 집권 세력의 보이지 않는 방조 속에 활발하게 활동하였다. 그리고 이들에 의한 단군조선사는 물론 요하문명론에 대한 관심도 지속되었다.

이 장에서는 2010년대 이후 유사 역사학자들의 한국상고사, 즉 단군과 고조선사를 둘러싼 한국 고대사 학계에 대한 공격과 소모적인 논쟁의 상황을 정리해보고 올바른 상고사 인식의 방향을 모색해 보고자 한다.

1. '관제민족주의 역사학'의 재발흥

2012년 12월에는 한국학중앙연구원 한민족공동체연구소 주최로 '한국사 시공간적 범위 정체성 세미나 – 요하문명론'을 주제로 토론회가 열렸다. 「조선일보」 등에서는 학계의 연구 성과와는 다른 '웅대한 고대사'를 지속적으로 연재하였다.

2012년부터는 해마다 '대한역사바로찾기 범국민운동본부'[사단법인 대한사랑, 이사장 박성수]가 주최하여 전국 순회 '『환단고기』 출간 북콘서트'를 개최하였는데, 그때마다 1천 명 이상의 일반인들이 모여 성황을 이루었다.

2010년대 이후 일반 시민 단체가 주도하는 상고사 논란의 중심에는

'국민운동본부'의 이덕일이 있었다. 1990년대에는 윤내현, 2000년대에는 최재인이 하던 역할을 최근에는 이덕일이 대신하고 있다. 이덕일은 한 국근대사를 공부한 경력을 십분 발휘하여 한국 고대사학계와 고대사학 자들이 주로 활동하는 동북아연구재단의 연구 성과들을 식민사학과 동 북공정의 논리라고 매도하고 공격하는 일에 앞장서고 있다. 이들은 최 근에는 국가 연구비를 수주해서 연구를 수행할 정도로 보수적인 집권 세력의 보이지 않는 후원을 배경으로 활발한 활동을 벌이고 있다.

이덕일은 일련의 저서에서 기존 학계의 연구 동향은 조선총독부와 이병도의 입장을 반복 재생산하고 있다고 보았다. 조선시대 이래 사학 사적 전통과 기존 학계에서 논의하는 다양하고 기본적인 연구 성과와 논의를 모두 일제 조선총독부와 이병도의 결론과 유사하다고 연구 결과 자체를 매도하고 있다. 세밀한 분석이나 객관적인 평가가 배제된 상태 에서 고대사 연구 성과가 중국 동북공정이나 일제 식민사관과 유사하다 고 비판한다.

이덕일은 역사학계를 애국과 매국, 식민사학과 민족주의라는 도덕적 프레임 위에 올려놓고 자신은 거대 권력에 맞서는 외로운 영웅으로 포장 하고 있다. 이덕일을 앞세운 유사 역사학자들의 국수주의적인 주장과 학 계에 대한 공격은 대학이나 연구 기관에서 전문 연구를 하는 강단 연구 자들에 대한 도전이자 그 권위에 대한 부정에서 출발하고 있다. 학계 전 문가의 강의 자리에서 일부 시민과 유사 역사학자들은 강단에 있는 전문 연구자를 드러내놓고 무시한다. 이들은 자신들의 해석이 더 민족적이고 웅대한 역사를 복원했다고 자부하면서 기존 학계를 공격한다.

따라서 유사 역사학자들의 기존 학계에 대한 공격은 일반 시민들이 나 비전문가에게도 자신들의 생각에 자신감을 갖게 하고, 우리 역사에 대한 환상과 함께 기존 학계의 권위를 무시하게 만드는 역할을 한다. 자 연스레 그동안 학계의 연구 성과들은 일반인들에게는 부정적으로 인식되게 되고, 전문가의 견해에 대한 신뢰성은 심각한 타격을 받게 되었다.

급기야 학계의 연구 성과에 대해 문제 제기를 한 유사 역사학자와 사회 원로인사들은 2014년 3월 현존하지도 않는 식민사학을 해체하겠다며 '식민사학 해체 국민운동본부'라는 단체를 꾸려 재단에 대한 공익감사를 청구하기도 했다. 전문 연구자의 역사 연구와 서술 문제를 행정 사무처럼 감사 청구하는 것이 가능한 일인지 이해할 수 없지만, 이러한 시민 단체의 건의를 감사원이 받아들인 것은 더욱 놀라웠다. '역사 서술' 문제는 학계의 전문 연구자들이 고민할 문제이지 감사원에서 감사할 사안이 아니라는 이유로 감사 청구는 기각되었다. 결과적으로 이 일은 학계와 동북아역사재단에 많은 상처와 부담을 안겨준 채 마무리되었다.

오늘날 한국 상고사를 주제로 벌어지고 있는 논쟁은 한마디로 1970년대 후반에 벌어진 관제민족주의역사학의 극우화된 변종으로서, 이른바 재야 국수주의역사학 주장의 2010년대 재현이라 할 수 있다.

1970년대 후반 박정희 정권은 '유신체제'를 수립하고 그 체제이데올로기로서 반공과 국수주의적 민족주체사관으로 무장된 '한국적 민주주의'를 주창하고, 국가적 규모로 그 선전을 추진하였다. 당시 역사학계는 내부의 모순이 심화되어 학계의 전체적 경향은 현실사회에 대한 실천적 인식을 외면하고 대학 강단에 안주하는 아카데미즘 사학으로 흘렀고, 이 아카데미즘 사학의 일정한 지원을 받으면서 관변 연구기관 중심의 '관제민족주의역사학'이 발흥하였다.

이들은 아카데미 문헌고증사학을 식민사관의 아류, 식민사학이라 비난하면서 고대사분야를 중심으로 국수주의적 민족주체성을 강조하는 한편 극우정치세력(특히 군부)의 입장을 측면에서 지원하였다. 이러한 주장은 대개 10년 주기로 발흥하다가 박근혜 정부가 들어선 이후 더욱 활발하게 활동하고 있다 하겠다.

2. 한국 상고사 연구 성과에 대한 정치적 해석의 심화

2010년대 들어 정치권에서는 한국 상고사 문제에 매우 민감하게 대응하였다. 2013년 6월 13일 제316회 국회(임시회) 제7차 본회의에서 '동북아역사왜곡대책 특별위원회'가 구성된 이후, 2014년 겨울까지 업무보고 5회, 공청회 16회 등 총 24차례에 걸쳐 전체위원회를 열었다. 그중 여섯 차례 회의가 유사 역사학자들이 주장하는 고조선의 위치 및 사회성격과 관련된 내용이었다. 그 여섯 차례는 다음과 같다. 제12차 '조선상고사'에 관한 공청회(2013. 12. 20), 제14차 '상고사에 대한 이해'에 관한 공청회(2014. 2. 14), 제17차 '한국 고대문화의 영역과 특성'에 관한 공청회(2014. 7. 11), 제18차 '중국의 동북공정 현안과 과제'에 관한 공청회(2014. 7. 18), 제19차 '한국 고대사 연구 체계와 동북아 안보'에 관한 공청회(2014. 7. 25), 제21차 '만주지역 국경선 변천사'에 관한 공청회(2014. 11. 7)

2015년도에 들어와서도 지속적으로 상고사 관련 공청회를 열어 기존 학계의 의견을 듣는다는 명목으로 이덕일 등 유사역사학의 주장을 확인하고 그 내용을 학계에서 반영할 것을 요구하였다.

2015년 12월 1일 동북아역사 특위 활동을 1차 마무리하며, 이후에는 학술총서 발간을 통해 국민 계몽운동과 학계의 반성을 촉구해 나갈 것임을 언급하였다.

교육부는 2010년대 들어 더욱 역사교육 강화를 강조하고 정책적으로 교과서나 대중 교육에 반영하고자 노력하였다. 2013년부터 교육부는 일종의 태스크포스 형태로 '역사교육지원팀'을 만들어 운영하였다. '역사교육지원팀'에서는 구체적으로 초중등 분야에서는 교사들의 역사교육 전문성을 강화하기 위해 '한국사 교원 연수', 일선학교 역사동아리 활동 지원 사업, 한국상고사 연구, 2017학년도 수능 필수과목으로 지정된 한국사 과목의 시험출제 방식 연구, 국정교과서 편찬 추진 등의 일을 하고 있다. 상고사 서술과 관련해서는 고대사 전공자 대신 시민 단체나 비전 문가이지만 웅대한 상고 시기 역사를 집필해 줄 단체나 개인 연구자를 찾아 지원하고 있다.

그에 따라 '한국사 연구 종합계획'을 수립하고, 한국연구재단, 한국학 중앙연구원, 동북아역사재단, 국사편찬위원회 등 역사 관련 연구기관 간 역할 분담을 조정하는 일을 하였다. 이 팀은 나중에 국정교과서 추진 을 위한 특별지원팀으로 재편되어 운영되었다. 팀장과 사무관, 연구사 등으로 구성되어 있다. 본 지원팀은 일찍이 한국사 분야에 책정된 수십 억 원의 예산을 가지고 한국사 연구기반을 강화하기 위한 제반 사업을 주도하였다.

교육부는 2013년말 '식민사학 극복, 상고사 연구'를 위한 수십억 예산 을 편성하였다. 이는 당시 교육부에서 직접 주도하여 만든 것으로 국민 의 혈세가 엉뚱한 일에 쓰여지는 대표적인 사례가 되고 말았다.

보수적인 정권이 들어서고 여기에 정치 세력들이 유사 역사학자들과 연결되어 민족주의 교육이라는 이름으로 목소리를 높이게 되자 아예 교 육부가 직접 나서서 이처럼 역사교육 강화와 상고사 바로잡기를 추진하 는 일이 일어났다.

이처럼 정치인들이나 일반 시민이 한국 상고사와 관련해 과장되고 허상인 역사상을 가지고 전문 연구자들의 연구 성과를 비판하고 부정하 는 이유는 쉽게 이해하기 어렵다. 그 이면에는 대단히 현실정치적인 입 장이 담겨 있다고 할 수 있다.

필자는 2014년 초 국회 동북아역사특위의 초청을 받아 한국 상고사 연구 현황에 대해 피력할 기회를 갖게 되었다. 그 자리는 전문가의 의견 을 경청하는 자리로 학계를 대표해 말씀을 부탁드린다는 요청에 마지못 해 승낙하였었다. 그러나 그 자리는 국회의원들이 전문가의 이야기를 경청하는 자리가 아니라 특위 활동의 성과를 변경하기 위해 마련된 것이었고, 2시간 내내 여야 불문하고 학계의 연구 내용을 성토하는 분위기 속에서, 유사 역사학자들이 주장하는 내용 몇 가지를 공동 연구 과제로 정한 뒤에 회의가 마무리되었다.

2014년 3월 19일 일반 시민 단체에 의해 하나의 해프닝이 벌어졌다. 이름하야 '식민사학 해체 국민운동 본부'가 중국의 동북공정과 일본의 역사왜곡에 맞서기 위해 설립한 동북아역사재단 해체를 정부에 건의하기에 이른 것이다.

전문가가 아닌 시민 단체가 정부에서 동북아역사왜곡을 전담할 기관으로 만든 동북아역사재단을 해체 건의한 이유인즉, 재단측이 하버드대학 한국학연구소와 공동으로 발간한 영문판 '한국 고대사 속의 한사군'(The Han Commanderies in Early Korean History) 책에 따르면 한반도 북부는 중국 식민지가 되고 남부는 일본 식민지가 된다는 것이다. 한사군은 만주에 있었는데, 한반도에 있었다고 쓴 것은 식민사학을 대변한 것으로, 이런 책을 발간한 재단은 해체해야 한다는 것이다.

'식민사학 해체 국민운동 본부'는 이종찬 전 국정원장, 인명진 갈릴리교회 목사, 허성관 전 행안부장관이 공동의장이고, 학술위원장을 이덕일(한가람역사문화연구소 소장)이 맡아 모임을 주도하고 있다.

운동본부 설립 당시 인터넷을 통해 창립대회의 참여를 촉구한 안내문은 다음과 같다.

"안녕하세요. 한가람 역사문화연구소입니다. 중국 동북공정과 일본 극우파 역사침략에 동조해 왔던 동북아역사재단이 최근에는 하버드 대학교 한국학 연구소에 무려 10억 원의 국고를 지원해서 "The Han Commanderies in Early Korean History(한국 고대사의 한나라 영지들)"을 번역 출간하였습니다. 만주 서쪽에 있었던 한사군을 한강 북부에 있었다면서 중국에 북한 강역을 팔아넘기고, 이를 한국 해외공관에 배포하여 외국학생들을 가르치겠다는 것입니다. 최근에 많은 분들의 참여와 규탄으로 식민사학의 실체와 역사적 진실이 널리 알려져 국회에서 동북아역사재단 해체 법안을 상정하려는 움직임이 구체화 되는 성과가 있습니다. 뜻있는 분들의 관심이 모여 동북아역사재단과 아직도 주류사학계에 만연한 식민사학을 청소하는 계기로 삼을 수 있도록 참여를 부탁드립니다."

식민사학 해체 국민운동 본부에서 당시 감사원에 요청한 질의서에서 낙랑군은 요동에 있었고, 한반도 내에 있었다고 말하는 1차 사료는 단한 건도 없다고 보았다. 그 근거로 몇몇 사료를 인용하고 있다. 예를 들면, 『한서』 「설선열전」, "안사고가 말하기를 "낙랑은 유주(현재 북경)에 속해 있다", 『후한서』 「최인열전」, "장잠현은 낙랑군에 속해 있는데 그 땅은 요동에 있다.", 『후한서』 「광무제본기」 "낙랑군은 옛 조선국이다. 요동에 있다.", 『사기』 주석, 「하본기」 주석, 태강지리지에 전하기를 "낙랑 수성현에는 갈석산이 있으며, (만리)장성의 기점이다." 여기서 『한서』 설선열전에 나오는 내용은 낙랑 지역이 북경 소재 유주자사(幽州刺史)의 역할과 관여가 일정 정도 있었다는 것이지, 낙랑군이 요동에 있다는 말은 전혀 아니다. 『후한서』 「최인열전」과 『후한서』 「광무제본기」 두 기록 모두 낙랑군은 중국 동북지역에 설치한 다섯 개의 군 가운데 가장 동쪽 요양에 치소를 둔 요동군의 관할 범위에 낙랑이 있다는 것으로 해석해야 할 것이다.

이러한 문제제기를 한 유사역사자와 사회 원로 인사 등은 지난 3월 '식민사학 해체 국민운동본부'라는 단체를 꾸려 재단에 대한 공익감사를 청구하기도 했다. 감사원은 시민 단체의 건의를 받아들여 ""서구학자들이 재단에서 발간한 한국 고대사 책을 보고 한국이 고대 중국의 식민지였다고 오해할 소지가 있다."고 주장하고 있는데, 이에 대한 재단의 입장은 무엇인가?"라고 문의하였고 재단 측은 답변서를 작성하느라 곤욕을 치렀다.

재단을 비롯한 '한국 고대사 학계'는 사실상 무대응으로 일관하였다. 그들이 주장하는 내용이 역사의 실상과는 무관하며, 다분히 학문 외적인 배경이 깔려있기 때문이다.

일반 시민 단체의 주장과 달리 재단 측에서 발간한 영문 한국사 책의 서술 내용은 우리 역사의 시작을 한사군(漢四郡)부터가 아니라 고조선(古朝鮮)부터 쓰고 있다. 그리고 그 동안 그 중요성에 비해 다루지 않았던 낙랑군(樂浪郡)에 대해 명확하게 정리하고 있다.

『한서』 지리지 등 많은 문헌 기록을 보면, 한사군 가운데 낙랑군이 한반도 대동강 유역에 설치되었음이 명확하게 나와있다. 북한의 수도 평양지역에 낙랑군이 설치되었음은 평양에 남아 있는 수천 기의 낙랑 벽돌무덤이 증명하고 있다. 많은 문헌 기록과 대동강 유역의 고고 자료는 낙랑군이 평양에 있었음을 분명하게 입증하고 있다.

기본적으로 학계의 연구 성과를 무시하고 유사 역사학자들의 근거없는 주장에 매몰되어 학계의 학문적 성과를 공격하고, 나아가 여기서 그치지 않고 전문 연구자들이 활동하는 정부 기관의 해체를 건의했다는 점에서 언론이나 일반 사람들의 많은 관심을 끌었다.

이후 '국민운동본부'는 동북아역사재단에서 발주하여 진행한 동북아역사지도 사업도 한사군의 서북한 지역 위치 비정을 문제 삼아 사업 자체를 포기하게 하는 데 역할을 하였다.

'동북아역사지도 편찬 사업'은 8년 정도에 걸쳐 우리 학계 최고의 전문가들이 매달 합숙 토론을 거친 결과물이다. 논란이 많은 한국 고대사, 특히 한국상고사의 경우 여러 차례 치열한 논의를 거쳐 합의된 내용을 지도로 구현한 것이다. 이러한 연구 성과를 비전문가인 일반 시민 단체와 국회 '동북아역사왜곡대책 특별위원회'에서 계속 문제 삼아 여러 차례 국회에서 보고토록 한 후, 그 성과물에 대해 계속적으로 자신들의 생각을 담은 내용으로 수정을 요구하였다. 급기야 그 결과물을 회수하였다.

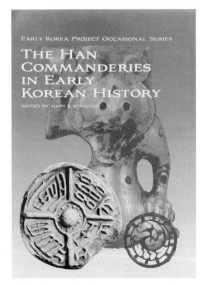

『한국고대사』(영문판, 하버드대 출판)   『동북아역사지도』「고조선지도」
                                                    (동북아역사재단)

　　결국 정치권을 포함해 일반 시민 단체와 유사 역사학자들은 2014년 말부터 동북아역사재단의 '동북아역사지도 편찬 사업'을 문제 삼아, 지도 편찬 사업의 성과를 마무리 단계에서 회수해 갔고, 그간의 결과물을 식민사학을 따른 것이라고 매도하고 폄하하였다.

　　가장 최근에는 한국 고대사학회 학술회의장에서 일반 시민이 학계의 중진급 연구자들을 향해 '매국노'라 부르며 인신공격을 하는 일도 있었다. 2016년 2월 17일(수)~18일(목) 양일간 한국고대사학회는 '한국고대사상 왕권'이라는 주제로 합동토론회를 한성백제박물관에서 개최하였다. 그 자리에서 역사별동대를 자처하는 시민 단체의 사람들이 소동을 일으켰다.

　　이른바 유사 역사학자들이 우리 사회만 있는 것은 아니라고 하지만, 오늘의 우리처럼 극단적인 모습은 아닐 것이다. 그렇다면 왜 우리는 유사 역사학자들과 그 주장을 추종하는 일반 시민이나 정치인들이 목소리를 높이는 상황이 자주 발생하는 것일까?

3. 최근 『전라도 천년사』 식민사관 논란과 관련하여

2022년 '전라도'라는 이름이 정해진 1천 년을 기념하여 전남·전북·광주광역시 세 지자체가 24억 원을 들여 3년 정도의 준비 기간을 거쳐 34권으로 『전라도 천년사』를 제작하였다. 당대의 각 시기별 주제별 최고의 전문 역사학자들이 동원되어 최신의 학설을 바탕으로 전라도 1천년의 역사를 정리한 매우 의미있는 연구 성과라고 할 수 있다. 그런데 이러한 의미있는 연구 성과가 출판 기념회를 앞두고 가칭 '전라도오천년사바로잡기 500만 전라도시민연대' 등의 단체들의 요구로 출판기념회를 취소하고 논란에 빠지고 말았다. 결국 『전라도 천년사』 작업을 주도했던 책임자들이 2023년 10월 12일 문화체육관광위원회 국정감사장에 불려가는 일이 벌어지고 말았다.

문재인 정부 시절 조용히 숨어지내던 유사 역사학자들이 윤석열 정권 들어 다시 활동을 준비하던 차에 『전라도 천년사』는 그들의 존재감을 각인시켜줄 좋은 소재가 되었다. 『전라도 천년사』 논쟁이 시작되었을 때 필자는 학계에서는 최소한도의 입장만을 내고 무대응할 것을 조언하였다. 그러나 무대응 하기에는 저들의 움직임이 마치 먹이감을 본 승냥이처럼 달려들다보니 어쩔 수 없이 언론을 통해 대응을 하는 쪽으로 진행되었다.

이후에 벌어진 학계 전공자와 유사 역사학자들의 토론은 논의의 접점이 생길 수 없었고, 예상했던 것이지만 저들의 일방적인 학계에 대한 비난에 대해 학계에서 답변과 변명을 하는 것처럼 전개되었다. 논쟁이라는 것이 내용과 논지의 근거를 놓고 상호 토론하는 것인데, 사료의 내용을 전혀 모르고 학계의 전공자들을 이미 식민사학자라고 낙인찍은 비전공자들과 무슨 대화가 이루어 질 수 있겠는가? 그러기에 필자는 처음부터 시민 단체들을 상대하지 말자는 것이었고, 상대하는 순간 저들의 논리에 끌려다닐 수밖에 없다고 생각했다.

결과적으로 『전라도 천년사』는 배포를 포기하고 출판을 잠정 보류한 상태로 있다. 한국 고대사학계의 최신 연구성과가 집성된 저작물이 비전공자인 유사 역사학자들과 시민 단체에 의해 매도되고 출판이 되지 못한 것은 학문적으로 큰 손실이자 역사학계의 활동을 위축시키는 심각한 사건이라 할 수 있다.

『전라도 천년사』의 내용 가운데 일반 시민 단체들과 사이비 역사학자들이 가장 문제 삼는 내용은 일제 식민사학의 대표적 주장이었던 임나일본부설과 관련된 내용이다.

우리 학계의 임나일본부에 대한 결론은 일제 식민사학에서 한국 고대 369년부터 562년까지 한반도 남부 지역에 있었다는 임나일본부는 사실상 가야의 역사를 말하는 것으로 규정하였다. 가야사가 이제는 거의 복원이 된 상태에서 임나일본부는 『일본서기』 기록을 근거로 일제 관학자들에 의해 만들어진 허상이자 한반도에 존재하지 않았다고 결론 내렸다. 이 내용은 물론 『전라도 천년사』의 가야사 부분 내용에 잘 서술되었다.

그런데 사이비역사학자들은 『전라도 천년사』가 『일본서기』를 사료로 사용했다거나 『일본서기』에 나오는 일본 임나일본부의 한 지역인 기문(己文)을 남원 지역으로 보고, 이 지역까지 가야의 역사가 펼쳐진 것으로 쓴 내용을 일본의 식민지배를 인정한 것처럼 호도하고 비판하였다.

전라도 5000년사 바로잡기 500만 전라도민 연대라는 이름으로 몇몇 유사 역사학자들이 보내온 공개 질의서 말미에는 차마 입에 담기 어려운 학계를 모독하는 여러 문장이 쓰여 있다. 다음의 문장을 사례로 제시해 본다.

'『전라도 천년사』는 조선총독부 조선사편수회에서도 하지 못할 이야기를 버젓이 서술한 매국적 역사서'

논쟁 진행과정에서 전라남도 지역의 시민 단체들이 전라도 1000년사 편찬위원회 집필자들에게 한국 고대사 관련하여 공개질의서를 보내온 13개 항목의 질문 가운데 8개는 임나일본부와 관련된 내용이다. 이 내용을 제외하고 한국상고사, 즉 고조선사와 관련된 3가지 주요 내용에 대해서만 필자는 시민 단체에 답글을 보냈다.

시민 단체가 고조선사 서술과 관련해 공개 질의한 내용의 하나는 단군조선을 부인하였다는 것이다. 즉, "초기 단계 고조선의 모습은 단군조선 다음 단계를 기록한 문헌과 청동기시대 관련 고고 자료를 종합하여 살펴보아야 한다."(『전라도 천년사』 3권 44쪽)는 내용은 단군조선 다음 단계부터 고조선으로 보겠다는 논리로 단군조선을 부인한 것이라는 것이다.

그러나 『전라도 천년사』 고조선 집필자는 단군조선을 부정하지 않았으며, 위만조선 이전 시기를 단군조선 시기로 부르는 기존 학계의 견해를 따르고 있다. 천년사 3권 42쪽에 "고조선 초기 단계는 단군신화로 표현된 단군조선 시기라 할 수 있다."고 명확히 명시하고 있다. 다만, 필자는 『삼국유사』의 건국신화만으로는 초기고조선 모습을 해석하기가 어려우므로 후대 자료도 종합적으로 살펴보아야 한다고 썼는데, 이 문장을 앞뒤 다 자르고 초기 고조선사는 '단군조선 이후의 문헌자료를 살펴보아야 한다'는 문구만 가져와 마치 필자가 단군조선을 부정한 것처럼 호도하고 있다.

『전라도 천년사』 3권 42쪽 글의 전문에는 "삼국유사를 비롯하여 사서에 기록되어 있는 단군신화를 그대로 단군조선의 역사로 설명하기에는 구체적인 역사상이 드러나지 않아 사실성이 떨어진다."고 서술하였고,

따라서 "고조선 초기 단계의 모습은 단군조선 다음 단계를 기록한 문헌과 고고 자료를 종합적으로 살펴보아야 한다."는 문장으로 서술하였다. 이것은 고조선 건국신화인 단군신화 내용만으로는 고조선의 초기 단계 모습을 이해하기 어려우므로 단군신화 이후의 모습을 기록한 문헌 자료를 살펴보아야 한다는 의미로 쓴 것이다.

시민 단체의 두 번째 질문은 『전라도 천년사』가 고조선의 건국 시기를 부인하였다는 것이다.

『전라도 천년사』는 "고조선이 하나의 정치체로 역사 무대에 등장한 시기는 동아시아에서 청동기문화가 번성하던 기원전 8~7세기경이다."(『전라도 천년사』 3권 43쪽)고 하였다. 즉, 『전라도 천년사』는 우리 사료에는 서기전 24세기에 단군조선이 건국했다고 되어 있고, 중국 사료에도 기자 관련해서 서기전 12세기에 조선이 있었다고 나오는 많은 기록을 부정하고 있다는 것이다.

고조선이 기원전 24세기에 세워졌다는 것은 조선 초기에 서거정 등이 주도해서 편찬한 『동국통감』의 견해일 뿐이다. 기원전 2333년에 단군이 나라를 세웠다고 입증할 근거는 없다. 『삼국유사』에서 승 일연은 단군조선의 건국 시기가 중국의 시조 요임금과 같이 오래 되었다고 했을 뿐이다. 그런데 여기서 중국 건국신화에 나오는 요임금이 나라를 세운 연대를 어떻게 알 수 있겠는가? 『동국통감』에서 추정한 기원전 24세기가 과연 어느 정도 신빙성이 있을까?

기원전 12세기에 존재했다는 기자조선은 동북공정과 함께 중국학계에서 특히 주장하는 것으로 남북한 학계 모두 그 역사에 대해 부정하고 있다.

따라서 초기단계 고조선 사회의 모습은 중국 동북지방에서 청동기문화가 번성한 기원전 10세기 초의 유적유물 자료와 문헌 기록을 종합적으로 살펴보는 것이 가장 합리적이다. 그리고 중국 문헌에 등장하는 최초의 조선 명칭은 춘추시대이므로 기원전 8~7세기 경에 고조선 정치체의 모습을 추론할 수 있다고 보는 것이다.

세번째로 시민 단체에서는 『전라도 천년사』 3권 44쪽 지도에는 고조선의 영역을 한국 요령식동검문화로 축소했다고 비판한다.

시민 단체에서 이렇게 비판하는 배경에는 만주 지역에서 나오는 비파형동검의 출토 지역은 모두 고조선의 영역으로 보아야 한다는 시각이 전제되어 있다고 할 수 있다. 그러나 너른 만주 지역에 광범위하게 분포하는 비파형동검문화 전체를 고조선의 문화로만 볼 수는 없다. 청동기 시대에 비파형 동검이 분포하는 만주 지역 전체를 통할하는 하나의 정치체를 상정하기는 어렵다.

따라서 만주 지역의 비파형동검문화를 세부 지역별로 구분하고 문헌에 나오는 종족과 연결시켜 보는 작업이 필요하다. 현존하는 자료를 종합해보면 내몽고~요서 지역 비파형동검문화는 산융·동호족의 문화이고, 대릉하~요동 비파형동검문화는 예맥족의 문화이자 고조선과 관련된 문화이다. 압록강 이남의 비파형동검문화는 고조선족의 문화로 볼 수 있다.

이와 관련해서 전공자들 사이에도 약간의 견해 차가 있는데, 『전라도 천년사』의 경우, 1장과 2장에서는 모두 요서 대릉하유역부터 서북한지역을 고조선 문화권으로 보았는데, 2장의 경우는 대릉하~요동지역과 서북한지역을 세부 지역으로 구분해서 종족과 연결시켜 정리한 것이다.

유사 역사학자들은 이 주장이 만주지역을 고조선이 아니라 산융·동호로 여기는 동북공정의 주장을 추종했다고 비판했다.

그러나 만주 지역 전체를 고조선으로 보는 것은 비파형동검문화 분포지역을 모두 고조선으로 해석하는 것인데, 청동기문화 단계에 만주 지역 전체를 포괄한 정치체는 존재하지 않았으며, 더더욱 그것이 고조선은 아니다.

분명히 알아야 할 것은 동북공정을 시작하기 이전부터 중국학계에서는 만주 지역 전체를 산융·동호로 보지 않았다는 점이다. 중국학계는 비파형동검문화를 연구한 1980년대 중반부터 요서지역의 동검문화만을 산융동호로 설명하였다.

4. 한국 상고사(上古史) 논쟁의 본질

유사 역사학자들의 주장은 대개 10년을 주기로 활발하게 제기되다가 박근혜 정부가 국정교과서 편찬을 추진하면서 역사 교과서에 상고사 부분을 대거 보완하겠다는 논리와 함께 재등장하였다. 나아가 당시 집권 세력들과 연결되어 극단적 반공 논리와 함께 웅대한 상고사를 교과서 서술 내용으로 담아야 한다는 논리로 재현되고 있다. 돌이켜보면 이러한 상황은 유신 말기인 1970년대 말~1980년대 초 상황의 복사판이라고 할 수 있다.

"2016년 2월 17일 한성백제박물관에서 열린 한국고대사학회 합동토론회장에서 일반 시민 한 분이 소동을 부리며 한국고대사학계의 원로이자 중진학자들을 "매국노들", 또는 "다 죽여 버리겠다"는 등의 망언을 퍼부었다. 한국 고대사의 중요 주제를 놓고 전문 연구자들끼리 발표와 토론을 하는 학술행사에서 그 행사 자체를 부정하고 소란을 피우는 행위를 보면서 일부 사람들에게 퍼져있는 국수주의와 전체주의적인 역사 인식의 문제점을 심각하게 느낄 수 있었다. 이후 3월부터 진행된 한국 고대사 시민강좌 첫날에 다행히 우려했던 소란은 없었고, 고대사에 관심 있는 500여명의 많은 시민들이 복도에까지 앉아 강의를 경청하였다. 다수의 시민들은 여전히 우리 역사에 대해 궁금해하고 학자들의 연구 성과에 대해 존중하고 있음을 확인할 수 있었다.

단군과 고조선사를 둘러싼 유사 역사학자들의 주장은 기본적으로 역사 발전에 대한 합리적 이해가 결여되어 있다. 유사 역사학자들은 기원전 4천년 전에 내몽고 적봉시 일대를 중심으로 발전한 신석기 문화인 홍산문화를 요하문명이라 해석하는 중국 학계에 맞서 오히려 이를 고조선(단군조선)의 문명으로 해석하고 있다. 중국 동북지방의 신석기문화를 중국 시조 황제(黃帝)가 남긴 문명으로 해석하는 중국학계의 주장 역시 설득력이 없지만, 우리 역사와 조금이라도 연관성을 찾기 어려운 문화를 무작정 단군조선과 연결시켜 보는 것은 기본적으로 역사의 발전 단계에 대한 개념이 형성되지 않은 주장이라고 할 수 있다.

세계 어느 나라의 역사에서 신석기 말기에서 청동기시대 초기에 거대한 고대 제국을 형성한 나라는 없다. 로마제국은 하루 아침에 이루어지지 않았다. 역사는 세계사의 발전과 더불어 보편성과 합리성을 띠어야 그 역사로서 의미가 있다. 우리만의 역사는 존재하지 않는다. 우리 역사만이 웅대하다고 주장하고, 주변 역사와 비교하거나 세계사 속에서 그 위치를 자리매김하지 못한다면 그 역사학은 존재 의미가 없다. 그 단계는 이미 국수주의, 아니 역사학의 영역을 벗어나고 만 것이라 할 수 있다.

유사 역사학자들은 자신들의 주장이 허상이며, 얼마나 많은 혼란을 일으키는지 염두에 두지 않는다. 자신도 모르는 사이에 역사학의 영역을 넘어선 주장을 펼치고, 단군을 종교적 차원에서 접근하는 대종교도의 주장과 유사한 내용을 말하고 있다.

단군조선 시기의 찬란한 역사, 웅대한 고대 역사를 부르짖는 유사 역사학자들은 오히려 과거 우리 역사에 대해 부끄러워하고, 우리 역사에 대해 자기 열등감에 사로잡혀있는 것처럼 보인다.

유사 역사학자들의 주장 가운데 한군현이 한반도에는 존재하지 않고 중국 영토에 있었다는 주장은 한군현을 과거 역사가 아니라 근대의 일제 식민통치와 같은 개념으로 보고 이민족 식민통치의 부끄러운 역사를 한반도 밖으로 밀어내기 위한 노력의 일환으로 제기된 것이다. 그러나 이 주장의 가장 큰 문제는 고대의 한군현을 근대의 식민지와 동일시하고 있는 점이다. 분명 고대 시기에 주변국을 정복하고 군현을 설치한 것은 오늘날의 전쟁과 식민지 지배와는 다른 차원에서 접근해야 한다. 고조선과 한의 전쟁 이후 한이 군현을 설치한 이유는 변방 지역에 대한 관리와 경제적 이익을 생각해서이다. 근대의 영토적 식민지와는 다른 차원에서 바라보아야 한다.

여기서 유념해야 할 것은 유사역사학의 주장처럼 한사군의 위치를 만주로 설정한다고 해서 고대에 중국의 군현(郡縣)이 우리 땅에 있었던 경험이 사라지지 않는다는 점이다. 이는 근대에 식민 경험을 한 것에 대한 피해 의식일 뿐, 한군현의 위치가 만주에 비정된다고 해서 우리 역사가 자주적인 역사가 되는 것은 결코 아니라는 점이다. 유사역사자들의 주장이야말로 일종의 반도사관이자 식민지 콤플렉스일 뿐이다.

제5부

북한 학계의 단군과 고조선사 인식

1장. 북한 역사학의 변화와 고조선사 연구

　북한에서는 역사가 당과 국가의 이데올로기에 있어서 그 중심적 위치를 차지하고 있다. 그것은 사회주의 국가 이데올로기의 목적론적 성격으로 말미암아 역사가 현실의 정당화를 위한 요인이 되고 있기 때문이다. 특히 북한의 역사 연구는 철저하게 주체 사관에 입각하여 이루어지고 있다.

　주체 사관은 인류 역사를 '투쟁의 력사'라고 보는 동시에 '인민 대중의 창조의 력사'라고 규정하고 있다. 이러한 주체 사관에 입각하여 완성된 우리 역사 서술은 『조선통사』와 『조선전사』 33권이 대표적이다. 최근에는 단군릉을 개건하고 우리 민족 5천년의 역사를 새롭게 정리하는데 모든 역량을 집중하고 있다.

　북한 학계의 역사 연구는 모두 집체적 연구의 결과이다. 역사 서술시에는 김일성과 김정일의 교시문을 제시하고 그에 입각한 서술이 이루어지고 있다. 이는 역사 서술을 일정한 관점에서 서술한다는 점에서 많은 강점이 있다. 그러나 교시를 기본으로 역사 서술을 한다는 것은 역사에 대한 다양한 해석의 여지를 없애 버리고 문헌 자료에 대한 철저한 비판이 약하다는 한계가 있다.

　북한 역사학자들은 한국사의 다른 어떤 부문보다도 고대사에 중점을 두고 연구를 진행해 왔다. 이는 고대사야말로 한국사의 유구성과 독자성을 부각시키기에 유리한 측면이 있다고 판단했기 때문이었음에 틀림 없다.

북한 학계의 고대사 연구와 사료 이용의 특성은 단군릉 개건을 기점으로 그 이전과 이후의 연구 방법 및 내용 서술에 커다란 차이를 보인다. 따라서 이번 장에서 살펴보고자 하는 북한 학계의 고대사 연구 내용과 사료 이용의 특성 문제는 1993년 단군릉을 개건한 이후에 변화된 내용을 이해하는 것이 중요하다.

이 장에서는 전체적으로 북한 역사학의 각 시기별 역사 인식 및 사료 해석에 대한 변화의 내용이 무엇이고 그 문제점이 무엇인지에 대해 분석하고자 한다. 시기 구분은 남한학계의 일반적인 정리를 따라 유물사관의 적용기와 주체사관 확립기, 그리고 '조선민족제일주의' 주창기의 3시기 구분을 하여 내용을 정리하였다.

종래 단군릉 개건 이전의 북한학계 고대사 연구에 대해서는 여러 편의 정리 글이 나왔다. 이 내용에 대해서는 비교적 간략하게 정리할 것이다. 이 장에서는 단군릉 개건 이후의 새로운 고대사 연구 성과와 사료 이용의 특성 문제를 중점적으로 살펴보고자 한다. 그리고 북한의 역사 서술은 문헌 자료 외에도 고고학 자료에 대한 적극적 해석이 주목되므로 그에 대해서도 비판적으로 정리를 할 것이다.

1. 유물사관에 의한 고대사 연구와 사료 이용 특성
(해방 후~1970년대 전반)

1) 노예제·봉건제 사회에 대한 이론화

해방 후 북한학계의 역사 연구는 일본 식민사학의 논리를 깨기 위한 시대구분의 연구가 중요한 과정이었다. 북한 학계는 1950년대부터 여러

차례의 토론과정에서 전근대 시기와 근현대 시기 구분을 위한 노력을
하였다.

전근대 시기 구분 문제와 관련해서는 삼국시대를 노예제사회로 보느
냐 봉건사회로 보느냐 하는 문제가 가장 중요한 논쟁점이었다. 당시 논
쟁의 초점은 삼국시대 생산 농민, 즉 하호(下戶)-민(民)의 계급적 지위를
노예, 농노 혹은 봉건적 예속민 중 어느 것으로 파악할 수 있는가 하는
것에 모아졌다. 다음으로 고대 동방형 노예제사회와 공동체 농민의 존
재를 어떻게 볼 것인가의 문제가 중요하였다. 그리고 토지소유 관계 문
제가 주요하게 논의되었다.

결과는 조선 전기와 삼국시대 농민 간에는 질적인 차이가 없었던 것
으로 파악됨으로써 삼국시대는 봉건사회였다고 결론지어졌다. 반면 삼
국시대 이전의 고조선, 부여, 진국의 사회는 순장제를 근거로 하여 '노
예소유자 계급사회'로 정리되었다. 그리하여 삼국 성립기는 노예제 사
회에서 봉건사회로의 전환기로 성립되는데 그 근거는 분명하게 제시하
지 않고 있다.

백남운, 박시형, 이청원, 김광진, 김석형 등 당시 논쟁을 주도한 사람
들은 각자 자신의 주장을 입증하기 위해 『삼국사기』에 나오는 노비나
예농, 용작민(傭作民)에 대한 사례를 들어 설명하였다. 토지제도나 수취
문제는 『수서(隋書)』 고려전 및 『주서(周書)』에 나오는 수취 기록을 근
거로 논의를 전개하였다.

고대에서 중세로의 이행 문제를 논의하는 과정에서는 노예제사회 안
에서 생산력이 발전되고 계급투쟁이 격화된 결과 봉건사회로의 전환이
이루어졌다고 보고 있다. 여기서 고고학 자료가 중요하게 인용되고 있
다. 즉 철기의 보급과 제작 능력이 향상됨에 따라 생산력 발전이 이루어
지고 그에 따라 노예제보다 봉건제가 유리한 생산 관계로 되는 사정이
전개된다는 것이다. 이로써 사회 전환이 이루어지는데, 그 과정은 노예

국가 주변의 봉건 소국들이 발전된 봉건적 생산관계를 토대로 하여 그 국가적 세력을 확대시키고 마침내 봉건국가를 확립하는 과정이기도 했다는 것이다.

삼국시대의 사회 성격에 대한 논쟁은 1960년대 후반부터 주체사상의 사회역사원리에 입각한 전면적 역사 재구성 작업이 진행된 점과 무관치 않았다. 당시 북한학계는 해당 사회의 성격을 규정함에 생산수단의 소유 형태 못지 않게 중요한 조건으로 "정권이 어느 계급의 손에 있는지"를 강조하였다. 따라서 사회성격 규정을 위한 본질적인 문제와 벗어난 점이 강조되면서 고대 사회성격론은 매우 빈약한 수준에 머물게 되었던 것이다.

1960년대까지만 해도 북한학계의 한국사 연구는 맑스의 사적 유물론에 입각하였고, 그것을 한국 사회에 어떻게 적용할 것인가를 고민하였다. 구체적인 논쟁의 주제와 관련된 사료를 면밀히 분석하여 진지하고 깊이 있는 논의를 진행하였던 것이다. 이러한 논의는 남쪽 학계에도 일정한 영향을 주어 논의가 일어나는 계기가 되었다.

2) 고조선 연구

북한학계의 1960년대 출판물을 보면 한국 고대사와 관련하여 고조선과 고구려에 대한 연구가 활발해졌고, 고대 한일 관계사가 집중적으로 연구되었다는 점이 눈에 뜨인다.

삼국 시기의 사회 성격에 대한 토론과정에서 선행한 고조선에 대한 연구의 필요성이 인식되면서 연구의 관심은 고조선으로 이동하였다. 1960년부터 1962년까지 20회에 달하는 학술토론회가 개최되었는데 역사학자뿐 아니라 고고학자, 민속학자, 국문학자 등이 대거 동원된 집체적 형태로 진행되었다. 그 결과는 1963년 『고조선에 관한 토론론문집』

으로 출간되었다. 토론 막바지에 신진학자 리지린의 견해가 주목받기 시작하였는데, 그의 견해는 따로 1963년에 『고조선 연구』로 정리되었다.

북한에서는 고고학적 발굴 성과에 힘입어 1960년대 초 고조선 문제에 관한 격렬한 토론을 거친 후 리지린의 『고조선 연구』가 거의 정설화되어 있었다. 리지린이 가장 주력한 것은 『사기』 조선 열전의 합리적 해석과 고조선의 요동(遼東) 중심설을 동시에 만족시키기 위하여 중국의 요동을 북경 근처에 있는 난하(灤河) 동쪽에 비정하려고 한 것이다. 그러나 리지린이 요수(遼水)가 난하임을 입증하기 위해 제시한 자료는 모두 이설(異說)의 여지가 있는 것이며, 그 해석도 자의적이다. 선진(先秦) 문헌 및 『사기』를 비롯한 중국 정사 자료를 바탕으로 하고 있으나 그 사실성 여부는 입증되기 어려웠다.

그러나 리지린의 연구는 기본적으로 중국 정사인 25사(史)에 대한 철저한 분석에 근거하고 있어 그 사실성 여부를 떠나 문헌 사료에 대한 접근이 상당한 수준에 있음을 알 수 있다. 고조선에 대한 연구는 필연적으로 고고학적 연구와 긴밀한 연계를 맺을 수밖에 없었다. 문헌 자료가 부족하고 너무 단편적 내용만이 남아 있기 때문이다. 이때 북한 고고학의 기초를 다진 인물은 도유호이다. 그는 해방 직후 몇 안 되는 전문 고고학자로서 50년대의 북한 고고학계는 도유호에 의해 움직였다고 해도 과언이 아니다.

원시 및 청동기시대에 대한 고고학적 지식은 고조선·고구려 등 고대사 연구에 있어서 크나큰 자산이 되고 있다. 고조선사의 경우 1963년부터 1965년까지 중국과 공동으로 강상무덤·루상무덤을 비롯한 중국 동북 지방의 유적을 조사하면서 새로운 지평을 열게 되었다. 요령성 일대의 청동기문화에 대한 심화된 이해를 기초로 고조선의 중심지는 요하 유역이며, 다수의 노예를 죽여서 무덤에 넣는 순장제가 보편적으로 실시되던 노예소유자 사회라고 규정하기에 이르렀다. 같은 시기 남한학계와 비교할 때 시공간적으로 매우 확대된 시각을 가지게 된 것이다.

고조선사 연구에 획을 긋게 된 데는 만주 일대의 청동기문화, 특히 비파형동검문화에 대한 적극적 해석이 자리하고 있다. 1967년 김용간·황기덕의 논문을 시작으로 북한학계에서는 비파형동검과 좁은놋단검(세형동검) 문화를 중심으로 한국 청동기시대 문화 연구에 있어서 괄목할만한 진전을 이루었다. 점차 도유호의 평양 중심설을 중심으로 한 고고학 자료보다는 요령지역을 중심으로 분포하는 비파형동검문화에 더 중점을 두게 되었다. 이로써 고조선 영역에 대한 범위가 만주 일대로 확대되는 중요한 근거가 되었다.

2. 주체사관에 의한 고대사 연구와 사료 이용 특성
(1970년대~1993년)

1) 주체 사관과 고대사 연구

1960년대 중반 이후 내외 정치정세의 변화 속에서 '주체 노선'이 '주체사상'으로 체계화되고 70년대 중반 경 그것이 유일 사상화되면서 북한의 역사 인식은 큰 전환을 보게 되었다. 따라서 기왕의 한국사 인식은 '주체사상'에 입각한 사회역사원리 즉 '주체 사관'에 의해 재구성되기 시작하였다. 즉 주체 사관에 입각하여 구체적인 역사적 사실에 대한 재평가사업을 진행시켜 나갔다.

이 시기를 북한에서는 사회주의의 전면적 건설과 완전 승리를 위한 시기라고 부르고 있다. 북한은 1974년 김정일의 주도에 의해 '온 당의 주체사상화'의 수준을 넘어서 '온 사회의 주체사상화'를 노동당의 최고 강령으로 선포하게 된다. 따라서 대체로 1970년대 초반 이후 주체사상이 확립되는 시기를 한 획기로 설정할 수 있다.

'주체의 역사학'이 뿌리내리면서 북한 역사학계는 구석기부터 현재에 이르는 역사를 "주체의 역사관에 기초하여 자주성을 위한 인민 대중의 투쟁의 역사, 창조의 역사로 체계화"하기 위해 역량을 집중하였다. 그리고 지금까지 북한학계는 '혁명역사'와 당의 '혁명전통'을 연구하는 데 최대의 역량을 투입하였다. 동시에 "정체성론, 타율성론 등에 근거하여 왜곡돼 온 민족사를 역사발전의 합법칙성에 따라 체계화"시키고자 노력해 왔다.

'주체' 사상에서는 사람을 모든 것의 주인이자 모든 것을 결정하는 기본 요인으로 보아야 한다고 주장한다. 말하자면 인간 중심 사상이다. 이 사상은 생산수단과 생산력에서 빚어지는 생산 관계에서 역사의 원동력을 구하는 유물사관과는 차이가 있다. 주체사상에서 강조하는 것은 인간의 의지인데, 인간 의지에서 가장 강조되는 것은 애국심과 계급의식(혁명 의식)이다.

주체 사관에 입각하여 북한 학계에서는 과학토론회와 논쟁이 많이 진행되었다. 고대사와 관련된 논의 주제들은 원시사회의 발전과정과 조선사람의 기원 문제, 고조선과 노예사회 문제, 삼국의 사회경제 구성체에 관한 문제(봉건화 과정 규명), 고구려사 체계화, 초기 조일 관계, 조선에서의 첫 통일국가 형성 문제, 발해에 대한 연구 등이었다. 이 문제들을 논의하는 과정에서 해당 주제를 다룬 개별 논문들과 단행본이 나왔고, 원시사회로부터 발해까지는 『조선전사』 1~5권에 내용이 정리되어 있다. 80년대에 들어와서도 새로운 연구 성과보다는 60년대의 성과를 간추린 글이나 부문사의 출간이 대세를 이루며 작은 공백을 메우는 정도의 수준에 머물고 있다.

논의를 전개하면서 자신의 논지를 입증하기 위해 인용하는 문헌의 경우 주로 일반 민(民)의 활동과 사회 경제적 활동상에 대한 해석이 중요하였다. 그리고 고고학 자료에 대한 합리적 해석으로 우리 민족 역사의 유구성과 고대사의 웅대함을 논리적으로 증명하였다. 특히 신화나 설화의 시대는 역사적 사실이 아닌 신화의 시대로 이해하였다.

2) 고조선사 연구

1970년대 중반부터는 주체사상이 고조선 연구에도 관철되어 주체사상의 사회역사 원리에 입각한 고조선 글들이 많이 발표되었다. 대표적인 연구 성과는 1976년도에 사회과학원 고고학연구소에서 편찬한『고조선문제연구론문집』과 1979년도에 간행된『조선전사』2권을 들 수 있다.

여기서는 고조선사와 관련된 여러 주제가 논의되었다. 단군신화의 역사성 문제, 기자조선의 사실성 여부, 고조선의 성립 시기, 고조선의 위치 문제, 위만과 위만조선의 문제, 범금팔조, 낙랑과 한사군 문제 등이 주요 주제였다. 이 가운데 가장 쟁점이 되었던 것은 고조선의 위치 문제와 사회 성격 문제였다.

주체 사관의 핵심적인 내용이 "조선 역사의 유구성·자주성·독자성" 강조에 있는 만큼 고조선의 성립과 관련하여 외부적인 영향을 강조하는 문화전파론이나 이동론은 신랄하게 비판받았다. 그리고 고조선 관련 청동기시대의 유적·유물의 연대, 나아가 각국의 건국연대가 상향조정되었다. 그 결과 종전 기원전 8~7세기경으로 주장되던 고조선의 건국연대가 기원전 10세기 이전으로 소급되었다. 우리 역사에서 고대사회의 출현 시점이 올라가게 된 셈이다.

고조선의 영역과 관련해서는 리지린의『고조선 연구』에서 제시된 만주 요령성설이 계속 보완되어 주장되었다. 특히 요령성 일대에 분포하는 비파형 동검 문화에 대한 적극적 해석을 통해 논지를 보강해 나갔다. 비파형 동검은 요동 지역에서 고조선인들에 의해 창조되고 점차 요서

지역에까지 퍼지면서 고조선은 요령성 일대에 세력을 떨치게 되었다는 주장을 하였다.

이러한 북한 학계의 고조선사에 대한 주장은 문헌과 고고학 자료에 대한 치밀한 접근으로 논리적 설득력을 갖고 있다. 그러나 고조선의 위치와 관련된 명확한 사료와 고고학 자료를 배제하고, 재요령성설과 관련된 자료만을 재구성함으로써 실상과 다른 확대된 고조선상을 말하고 있다. 또한 우리 고대 역사의 유구함과 웅대함을 드러내겠다는 목적이 깔려 있어 지나친 확대 해석을 피할 수 없었다.

한편 고조선의 사회 성격 문제는 순장제의 존재와 범금팔조에 나오는 노비의 존재를 근거로 노예소유자 사회였음을 강조하였다. 1970년대 이후 출간된 『조선통사』와 『조선전사』 내용을 보면 고고학 자료로는 강상묘와 루상묘의 발굴 자료를 근거로 순장제의 존재를 들고, 문헌 자료로는 『한서』 지리지에 인용된 범금팔조를 근거로 고조선이 노예소유자 사회였음을 강조한다.

문헌적으로는 리지린의 연구물, 고고학적으로는 요령성 일대의 청동기문화를 축으로 하여 축적된 고조선에 대한 북한 학계의 연구는 이후 커다란 변화없이 1990년대 초반까지 이어지게 된다.

북한 역사학계가 고조선 문제와 관련하여 중국 고전의 관련 기록들을 빠짐없이 적발, 이에 격렬한 사료 비판을 가한 점과 또한 고고학 자료를 많이 원용한 점은 그 결론의 옳고 그름은 여전히 문제이기는 하지만, 진정한 의미에서 연구 협력체제에 의한 공동 연구의 장점을 최대로 활용한 데서 우러나온 것이라 하지 않을 수 없다. 이것은 진정 남측 학계가 본받아야 할 점이 아닐까 생각한다.

북한학계에서 1960년대 성립된 고조선의 역사상은 1980년대 이후 남한에서의 고조선 연구에 큰 영향을 끼쳤다. 남한측 연구자들이 기원전 1000년기 전반기의 남만주 지역에 대해 관심을 가지게 되는 데에는 북한 학계의 연구가 절대적인 영향을 끼쳤다고 판단된다.

3. 단군릉 개건 이후 고대사 연구와 사료 이용의 특성
(1993~현재)

1) 단군릉 발굴과 북한학계 고대사 연구의 변화

현재 북한 역사학이 처한 상황을 '단군릉' 문제만큼 잘 보여주는 것은 없다. 북한에서는 단군 무덤을 개건한 이후, 우리 민족이 단군을 '원시조(原始祖)'로 하는 단일민족임과 동시에 고조선의 도읍지가 인류 발상지의 하나라고 강조한다. 그리고 우리 민족의 발상지는 바로 평양이라는 사실을 힘있게 주장하고 있다. 이는 북한 정권이 고조선에서 고구려로, 발해로, 고려로 이어지는 민족사의 정통성이 있음을 과시하려는 목적에서 나온 결과로 볼 수 있다.

이처럼 북한 역사학은 1993년 '단군릉의 발견'과 1994년 김일성의 사망을 계기로 하여 커다란 변화 양상을 보이고 있다. 1993년 1월 김일성은 단군묘라고 불리던 평양시 강동군의 한 무덤을 발굴할 것을 지시하였고 조사 결과 단군 무덤임이 확인되었다고 주장함으로써 단군은 신화에서 역사로 자리바꿈 하였다. 고조선 중심지는 요령에서 평양으로 수정되고, 고조선 건국은 단군릉의 연대가 1993년 기준으로 5011±267년 전이므로 기원전 3000년 이전에 해당되므로 단군신화보다 더 오래되었다고 주장되었다.

북한학자들이 이 무덤을 단군릉이라고 주장한 근거는 몇 가지이다. 우선 이 무덤을 단군릉이라고 불러온 사실이 『신증동국여지승람』 등 조선 시대 지리지에 남아 있으며 후대 사람들도 그렇게 믿어 왔다는 것

이다. 둘째, 무덤에서 나온 뼈의 연대를 과학적으로 측정하였더니 기원
전 3000년 이전으로 나왔기 때문에 단군과 관련되고, 뼈의 주인공이 키
가 크고 나이가 많은 남성과 젊은 여성인데 이들은 단군과 그 부인이라
는 것이다.

개건 후 단군릉 전경

무엇보다도 북한학계의 단군릉 복원과 단군과 고조선사에 대한 입장
을 인정하려면 단군신화를 신화로서가 아닌 역사적 사실로서 인정해야
만 가능하다. 북한학계는 단군릉 발굴과 동시에 종래의 연구성과를 완
전히 뒤집고 전혀 새로운 역사 인식을 선보이고 있다. 그것은 바로 단군
신화를 역사적 사실로서 인정하는 것이다.

나아가 단군릉의 복원과 함께 북한학계에서는 형질인류학적 연구를

통한 한민족의 기원 문제 연구에서 한민족이 북한지역에서 기원했다는
단일기원설의 주장을 입증하고, 그것도 평양 일대가 그 중심이었다는
입장을 강조하고 있다. 단군릉의 발굴로 북한학계에서는 초기국가 형성
기로만 이해하던 단군조선을 그대로 인정하고, 단군은 우리 민족 최초
의 지배자로서 실존했던 인물이며, 출생지, 건국지, 무덤이 모두 평양에
있다고 주장하였다.

  따라서 종래의 고조선 중심지에 대한 관점 또한 수정되었다. 그리고
한국 고대사 관련 유적·유물의 편년이 2천 년 이상 상향조정되고, 근대
에 쓰여진 『단기고사(檀奇古史)』·『태백일사(太白逸史)』·『규원사화(揆園
史話)』 등이 고대사 연구의 사료로 이용되며, '신지 문자'·'가림토 글자'
등이 고조선 문화를 논하는 글에 등장하고 있다.

  북한학계에서 이처럼 1960년대의 연구 성과를 전면 부인한 이유는 쉽
게 답하기 어렵지만 그 해답의 일단이 단군릉 보고문 가운데 사회과학
원 역사연구소장 전영률의 말에 보인다.

  "고대사는 민족사의 체계화에서 가장 중시되는 시대사의 하나로 되어
  있습니다. 그럼에도 불구하고 지난 시기 우리들은 낡은 역사관의 구속에서
  완전히 해방되지 못한 탓으로 하여서 이 문제의 중요성을 인식하면서도
  과학적으로 정확히 해명하지 못하고 민족의 원시조인 단군을 신화적인 인
  물로 치부하면서 반만년 역사의 시초 자료를 요동에서 찾으려고 하였고,
  요동에서 나온 유적·유물의 연대를 기원전 10세기까지 소급할 수 있게 한
  데 대하여 만족하고 있었습니다. 이러한 견해는 조선반도보다 대륙지방이
  문화적으로 먼저 발전하였다는 사대주의적 관점에서 기인한 것으로……"

  여기서 보면 북한에서는 새로이 요청되는 민족주의의 시각에서 고조
선사에 대한 그동안의 주장은 사대주의에 입각한 그릇된 인식으로 보고
있다. 그리고 평양 중심의 역사야말로 주체적이고 민족주의적인 역사인

식임을 주장하고자 하는 것이다. 이는 종전의 역사 인식에서 강조하던
'우리 민족 제일주의'에 입각한 역사 서술 원칙에 충실한 서술이라 할
수 있다.

　그러나 신화를 역사로 해석하는 것 말고 새로이 단군릉을 만든 까닭
은 정권 내부 사정에 있다고 판단된다. 1990년대에 접어들면서 외교적
고립과 경제적 어려움을 극복하고 체제의 우월성을 강조할 필요를 느끼
게 되었고 이에 단군릉은 매력적인 소재가 되었다. 평양을 중심으로 하
는 대동강 유역이 인류 기원지의 하나이며 한민족의 발상지이고 최초의
국가인 고조선의 중심지, 나아가 고구려, 발해, 고려로 이어지는 국가들
이 모두 평양을 중시하였다는 점을 부각시키면서 한국사의 정통은 남한
이 아닌 북한이라는 주장을 펴게 된 것이다.

　나아가 단군을 조상으로 하는 같은 민족이라는 물보다 진한 피의 동
질성을 우선시하면서 '외세에 의해 이 지구상에서 우리 민족만이 겪고
있는 분단의 비극을 끝장내는데 중요한 기여를 하게 될 것이다.'는 주장
은 단군릉의 발견이 통일운동과 밀접한 관련을 맺고 있음을 여실히 보
여주고 있다.

2) '대동강 문명(Daedonggang Culture)' 및 평양 중심의 역사관

　단군릉 복원에 이어 1993~1994년 사이에 평양 일대의 유적발굴작업
이 본격화되었다. 따라서 고인돌·고대성곽·취락·도기류·좁은놋단검문
화·비파형단검문화 등 관련된 주제들에 대한 재검토가 연속적으로 이
루어지면서 종전 연구 성과가 대폭 수정되었다. 그리고 대동강 유역은
인류의 발상지이며 조선사람의 발원지이고 나아가 신석기·청동기문화,
고대 천문학의 중심지로 주장되었다.

이러한 연구 경향은 우리 역사에서 평양 지역의 중요성을 강조하는 방향으로 나아갔다. 평양은 고조선의 중심지일 뿐만 아니라 평양을 중심으로 하는 대동강 유역이 인류 기원지의 하나이며 한민족의 발상지이고 세계 4대 문명에 뒤떨어지지 않고 오히려 더 우수한 문명을 꽃피웠기 때문에 세계 4대 문명은 5대 문명으로 개칭되어야 한다고 주장한다. 당시 북한 학계에서 나온 논문 가운데 김영진의 「조선민주주의인민공화국의 품속에서 우리 고고학이 걸어온 자랑찬 승리의 50년」(『조선고고연구』 1998년 3호)에서는 지난 50년간 북한 고고학계 최대의 성과는 "세계 5대 문명의 하나인 대동강 문화를 정립 체계화한 것"이라고 하였다.

단군릉을 개건한 이래 북한학계에서는 우리 민족 제일주의에 입각한 우리 역사 끌어올리기 연구가 활발히 이루어지고 있다. 그 대표적인 것인 대동강문명론이다. 그동안 우리는 중국의 황허문명이나 이라크의 유프라테스·티그리스 문명 등 세계 4대 문명에 대해 익히 배워왔다. 그런데 북한학계에서는 최근 세계 문명의 발상은 평양 대동강 유역이 가장 오래되고 뛰어나다고 주장하고 있다. 그 예로 대동강 유역에서 시조새의 뼈까지 나왔다고 한다. 그러나 모두가 단군릉을 개건한 이래 우리 역사를 오래되고 우수한 것으로 설명하려는 노력에서 나온 주장에 불과하다.

최초의 국가인 고조선을 비롯하여 고구려·발해·고려로 이어지는 국가들이 모두 평양을 중시한 것은 당연한 귀결이다. 즉 평양은 민족의 성지(聖地)인 셈이고 우리 역사의 정통은 남한이 아닌 북한이 되는 것이다. 이런 점에서 단군릉과 동명왕릉은 동일한 맥락에서 파악할 수 있다.

실제로 1993년은 단군릉이 발굴 조사된 해이면서 고구려 시조 동명왕릉이 개건된 해이고 또 고려 태조릉이 발굴된 해이기도 하다. 먼저 단군릉을 개건(改建)하고 곧바로 동명왕릉을 개건하였으며, 계속해서 고려 태조릉 발굴과 개건 작업이 끝나게 된다. 따라서 첫 고대국가 고조선의 건국자인 단군, 첫 봉건국가 고구려의 건국자인 동명왕, 첫 통일국가 고려 태조에 대한 강조가 거의 동시기에 이루어지는 것이다.

이러한 주장은 '민족'이 부르주아 사회 형성기에 만들어진다는 유물사관의 기본 논리를 정면으로 부인한 결과이다. 이는 민족의 원초성을 강조하는 방향으로 북한 학계의 입장이 바뀌었음을 말해 준다. 최근의 논의를 보면 북한 학계는 김일성을 민족의 시조로 파악하는 데까지 나아갔다. 이것은 다음 인용문에서 잘 보인다.

"조선민족의 혈통은 우리 인민이 수천년 력사에서 처음으로 높이 모신 위대한 수령 김일성동지에 의하여 훌륭히 마련되고 경애하는 김정일동지에 의하여 순결하게 이어지고 고수되어 오는 혈통이다."

이처럼 '혈통이 순결하게 이어지게 되었다'고 표현한 것은, "우리 민족이 리조시대에 와서 대국들의 각축장으로 밟히던 끝에 일제에게 먹히여 망국노 신세를 면치 못하게 된" 이후 김일성 동지를 모시게 됨으로써 다시 순결하게 되었다는 논리를 전제하고 있다. 그리고 김일성 사망후 김정일의 지시에 의하여 북한에서는 서기 연호와 병행하여 김일성이 탄생한 해(1912)를 원년으로 하는 '주체' 연호를 새로 사용하기 시작하였다. 『력사과학』에서는 1997년부터 '주체 00년'이란 연호를 사용하고 있다. 전근대 시기에는 중국과 다른 독자적 국가임을 나타내기 위해 연호를 사용하였다. 그런데 북한에서는 서력 기원 대신 김일성의 출생년 (1912)을 기점으로 주체 연호를 제정함으로써, 사실상 주체 사관의 주체 기원은 서력 기원과 같은 기독교 역사관을 모방한 것으로 볼 수 있다.

이상과 같은 '단군릉' 개건, 대동강문화론을 비롯하여 1990년을 전후하여 일어난 북한에서의 민족 규정의 변화, 연호로서의 '주체'의 사용과 더불어 사고할 때 북한 역사학계의 상황 변화를 총체적으로 파악할 수 있다.

평양 대동강 전경

3) 우리 민족의 역사적 뿌리에 대한 새로운 해석

북한학계는 우리나라 역사와 문명의 선진성과 우수성을 강조하고 있다. 북한학자들은 우리 조상은 인류의 여명기, 즉 인간이 원인(猿人)에서 원시인간(原始人間)으로 진화하던 때부터 살고 있었으며, 이 원시인의 핏줄을 이은 동족의 민족이 현재까지 살고 있다고 한다.

북한 학계의 민족 형성에 대한 최근의 입장은 장우진의 일련의 저서에 잘 정리되고 있다. 『조선민족의 발상지 평양』(2000)과 『조선민족의 력사적 뿌리』(2002), 그리고 『조선 사람의 체질』(2002) 모두 사회과학출판사에서 발간된 것으로 북한 학계의 민족 형성에 대한 시각을 잘 보여주고 있다.

『조선민족의 발상지 평양』 책의 전체적인 내용은 평양 일대를 우리

역사의 정통성이 있는 민족문화의 발상지로 보는 것이다. 여기서는 단
군을 우리 민족의 원(原)시조로 보며 평양 일대는 고대문화의 발원지이
면서 중심지라는 논리를 펴고 있다. 결국 평양 일대는 조선민족의 정통
이 깃든 유서깊은 역사의 땅이라는 주장이다. 이 주장은 단군을 우리 민
족의 원(原)시조로 인정하는 논리를 바탕에 깔고 있다. 단군릉을 개건하
고 단군신화를 역사적 사실로 보게 됨에 따라 민족 기원 문제를 평양
중심으로 해석하는 데 힘을 얻게 된 것이다.

『조선민족의 력사적 뿌리』 책에서는 민족의 기준을 주로 핏줄, 지역,
언어에 두고서, 주로 핏줄의 공통성과 지역 공통성의 연원을 해명하는
데 중심을 두고 우리 민족의 역사적 뿌리를 밝히려고 노력하고 있다. 한
국인의 형성 시기 문제는 구석기에서 청동기에 이르는 단계이므로 문헌
으로 증명하기에는 어려움이 있다. 따라서 주로 화석 인골 자료를 기본
으로 분석하고 있다. 결과 구석기시대에 이미 형성된 우리 민족의 특성
이 청동기시대에 단군릉의 인골로 이어지고 이것이 오늘날 우리 민족으
로 된다는 논리를 펴고 있다.

이러한 주장을 입증하기 위해 『한국인의 체질』 책에서는 한국 사람
의 머리뼈와 몸뼈 및 이빨, 그리고 지문과 혈액에 대한 자료가 종합적으
로 분석되고 있다. 총 567쪽에 달하는 방대한 자료가 실려 있는데, 현재
의 북한 지역에 사는 사람만을 대상으로 하고 있어 자료의 편중이 아쉽
다. 민족 문제 연구에서 분단의 현실을 보는 것 같아 아쉬움이 있다.

계속되는 연구 성과로 북한학계에서는 우리 민족이 역사적으로 하나
의 혈통을 이어 온 단일한 민족이라는 데 대하여 실증적인 성과를 얻었
다고 할 수 있다. 이러한 민족 형성 문제를 포함하여 국가 형성 이전의
역사는 『조선 원시사회사 개요』 책에서 정리하고 있다. 북한 학계에서
고대사 연구 주제 가운데 원시사회사에 중점을 두는 것은 사회 역사적
운동에 대한 주체적 이해를 확립하는 데서 중요한 의의를 갖기 때문이

다. 즉 "원시 사회사에 대한 연구는 사회력사적 운동이 어떻게 발생하여 진행되기 시작하였는가 하는 문제를 밝혀주며 따라서 사회 력사적 운동에 대한 주체적 리해의 정당성과 그 위대한 생활력을 론증하는 데서도 일정한 도움을 준다."고 한다.

북한학계에서 민족 형성을 포함하여 원시 사회사를 연구하는 데는 민속학, 고고학, 인류학 및 언어학의 자료들을 사료로 이용한다. 원시 사회사 연구에서 이용되는 사료 가운데서 가장 중요한 사료는 민속학적 자료이다. 이와 함께 중요한 것이 고고학적 자료인데, 특히 화석 인골 자료를 이용하는 형질인류학이 중요한 방법론으로 이용된다.

북한학계의 형질인류학적 연구의 기본 방법은 인골의 외형상의 특징과 그 계측치를 통계 처리하여 유형화시킨 후에 다시 현대의 한민족과 비교하는 것이다. 골격의 단순한 계측치를 통한 비교는 형질인류학에서 자료 분석의 기본적인 방법이다. 그러나 같은 집단에서도 그 다양성은 보이는 것이다. 계측치에서 어느 정도의 차이가 서로 다른 집단·혈통이라고 볼 수 있는지에 대한 정확한 기준이 없는 이상 상당히 부정확한 개념이라 할 수 있다. 실제로 한민족 본토기원설에서는 만달인이 장두형이라고 설명하지만 현재의 한민족은 단두형이 많다는 점에서 형질인류학상 한민족의 본토 단일기원설의 논리와는 괴리가 있다. 나아가 구석기시대의 인골이 곧바로 우리 민족의 조상이 된다는 논리는 우리 민족의 역사를 유구한 것으로 해석하려는 선입관이 작용한 것으로 구체적으로 증명이 힘든 주장에 불과하다.

민족의 기원을 검토한다고 해서 무조건 그 상한을 전기 구석기시대까지 거슬러 올려야 하는 것은 아니다. 그것은 자칫 종족의 개념과 혼동되기가 쉽고, 실제 북한학계는 역사적 산물인 민족과 생물학적 개념인 종족에 대해 혼동하고 있다. 적어도 한민족의 기원이라고 할 때는 오늘의 한민족이 그 뿌리를 소급하여 볼 때 주민의 구성에서 정치적·문화적 단위가 분명하게 나타나는 범위의 총체를 일컬어야 할 것이다.

　구석기시대나 신석기시대의 경우 아직 채집 경제의 단계로서 인간집단이 소규모 집단생활을 하며 고립적이고 분산적인 활동상태에 머무르고 있다. 이러한 단계를 거쳐 농경을 하고 금속기를 사용하는 단계에 이르러야 비로소 하나의 커다란 종족이나 민족형성 이야기가 가능할 것으로 보인다.

4) 고조선·낙랑에 대한 이해

　1994년 단군릉 개건 이전의 북한 역사학계에서는 주체사관을 바탕으로 중국의 고대 문헌자료 및 『삼국사기』 등을 합리적으로 해석하고 이를 고고학 자료와 함께 종합적으로 고찰하는 방식의 연구 성과를 주로 내었다. 그러나 단군릉 개건 이후는 역사 서술에서 기본적 변화가 보인다.

　단군릉 발견과 여기서 파생된 후속 연구는 북한학계의 시대구분론과 고대사회상에 큰 변화를 몰고 왔다. 우선, 1960년대 리지린과 김용간의 연구 이후 확립된 고조선의 역사상이 크게 변모하였다. 그 내용을 종합 정리한 것이 사회과학출판사에서 펴낸 『고조선 력사 개관』 책이다. 내용을 보면 고조선이 기원전 1000년기 전반기에 성립되고 그 중심지는 요령성 일대였다는 기존의 논리가 폐기되고 기원전 3000년 이전에 평양에서 건국되었다는 논리가 세워졌다.

　1950년대 후반부터 60년대 전반의 토론과정에서 고조선의 영토는 그리 크지 않고 기원전 1000년기 후반기에 성립하였으며 수도는 지금의 평양이라고 주장한 학자들이 "식민주의자", "어용사가"라고 비판받고 숙청된 것을 감안할 때 재요령설에서 재평양설로의 전환은 매우 중대한 사건인 셈이다.

　아직도 구체적인 내용에 대해서는 계속 연구가 되고 있지만, 북한학

계의 고조선사에 대한 기본 입장은 기원전 20세기에 들어서면 단군조선
은 점차 쇠퇴하고 기원전 14세기를 전후해 후조선이 등장하며, 부여·구
려·진국 등 후국(侯國)들이 독자적인 국가로 등장하였다고 한다. 후조선
은 〈범금8조〉의 제정 등으로 노예제가 발전하며, 단군조선 당시의 요
동~평양 중심의 영역에도 변천이 있어 북변은 철령 일대로 줄어들었으
나 서쪽으로는 요하를 건너 난하(북경 근처) 일대까지 뻗어 나갔고 동쪽
으로는 동해안까지 이르렀다고 한다. 그리고 후조선은 마지막 왕인 준
왕 때에 이르러 만(위만)의 정변에 의해 종말을 고하고 고조선의 세 번
째 왕조인 만조선 왕조가 성립되었다고 한다.

북한 학계의 고조선에 대한 새로운 주장을 보면 그동안 많은 분이 주
장하던 고조선 3단계 발전설이 연대만 상향조정되어 다시 주장되고 있
는 느낌이다. 주목되는 것은 위만의 등장을 봉건 혁명으로 보던 종전 견
해를 바꾸어 노예제사회의 말기로 보는 점과 만조선 멸망 후 등장하는
낙랑국과 황룡국, 맥국·예·남옥저 단계에 봉건사회가 도래했다고 보는
점이다. 이는 물론 낙랑국 등을 봉건 후국으로 보기 때문이다.

대개 후조선의 문화는 지석묘, 석곽묘, 토광묘, 목곽묘[나무곽무덤]
등이 대표하는 한국식(세형)동검문화이다. 특히 주목되는 것은 나무곽
무덤이다. 평양 일대의 나무곽무덤은 평양 일대에 위치한 고조선 후국
낙랑의 한 무덤 유형으로 기원전 3세기 이전부터 기원전 1세기 말까지
존재하였다는 것이다. 그것은 한국식동검문화를 대표하는 토광묘와 석
곽묘에서 기원하여 귀틀무덤으로 발전되기까지의 전 기간 동안 한국식
동검문화를 대표하는 무덤으로 보고 있다.

그러나 북한학계에서 후조선 성립 단계의 문화로 설정한 위영자문화
는 기원전 10세기를 전후해 대릉하 유역에 분포하던 상주 시기 청동기
저장갱 유적과 연결되는 문화로 고조선과 연관이 없는 문화이다. 그리
고 후조선 단계를 설정할 정도의 구체적이고 역사적인 계기나 동기가

확인되지 않아 단지 시기 구분을 위한 설정이라고 볼 수 있다.

후조선은 마지막 왕인 준왕 때에 이르러 만(위만)의 정변에 의해 종말을 고하고 고조선의 세 번째 왕조인 만조선 왕조가 성립되었다고 한다. 이 부분은 남한학계에서도 이론이 없으나 여기서 특이한 것은 위만의 등장을 봉건혁명으로 보던 종전 견해를 바꾸어 노예제사회의 말기로 보는 점과 만조선 멸망 후 등장하는 낙랑국과 황룡국, 맥국·예·남옥저 단계에 봉건사회가 도래했다고 보는 점이다. 만조선의 경우 그 문화 내용이나 압록강 중류지방에 설정한 구려국(句麗國)과 두만강까지 뻗쳐있던 부여국의 존재 등 그동안 남한학계에서 주목하지 않던 많은 내용에 시사하는 부분도 많이 있다.

북한학계가 비파형동검에 주목하여 고조선의 중심을 요동 지역에 설정하던 기존의 합리적이고 역동적인 이해에서 돌연 단군조선을 인정하고 평양 중심으로 고조선사를 이해하게 된 데에는 정치적 논리가 짙게 깔려 있음을 부인할 수가 없다. 그것은 일차적으로 경제위기 등을 극복하기 위한 주체사상의 강조과정에서 나온 산물이며, 중국·러시아 중심의 공산주의화에 맞서는 북한식 사회주의화와 우리 민족의 독자성과 위대성을 강조하는 노력의 결과물인 것이다.

북한학계에서는 고조선의 국가출현 시점이 상향조정된 것과 함께 단군에 대한 평가도 바뀌게 된다. 즉 계급 국가인 고조선의 건국자란 계급착취적 속성보다 민족의 원(原)시조이며 반만년 유구한 우리 민족사의 상징으로 미화시키고 있다.

여기서 주목되는 것은 문헌 자료를 중국 옛 문헌들과 『삼국유사』 등 고대 문헌을 인용하고 있으나 단군신화를 역사적 사실로 인정하여 단군조선의 역사를 새롭게 서술하고 있다는 점이다. 그리고 우리 민족사의 뿌리와 기원에 대한 새로운 해석을 통해 우리 겨레는 한반도 영토 안에서 형성되었다는 독자기원설의 내용을 더욱 강조하고 있다. 특히 중국 동북지방 및 시베리아 일대 고대문화의 기원지가 한반도 평양 대동강 유역이라는 대동강문화론을 주장한다.

기원전 3000년경에 이미 단군조선이라는 커다란 영토와 나라를 상정하고 단군을 민족의 원시조로 하는 조선민족은 그 이후 만주와 시베리아 일대에까지 영토와 문화를 확장 전파하고 그 주변에서 삼국이 등장하였다는 것이다. 이후 시기인 고구려 및 발해의 기원이나 영토 등 그 역사에 대한 해석은 단군릉 개건 이전과 차이가 크게 없으나 단군조선을 이어 동아시아 일대를 주도한 우리 민족의 고대 역사로 고고학적 발굴 성과를 새로 보완하여 구체적이고 명확하게 설명한다.

그러나 적어도 4~5천년 전의 일에 대한 구비 전승의 정확성은 당연히 문제시되어야 할 것이다. 후대의 기록이 있다고 해서 그 기록을 그대로 믿는 것은 역사학의 기본 태도가 아니다. 북한측 자료에 따르자면 단군릉에 대한 가장 오래된 기록은 16세기 초에 편찬된『신증동국여지승람』의 강동군 조에서 찾을 수 있다고 하는데 이를 비롯해 모든 문헌 기록의 내용은 예외없이 모두 '민간에서 이를 단군묘라고 한다'는 언전(諺傳)으로 되어 있다. 이들 문헌은 모두 민간에 전해져 내려오는 이야기를 조선 시대 중기 이후에 기록한 것에 불과하다.

전술했지만 북한학계에서는 한국 고대사 관련 유적·유물의 편년을 2천년 이상 상향조정하고, 근대에 쓰여진『단기고사(檀奇古史)』·『태백일사(太白逸史)』·『규원사화(揆園史話)』등을 고대사 연구의 사료로 이용하며, '신지문자'·'가림토글자' 등이 고조선 문화를 논하는 글에 등장하고 있다. 그리고 단군조선 사회를 설명하면서 기원전 8~7세기 이후의 유물인 지석묘·미송리형토기·팽이형토기 등을 인용하여 자연히 그 사용 연대를 원래 사용 시기보다 2천 5백여 년 상향 조정하였다.

북한학계에서는 1994년 단군릉 개건 이후의 발굴 성과를 포함하여, 고인돌·비파형동검·미송리형토기·팽이형토기 등을 들어 고조선 문화와 역사에 대한 이해를 높이고 있다. 특히 최근 단군릉 개건과 함께 단군조선 시대의 유물로 소개되는 상원군 용곡리 출토 비파형 창끝과 청동 단추 등을 포함해 용산리 순장무덤, 그리고 여기서 출토된 금과 금동 귀걸이를 통해 고조선 문화의 발달을 이야기한다. 이처럼 북한학계에서는 단군조선 관련 청동 유물을 기원전 3,000년~4,000년 사이의 단군조선 것으로 보지만 북한의 주장과 달리 모두 기원전 1천년기 이후의 청동 유물이다.

고고학 자료 인용시 무덤 내에서 발견된 금동관 파편이 단군시대의 것이라는 평가는 엄청난 주장이다. 이는 기원전 3천년 무렵 평양 일대에서 청동기를 만들었을 뿐만 아니라 도금술이라는 놀라운 기술도 가지고 있었음을 말한다. 만약 이것이 사실이라면 한반도에서는 황하유역에서 청동기를 만들기 시작한 때보다 1천년 이전에 이미 고도의 청동금속 문명이 등장했다는 논리가 된다.

현재 고조선 후기 단계에 등장한 부여·구려·진국이나 고조선 문화지표로 인용된 고인돌과 토기 및 비파형동검 등은 양쪽 학계 모두 공통의 인식 기반이 있음에도 불구하고 북한학계에서 단군조선과 연결시키기 위해 연대를 너무 끌어 올려 봄으로써 접점을 찾기가 어려운 실정이다.

최근의 「단군 및 고조선 력사 연구에서의 몇 가지 기본 문제들과 그 해명」이라는 글은 단군을 5천년 전의 실존 인물로 인정하는 입장에서 '국가'의 형성과 령역 및 수도의 위치, 국가 형태와 통치체제 문제, 사회성격과 시기 구분 문제 및 민족의 형성 문제라는 네 분야의 문제를 집중적으로 밝혀야 함을 강조하고 있다.

북한학계는 평양 일대에 있는 기원전 1세기의 나무곽무덤과 그 계승 발전 무덤인 귀틀무덤, 벽돌무덤을 남긴 고조선 후예들이 고조선 국가의 후신인 낙랑국 또는 조선이란 정치세력을 이루고 있었다고 본다. 북한학계는 고대사 체계를 전조선(단군조선)-후조선-만조선이라는 3단계로 체계화하면서, 만조선 멸망 후에 성립된 낙랑의 문제를 해결키 위해 많은 고민을 하였다. 고민의 초점은 고조선의 수도는 평양에 있던 왕검성이지만 낙랑군은 한반도에 있지 않았다는 주장을 어떻게 연결시킬 것인가의 문제였다. 고조선의 수도를 평양으로 보면서도 평양지역의 한(漢) 문화를 낙랑군과 관련시키지 않으려다 보니, 대동강유역의 한 대(漢代) 고고학 자료가 토착 문화를 계승했다는 점을 강조하고, 문헌 자료를 이용해 요동지역에 고조선의 '부수도(副首都)'를 설정하게 된다.

문헌으로는 『후한서』예전과 한전에서 마한의 북쪽, 서쪽에 낙랑이 있었다고 하였고, 『삼국지』고구려전과 예전에서 고구려의 남쪽, 예의 서쪽에 조선이 있었다고 한 기록을 주목한다. 그리고 『삼국지』가 기원 후 3세기에 진수가 쓴 것이므로 위 기록은 기원전 1~3세기 사이의 낙랑 또는 조선의 위치를 반영한 것으로 볼 수 있다는 것이다. 또 기록에는 고구려의 남쪽, 마한의 북쪽, 예의 서쪽에 낙랑과 조선이 있다고 나오므로, 이 두 나라가 따로따로 있었다고 볼 수 없는 조건에서 낙랑과 조선은 같은 지역에 대한 다른 이름에 지나지 않는다고 보는 것이다.

북한학계는 『삼국사기』에서 전하고 있는 한군현 낙랑 기록에 대해서도 고조선의 후국으로 해석하고 있다. 낙랑왕 최리가 고구려를 가리켜 "북쪽의 나라"라고 한 것(「고구려본기」, 대무신왕15년(기원 32년)조); 고구려가 낙랑을 멸망시켰다고 한 것(「고구려본기」, 대무신왕 20년(기원 37년)조); 낙랑에 사신을 보내어 우호 관계를 맺었다고 한 것(「백제본기」 온조왕 4년(기원전 15년)조) 등의 사실을 고조선의 후국 낙랑국에서 발생한 것으로 보고 있다.

기원전 108년 한나라는 고조선 만왕조를 무너뜨리기는 하였으나 그 중심지인 왕검성(오늘의 평양)과 서북조선 일대는 함락시키지 못하고 겨우 요동 지방만 차지하였다고 본다. 근거로는 전쟁에 동원되었던 한의 장수가 군공을 받는 대신 극형으로 처리되었던 사실을 들고 있다.

이러한 주장에는 근본적으로 중심 수도는 그대로 있는데, 부수도의 멸망만을 가지고 고조선 국가의 멸망으로 볼 수 있는가라는 의문이 남는다. 그리고 대동강유역에서 고조선 후기의 유물과 한의 유물이 집중하여 나오는 점은 이 지역이 바로 한군현 가운데 낙랑군이 있던 곳으로 보는 것이 가장 합리적이라 생각한다.

새로이 변화된 '민족'에 대한 시각을 바탕으로 북한학계에서는 그 동안의 고조선사 연구는 사대주의에 입각한 그릇된 인식으로 보고 평양 중심의 역사인식이야말로 주체적이고 민족주의적인 역사 인식임을 주장하고 있다. 계속해서 평양은 고조선의 중심지일 뿐만아니라 평양을 중심으로 하는 대동강 유역이 인류 기원지의 하나이며 한민족의 발상지이고, 세계 4대 문명에 뒤떨어지지 않고 오히려 더 우수한 문명을 꽃피웠기 때문에 또 하나의 세계 문명을 시작한 곳이라고 보고 있다. 이 당시 학자들의 연구 논문을 모아 출간된 사회과학출판사의 『조선고고연구』 1999년 1호는 대동강문화설의 특집으로서 총 11편의 논문이 게재되었다.

크게 보면 이러한 입장 변화는 주체사상의 또 다른 강조과정에서 나온 산물로 보인다. 90년대에 들어서면서 북한에서는 구소련과 동구 사회주의권의 몰락 이후 앞으로의 개방 후유증을 극복하고 남북 간의 체제경쟁에서 효과적으로 대응하기 위해서는 주민들에게 현정권이 유구한 역사 속에서 확고한 정통성을 갖고 있다는 인식을 끊임없이 심어주지 않으면 안 되었다. 이를 위한 노력의 하나로 평양이 민족사의 시초부터 오늘에 이르기까지 줄곧 민족의 심장부로서 기능하였음을 밝힘으로써 남북대립의 현 분단 구도에서 정권의 정통성을 강조하려 했던 것이다. 그러나 세계 인류의 기원지조차 북한이라는 식의 주장은 지나친 애국주의의 발로라 할 수 있다.

4. 과제와 전망

단군릉 개건 이전 시기의 북한학계의 고대사 연구는 주체 사관에 입
각하여 인민 중심의 역사 서술을 하면서도 사료에 입각한 객관적 고증
의 노력이 눈에 띄었다. 1980년대 말부터 북한 역사학계는 '우리민족 제
일주의'라는 주체 사관의 새로운 적용과 해석이 이루어지면서 중국에
뒤지지 않는 우리 민족 역사에 대한 정리를 위해 노력하였다. 그 결과
단군신화를 역사적 사실로 인정하고 단군릉을 복원하였다. 이어 평양
일대의 대동강이 세계 5대 문명이라는 '대동강문명론'을 주장한다. 신화
와 설화 또한 역사적 사실로 인식하고, 고고학 자료에 대한 해석도 그
절대연대를 기존보다 2,500년 이상 끌어 올려 해석한다. 이러한 북한학
계 주장의 역사적 사실성 여부는 많은 논의가 필요한 상태이다.

북한 학계의 한국 고대사 연구 방법론은 다른 분야의 역사 연구와 마
찬가지로 주체 사관을 바탕으로 하면서 고대사 관련 여러 문헌 자료와
고고학 자료를 병행하여 연구하고 있다. 모든 역사 해석은 김일성의 혁
명사상이라고 표방하는 이른바 주체 사상에 입각하여 역사주의, 당파
성, 노동계급성의 세 원칙 아래 이루어지고 있는 것이다. 때문에 일정한
역사적 사실을 기술함에도 엄격한 사료 비판과 객관적이고 합리적인 서
술보다도 주체의 역사학에 입각하여 체계를 세우는데 더 많은 노력을
기울이고 있다.

북한학계의 고대사 관련 많은 연구 성과물들은 사회주의 사회의 역
사 서술 특성처럼 하나의 체계와 방법론에 의해 일관되게 쓰여진다는
장점이 있다. 그러나 평양 중심의 정통론이나 미리 정해진 시각에 맞추
어 합리적 추론의 방법을 쓰는 경우가 많다.

북한학계의 고대사서술은 일반 민의 생활을 중심으로 서술하면서 민
족사의 기원이 유구하고 단군조선에 동원성(同源性)을 두고 있음을 잘

부각시키고 있다. 그러나 일관된 시각으로 한국 고대사를 체계화한 점은 많은 점에서 시사를 주고 있지만 사료 비판을 통한 객관적 역사 서술에서는 문제를 갖고 있는 것도 사실이다. 특히 최근 단군릉 개건으로 인해 신화를 역사적 사실로 인정하는 작업 속에서 『규원사화』와 같은 위서(僞書)를 역사서로 인용하기까지 이르렀다. 역사적인 방법론에 입각한 서술보다는 '우리 민족 제일주의'나 '우리 민족 5천년사'를 체계화한다는 목적하에 역사학 본래의 목적인 객관적 서술이 많이 약해지고 있다.

그러나 다방면에 걸친 연구 협력 체계가 손쉽게 만들어져서 하나의 연구집단을 중심으로 하여 연구자 상호 간의 빈번한 공동 토론회를 거치면서 공동적인 집단 연구가 진행된다. 이러한 사회주의 국가 특유의 연구 조건에 말미암아 그간 고조선, 고구려, 발해의 역사와 문화 연구에 적지 않은 성과를 거둔 것은 부인할 수 없는 점이다.

북한학계의 주체 사관에 입각한 연구와 달리 남한학계의 경우 역사 과학의 실천성·현실성보다는 순수 아카데미즘을 표방하면서 다양한 방법론을 이용해 고대사 연구를 진행시켜 나갔다. 특히 민족주의적 역사 서술을 표방하는 일부 고대사 연구자들과 사회 일각의 재야사학자들은 단군신화를 사실로 인식하면서 고대사 연구방법론상 단군릉 개건 이후 북한학계의 주장과 일치되는 모습을 보이고 있다. 그러나 이는 학문적 연구 노력의 결과 얻어진 결론이 아니고, 단지 환상적 한국 고대사 인식에서 비롯되었음을 자각해야 한다.

현재 북한학계의 고대사 연구는 신화를 실재한 역사로 간주하는 등 엄밀한 사료 비판에 의한 역사 서술이 이루어지지 못하고 있다. 따라서 북한학계의 연구 성과를 고고학 발굴 자료 외에는 사실상 활용하기가 어려운 실정이다. 다만 그들의 일반 '민(民)'의 활동상을 그리는 것이나 생활사에 대한 관심있는 서술은 앞으로 남한학계가 많이 참고해야 할 것으로 생각한다.

2장. 리지린(李止麟)의 고조선사 인식과 그 특징

북한에서 고조선에 관한 토론이 활발히 이루어지던 1960년대 초, 리지린의 이름으로 『고조선 연구』(과학원출판사, 1963년)가 출간되었다. 이 책은 분량만 해도 410쪽에 달하는 대작으로, 고조선의 정치·사회·경제 구성을 유물사관의 입장에서 처음으로 체계화하였다. 『고조선 연구』는 본문이 393면, 도판 12매, 지도 2매, 총 410면에 달하여 당시로서는 부피가 큰 책이다. 그리고 고조선 내용 외에도 예맥, 숙신, 부여, 진국(삼한), 옥저에 대해서도 장절을 설정하여 심도 있게 서술하고 있다.

『고조선연구』 서술을 위해 리지린은 그 어느 저서보다도 많은 문헌 자료를 섭렵하여, 한국 초기국가 역사에 대한 종합 정리를 시도하였다. 이 책에서 리지린은 광범위한 사료들을 맑스-레닌주의 역사관의 입장에서 종합 정리하고 한국 고대사에 관한 새로운 체계를 수립하였다.

오래 전에 공개된 중국의 석학 고힐강(顧頡綱)의 일기를 통해 알려진 내용이지만, 리지린은 1958년부터 1961년까지 3년 반 정도 북경대에서 유학하며 지도교수인 고힐강과 친밀한 관계를 유지하면서 많은 자료들을 얻을 수 있었고, 「고조선연구(古朝鮮硏究)」란 논문을 작성하여 박사 학위를 받았으며, 귀국한 뒤에 바로 이 저작으로 책을 출간하게 된다.

리지린은 『고조선 연구』에서 60년대 초까지의 북한 고고학 연구 성과를 활용하기는 했으나, 그보다는 중국의 여러 옛 문헌들 가운데서 고조선에 관련된 단편적인 기록들을 빠짐없이 망라하고, 이에 대해 사료 비판(史料批判)을 가하는 데 중점을 두었다. 결과 고조선의 위치를 북중국에서 남만주에 걸친 것으로 주장하는 등 역사지리 문제에 있어서 하나의 대담한 가설을 제시하였다.

리지린의 『고조선 연구』는 북한 학계의 한국 고대사 연구 방향을 바꾸었을 뿐만 아니라, 1980년대 중반 이후 한국에 소개되면서 남한 학계의 고조선사에 대한 새로운 관심을 불러 일으키고 기존의 인식을 바꾸는 역할을 하였다. 특히 한국상고사의 웅대한 모습을 그리는 일부 연구자 및 유사 역사학자들에게 기본적인 고조선사 인식의 틀을 제공하였다.

최근 우리 사회에서는 역사 인식 및 역사 서술을 둘러싸고 많은 논란이 일고 있다. 특히 일부 유사 역사학자들에 의해 한국 상고사에 대한 과장된 해석과 주장이 펼쳐지고 있다. 이들 유사 역사학자들의 주장은 대부분 고조선 중심지를 만주 일대에 비정하는데 그러한 주장은 멀리는 조선 시대 역사학으로부터 시작하여 오늘날에는 리지린의 연구 성과가 그 바탕이 되고 있다고 하겠다.

최근 리지린의 고조선사 인식에 관한 일련의 연구 성과가 나오고 있다. 특히 강인욱의 논문은 리지린의 행적에 대한 자세한 정리를 통해 그의 역사학 전반에 대한 많은 궁금증을 해소해 주었다. 그동안 이러한 연구 성과가 있었음에도 이 글을 쓰게 된 것은 아직도 많은 분들이 리지린의 고조선사 연구의 내용을 모르기 때문이다. 그리고 리지린의 고조선사 인식이 최근 우리 사회에 만연한 웅대한 한국상고사 주장의 배경이 되고 있다는 사실을 말하고자 한다.

이 장에서는 여러 유사 역사학자들 주장의 문제점을 파악하기 위한 전제로 그 배경이 된 리지린의 『고조선 연구』의 내용을 검토하였다. 그리고 그 내용이 오늘날까지 남·북한 학계에 어떠한 영향을 미치고 있는지에 대해서도 살펴보고자 한다.

1. 리지린의 북경대 유학과 고조선사 연구

리지린은 신중국 성립 이후 북한 학계에서 최초로 북경대학교에서 유학한 고대사 전공자이다. 지도교수는 『고사변자서(古史辨自序)』로 유명한 고힐강(顧頡剛) 교수였다.

북경대 유학 이전 시기의 리지린의 활동에 대해서는 이광린의 글과 강인욱의 최근 논문에 잘 정리되어 있다. 그는 1916년에 평안남도 강동군에서 태어나 1935년에 평양광성보통고등학교를 우등으로 졸업했다. 1936년 4월 일본 와세다 대학 제2고등학원 문과에 입학하여, 1938년 4월 동 대학 문학부 철학과 중국(支那)학과에 진학하고, 1941년 졸업하였다. 이후 석사과정 1년을 다닌 후에는 한국으로 돌아왔다. 귀국 후 1942년 4월 모교인 평양 광성(光成)중학교에서 교사로 임명되었다. 그러나 병으로 1944년 3월 사임하였다가 1945년 4월 다시 평안북도 선천(宣川)중학교 교사로 임명되었다.

해방 직후에는 서울로 올라와서 경성법학전문학교에서 역사학 교수로 잠시 재직했다. 하지만 건강상의 이유로 고향에 돌아와서 1946년부터는 평양고등사범학교(뒤에 평양 교원대학이라고 개칭)의 교편을 잡았다. 이후 한국전쟁이 발생하자 전후 체제 정비과정에서 과학원 력사연구소 고대사연구실로 직을 옮겼다.

이후 북경대로 유학하기 전까지의 리지린의 학문 역정은 잘 알 수 없다. 최근에 나온 강인욱의 글을 보면, 북경대 유학 이전 리지린은 본격적인 한국사 연구자로서 활동은 하지 않았던 것 같다.

오래 전에 공개된 중국의 석학 고힐강의 일기에 따르면 리지린이 북경대학에 유학을 간 것은 1958년 3월 27일이었다. 그때 당시 리지린의 신분은 교수로 나온다.

북경대 유학 시절에 쓴 고대사 관련 첫 논문은 『력사과학』 「자료」란

에 발표한 「광개토왕비 발견의 경위에 대하여」였다. 이 글은 중국인들
이 1875년에서 1876년 경에 비를 발견하였을 것으로 보고 있는데, 분량
이 3쪽에 불과한 간단한 자료 소개라 할 수 있다.

　두 번째 논문은 1960년 2호와 4호에 발표한 「고조선 국가형성에 관
한 측면의 고찰－한자 사용의 시기에 대하여」였다. 이 논문은 뚜렷한
자료를 갖고 쓴 것은 아니었다. 문자를 사용했다는 것은 국가가 형성되
었음을 말한다 하고 고조선이 문자를 사용하였을 시기를 서주 초, 그러
니까 서력 기원전 8세기로 보아야 한다고 하였다. 그리고 중국 문헌에
나오는 동이족에 대해 연구해야 되는데 그 까닭은 동이족의 한 계열인
고조선의 문화를 밝히기 위해서라고 말하였다.

　그런데 이 논문에서 주목되는 것은 글의 뒷부분에 〈기자전설에 대하
여〉라는 절을 설정하고 그 설이 무근거함을 설파하고 있다는 점이다.
그리고 기자전설에 대한 그의 입론은 『사기』나 『상서대전』 등의 원문
외에, 정약용의 『아방강역고(我邦疆域考)』와 박사 지도교수였던 고힐강
의 「랑구촌수필(浪口村隨筆)」 권일(卷一) 「기자봉국(箕子封國)」 글을 보
았다고 한다. 리지린은 이 글을 쓰면서 이미 기자조선에 대한 자신의 생
각을 정리하게 되었고, 거기에는 다산의 글이나 고힐강의 글이 영향을
주었음을 알 수 있다.

　기자조선에 대해 정리한 뒤에 리지린은 또 「맥족(貊族)과 고대 중국
과의 관계」에 대해 서술하면서, 늦어도 맹자시대, 즉 전국시대 초기에
중국 북부 지대에 거주했던 맥이 착취제도를 가진 국가였음을 주장하였
다. 이 글을 작성함에는 『사기』나 『산해경』 외에 정약용의 글과 정인보
의 글을 인용하고 있다.

　「고조선 국가형성에 관한 한 측면의 고찰－한자 사용의 시기에 대하
여」(하)에서는 「숙신(肅愼)과 고대 중국과의 관계에서 본 한자 전래의
시기」 글을 통해 숙신이 고대 조선과 같은 종족이었음을 말하고 있다.

리지린, 『고조선 연구』(한국어판)

여기서 숙신은 '주신(珠申)'으로 '영토'
나 '관경(管境)'을 의미한다는 신채호의
해석을 근거로 비판적으로 수용하고
있다.

그리고 숙신족은 고대 조이(鳥夷)족
으로도 불렸는데, 이들 조이족은 갈석
산(碣石山) 근처에 있었다고 본다. 자연
히 진(秦)의 만리장성 동단과 관련된 갈
석산을 지금의 난하(灤河) 일대에 비정
하고 있다. 이상의 내용을 보면 리지린
의 고조선 요서설의 핵심적인 내용이
사실상 이 논문에서 서술되고 있음을
알 수 있다.

이어 리지린은 「고조선 지명, 강명, 인명 등을 통해 본 한자 사용의
시기」 글을 통해 고조선이 열하에서부터 요동에 이르는 지역에 위치하
고 있었다고 보았다. 리지린은 『영평부지(永平府志)』(오늘날 하북성) 자
료를 근거로 '조선'이란 국호가 고조선인들이 난하 유역 일대에 거주했
을 시기에 그 강들의 명칭에 의해 제정되었다고 결론짓고 있다. 이 주장
은 『위략』에서 고조선이 서방 2000리를 빼앗겼다는 기록을 볼 때 더 분
명하다고 주장한다.

이러한 리지린의 연구 성과는 북경대 유학 시절에 작성된 것으로, 아
마도 리지린은 원고가 완성되면 곧바로 고힐강에게도 제출하여 검토를
받았던 것 같다. 『고힐강일기』 1960년 4월 16일자에는 리지린이 「중국
문헌상 고조선의 위치」 논문을 제출하여 보았다고 쓰여 있다. 또 「고조
선 국가형성에 관한 한 측면의 고찰－한자 사용의 시기에 대하여」(하)
논문을 『력사과학』에 실은 두 달 뒤 고힐강은 리지린의 「중국문헌상 고

조선영역의 변동」 논문을 고쳐주었다고 쓰고 있다.

이처럼 1960년에 리지린은 고조선의 한자 사용에 대한 논문을 발표하고, 여기서 고조선사와 관련된 리지린의 생각을 거칠게나마 정리하고 있다. 따라서 「고조선 국가형성에 관한 한 측면의 고찰」 논문이 강인욱의 정리처럼 철학에 기반을 두어 추정하는 성격의 글은 분명 아니라고 할 수 있다.

1961년도에 들어서면 리지린은 논문을 완성하기 위해 고조선사 관련 나머지 주제들에 대해 집중적으로 집필을 서둘렀음을 알 수 있다. 『고힐강일기』에 나오는 리지린의 「고조선연구」 논문 준비 과정을 간략히 정리해 보면 아래와 같다.

1월 17일 〈왕검성〉 등의 문제를 논하였다.

2월 5일 〈단군전설고〉, 〈기자조선전설고〉 글을 보았다.

2월 7일 〈진~한초 요하와 패수의 위치〉 글을 보았다.

2월 8일 〈왕검성 위치〉 글을 보았다.

3월 17일 〈단군전설고〉 초고를 보았다.

3월 18일 〈기자조선전설고〉 검토를 마쳤다.

3월 20일 〈진~한초 요하와 패수의 위치〉 글을 수정하였다.

3월 22일 〈요하와 패수의 위치〉 글을 검토를 마쳤다.

3월 23일 〈왕검성 위치〉 글을 보았다.

5월 10일 〈예맥고〉 글을 읽었다.

5월 11일 〈숙신고〉 〈예맥고〉 글을 거칠게 보았다.

5월 17일 〈고고자료에 근거한 조선과 중국 관계〉 글을 보았다.

6월 2일 〈예맥고〉 글을 다시 보았다. 〈고조선의 국가형성 및 그 사회형태〉 글을 보았다.

6월 5일 〈예맥고〉와 〈숙신고〉를 다시 보았다.

6월 7일 〈삼한고〉를 다시 보았다.

6월 15일 〈삼한고〉와 〈옥저고〉를 다시 보았다.

6월 19일 〈선진시대 중·조 관계〉를 다시 보았다.

6월 20일 리지린 논문의 〈결론〉 및 〈서언〉을 보았다.

6월 29일 리지린의 『고조선연구』 논문의 심사보고를 마쳤다.

이상에서 리지린은 1960년 여름부터 논문 작성에 집중하여 61년에는 거의 반년 만에 논문 내용을 다 마무리하고 있음을 볼 수 있다.

이처럼 리지린이 북경대에 유학하여 고힐강으로부터 박사 과정을 밟은 것은 순수한 학문적인 차원에서 였을까? 이에 대해 강인욱은 북한 역사학계에 고조선 중심지의 재요령성설을 정착하기 위한 과정보다는 당시 고조선사 연구를 주도해갔던 도유호의 고조선 중심지 재평양설을 잠재우기 위한 노력의 하나였다고 보았다.

1960년대 초 북한 역사학계에서는 민족주의적인 시각에서 우리 역사의 주체적인 모습을 정리하기 위한 움직임이 강하게 일고 있었다. 리지린이 북경대학교에 유학할 당시 북한 역사학계에서는 일본제국주의를 반대함과 동시에, 중국 고대의 왕들이 우리의 영토를 침략했던 것을 반대하면서 자존심을 제고시킨다는 요구 아래, '실지수복(失地收復)'의 주장이 왕성하였다.

『고힐강 일기』 1964년 8월 13일 자에 보면 고힐강은 북한역사학계에 대해 다음과 같이 평하고 있다.

"조선사학자는 고조선족이 일찍이 중국 동북지방에 거주했다고 하면서 자존심을 부리고 있고, '실지수복'을 기도하고 있다. 리지린은 이러한 임무를 집행하는 데 관계한 한사람이다. 그 목적은 장차 고대 동북 각족(숙신, 예맥, 부여, 옥저 등)을 모두 고조선족 밑에 두고자 하는 것이다. 이로 인해 중국 동북지방 전부를 조선의 옛 영토로 인정하려는 것이다. 이제 다시 중국 동북지방에서 고고발굴이 행해지고 있는데, 지하 유물로 이를 실증하려고 하고 있다."

리지린은 이러한 학계의 요구를 실현하기 위해 문헌학자로서 고조선 만주 중심지설의 논리를 마련하고 정리하기 위해 북경대학교에서 유학하고, 이 방면의 자료를 수집하였던 것이다. 그리하여 결국 선진(先秦) 시대의 사서에서 청대(淸代)의 금석학까지 3천여 년에 이르는 중국의 사료를 총망라하여 서술된 『고조선연구』가 탄생하게 되었다.

2. 해방 직후 북한 역사학계의 고대사 연구와 리지린

리지린은 북경에서 북한으로 귀국한 뒤, 사회과학원 고조선사연구실 주임을 맡았다고 한다. 이후 리지린은 북한에서 '독자적으로 외래의 영향을 받지 않은' 새로운 북한 사학을 중건(重建)하는 데 중요한 역할을 하였다. 특히 당시 '삼국시기의 사회 성격 규정을 위한 토론회'와 초기 고조선사와 관련된 일련의 토론회에서 주요 논자로 부상하여 토론회를 주도해 나갔다.

당시 북한에서는 1960년부터 1962년까지의 기간에 거의 20회에 달하는 고조선을 주제로 한 학술토론회가 개최되었다. 특히 1961년에는 7회에 걸친 토론이 진행되어 고조선연구의 정점을 이루었다.

토론 과정에서 연구자들은 상대방과의 치열한 논쟁을 통해 자신의 견해를 수정, 보완하며 정치하게 다듬어 나갔다. 논쟁에 참여한 학자들은 당시 최고의 석학인 백남운, 리상호, 림건상, 황철산, 리응수, 리지린, 정찬영, 도유호, 박시형, 김석형 등이었다.

고조선 관련 토론회에서 리지린이 북경에서 돌아와 등장하기 전까지는 주로 도유호를 중심으로 정찬영 등 고고학자들이 주도해 나갔으며,

대개 고조선 재평양설이 중심이었다.

1961년 7월 6일, 그리고 7월 18일과 19일 양일간에 걸쳐 [고조선의 위치와 영역]에 대한 토론회가 있었다. 고고학자는 도유호, 황철산, 정찬영, 황욱, 문헌학자는 림건상, 박시형, 리상호, 리필근, 백남운이 참가하여 서로 반대되는 의견을 제시했다. 그런데 이 토론회를 종결하는 마당에 이 토론회를 주관한 역사 연구소 소장 김석형은 요하설(遼河說)이 가장 합리적인 것이라고 설명함으로써, 북한학계의 움직임이 이전 평양설에서 1961년부터 요하설로 기울어지고 있음을 알 수 있었다.

1961년 8월 1일과 8일에 열린 [고조선의 종족 구성과 시기 구분에 대하여]라는 토론회에서도 자연히 고조선의 위치와 영역에 대한 문제를 거론하여 서로 팽팽히 맞섰다. 이때 과학원 원사 박시형이 "고조선의 중심은 평양이었으며 이에 대하여서는 고고학적 유물이 보여준다."라고 발언하여 토론은 아직 결말이 난 것처럼 보이지 않았다.

그러나 1961년 8월 29일과 9월 2일 [고조선의 생산력과 국가형성]에 대한 토론회에 문헌학자의 대표라 할 수 있는 리지린의 등장은 북한학계가 어떤 방향으로 나아가고 있는가를 보여 주었다.

고조선 관련 토론회에서 리지린이 참석한 토론회는 1961년 8월 29일 및 9월 2일의 「고조선의 생산력과 국가형성」 토론회와 1962년 7월~8월의 4차에 걸쳐 진행된 「'단군건국신화'에 대한 과학 토론회」, 그리고 1962년 10월 25일, 12월 17일, 1963년 2월 14일의 3차에 걸쳐 진행된 「고조선 령역에 대한 학술토론회」였다.

토론회 당시 리지린은 고조선의 위치가 요령성(遼寧省) 일대였다는 견해를 주장하였다. 토론 과정에서 전반적인 분위기가 고조선 중심지의 재요령성설 쪽으로 기울었는데, 이는 토론을 주도한 백남운과 김석형이 모두 요령성설 쪽을 지지하였기 때문이다.

리지린은 1961년 8월 29일과 9월 2일 양일간 열린 「고조선의 생산력

과 국가형성」토론회에서 고조선의 영역이 압록강 이북으로부터, 열하,
내몽고 일대에 뻗쳐 있었기 때문에 한반도 내의 발굴품을 갖고 고조선
의 생산력을 논하기는 곤란하다고 하고, 어느 면에서나 고조선의 중심
지는 만주의 대릉하, 왕험성(王險城)은 개평(蓋平)으로 보아야 된다고 하
였다.

리지린의 주장에 대해 황철산이 패수(浿水)는 압록강이고 고조선의
중심지는 대동강 유역이라고 하였고, 정찬영도 이 주장에 찬동을 하였
으나, 문헌학자 임건상과 백남운은 고고학자들의 주장이 근거가 빈약하
고 사실과 너무 어긋난다 하고 고조선을 압록강 이북 요서, 요동지방에
서 찾아야 한다고 논하였다. 리지린의 설을 적극 지지하고 나섰다고 할
수 있다.

이에 대해 계속되는 논문을 통해 도유호를 비롯한 고고학자들이 문
헌학자들의 주장에 거센 반론을 제기하자 역사연구소에서는 「고조선
영역에 대한 학술토론회」를 다시 열게 되었다. 그것은 1962년 10월 25
일, 12월 17일, 1963년 2월 14일의 일 모두 세 차례 개최되었다. 이 모임
에서 리지린이 먼저 토론을 벌였고, 도유호, 박시형, 리상호, 림건상, 김
석형이 뒤따라 자기 설을 내세웠다. 도유호를 제외하고 대부분이 문헌
학자들이었다.

당시 리지린은 이미 북경대 박사학위 논문을 준비하면서 작성한 고
조선 중심지의 요서설 내용을 중심으로 토론회를 주도하였다. 그리고
이때 발표된 논문을 중심으로 그해 1963년 8월 과학원 출판사에서 『고
조선에 관한 토론 논문집』이란 단행본을 간행하였다. 그것은 325면에
달하는 방대한 분량의 책이었고, 이 책 속에는 리지린, 김석형, 황철산,
정찬영, 리상호, 림건상의 논문이 실려 있었다. 특히 리지린의 「고조선
의 위치에 대하여」 논문은 「고조선 연구」, 즉 북경대 박사학위 논문의
제1장 내용과 똑같다.

이 토론회로서 북한학계는 고조선의 위치와 영역 문제를 해결한 것
처럼 보였다. 문헌학자의 주장을 받아들였던 것이다. 그러기 때문에 토
론회를 마친 직후 리상호가『력사과학』1963년 2호와 3호에 고조선 중
심을 평양으로 보는 견해들에 대한 비판이란 논문을 발표하여, 평양으
로 보는 견해는 고조선을 역사적으로 고찰하지 못했던가, 고찰하지 않
으려는 것이라고 비판하였다.

이 무렵 리지린의『고조선연구』책이 간행되었다.『력사과학』1963년
5호에서는 즉각 이 책의 서평을 게재하여,

"이 저서는 그러한 광범한 사료들을 맑스-레닌주의 력사관의 립장에서
종합, 정리하고 조선 고대사에 관한 자기의 새 체계를 수립한 것으로서 조
선 고대사 발전에서의 하나의 리정표로 된다. 즉 이 저서는 그 자체가 허다
한 새롭고 긍정적인 연구 성과를 담고 있을 뿐만 아니라 수 많은 문제들을
새로운 각도에서 고찰함으로서 광범한 토론을 위한 전제 조건을 조성하였
고 이로써 장차 이 분야에 있어서의 연구를 가일층 촉진시킬 수 있는 계기
를 지어 준 점에서도 획기적 의의를 가지고 있다."

고 하여, 높이 칭찬하는 논조로 일관되어 있다.

토론 막바지에 당시로서는 젊은 편에 속했던 리지린의 견해가 크게
부각되었는데 그의 연구 성과는 별도로『고조선연구』(1963)에 포괄하여
정리되었다. 이후 세부적으로 약간의 수정이 없었던 것은 아니지만,
1993년 단군릉 개건 이전까지 북한 학계의 공식적인 견해(고조선 중심
지의 재요령성설)가 형성되는 데는 리지린의 주장이 커다란 역할을 하
였다.

토론 과정에서 중국의 선진(先秦)시기 문헌부터 심지어 청대의 문헌
까지 치밀하게 분석하여 고조선의 역사지리 연구와 자료 구사 등에서
다른 연구자들을 압도하였던 리지린만이 고조선 전공자로 남게 되었고

정찬영을 비롯한 고대사 연구자들은 고구려사를 비롯한 다른 전공으로 전환하였다.

1963년 전반기를 고비로 고조선에 대한 도유호 등 고고학자들의 주장이 힘을 잃고 리지린 등 문헌학자들의 고조선 요하설이 중심이 되었다. 이는 당시 북한 학계가 날로 편협한 국수주의적인 경향으로 가고 있었기 때문에 도유호 등이 생각하고 피력하였던 폭넓은 학문 세계는 용납되지 않았던 것이다. 이러한 북한 역사학계의 변화에 대해 강인욱은 문헌사학자와 고고학자 사이의 헤게모니를 둘러싼 투쟁과 밀접한 연관을 맺었다고 보았다. 특히 구체적으로 북한 역사학계에서 도유호에 대한 숙청 쪽에 무게를 두었다. 이러한 분석은 실상과 맞는 적확한 해석이라 생각한다. 다만, 더 크게 보면 1960년대 초반 북한 역사학계에서 김일성이 강조하는 "주체를 확립하고 당성 원칙과 역사주의적 원칙을 철저히 고수하기 위해"서 고고학자들의 고조선 한반도 중심설보다는 문헌학자들의 고조선 만주설이 더 유리했던 것으로 보인다. 그리고 그 중심에 리지린이 있었던 것으로 볼 수 있다.

『력사과학』 1962년 3호 권두 글은 「맑스-레닌주의의 기치를 높이 들고 력사과학의 당성의 원칙을 고수하자」였다. 그리고 말미에 실린 〈학계소식〉 글에서 1962년 4월 13일에 열린 〈조선 혁명 수행에서 김일성 동지에 의한 맑스-레닌주의의 창조적 적응〉이라는 제목으로 열린 학술대회에서 리지린의 발표 내용을 자세히 서술하고 있다.

보고대회에서 리지린은 '우리 당의 령도와 조선 력사학의 발전'이라는 제목으로 보고하였는데, "보고자는 우리 민족의 유구하고 우수한 력사학의 전통이 고조선 시기부터 면면히 계승 발전되어 오다가 일제 침략자들에 의해 유린되고 왜곡 말살 당하여 그 발전이 정체되지 않을 수 없었다"고 언급하면서 "그러나 일제 통치의 그와 같은 암담한 시기에도 우리 력사학의 유구하고 우수한 전통은 1930년대부터 새로운 길을 개척하면서 계승 발전되어 왔다고 하였다."라고 하였다.

계속해서 리지린은 "우리 력사상 첫 계급 국가의 형성 문제, 노예소유자 사회의 존부 문제에 관한 토론들에서 그 일단을 볼 수 있었다"고 지적하면서 "우리 력사가들은 김일성 동지의 교시 정신에 철저히 립각하여 연구 사업을 진척시킨 결과 삼국에 선행한 계급국가가 자체 발전 법칙에 의해 형성되었음을 논증할 수 있었으며, 이로써 민족허무주의 경향과 자기의 력사를 남의 력사 발전 체계의 틀에 맞추려는 교조주의적인 부당한 견해를 극복할 수 있었다."고 피력하였다.

학술대회에서 리지린의 보고 내용을 보면 기본적으로 60년대 초 북한 역사학계에서는 일제 식민지 시기 이래 우리 학계에 만연한 민족 허무주의를 타파하고 우리 역사를 주체적으로 해석하고자 하는 노력이 일었고, 그러한 노력의 중심에 리지린의 고조선 연구가 있었다고 할 수 있다.

그리고 리지린은 고조선 관련 글 속에서 고조선 중심지 요서설을 입증할 수 있는 유물 자료를 직접 조사함으로써 고조선과 관련된 여러 논란을 확실히 매듭지어야 한다고 주장하였다. 이러한 노력의 일환으로 1963년에는 조·중고고협정(朝中考古協定)에 따라, 처음으로 만든 조선사회과학원의 여러 동료들과 함께 중국 대련(大連)·영안(寧安) 등지에서 유적을 발굴하고, 유물을 통해서 북한학계의 주장을 입증하려고 노력하였다.

3. 『고조선 연구』의 내용 검토

1) 전체 개관

리지린의 『고조선연구』는 머리말과 맺는말 외에 모두 9장으로 구성

되어 있다. 또 각 장 밑에는 몇 개의 절이 붙어 있다. 이 책에서 가장
주목할 것은 1장의 「고조선의 역사지리」와 9장의 「고조선의 사회성격」
부분이라 할 수 있다. 특히, 1장의 「고조선의 역사지리」 내용은 『고조선
에 관한 토론 론문집』(1963년 발간)에 게재했던 논문의 내용과 똑같다.
즉 리지린은 토론회 당시에 이미 완성된 논문을 작성하였고, 그 내용을
중심으로 토론을 주도해갔던 것이다.

리지린은 「고조선의 역사지리」 내용을 먼저 정리한 후, 다음으로는
당시 많은 논란이 되었던 고조선사 관련 여러 주제, 즉 단군신화와 고조
선의 종족 문제 등을 정리하였다. 이밖에 중국 동북지방 및 한반도에서
고조선과 동 시기에 존재하였던 초기국가 부여와 진국(삼한), 옥저, 숙
신 등에 대해 종합적으로 고찰하여 한국 고대사 속에서 첫 국가로서 고
조선이 여러 초기국가를 아우르는 역사였다고 위치지우고 있다. 끝으로
사회구성 문제와 관련하여 고조선은 고대 노예제 사회였으며 위만조선
이후 봉건사회로 나갔다고 하여 당시로서는 획기적인 입론을 주장하였
다. 이 주장은 이후 북한학계의 기본 통설로 자리 잡았다.

『고조선 연구』의 '머리말'에서 저자는 오늘날까지 고조선 역사를 체
계적, 과학적으로 연구하지 못한 이유를 들면서 그것이 방법론상의 결
함과 자료의 결핍에 있다고 지적하였다. 저자는 이 두 가지가 항상 긴밀
하게 결합되어 있다고 하면서 관계되는 모든 문헌 자료 및 고고학적 성
과들을 종합하고, 그것을 맑스주의 방법론으로 옳게 처리해야만 종래
봉건 제국주의 사가, 일본 부르주아 역사가들의 우리 고대사에 대한 왜
곡, 허위 날조 내지 발상을 극복할 수 있다는 것을 강조하였다.

'머리말'에서 필자는 역사학에서 문헌 사료의 중요성을 설파하고 있
다. 그리고 당시 북한 역사학계에 만연했던 민족주의적인 시각에서 중
국의 사가들의 시각으로 정리된 우리 고대 역사 기록은 모두 왜곡되었
고 날조되었다고 비판하고 있다. 특히 『수서』 신라전에서 신라가 낙랑

의 옛 땅이라는 기록을 두고 이는 역사 위조이며 당의 삼국 침략의 구실을 제공해 주는 것이라고 보고 있다.

그리고 이러한 중국 봉건사가들에 의해 왜곡된 사료를 정확하게 비판하고 그 사료의 이면에 숨겨진 우리나라 고대 사회의 현실을 밝히는 것은 오직 맑스-레닌주의 방법론에 의거함으로써만 가능하다고 강조한다. 이는 당시 북한 역사학계의 과제이자 김일성이 주도하는 주체적인 역사학 수립을 위한 노력 속에서 나온 주장이다.

2) 제1장. 고조선의 력사 지리

리지린이 가장 심혈을 기울인 1장에서는 고조선의 위치를 구명하기 위하여 가장 오래된 문헌 자료, 예를 들면 『관자(管子)』의 '발조선(發朝鮮)', 『산해경(山海經)』의 '조선(朝鮮)' 및 열양(列陽), 『전국책(戰國策)』의 '조선요동(朝鮮遼東)' 기록을 들고, 이 모든 자료들은 고조선이 현 요하 이동(以東), 이서(以西)에 걸쳐 있었음을 보여준다고 논단하였다.

그러나 고조선의 영역은 고정불변하였던 것이 아니라 역사적으로 상당한 출입이 있었는 바 저자는 고조선의 서부 국경선으로 되었던 패수(浿水)의 고증 및 중국 요동군의 위치 연혁의 고증을 밀접히 결부시켜 진행하였다.

입론의 가장 중요한 것은 한초(漢初)의 요수(遼水)가 지금의 요하(遼河)와 동일한 곳인가의 문제였다. 즉, 리지린은 진(秦), 한초의 요수는 현재의 요하가 아니라 난하(灤河)라는 입장에서 출발하여 패수(浿水)는 현재의 대릉하, 고조선의 남변(南邊)은 현재의 압록강이란 견해를 피력하였다.

이 설의 입증을 위해 『산해경』 해내동경(海內東經)의 "요수는 위고 동쪽을 나와 동남으로 발해에 물을 대고 요양에 들어간다."는 기록에서 동남(東南)으로 흐르는 강을 찾고, 『염철론(鹽鐵論)』 험고편(險固篇)의 "연은 갈석에서 막히고 야곡을 끊고 요수로 둘렀다."는 기록에서 남만주 일대에서 갈석(碣石)이 요수와 함께 있는 것으로 해석하였다. 이에 따르면 현재 산해관(山海關)과 갈석산(碣石山)이 위치한 곳은 연(燕) 장성(長城)이 끝나는 곳이고 근처에 흐르는 난하가 요수라고 볼 수도 있을 것이다.

이 주장은 요서지역을 고조선의 영역으로 보고자 하는 기본적인 선입관을 바탕으로 강(江)의 흐르는 방향을 통해 요수의 위치를 고증하며, 요수나 갈석이 바로 고조선과 경계 지역이라는 논리에 바탕을 두었다. 그러나 『산해경』에 나오는 강의 흐름만을 갖고 난하를 요수라고 주장하는 것은 정황 논리일 뿐이지 그 옆을 흐르는 대릉하(大凌河)나 요하(遼河)도 같은 방향으로 흐른다는 점에서 주장의 신빙성이 떨어진다. 또한 『염철론』에 기록된 갈석은 자세히 읽어보면 꼭 요수 근처에 있는 것으로 해석될 수 있는 것은 아니다. 특히 요수나 갈석이 연(燕)의 장새(障塞) 근처에 위치하나 그것이 꼭 고조선과 경계의 지역이라는 내용이 없고 오히려 산융(山戎)·동호(東胡)와 경계한 지역일 가능성이 높다 하겠다. 설령 이 주장을 믿더라도 당시 요수였던 난하가 기원전 4세기(전국시대) 이후 현재의 요하로 옮겨지게 되는 이유와 그 과정을 전혀 입증할 수 없는 점 등 많은 문제를 내포하고 있다.

리지린은 『위략』에 기재된 진개(秦開)의 고조선 서방 2000리 경략과 『사기』 흉노열전의 동호 1000여 리 격퇴를 동일한 사건으로 보고 이 시기에 요동 일대로 비정되는 만번한(滿潘汗)까지 고조선의 영역이 퇴축된 것으로 본다. 그 후 한초(漢初)에는 고조선 인민들의 반침략투쟁으로 인해 실지(失地)를 회복하여 고조선의 서계(西界)가 패수(浿水=大凌河)까지 확대되었던 것으로 파악하고 있다. 그리고 고조선의 수도 왕검성은 후의 개모성(蓋牟城-현 요동 개주시)으로 비정될 수 있으며 요동군 험독

(險瀆)은 창려(昌黎-요서 난하 일대) 부근에 있었다고 주장하였다.

『위략』의 고조선 기록과『사기』흉노열전 기록은 혼용할 수 없는 전혀 다른 국가체에 대한 기록이다. 그러나 리지린은 고조선사의 명확한 해석을 위해서는 두 사서의 기록이 절대적으로 중요함을 부각시켰다. 리지린의 두 사서에 대한 새로운 해석은 이후 남한 학계에서 요동설이나 중심지 이동론을 주장하는 학자들에게 많은 시사점을 주었고 개별 논문에 많이 응용되었다.

3) 제2장. 고조선 건국전설의 비판

2장에서 리지린은 단군신화를 몽고의 침략 하에서 민족의식을 고취시키기 위하여 고려 말에 만들어진 후대의 창작물로 보려는 일본인 학자들의 견해에 대해서 다른 학자와 마찬가지로 맹렬하게 비판하고 있다. 그러나 리지린은 고조선의 건국신화인 단군신화를 원시토테미즘의 한 잔영으로 보아 그 역사성을 부인했다.

리지린에 의하면 단군신화는 발해, 황해 연안에 거주한 원주민인 조이(鳥夷)가 가지고 있던 난생(卵生)신화와는 달리 북방 계통의 천강(天降)신화이며 삼국의 건국 전설에 난생 신화의 요소가 있는 것은 예족(濊族=고조선족)이 조이족(鳥夷族)에게서 물려받은 것이라고 하였다.

한편 기자 전설은 기원전 3세기 말 진대(秦代)에 위작된 것으로 기자가 조선에 온 일은 없었다고 주장하였다. 리지린은 기자동래설이 한(漢)나라에 대한 고조선의 종속 관계를 강화하기 위해 날조된 것이며 기자조선을 주장하는 자들은 반동이며 사대주의자로 규정하였다.

리지린은 기자동래설에 내포되어 있는 의미에 대해 우선적으로 은주 시대에 많은 중국인(은의 유민, 산동에 거주했던 동이족)들이 고조선 지역으로 이주하였던 사실을 알 수 있다는 점을 강조하였다. 그의 이러한 견해는 고조선사의 개시를 끌어올리려는 의도가 내재되어 있었던 것으로 판단된다.

그러나 그 논지의 합리성으로 인해 리지린의 주장은 최근까지도 기자동래설에 대한 인식의 정설로 받아들여지고 있다.

4) 제3장. 예족(濊族)과 맥족(貊族)에 대한 고찰

제3장에서 저자는 예, 맥에 관한 고대 기록들을 광범히 인용하고 예, 맥이 동일한 족속의 두 갈래의 종족임을 논증하고, 옛 문헌들에서 '예맥'이라 쓴 것은 이 두 종족이 같은 종족에 속했으며, 특히 기원전 3세기 이후에 서로 잡거(雜居), 융합하였기 때문에 중국 사가들이 구별하지 못했으며 나중에는 구별할 수도 없게 된 데 기인한다고 썼다.

한편 동호는 선비(鮮卑), 오환(烏桓, 烏丸)만의 선조가 아니라 오히려 맥족이 그 주요 종족으로 된 흉노 동방의 제 종족들에 대한 총칭이었다고 저자는 인정하였다. 맥족의 후예는 기원전 3세기 중엽에 송화강 이남으로 이동하여 부여를 건국하였고 또 그 일부는 기원전 1세기에 고조선의 동부 지방인 압록강 중류 지역에서 고구려 국가를 세웠다고 한다.

이상의 예맥에 대한 논의는 대체적인 내용이 비교적 수긍할만한 것으로 예맥에 대한 기본적인 정리가 잘 이루어졌다고 할 수 있다.

리지린은 예맥족의 선주족(先住族)으로 조이(鳥夷)의 존재를 거론하고 있다. 이 조이는 중국 고전에 전설상의 인물인 순(舜)임금의 원정 대상으로서 처음 나타나고 있는데, 리지린의 주장에 따른다면 이는 황해 연안, 발해만, 한반도에 거주하던 고대의 종족이었다고 한다. 나아가 리지린은 고조선이 형성되기 이전의 원주민이 다름 아닌 조이였다고 주장한다. 그런데 대체로 기원전 2000년경에 예맥족이 남하하여 조이와 혼합하게 되었다는 것이다. 리지린은 숙신족도 그 혼합의 한 산물로 보았으며, 이는 뒤에 고조선의 주민으로 편입되어 고조선 서쪽에 살았다고 한다.

리지린이 동이족 대신 들고 나온 조이(鳥夷)는 『상서(尙書)』등 사서의 기록에서 보면 우이(嵎夷), 래이(萊夷), 회이(淮夷)와 더불어 동이(東夷)라는 총칭 아래 기록된 족속에 지나지 않는다. 따라서 리지린이 조이를 고조선 주민의 선조라고 주장한 것은 실로 무리하고 설득력이 떨어지는 주장이라고 할 수 있다.

리지린은 한사군(漢四郡), 특히 낙랑군(樂浪郡)의 위치도 언급하였다. 그에 의하면, 고조선의 옛 중심지대는 현 요동반도와 중부 이북 일대이므로 낙랑군은 당연히 이 부근에 있어야 한다. 그는 더 나아가서 종래 일부 사가들이 후한(기원 44) 이후 낙랑군을 현 평양 부근에 비정하였던 설도 부정하고 낙랑군은 시종일관 현 요동(遼東)에 있었다고 강조하였다. 그 주된 논거의 하나는 111년에 부여왕이 직접 낙랑군을 공격하였는데 당시 고구려와 적대적 관계에 놓여 있던 부여가 고구려의 영토를 경과함이 없이 낙랑을 치려면 낙랑이 고구려의 서쪽 내지 서북쪽에 있어야만 한다는 것이다.

한사군의 위치와 관련하여 만주에 비정하는 리지린의 견해는 현실적인 자료를 무시한 논리상의 주장이다. 한사군, 특히 낙랑군의 위치와 관련해서 주목해야 할 것은 바로 고조선 후기 단계(초기 철기시대)에 고조선의 문화와 한의 문화가 복합되어 나오는 곳이 어디인가의 문제이다. 그것은 고조선인 거주 지역에 한인들이 들어와 살았기 때문이다. 그런데 낙랑군의 속현이었던 점제현의 신사비가 대동강 유역에서 나왔고, 한에서 유행한 벽돌무덤과 한 관리들이 거주한 토성이 현재에도 대동강 유역에 위치하고 있다. 최근 대동강 남안 일대에 통일거리를 조성하는 과정에서 수천 기의 낙랑 유물이 나왔다고 한다. 특히 최근 평양 정백동 364호 무덤에서 출토한 목독(木牘=木簡) '낙랑초원4년 현별 호구부(樂浪

初元四年 縣別 戶口簿)'를 보면 낙랑군은 중국 내군과 동일하게 낙랑 지역 토착민과 이주해 온 한인(漢人)을 모두 호적에 등재해서 관리했음을 알 수 있다. 그리고 한(漢)의 법으로 관리하고 통치하기 위해 매년 실제 호구 파악과 호구부를 작성하였음을 알 수 있다.

5) 제4장. 숙신에 대한 고찰

4장에서 리지린은 3세기 이후 중국 사서들에 나타난 숙신(肅愼)은 읍루(挹婁), 말갈(靺鞨), 물길(勿吉), 여진(女眞)의 전신으로서 기원전 5세기 이전에 관련되는 숙신과는 하등의 연계도 닿지 않은 종족들이라고 주장하였다. 즉 중국 고문헌들에 보이는 기원전 5세기 이전 시기와 관련된 숙신은 직신(稷愼), 식신(息愼), 사신(思愼) 등으로도 표기되었으며, 이것은 조선(朝鮮)과도 상통되나 만주어 주신(珠申-소속(所屬), 관경(管境)의 뜻)과는 관계가 없는 것이라고 논단하였다.

이처럼 리지린은 신채호의 주장을 참조하였으나 그와 달리 자신만의 논지를 만들었다. 그러나 기원전 5세기를 기준으로 그 이전과 이후를 구분할 수 있는지는 여전히 의문이다.

6) 제5장. 부여에 대한 고찰

5장에서는 부여의 종족, 고조선과의 관계, 부여국의 사회경제구성 등으로 나누어 자세하게 서술하였다.

본래 고조선의 일부 지역이었던 땅들에서 일어난 나라들인 부여와 고구려는 결코 원시 사회에서 처음 계급 사회로 이행하여 세운 국가가 아니라는 것을 강조한다. 그리고 부여의 사회경제구성은 국가, 국왕, '가'-'하호'의 관계에서 보는 노예제 경제 형태가 주도적 위치를 차지하

는 아시아적 노예제에 속하는 것이지만 부여 사회는 아시아적 노예제
사회로서는 발전된 노예제를 가지고 있었고, 기원 전후 시기에는 그 속
에서 점차로 봉건적 관계가 싹 트고 발전하였으며 봉건 제도로의 이행
이 시작되었다고 주장하였다.

부여와 관련된 리지린의 주장은 대체로 적절하다고 할 수 있다.

7) 제6장. 진국(삼한)에 대한 고찰

6장에서는 기원전 3세기 이전에 건국하였던 진국(辰國)은 오늘의 한
반도를 차지한 나라였으며 기원 1세기 중엽까지의 그 북방한계선은 현
압록강이었다고 입론하였다. 진국은 3개의 '한국(汗國)', 즉 3한(三韓)으
로 나뉘어져 있었고 다시 세분되어 78개국으로 되어 있었는데 이 국(國)
이란 중국에서도 그러한 바와 같이 지방 행정 단위를 의미하는 것으로
보았다.

진국에는 기원전 2세기 초에 고조선의 준왕(準王)이 망명해 가서 그
서북방(현 평안남북도 지방)을 일시 차지하게 되었다. 그의 왕조가 단절
된 후 이 지역은 마한의 최리 가문의 관할 하에 들어갔으며, 최리가 망
한 후에는 염사읍군 소마시(蘇馬諟)가 44년 후한에 투항하여 여기에 한
나라 세력이 침투하였다. 그러나 이것은 염사읍 일대가 한나라 낙랑군
에 예속되었음을 의미하는 것이며 결코 낙랑군이 여기에 설치된 것을
의미하지 않는다고 강조하였다.

리지린은 한반도에는 고조선이 없었고 진국이 있었다고 한다. 진국은
삼한으로 염사읍군 소마시가 살았고, 나중에 낙랑군에 예속되었다고 본
다. 즉 낙랑군에 예속된 것은 고조선이 아니라 염사읍군 소마시라는 것
이다.

리지린의 진국과 삼한에 대한 이러한 해석은 이후 한강 이남의 초기

국가 해석의 여러 가능성을 열어 주었다. 그러나 진국의 북방한계선을 압록강으로 설정한 것은 오류이며, 진국의 실체를 두고는 지금까지도 논란이 지속되고 있다.

8) 제7장. 옥저에 대한 고찰

7장에서 저자는 문헌 자료들에 3개의 옥저, 즉, 옥저, 동옥저(남옥저), 북옥저가 보이는 바, 동옥저는 현 함경남북도에 있었으며, 옥저는 현도 군이 처음 설치되었을 때의 지역이었다고 인정하였다. 그것은 옥저에 불내성(不耐城)이 있었고 여기에 후에 고구려가 도읍을 정했기 때문이다. 또 같은 이유로 옥저족은 본시 예족의 일부였다는 것을 알 수 있다. 북옥저는 남옥저(동옥저)와 800여리 떨어져 있었고 그 중간에는 읍루족이 살고 있었다.

이와 같이 저자는 옥저족이 예인이며 또 옥저가 낙랑군의 영동 7현 지역에 해당하는 것인 만큼 4군 설치 이전의 그 사회경제 구성도 고조선과 유사하였고, 따라서 결코 원시사회였다고는 볼 수 없다고 하였다.

이러한 리지린의 옥저에 대한 정리는 어느 정도 안정적이라 할 수 있다.

9) 제8장. 고고학적 유물을 통해 본 고대 조선 문화의 분포

8장에서 리지린은 고고학의 문외한으로 자처하면서도 지금까지 내외의 고고학자들이 내놓은 자료들과 미발표의 몇몇 자료들을 제시하면서 주로 형태상 유사성을 기준으로 석기, 토기, 청동기, 철기 등의 각종 유물을 분류하여 그 중 고조선 또는 고대 조선족의 유물로 간주되는 것을 열거하였다.

그 중에서도 북방식 및 남방식 거석문화의 출자(出自)의 차이성에 대한 지적은 저자의 새 학설에 속한다. 즉 그는 북방식 고인돌이 더 선행한 것이라고 주장하였다. 청동기 유물 가운데 평형(비파형)단검은 요동, 요서 한반도에서 다 나오며 반도 내의 세형동검보다는 선행하는 것이므로 전자(평형단검=비파형동검)는 고조선과 맥국의 문화 유물로, 후자(=세형동검)는 진국의 문화 유물로 인정하여야 할 것이라는 것이다. 저자는 종래 일본 고고학자들이 조선의 청동기문화가 시베리아 또는 중국에서 이식되었다고 한 견해를 반대하고 고대 조선족 내부에서 발생하였다고 주장하였다.

이처럼 리지린 당시의 북한 역사학계는 고고 자료에 대한 이해가 부족하여 비파형동검과 세형동검을 시기의 차이가 아니라 정치체의 차이로 보았는데, 이것은 오류이다.

10) 제9장. 고조선 국가형성과 그 사회경제구성

9장에서는 기원전 4세기에 '대부(大夫)'라는 관직이 있었으며 기원전 2세기 초에는 '박사'가 있었는데, 이것은 발달한 관료 기구의 존재를 말해준다고 하였다. 고조선에는 '범금팔조(犯禁八條)'가 있었는데 그 내용은 노예제가 발전하여 고갈된 노예의 원천을 탐구하기 위하여 가혹한 형벌 노예제가 실시된 것을 보여준다고 하였다.

한편 기자 전설은 고조선이 기원전 12세기에 이미 고도의 문화를 가졌던 것을 반영하고 있다고 보여지기 때문에 이 시기에 고조선의 선진적 부족들이 국가를 형성하기 시작했고 늦어도 8세기에는 조선(朝鮮)이란 통일국가가 형성되었다고 보았다.

리지린은 부여에 선행한 고리국(맥국)에 아시아적 공동체에 기초한 총체적 노예제가 있었던 것처럼 고조선에서도 기원전 1000년기 초엽에는 총체적 노예제가 존재하였다고 인정하였다. 리지린은 현존 문헌 자료상의 고조선 국가(대개 기원전 8~5세기) 및 그 이후의 통일적 국가는 총체적 노예제의 유제가 아직 강하게 잔존한, 그리고 노예제도가 지배적 지위를 차지한 노예제 사회였으며 위만 이후 점차 봉건 사회로 이행하였다고 보았다.

이러한 리지린의 고조선 사회에 대한 해석은 이후 북한 역사학의 기본 틀이 되었다.

한편 리지린은 위만 왕조에 의한 정권의 교체는 고조선의 발전된 노예제가 기원전 3세기~2세기 초에는 위기에 봉착하였음을 보여준다고 보았다. 즉 기원전 195년에 망명해 온 위만이 불과 수년 내에 고조선의 준왕을 축출한 데에는 그가 새로운 봉건적 관계의 형성을 지지하고 조장하는 정책을 취하였고 자라나는 봉건 세력들과 결탁하여 낡은 노예소유자적 귀족들을 반대하는 인민들의 계급투쟁을 성공적으로 이용하였다는 사정이 크게 작용하였다고 보았다.

고조선 사회의 국가형성 시기를 늦어도 기원전 8세기경으로 소급하고 사회발전 정도를 발달된 노예소유자 사회로 간주한 리지린의 견해는 곧이어 중국 동북지방에서 고고학 자료의 증가, 특히 비파형동검 관계 유적, 유물에 대한 조사가 증가하면서 더욱 튼튼히 뒷받침되고 확고히 자리 잡게 되었다.

1963년 『고조선연구』에서 표명되었던 고조선의 사회성격에 대한 리지린의 견해는 1960년대 중반 이후 학계 전반에 관철된 주체사상과 결부되어 재차 정리된 형태로 발표되었다.

책의 맺음말에서 리지린은 사료 취급상의 몇 가지 원칙을 다시 한 번 강조하면서, 고조선의 위치, 고대 조선의 종족들, 사회 경제구성의 공통성, 정치제도의 특수성 등을 거듭 지적하고 고대사 연구의 완성을 위하여 비교 언어학자, 경제사가, 고고학자들과의 가일층 긴밀한 협조 및 공동 연구가 필요하다는 것을 제기하였다.

1960년대 중반에 형성된, 고조선 사회의 성격에 대한 이러한 기본 입장은 그 후 근본적인 내용의 변화 없이 약간의 새로운 사실이 추가되는 선에서 단군릉이 개건되는 1990년대 초까지 이어졌다.

4. 『고조선연구』의 특징 및 영향

리지린은 고조선의 역사지리를 연구하기 위해서는 소위 정사(正史)라고 불리우는 사서(史書)에만 의존할 것이 아니라 흔히 야사(野史)로 분류되어 온 사서나 지리서에도 눈을 돌려야 한다고 강조한다. 따라서 『사기』나 『한서』 못지않게 『관자』, 『산해경』, 『전국책(戰國策)』 등의 선진문헌(先秦文獻)은 물론이고 후대의 『요사』나 『성경통지(盛京通志)』, 『만주원류고(滿洲源流考)』 등에 실려 있는 기사를 최대한 활용하려고 하였다.

그러나 『요사』나 『만주원류고(滿洲源流考)』 등의 후대 기록들은 두찬(杜撰)이 많고 인용 시 엄밀하게 따져보아야 할 사료들이 대부분이다. 그러나 리지린은 그것을 자신의 입론에 맞게 자의적으로 해석하는 등 문헌에 대한 접근에서 보면 문제와 허점이 아주 많다. 특히 중국 사료에 대한 엄밀한 사료 비판이 결여되어 있고, 논리적 모순 역시 많이 발견된다.

고조선의 위치 문제에 대한 리지린의 견해는 평지돌출식의 독특한 것이라기보다는 당시 북한 역사학계에서 고대사 논의를 주도하였던 문헌학자들에 의해 그려진 큰 틀 안에서 고조선의 역사지리연구에 필요한 거의 모든 자료를 광범위하게 섭렵하여 재요령성설(在遼寧省說)의 체계를 완성하였다는 점에서 그 의의를 찾을 수 있다.

고조선사에 관한 연구는 중국 정사(正史)에 인용된 고조선 사료에서부터 논란이 되기 시작하여, 당시의 역사인식과 관련하여 조선 중·후기

실학자들에 의해 위치 문제가 본격적으로 논의되기 시작하였다. 한백
겸, 정약용 등 실학자들은 조선 후기의 사회변동 속에서 한반도에 대한
재인식과 만주지역의 고대사에 대한 관심을 고조선의 위치 문제와 관련
하여 피력하였다. 대개 실학자들의 논의는 만주 일대를 무대로 활동했
다고 보는 학자(이종휘, 안정복 등)와 압록강 이남으로 설정하는 학자
(한백겸, 정약용 등)의 두 부류로 나뉘어 진행되었다.

　　이러한 전통 역사학자들의 논의는 일제 식민통치 시기까지 이어졌다.
고조선사와 관련해서는 구체적으로 일본학자들과 민족주의 사학자로
나뉘어 각자의 민족적·현실적 처지와 관련하여 고조선의 평양중심설과
요동중심설이 대립되었다. 신채호 등 초기 민족주의 사가들이 그린 고
조선사의 모습은 만주와 한반도를 아우른, 광대한 영역의 고조선 제국
이었다. 고조선의 수도 또한 만주지역에 있었고 낙랑군 등 한군현의 위
치도 남만주 지역이었음을 강조하였다. 나아가 '웅대한 고조선'의 역사
상을 통해 민족정신을 진작시키고 조국 광복을 되찾자는 민족운동 차원
으로 고조선사가 연구되었다.

　　리지린은 고대 노예제 사회를 이해하기 위한 주요한 국가로서 고조
선사를 택하여 관련 사료를 총망라하여 논증하였다. 리지린의 고조선사
관련 주장은 조선후기 만주 중심의 고대사와 한반도 중심의 고대사 두
경향의 연구 가운데 만주 중심의 고대사 연구를 계승하고 있다. 그리고
일제 식민지 시기 이후에 민족주의 사학의 논리와 거기에 유물사관의
논리를 결부시켜 정리하였다.

　　리지린의 입장은 크게 보아 민족주의사학의 논리를 바탕으로 하고
있다. 여기에 북한사회 특유의 유물사관이 결합되면서 고대 노예제사회
체계와 결부시켜 고조선 사회를 해석한 것이다.

　　리지린 이후 북한학계는 고고학 자료, 즉 비파형동검문화에 대한 적
극적 해석을 통해 그 문화의 출발지와 중심지가 요동이고 요령성과 길

림성 일부, 한반도 서북지방의 비파형동검문화 지역을 고조선의 영역으로 설명하고 그 사회는 강상묘·루상묘의 예로 볼 때 노예를 순장하던 노예제사회라고 보게 된다.

북한학계는 1960년대 유행한 문화의 전파론과 외인론이 배격되고, 독자적 발생설과 내재적 발전론에 일방적으로 경도되었고, 이러한 입장은 주체사관이 확립되면서 더욱 강화되었다.

1970년대에 리지린의 연구는 러시아에 큰 영향을 주었다. 바로 유.엠. 부찐이 그의 연구를 중심으로 북한의 고조선연구를 러시아어로 적극적으로 소개했었다. 부찐의 연구는 러시아어로 출판된 유일한 고조선 관련 서적으로 러시아 내에서 현재까지도 유일무이한 고조선에 관한 책이다. 이 책에서 부찐은 리지린의 견해를 거의 대부분 수용했다.

1980년대에 들어서 리지린의 저서는 남측 학계에도 적극적으로 소개되기 시작했다. 『고조선연구』는 고조선의 재요동설을 주장하는 학자들은 반드시 참고해야 하는 책이 되었다. 지나치게 고조선의 영역을 넓게 보려는 리지린의 주장에 동조하는 학자는 많지 않았지만, 그래도 그가 제시한 엄청난 양의 전거는 결코 무시할 수 없기 때문이었다.

이 과정에서 남한의 윤내현 선생은 제일 먼저 리지린의 연구 성과를 입수하여 자신의 논지에 활용하면서 리지린의 연구를 표절했다는 논쟁도 불러일으켰다. 윤내현은 북한학계의 주장에서 한 걸음 더 나아가 단군의 건국 연도인 2400년경에 요령 지역의 청동기문화인 하가점하층문화(夏家店下層文化)를 바탕으로 고조선이 국가를 형성했다고 보았다. 고조선의 후신인 기자조선, 위만조선은 모두 고조선과 관계없는 중국과 고조선의 국경인 난하(灤河) 근처에 있는 나라로 비정하였다. 그리고 그 이동(以東) 지역에서부터 한반도 서북지역의 땅에 고조선의 영역을 설정하였다. 그리하여 고조선은 고대 제국(帝國) 단계로까지 발전하였다고 보았다.

이러한 고조선 중심지 요령성설의 가장 큰 문제점은 처음에 평양 지역에 설치된 고조선이 아무런 근거 자료가 없는데 지금의 난하(리지린과 윤내현이 말하는 요수) 유역으로 이동했다고 보는 점이다. 『사기』조선열전에 따르면, 위만은 준왕이 통치하는 고조선 땅으로 올 때 요하 동쪽의 장새를 나와 패수를 건너 진고공지 상하장에 거처했다고 한다. 이를 윤내현 설에 따르면 지금의 난하 동쪽의 장새를 나와 대릉하를 건너 거주해야 맞을 것인데, 요동고새를 나와 패수를 건너온 위만의 거주지를 난하 동쪽 지역으로 비정하고 있어 기록과 틀린 주장을 하고 있다.

최근에는 이덕일이 유사 역사학자들을 이끌고 있다. 많은 유사 역사학자들의 지지를 받고 있는 이덕일의 가장 핵심적인 논지는 『위략』에 나오는 서방 2000리 상실 기사를 절대적으로 중시한다는 점과 조선상 역계경이 우거왕께 건의했다가 듣지 않자 동쪽 진국(辰國) 땅으로 갔다는 기록을 통해 고조선이 요하 서쪽 일대에 있었기에 역계경이 동쪽 진국으로 갔다는 논지를 펼치고 있다. 특히, 리지린의 고조선 요서설의 입론 근거인 고대의 요수가 난하라는 주장이 그 바탕이 되고 있다.

일차적으로 『사기』조선열전에 역계경의 기록을 근거로 요서 지역에 고조선이 존재했다고 주장하기에는 그 근거가 너무 박약하다. 고조선 중심지 재요령성설은 고고학적으로 비파형동검문화 분포지역이 바로 고조선의 영역이라고 해석한다. 특히 요동반도 남단에 위치한 강상무덤과 루상무덤을 순장무덤으로 보아 무덤의 주인공은 당시 노예를 거느린 정치권력자 고조선의 왕이라고 보고, 당시에는 고조선이 요동(遼東) 지역에 중심을 가지고 있었다고 보았다.

종래 북한학계를 비롯하여 남한학계의 일부 논문들은 고조선의 사회 성격이 노예제적 성격을 지니고 있음을 바로 강상묘와 누상묘의 순장 실시와 그것을 고조선 왕의 무덤으로 여기는 데 근거하고 있다. 그러나 강상묘와 누상묘는 요동지역 전체 청동기문화에서 독특한 지역성을 갖는 것으로 순장(殉葬)이라는 의미보다는 고조선 초기단계의 대표 무덤

인 고인돌이나 우가촌 타두 등의 돌무지무덤 전통과 그 변화과정에서
파악해야 할 것으로 생각한다.

고조선 중심지 재요령성설을 주장하는 논자들은 비파형 동검과 청동
기부장 무덤을 중요한 근거로 든다. 초기 청동기시대의 특징적 유물인
비파형 동검은 한반도에서도 나오지만, 집중적으로 발견되는 곳은 역시
만주이다. 또 요서지역에서 청동기시대에 발전한 청동기문화, 하가점상
층문화(=요서지역 청동기문화)를 고조선의 문화로 해석한다.

그러나 전술했듯이 중국 요서(遼西) 지역에는 청동기시대 이후 문헌
자료상으로는 동호(東胡)나 산융(山戎) 등 융적(戎狄)의 거주지로 나오고
있다. 이 동호에 대해 리지린은 예맥의 다른 이름이라고 해석한 반면,
이덕일 등 최근 남한의 유사 역사학자들은 이러한 사료를 처음부터 외
면하고 있다.

5. 『고조선 연구』의 사학사적 의미

고조선사에 대한 리지린의 견해는 1963년에 『고조선 연구』란 단행본
의 형태로 출간되었다. 이 책에 대해 북한학계에서는 '조선 고대사 발전
에서의 하나의 리정표'이며, '장차 이 분야에 있어서의 연구를 가일층
촉진시킬 수 있는 계기를 심어준 점에서도 획기적 의의를 가지고 있다'
라고 평가하였다.

해방 직후 북한학계에서는 민족사의 체계적인 정리와 고고학 자료를
새로이 개발·재평가하는 연구 속에서 민족형성과 고조선의 위치 및 사
회성격에 대한 집중적인 연구가 이루어지게 되었다.

북한 역사학계는 삼국시대 사회성격에 대한 토론을 통해 삼국을 '봉
건사회'로 규정함에 따라 자연히 그 이전 단계인 고조선·부여·진국을

'고대사회'라는 관점에서 바라보게 되었으며, 또한 그것을 증명하기 위한 집중적인 연구가 이루어졌다. 많은 논쟁 끝에 리지린의『고조선 연구』(1963)가 출간된 이후 고조선은 만주 요령성 일대에 위치하고 있었으며 노예제사회였다는 주장이 정설로 채택되어 1990년대 초까지 그 입장이 유지되었다. 따라서 리지린의『고조선 연구』는 그 주장의 사실성 여부를 떠나 사학사적으로 한국 고대사 연구에서 하나의 이정표를 세웠다고 할 수 있다.

리지린의 연구를 뒷받침해준 중요한 근거는 물론 단편적인 문헌자료였다. 리지린은 고조선을 세운 민족은 예맥(濊貊)이었고 이들은 동호(東胡)라는 이름으로 불리기도 하면서 고조선이라는 국가를 요령성 일대에 건설했다고 보았다.

이러한 리지린의 고조선 연구는 멀리는 실학자들의 연구에 그 연원을 두고 있고, 가깝게는 일제 식민지 시기 민족주의 사학자들의 연구 성과를 계승하고 있다고 할 수 있다.

리지린의『고조선 연구』에서는 '우리 민족의 력사적 우수성' '찬란한 민족문화유산' '고상한 애국전통'을 밝혀야 한다는 김일성의 교시에 입각하여 우리나라 고대사회(고조선) 발전의 합법칙성을 체계화시키려고 노력하였다.

그 내용의 요지로서 "이전에 논의되던 아시아적 공동체사회는 고조선 이전에 존재했었고, 고조선사회는 이미 아시아적 공동체사회 이후의 노예제사회이며, 기원전 3세기부터는 벌써 봉건적 경제제도가 마련된다."는 제안은 북한 고대사 연구방향의 기본 전제로 자리 잡게 되었다. 또한 고조선 이후 시기인 고구려사 연구를 통해 고구려 사회에서는 대토지소유형태(영주적 토지소유 포함)가 지배적이었으며 고구려는 지주계급과 농노적 예속 농민을 기본계급으로 하는 봉건사회로 규정되었다. 이에 따라 원시→고대(고조선·부여·진국)→중세(고구려 및 삼국)의 시대구분이 북한 학계의 전근대 시대구분론으로 분명하게 확립되었다.

　이처럼 리지린의 주장은 문헌과 고고학 자료에 대한 치밀한 접근으로 논리적으로 많은 설득력을 갖고 있다. 그러나 기본적으로 후대의 명확한 고조선의 위치 및 고고학 자료를 배제하고 고조선 재요령성설과 관련된 자료만을 논리적으로 구성하는 과정에서 결과적으로 실상과 다른 확대된 고조선상을 도출하였다. 또한 리지린의 견해를 포함한 북한 학계의 고조선사 연구는 우리 민족사의 유구성과 위대함을 드러내고자 하는 목적에서 시작되었기 때문에 지나친 확대 해석을 피할 수 없었다.

3장. 단군릉, 실제와 신화의 사이에서
- 주체사관과 한국사학의 역사관 차이

북한 학계에서는 1993년 개건한 단군릉을 근거로 단군과 단군조선을 실재한 역사로 주장하고 있다. 이러한 북한 학계의 단군릉에 대한 주장은 이해하기 어려운 점이 많으며, 정치적 논리가 짙게 깔려 있음을 부인할 수가 없다. 남한 사회의 단군 인식에도 똑같이 많은 문제가 있다. 단군을 국수주의나 배타주의에 이용하거나 심지어 신앙대상으로 받드는 것 등이 그러하다. 그러나 학계에서는 여전히 단군을 신화 속의 인물로 보는 것이 주된 시각이다. 따라서 단군은 오히려 우리 사회를 분열시키는 요인으로 작용하기도 한다.

이 장에서는 단군신화와 단군릉을 이해하는 남북학계의 두 시각의 차이점을 정리해보고, 이를 통해 단군과 고조선사 이해의 합리적인 방안을 모색해 보고자 한다.

1. 분단기 북한의 한국사 인식

1) 개관

한국전쟁은 남북한 모두에게 있어 내부의 정치·사회세력에 대한 철저한 재편을 가져왔다. 그것은 이데올로기의 재편까지도 수반하여 1민족 2국가를 정당화시켰고, 두 개의 국가권력은 각기 자신을 민족사의 정통이라고 합법화시켜 나갔다. 따라서 남북한 모두에게 있어서 분단체제를 극복하고 자주적으로 민족통일을 완수해야 한다는 민족사적 과제가 새롭게 부여되었다.

분단기의 역사학도 이 지상의 과제를 해결하는 역사학이 되지 않으면 안 되었으나 실제 남북한의 역사학은 각기 자신이 속한 사회의 정치적, 사회·경제적 변동에 규정되면서 분단역사학으로 전개되어 나갔다.

해방 직후 남북한 학계에서는 한국 고대사에 대한 연구가 활발히 논의되면서 고조선에 대해서도 많은 논의가 있었다. 먼저 북한학계에서는 민족사의 체계적인 정리와 고고학 자료를 새로이 개발·재평가하는 연구사업 속에서 민족형성(民族形成)과 고조선(古朝鮮)의 위치(位置) 및 사회성격(社會性格)에 대한 집중적인 연구가 이루어지게 되었다.

북한 역사학계는 삼국시대 사회성격에 대한 토론을 통해 삼국을 '봉건사회'로 규정함에 따라 자연히 그 이전 단계인 고조선·부여·진국을 '고대사회'라는 관점에서 바라보게 되었으며, 또한 그것을 증명하기 위한 집중적인 연구가 이루어지게 되었다. 결국 많은 논쟁 끝에 리지린의 『고조선연구』(1963)가 출간된 이후 고조선은 만주 요령성 일대에 위치하고 있었고 노예제사회였다는 주장이 정설로 채택되어 1990년대 초까지 그 입장이 유지되었다.

북한학계의 연구를 뒷받침해 준 중요한 근거는 물론 단편적인 문헌자료였다. 리지린은 고조선을 세운 민족은 예맥(濊貊)이었고 이들은 동호(東胡)라는 이름으로 불리기도 하면서 고조선이라는 국가를 요령성 일대에 건설했다고 보았다.

리지린 이후 북한학계는 고고학 자료, 즉 비파형동검문화에 대한 적극적 해석을 통해 그 문화의 출발지와 중심지가 요동이고 요령성과 길림성 일부, 한반도 서북지방의 비파형동검문화 지역을 고조선의 영역으로 설명하고 그 사회는 강상묘·루상묘의 예로 볼 때 노예를 순장하던 노예제사회라고 보게 된다.

북한학계는 1960년대 유행한 문화의 전파론과 외인론이 배격되고, 독자적 발생설과 내재적 발전론에 일방적으로 경도되었고, 이러한 입장은 주체사관이 확립되면서 더욱 강화되었다. 북한 학계의 주장은 문헌과 고고학 자료에 대한 치밀한 접근으로 논리적으로 많은 설득력을 갖고 있다. 그러나 기본적으로 후대의 명확한 고조선의 위치 및 고고학 자료를 배제하고 고조선 재요령성설과 관련된 자료만을 논리적으로 구성하는 과정에서 실상과 다른 확대된 고조선상을 낳고 말았다. 또한 북한학계의 고조선사 연구는 우리 민족 역사의 유구성과 위대함을 드러내고자 하는 과정에서 시작되었기 때문에 지나친 확대해석을 피할 수 없었다.

북한학계에서는 1993년 개건한 단군릉을 근거로 단군과 단군조선을 인정하고 5천여 년 전 평양 일대에서 고조선이라는 고대국가를 다스렸다는 주장을 내세우고 있다. 전성기 영역 문제와 관련해서는 이전과 마찬가지로 요령성·길림성 일부를 주장하며 자연히 평양이 고조선의 중심이었다고 주장한다. 그러나 이 주장은 그들의 정치적 입장에 따라 고구려 시대 무덤을 단군의 무덤이라 인식하고 모든 고대사의 자료를 여기에 맞추어 해석하는 것으로, 진지한 학문적 검토대상으로서의 문제가 있다.

2) 한국전쟁 전후, 북한의 역사학

전쟁 후 북한은 전쟁의 폐허 위에서 사회주의 건설을 당면과제로 설정하고 전후 복구작업을 추진하였다. 북한의 사회주의는 몇 단계의 경제발전 계획기를 거치는데, 이러한 사회주의 체제의 확립과 대중노선에 입각한 이른바 '주체노선'을 내걸고 사회주의 건설을 시도해 나갔다.

주체 노선은 전후 소련, 중국을 중심으로 한 사회주의 진영 내부의 분열이 표면화되는 가운데 북한 사회주의를 어떠한 방향에서 이끌어갈 것인가 하는 노선설정을 둘러싼 당내 투쟁 과정에서 김일성이 제기한 독자노선이다. 이를 통해 당시 뿌리 깊게 만연된 소련과 중국 중심의 교조주의와 형식주의를 배격하고 민족주체성을 강조함으로써 김일성 중심의 지도체제를 확립해 나갔다.

전후 북한의 역사학, 한국사 인식은 사회주의 건설과정에서 일어나고 있던 정치·사상적 변화를 직접 반영하면서 전개되었다. 사회주의 사회에서는 일반적으로 정치와 학문이 밀접한 상호 관련을 맺고 있기 때문에 북한에서의 역사학은 이러한 정치적, 사상적 변화에 적극적인 역할을 수행하였다.

3) 전후~60년대 중반 북한의 역사연구

해방 후 북한의 역사학은 '과학원 력사연구소'를 중심으로 주로 월북한 맑스주의 역사학자들에 의해 재개되었다.

먼저 그동안 준비해왔던 한국사 개설서를 편찬하였다. 1956년 간행한 『조선통사』 상권(하권은 58년 간행)이 그것이다. 이는 북한에서 공식 출간된 최초의 통사이다.

『조선통사』 간행을 전후하여 북한 역사학계에서 일차적으로 제기된 과제는 한국사 인식 상의 교조주의와 형식주의를 타파하여 주체 노선에 입각한 사회주의적 사상개조에 기여할 수 있는 새로운 한국사상(像)을 수립하고 이를 대중에게 보급하는 일이었다. 이 작업은 전후 등장한 학계의 새로운 세대가 중심이 되어 추진되었다. 그 구체적인 내용을 더 살펴보면 다음과 같다.

가. 한국사 인식에서 사대주의와 민족허무주의를 불식하고 민족주체성을 확보하기 위해 애국주의에 입각해서 우리 역사를 재조명하는 작업을 추진하였다.

민족형성문제에 대한 재평가가 이루어졌는데, 특히 신채호와 정인보의 고대사 인식체계가 적극적으로 수용되어 고대사회의 정치, 문화, 국제관계 등에 대한 집중 검토가 진행되었다.

고조선 사회의 성립 시기나 강역 문제, 고구려 및 발해사 연구의 진척, 그리고 일제 임나일본부설에 대응한 삼한삼국의 일본열도 분국설 주장 등이 이러한 역사 인식의 전환 속에서 나온 성과들이다.

나. 아시아적 생산양식론에 의거한 교조주의적 아시아정체성론을 극복하고 우리 역사의 합법칙적 발전과정을 주체적, 과학적으로 재구성하는 일을 추진하였다.

이를 위해서는 한국사의 시대구분을 확정하는 문제에 초점이 맞추어졌다. 이는 한국사의 전체 발전상을 체계화한다는 것뿐만 아니라 당시 북한의 사회 성격과 발전과정을 확정하는 실천적 요구와 직접 관련이 있었기 때문에 치열한 내부논쟁을 거치면서 진행되었다.

이러한 과정에서 1962년 『조선통사』 개정판을 통해 공식 정리되었다. 『조선통사』에서는 고조선 시기를 노예제 사회, 삼국 시기에서 조선 시기 1866년까지를 농노제 사회, 1866년부터 1945년까지를 자본주의 사회에 상응하는 식민지 반봉건사회, 그 이후를 사회주의 사회로의 발전기로 규정하였다. 논쟁 과정에서 아시아적 생산양식론에 입각한 정체적 한국사 인식은 철저히 부정되었다.

나아가, 조선 후기 자본주의적 생산 관계의 발생 문제와 이러한 생산력 발달을 기초로 한 개항 이후의 근대 부르주아 변혁운동의 성격을 밝히는 문제가 집중 검토되었다.

다. 주체 노선에 입각한 한국의 민족해방운동사를 김일성의 '혁명전통'을 중심으로 서술하여 김일성 주체 노선의 정당성과 권위를 확보하는 작업이 진행되었다.

1961년 『조선근대혁명운동사』로 일차 정리된 후 김일성 지도체제가 강화되는 과정에서 계속 보강되었다.

1960년대 중반 경까지의 북한 역사학계의 한국사 인식은 기본적으로는 마르크스주의의 사적유물론을 바탕으로 하면서 애국주의, 민족주체성, 합법칙적 발전성, 혁명 전통의 독자성 등을 강렬하게 반영하는 형태를 취하였다.

4) 60년대 중반 이후

내외 정치정세의 변화 속에서 주체 노선이 '주체사상'으로 체계화되고, 70년대 중반 경 그것이 유일 사상화 되면서 북한의 역사 인식은 큰 전환을 보게 되었다. 기왕의 한국사 인식은 '주체사상'에 입각한 사회역사원리, 즉 '주체 사관'에 의해 재구성되었다.

1970년대 이후 북한의 역사학은 '주체 사관'의 확립과 김일성 개인 영도력의 절대화라는 요구에 더욱 종속되었고, 모든 역사서술은 김일성 교시에 입각하여 그것을 검증하는 형태로 진행되었다.

한편으로는 고조선·고구려·발해 연구가 계속되어 고구려 중심의 고대사 인식체계가 더욱 확장되었고, 다른 한편에서는 근대 이후 일본과 미국의 제국주의적 침략 과정을 밝히는 데 주력하였다.

북한 역사학이 총력을 기울인 것은 역시 '주체 사관'에 입각하여 한국사 전 체계를 재구성하는 것이다. 그 결과 1979~82년에 걸쳐 33권의 방대한 규모의 『조선전사』가 간행되었다. 이 통사는 분단 이후 북한 역사학계의 연구 성과를 총 정리했다는 점뿐만 아니라 현 단계 북한의 한국사 인식의 성격을 그대로 보여 주고 있다는 점에서 사학사적 의의가 크다.

5) 단군릉 개건(1993년) 이후

단군릉 개건 이후 북한 역사학계는 주체 연호 및 연대표기를 하며, 우리 역사의 상한이 2천년~2천 5백년 이상 상향조정되었다.

북한학계에서 단군릉을 개건하게 된 이유는 다음과 같다.

㉠ 첫째는 그들의 위기의식을 반영한 논리라고 할 수 있다. 사회주의권 붕괴로 건국 이후 최대의 위기를 맞이하고 있는 북한 지도부로서는 남북의 동질성을 확인할 계기가 필요했으며, 그 매체로 단군릉과 고조선 문제를 제기했던 것이다. 구체적으로 한민족이 북한지역에서 기원했다는 단일기원설의 주장을 입증하고, 그것도 평양 일대가 그 중심이었다는 입장을 강조하였다. 이는 다시 말하면 경제위기 등을 극복하기 위한 주체사상의 강조과정에서 나온 산물이라 할 수 있다. 그동안 주장해오던 고조선→고구려→고려로 이어지는 계보가 확인되었다. 통일의 주체는 평양을 중심으로 하는 북한이어야 함을 강조한 것이다. 그러나 세계 인류의 기원지도 북한이라는 주장은 지나친 애국주의의 발로라고 할 수 있다.

㉡ 주체적 민족주의 시각에서 중국·러시아에 맞서는 우리 민족의 독자성과 위대성을 강조하는 과정에서 나온 것이다.

즉, 단군(檀君) = 우리 민족의 원(原)시조라는 시각의 논리가 정립되었다. 그리고 '대동강문화'를 주장하며, 평양은 우리 민족문화의 발상지이자 세계 인류 문화의 발상지로 강조되었다.

2. 단군릉 개건과 남북한의 역사학

1) 개관

우리 역사에서 고조선은 한국 최초의 국가로서 민족사의 출발점이다. 따라서 우리 민족에게는 단군이 고조선의 시조인 동시에 민족의 시조라는 인식을 갖고 있다. 나아가 우리 민족은 단일민족이라는 믿음이 자리 잡고 있다. 그러므로 우리 민족이 위기에 처할 때마다 단군의 존재는 우리 민족의 정체성과 동질성을 확인해주는 소중한 정신적 자산이 되어 왔다. 고려 후기에 몽골의 침입을 받았을 때나 한말 일제로부터 침략을 당했을 때도 단군 민족주의 운동이 일어난 것은 바로 이 때문이라 할 수 있다. 단군의 실존을 인정하는 분들은 지금도 단군을 통한 민족의식의 회복을 주장한다. 북한의 경우는 1990년대 초의 경제적 위기 속에서 북한 사회의 정체성을 확인하고자 하는 작업에서 단군릉을 개건(改建)하였다.

단군릉은 실제 단군 무덤인지의 사실성 여부를 떠나 단군이 가지는 민족사적 의미 때문에 많은 상징성을 갖고 있다. 북한에서 단군릉을 발굴하고 개건한 것도 단군이 갖는 많은 상징적 의미를 염두에 두었다고 볼 수 있다. 북한에서는 '단군릉' 발굴 이후 역사적으로 종전과는 전혀 다른 새로운 고조선사 체계를 제기하고 있다. 또한 최근 남한 사회에서도 단군과 고조선사에 대한 논란이 재연되고 있다. 이러한 논쟁의 전말 속에서 단군릉 복원이 던져주는 메시지를 어떻게 이해해야 할 것인가.

2) 단군릉 발굴 개요

"고조선의 건국 시조인 단군이 태어난 곳은 평양 일대였다. 『삼국유사』

와『응제시주』의 저자들은 단군신화를 전하면서 환웅이 하늘에서 땅위에
처음 내렸다고 하는 곳인 태백산을 묘향산이라고 하였다.『팔역지』에서는
묘향산의 박달나무 아래에 단군이 태어난 석굴이 있다고 하였으며,『영변
지』에서는 묘향산의 향로봉 남쪽에 단군이 태어난 굴이 있다고 하였다. 단
군은 오늘의 평양에서 나라를 세운 후 주변의 소국들을 통합하여 점차 영
토를 넓혀 나갔으며 이후 단군이 세운 고조선은 근 3천 년 동안 존속하면
서 멀리 중국의 만리장성 계선까지 영역을 확장하여 아시아의 강대한 고
대국가로 발전하였다. 단군이 죽어 묻힌 곳도 역시 평양 일대였다"(「단군
릉」발굴 보고문)

이 글은 1993년 10월 평양시 강동군 강동읍 대박산(大朴山)에서 '단군
릉'이 발굴되었다는 사회과학원의 단군릉 발굴「보고문」의 내용(93.10.2)
이다. 조선 시대 역사서인『신증동국여지승람』과『숙종실록』·『영조실
록』·『정조실록』등에도 평양 강동지방에 '단군릉'이 있었다고 하고, 그
에 대한 국가적 차원의 관리가 행해졌음이 기록되어 있다. 그런데 막상
뚜껑을 열어 보니 단군릉은 돌로 무덤 칸을 만들고 흙으로 덮은 이른바
굴식돌방무덤(석실봉토분)이었다. 크기는 동서 273cm, 남북 276cm의 작
은 무덤으로 네 벽에는 벽화가 그려져 있었다고 하며 모줄임 천장을 하
고 있다.

개건한 단군릉 근경

단군릉 개건 기념비

이러한 무덤 양식은 4세기 이후 고구려의 특징적인 무덤 양식이다. 해방 전 일제에 의해 도굴되어 많은 유물이 나오지 않았지만 금동관, 금 동허리띠장식, 고구려토기편, 관못 6개, 남녀 두 사람의 인골(남자 170cm 이상)이 출토되어 고구려 귀족의 무덤인 것이 더욱 명확해졌다.

그런데 고구려 귀족의 무덤이 왜 단군의 무덤으로 판명되었을까. 그것 은 무덤 내부에서 출토된 인골에 대한 연대측정에 결정적으로 근거하고 있다. 단군릉에서는 남녀 두 사람의 인골이 출토되었는데 두 인골을 두 개의 연구기관이 가지고 있는 현대적 측정기구로 연대측정(E.S.R측정법= 전자상자성공명법)을 한 결과 1993으로부터 5011±267년(오차 5.4%) 전의 연대치가 나왔다. 즉 기원전 3018±267년의 뼈임이 확인되었다. 이후 이 인골은 단군과 부인의 뼈로 추정되었다. 그것은 측정 연대가 단군조선 의 개국 연대인 기원전 2333년과 비슷하기 때문이다.

단군릉을 단군조선과 관련시켜 보는 주장은 기본적으로 고인돌 출토 유물의 연대측정에 근거한 것이다. 따라서 유물에 대한 절대연대 측정 결과에 대한 신뢰성 여부가 단군조선 논의의 진실성을 확보해 줄 수 있 을 것이다. 전자상자성 공명법에 의한 연대 측정법은 그것이 1만년 이후 의 자료에 주로 적용하는 방법임과 동시에 북한학계 논문에서 측정한 실 험방법이 너무 간략하여 그 신뢰성을 판단할 수 없음은 이미 여러 남한 학자들의 논문을 통해 지적되어 왔다. 특히 44회의 측정에서 1년의 오차 도 없이 동일 연대가 나왔다는 것은 상식으로 이해할 수 없는 결과이다.

여기서 풀리지 않는 의문은 왜 단군의 무덤이 고구려 시기의 무덤 양 식을 따르고 있는가 하는 점과 기원전 3,000년경의 인골이 어떻게 단군 의 뼈임을 알 수 있는가 하는 점이다. 이에 대해 북한학계에서는 고구려 시기에 여전히 단군 숭배 사상이 있었는데 원래 단군의 무덤을 고구려 식 무덤 양식에 맞추어 새로 단장했기 때문이라 하고 있다. 그리고 기원 전 3,000년 당시에 금동관을 쓸 정도의 인물이라면 단군 외에는 다른 인물이 없다는 논리이다.

그러나 단군의 무덤을 고구려 때 개축했다는 근거가 전혀 없는데 북한의 주장을 믿을 수 있을까. 그리고 고구려 사람들이 당시로부터 3700여 년 이상 앞선 시기의 인골을 어떻게 단군의 뼈로 확인할 수 있었을까. 새로 복원하였다면 과연 그렇게 작은 무덤으로 만들었을까. 의문이 끊이지 않는다.

3) 단군릉 개건과 단군 및 고조선사 이해 비판

북한학계에서는 그 동안 부정하던 단군조선의 실체를 인정하고 단군릉을 개건함으로써 역사적으로 종전과 다른 새로운 고대사 체계를 제기하고 있다. 이는 그동안 북한학계의 연구 성과를 한꺼번에 부정하는 것이다.

종래 북한학계는 단군신화를 고조선에서 정치 권력이 성립하는 과정을 정당화하는 '건국신화'라는 입장에서 인식해 왔다. 그러나 단군릉의 발굴과 함께 신화는 역사적 사실을 반영한 것으로 재해석되었고, 단군은 실존 인물로 인정하고 있다. 그러나 단군의 무덤을 고구려 때 개축했다는 근거 또한 전혀 없으며, 만일 고구려인이 새로 복원하였다면 과연 그렇게 작은 무덤으로 만들었을까 의문이 든다. 단군릉과 관련하여 주목해야 할 사실은 그 무덤이 이미 일제시대에 도굴로 인해 원상이 파괴되었으므로 최근의 조사로 학술적 결론을 내리기가 어려운 무덤이라는 사실이다. 이러한 여러 의문을 뒤로한 채 북한학계는 오로지 신빙성을 두기가 어려운 절대연대 측정 결과에만 매달려 단군의 실존을 주장하고 있다.

무엇보다도 북한학계의 단군릉 복원과 단군과 고조선사에 대한 입장을 인정하려면 단군신화를 신화로서가 아닌 역사적 사실로서 인정해야만 가능하다. 그러나 분명한 것은 단군신화는 그대로 역사적 사실로 치환할 수 없다는 점이다. 단군이라는 고유한 인물은 그 존재를 알 수 없으며, 여러 명의 단군(제사장)이 여러 지역에서 부족국가를 이끌었던 것이 초기국가를 형성하던 단계의 우리 역사 모습이다. 고구려 시기에 단군 신앙이 있었고 그것이 단군릉 개건으로 이어졌다고 하나 자신들을 천제의 자손이라고 믿었던 고구려인에게는 단군에 대한 신앙 흔적을 찾기 어렵다.

4) 단군릉 발굴과 변화된 북한의 역사인식

무엇보다도 북한학계의 단군릉 복원과 단군과 고조선사에 대한 입장을 인정하려면 단군신화를 신화로서가 아닌 역사적 사실로서 인정해야만 가능하다. 북한학계는 단군릉 발굴과 동시에 종래의 연구성과를 완전히 뒤집고 전혀 새로운 역사 인식을 선보이고 있다. 그것은 바로 단군신화를 역사적 사실로서 인정하는 것이다.

종래 북한학계는 단군신화를 고조선에서 정치 권력이 성립하는 과정을 설명하는 동시에, 정치 권력을 정당화하는 신화라는 입장에서 인식해 왔다. 단군신화는 환웅으로 상징되는 이주 집단이 곰으로 대변되는 토착 집단을 정복하여 동화시키는 과정에서 성립된 국가이며, 초기 단계의 고조선 사회는 제정일치 사회였음을 말해 주는 신화로서 이해하였던 것이다. 그러나 단군릉의 발굴과 함께 신화는 역사적 사실로서 재해석되었고, 단군은 우리 민족의 시조라는 것이 부정할 수 없는 사실로 해석되었다.

나아가 단군릉의 복원과 함께 북한학계에서는 형질인류학적 연구를 통한 한민족의 기원 문제 연구에서 한민족이 북한지역에서 기원했다는 단일기원설의 주장을 입증하고, 그것도 평양 일대가 그 중심이었다는 입장을 강조하고 있다. 단군릉의 발굴로 북한학계에서는 초기국가 형성기로만 이해하던 단군조선을 그대로 인정하고, 단군은 우리 민족 최초의 지배자로서 실존했던 인물이며, 출생지, 건국지, 무덤이 모두 평양에 있다고 주장하였다.

따라서 종래의 고조선 중심지에 대한 관점 또한 수정되었다. 이제 북한학계에서는 한국 고대사 관련 유적·유물의 편년이 2천년 이상 상향조정되고, 사료적 가치가 의심되는 『단기고사(檀奇古史)』·『태백일사(太白逸史)』·『규원사화(揆園史話)』 등이 고대사 연구의 사료로 이용된다. 게다가 전혀 증명되지 않았음에도 고조선 시대의 문자라는 '신지문자'·'가림토글자' 등이 고조선 문화를 논하는 글에 등장하고 있다.

그렇다면 북한학계에서 1960년대의 연구성과를 전면 부인한 이유는 무엇일까. 쉽게 답하기는 어렵지만 그 해답의 일단이 단군릉 보고문 가운데 사회과학원 역사연구소장 전영률의 말에 보인다.

　　"고대사는 민족사의 체계화에서 가장 중시되는 시대사의 하나로 되어 있습니다. 그럼에도 불구하고 지난 시기 우리들은 낡은 역사관의 구속에서 완전히 해방되지 못한 탓으로 하여서 이 문제의 중요성을 인식하면서도 과학적으로 정확히 해명하지 못하고 민족의 원시조인 단군을 신화적인 인물로 치부하면서 반만년 역사의 시초 자료를 요동에서 찾으려고 하였고, 요동에서 나온 유적·유물의 연대를 기원전 10세기까지 소급할 수 있게 한데 대하여 만족하고 있었습니다. 이러한 견해는 조선반도보다 대륙지방이 문화적으로 먼저 발전하였다는 사대주의적 관점에서 기인한 것으로……"

여기서 보면 북한에서는 새로이 요청되는 민족주의의 시각에서 고조선사에 대한 그동안의 주장은 사대주의에 입각한 그릇된 인식으로 보고 평양 중심의 역사야말로 주체적이고 민족주의적인 역사 인식임을 주장하고자 하는 것이다. 그리고 북한은 평양의 단군릉 지역을 성역화하고 남한의 대종교 및 학술단체와 접촉하고 있다.

단군릉을 개건한 이래 북한학계에서는 우리 민족제일주의에 입각한 우리 역사 끌어올리기 연구가 활발히 이루어지고 있다. 그 대표적인 것이 대동강문명론이다. 그동안 우리는 중국의 황허문명이나 이라크의 유프라테스·티그리스 문명 등 세계 4대 문명에 대해 익히 배워왔다.

그런데 북한학계에서는 최근 세계 문명의 발상은 평양 대동강유역이 가장 오래되고 뛰어나다고 주장하고 있다. 그 예로 대동강 유역에서 시조새의 뼈 등이 나왔다고까지 한다. 그러나 모두가 단군릉을 개건한 이래 우리 역사를 오래되고 우수한 것으로 설명하려는 노력에서 나온 주장에 불과하다. 북한 학계의 주장처럼 우리는 세계 문명의 발생을 공부할 때 세계 5대 문명 발상지를 공부해야만 하는 것은 아니다.

3. 「단군릉」과 남북한 역사인식의 비교
―「단군릉」을 이해하는 두 시각―

북한 학계의 고조선에 대한 기존의 인식은 고조선이 시종일관 남만주 요령성 일대에 있었고 특히 요동을 중심으로 하고 있었다는 것이다. 이 주장은 일제 시기 민족주의사학자들의 견해를 바탕으로 그것을 문헌 자료와 고고학 자료를 통해 보다 치밀하게 논증한 것이었다.

이러한 북한학계의 연구성과는 남한학계에 커다란 영향을 주어 기존의 평양중심설을 수정하고 고조선의 요령성 중심설과 중심지 이동설이 나오게 되는 배경이 되었다.

이러한 기존의 합리적이고 역동적인 고조선사 이해에서 갑자기 단군릉을 발굴하고 기존의 요동중심설을 180도 뒤엎은 배경은 구체적으로 무엇일까.

북한학계에서 하루아침에 기존의 연구 성과를 뒤엎은 데에는 북한 역사관으로서 주체 사관의 변화가 그 배경에 있다. 북한에서는 80년대에 들어와 그 기본 철학이 인민대중 중심으로부터 수령중심으로 이동하면서 주체 사관이 완전히 봉건적 충군(忠君) 사상으로 변질되었고, 이와 함께 '우리 민족 제일주의'에 입각한 역사상의 개조작업에 들어가 단군 신화를 사실로서 인정하게 된 것이다. 이처럼 새로이 변화된 '민족'에 대한 시각을 바탕으로 북한학계에서는 그동안의 고조선사 연구는 사대주의에 입각한 그릇된 인식으로 보고 평양 중심의 역사 인식이야말로 주체적이고 민족주의적인 역사 인식임을 주장하고 있는 것이다.

계속해서 평양은 고조선의 중심지일 뿐만 아니라 평양을 중심으로 하는 대동강유역이 인류 기원지의 하나이며 한민족의 발상지이고, 세계 4대 문명에 뒤떨어지지 않고 오히려 더 우수한 문명을 꽃피웠기 때문에 또 하나의 세계 문명을 시작한 곳이라고 보고 있다.

크게 보면 이러한 입장 변화는 주체사상의 또 다른 강조과정에서 나온 산물로 보인다. 90년대에 들어서면서 북한에서는 구소련과 동구 사회주의권의 몰락 이후 앞으로의 개방 후유증을 극복하고 남북 간의 체제경쟁에서 효과적으로 대응하기 위해서는 주민들에게 현 정권이 유구한 역사 속에서 확고한 정통성을 갖고 있다는 인식을 끊임없이 심어주지 않으면 안 되었다.

이를 위한 노력의 하나로 평양이 민족사의 시초부터 오늘에 이르기까지 줄곧 민족의 심장부로서 기능하였음을 밝힘으로써 남북대립의 현 분단 구도에서 정권의 정통성을 강조하려 했던 것이다. 이는 그동안 주장해오던 고조선→고구려→고려로 이어지는 계보를 확인하는 작업의 일환이며, 통일의 주체는 평양을 중심으로 하는 북한이어야 함을 강조한 것이다. 그러나 세계 인류의 기원지조차 북한이라는 식의 주장은 지나친 애국주의의 발로라 할 수 있다.

다음으로는 주체적 민족주의 시각에서 중국·러시아 중심의 공산주의화에 맞서는 북한식의 사회주의화와 우리 민족의 독자성과 위대성을 강

조하는 과정에서 나온 것이라 할 수 있다. 90년대 이후 러시아와 중국이
자국 중심의 사회주의 건설을 강조하는 분위기에서 북한의 경우 경제적
인 어려움에 직면하고 NPT 체결과 핵사찰 등의 국내외적인 어려움을
맞이함으로써 이러한 상황을 타개하고 북한 사회주의의 우월성을 강조
하는 계기나 작업이 필요했던 것으로 볼 수 있다. 이에 단군릉의 복원이
그 계기의 일환으로 준비된 것으로 볼 수 있다.

이처럼 북한의 단군릉 복원 및 단군 민족주의 강조는 주체적 민족주의
라는 측면으로 이해 가능하다. 경제적 위기 속에서 민족적 정체성을 회복
하고 세계 속의 우리 민족 공동체의 동질성을 찾고 러시아·중국의 사회
주의 세력에 대항하는 민족주의 운동의 일환으로 볼 수 있는 것이다.

그런데 여기서 북한의 단군릉 복원과 주체적 민족주의 운동이 남한
재야사학자들의 상고사 찾기 운동과 연결되는 점이 주목된다. 남한의
재야사학자들은 민족주의를 표방하며 단군신화로 표현된 시기를 사실
로 인정하며 상고사의 복원을 시도한다. 그들의 주장은 단군릉 발견 이
후 북한학계의 주장과 동일하다.

이러한 남한 재야그룹의 주장은 경제적 위기 속에서 세계 속의 한민
족 공동체의 동질성을 찾고 제국주의 세력에 대항하는 민족주의 운동의
일환으로 볼 수 있다. 이는 그동안 고조선 연구가 너무 문헌자료가 없고
일제 식민지 시대의 연구 성과를 참조하는 가운데 한사군이 강조되거나
대동강유역 중심의 후기 고조선만이 부각된 데 대한 반성과 비판의 의
미가 있었다.

그러나 재야사학자들의 주장과 운동은 학문적 영역을 벗어나 일종의
정신운동을 통해 또 하나의 한민족 중심 제국주의를 희망하고, 잡히지
않는 허상 속에서 현실 모순 구조의 은폐와 허무주의를 낳는 것은 아닌
가 우려된다. 특히 재야사학자들의 주장이 이데올로기적 측면에서의 종
교운동이나 사상운동 차원이 아닌 학문적 영역에까지 들어와 단군의 역

사적 실재를 주장하고 역사서술의 개정을 주장하는 것 등은 역사 및 역사학의 발전에 역행하는 것이다.

근대역사학은 그 기본적인 학문적 토대를 객관적인 합리성의 추구에 두고 있으며, 엄정한 사료 비판과 실증은 그것을 구현하는 구체적인 방법이다. 이것이 바탕이 되지 않는다면 그 어떠한 주장도 공허한 메아리이며, 과거에 대한 환상만을 불러일으킬 것이다.

여기서 우리는 단군 및 단군릉의 문제와 관련하여 사실로서의 단군 문제와 인식으로서의 단군 문제를 분리해야 함을 절실히 느낀다. 역사적 사실로서 단군 문제의 경우는 앞으로 연구가 더 필요하지만 아직은 단군이 신화 속의 인물이며 초기국가가 형성되던 시기의 상징성을 띠고 있는 것으로 이해해야 할 것이다. 그러나 국가나 민족이 어려운 시기에 민족적 동질성 회복에 기여한 단군 신앙 및 민족 시조에 대한 관념은 우리의 소중한 정신 자산이며 경험으로 계승되어야 할 것이다.

'단군'은 그 실재 여부를 떠나 여전히 주목되어야 할 대상인 것은 분명하다. 사실성 여부를 떠나 북한에서의 단군릉 개건을 계기로 분단과 지역갈등으로 신음하고 있는 남북한 주민 모두가 단군을 구심점으로 한 민족 공동체라는 의식을 갖는데 귀중한 자산이 되어야 할 것이다. 우리 민족의 지상 과제인 통일은 언젠가는 이루어질 것이며, 이러한 통일을 이루는 데는 남북한 간에 기본적으로 같은 민족이라는 인식이 밑바탕이 되지 않으면 안 된다.

우리는 같은 민족으로서 일체감을 위해 많은 노력을 기울이고 있다. 남북 간의 경제 교류나 남북 정상회담과 같은 정부의 노력, 이산가족 상봉 및 스포츠 교류나 예술단의 교환 방문 등이 이루어지고 있다. 지난 시드니 올림픽과 2003년 대구 유니버시아드대회에서 남북한이 동시에 입장하고 오는 10월 3일 개천절 행사를 동시에 개최하는 것도 그러한 노력의 하나라고 할 수 있다.

그러나 이러한 노력과 병행하여 그 노력의 결실을 얻기 위해 근본적으로 필요한 것은 우리 모두가 단군의 후예라는 공통의 혈연의식을 갖는 것이라 하겠다. 민족 시조에 대한 공통된 역사인식을 바탕으로 우리 민족의 일체감 조성이 통일을 위해 보다 근본적으로 해결해야 될 과제라고 생각한다. 이것이 단군 및 단군릉의 사실성 여부를 떠나 북한학계의 역사인식을 긍정적 의미로 해석할 이유가 된다. 그리고 여전히 남한 사회에도 단군 및 고조선사에 대한 건전한 인식들이 존재한다는 사실은 민족의 공존과 통일로 나아가는 길에 민족의 시조 단군이 긍정적 의미를 지닐 수 있는 계기가 되지 않을까 한다.

후기

단군과 고조선사 인식을 마무리하며

　이 책을 마무리하기까지는 오랜 시간이 걸렸다. 내가 대학에 자리한 지도 어언 25년이 다 되어가는데, 처음 학교에 부임했을 때 한국사학사 강의를 맡게 되면서부터 한국 상고사 인식 문제를 주제로 공부를 하겠다고 마음먹은 것이 지금 결실을 맺었으니 책 한 권 쓰는 데 20여 년이 걸렸다고 해도 과언이 아닌 듯하다.

　그동안 한두 편의 한국 사학사 관련 글을 쓰면서도 책을 내겠다는 엄두를 못 냈는데, 마음을 먹게 된 것은 5년 전에 한국학중앙연구원의 저술지원사업을 우연히 보고 지원 신청을 하고 나서부터라 할 수 있다. 많은 일을 벌이기만 하고 마무리를 잘못하는 생활 태도 탓에, 과제를 신청해서라도 작업을 해야겠다는 생각으로 준비한 것이 직접적인 계기가 되었다고 할 수 있다.

　원고는 고대 시기부터 최근까지의 단군과 고조선에 대한 인식 변천으로 주제를 잡았고, 대략 3년여의 원고 정리 작업을 거쳐 한국 상고사 관련 열아홉 꼭지의 소논문 형태의 글을 작성하고 이를 모아 하나의 책으로 완성하였다.

　고조선 관련 글을 쓸 때마다 드는 생각은 적은 사료이지만 고조선사와 관련해서는 그 위치 문제나 사회 성격 문제 등에 관해 지금처럼 심각하게 논쟁할 것이 없다는 점이다. 고조선의 건국신화인 단군신화는 고조선이 처음 형성된 지역의 원시 신앙이 고조선의 건국신화로 된 것인데, 단군신화에는 평양과 묘향산, 황해도 배천 지역이 그 배경 지역으로 등장한다. 모두 한반도 평양에서부터 반경 150킬로미터 범위 안에 위치하고 있는데 이 지역에서 단군신화가 형성되었다고 볼 수 있다. 이것은 평양 지역이 고조선의 중심 지역임을 말해주는 것이다. 그럼에도 중심지 이동설을 포함해 요령성 중심설 등이 나오게 된 데는 한국 고대사의 활동 무대로 만주 지역에 대한 관심 때문이라 할 수 있다.

만주 지역의 고대 역사에 대한 관심은 2002년부터 중국의 동북공정을 시작으로 최근의 관제 민족주의 역사학에 이르기까지 주요한 역사 해석의 소재가 되어 왔다. 그러나 그러한 관심은 학문적이라기보다는 정치적인 해석에 가까웠다고 할 수 있다.

벌써 오래전 기억으로 희미해졌지만, 그 어느 때보다 이명박 박근혜 정부 시절에 유난히 한국 상고사 인식을 둘러싼 치열한 논쟁이 벌어졌었다. 전공이 고조선사이다보니 많은 단체나 기관의 초청을 받아 강의를 하게 되었는데, 그때마다 아무리 시골 구석에서 강의를 하더라도 그곳까지 쫓아다니며 훼방을 놓는 시민 단체 회원분들이 있었다. 심지어 내가 근무하는 대학에까지 시민단체 회원분들이 차를 대절해 내려와 대학 구성원들에게 전단지를 나누어 주고 정문 앞에서 징을 치며 시위를 하던 장면이 눈에 선하다. 그 당시나 지금이나 똑같이 드는 의문은 당시 시민단체 분들은 무슨 이유와 사명감에서 저렇듯 시위를 하는가 하는 점이다.

그 당시 국회 동북아역사특위에 출석하여 국회위원들의 질의를 받은 적이 있다. 여야 위원을 막론하고 기존 학계를 비난하고 유사역사학의 입장을 대변하는 참석자를 옹호하는 국회위원들은 일반 시민들과 하등 다를 바 없었다.

단군과 고조선사를 둘러싸고 각계각층의 많은 분들이 관심을 보이고 활동을 하다가 문재인 정부 들어서는 거의 나타나지 않았고, 그 어느 때보다도 보수적인 현 정권 시기에 한국 상고사 문제에 대한 논의가 잠잠한 것은 어떻게 이해해야 할까? 이는 고조선이라는 주제가 그동안 학문적 차원으로 논의되었다기 보다는 정치적인 해석이 주로 이루어졌기 때문이라고 할 수 있다. 그러나 고조선사는 정치적인 해석이나 민족주의적인 감정만으로 정리할 수 있는 주제가 아니며, 엄연히 전문 역사학자

들이 사료에 입각하여 논의하고 정리해야 할 한국 고대사의 주요 주제
라는 점을 명심해야 한다.

고대부터 최근까지 단군과 고조선사에 대한 인식을 정리하는 과정에
서 필자의 전공이 한국 고대사이다보니 고려~조선 시대 및 일제 강점기
와 최근의 역사학과 그 흐름을 정리하는 일은 매우 어렵고 힘들었다. 그
럴 때마다 한국사학사와 관련해 가장 대표적인 업적을 남긴 조동걸 선
생님과 한영우 선생님의 글을 읽어보며 기본적인 내용을 정리하고, 다
시 원전과 논문을 읽어보며 내용을 조금씩 정리할 수 있었다.

원고를 정리하고 보니 오래 묵혀 두었던 과제 하나를 마무리 하였다
는 점에서 기쁜 마음이 든다. 내용의 완성도를 떠나 단군과 고조선사를
주제로 한국 사학사를 전체적으로 정리해 보았다는 데 이 책 출간의 의
미를 두고 싶다. 이 책이 한국 사학사를 통해 단군과 고조선사를 새롭게
이해하는 데 조금이라도 도움이 되기를 기대해 본다.

졸고이지만 책을 마무리하는 동안 묵묵히 곁에서 지켜봐 준 아내에
게 감사의 마음을 전하고 싶다. 그리고 책의 편집과 교열을 도와준 대학
원 지도학생 이철균과 박해경에게도 감사를 전한다. 끝으로 졸고를 갑
자기 연락해 출간을 서둘러 달라는 부탁을 했음에도 흔쾌히 허락하고
멋진 책으로 만들어준 경인문화사 한정희 대표님과 편집부 분들에게도
진심으로 감사의 마음을 전한다.

수타리 마을 서재에서 송호정

참고문헌

제1부 1장.

7차 교육과정 고등학교 『국사』 교과서 '선사시대의 전개'

강종훈, 2000 『신라상고사연구』, 서울대학교출판부

과학 백과사전출판사, 1979 『조선전사』 2권

권오영, 1995 「원시사회의 전개」 『한국역사입문 ①』, 풀빛

김장석, 2007 「원시 사회의 전개와 사회의 복합화」 『새로운 한국사 길잡이』, 지식
산업사

김정배, 1997 「초기국가의 성격」 『한국사 4』 초기국가 - 고조선·부여·삼한

노태돈, 2000 「초기 고대국가의 국가구조와 정치운영-부체제론을 중심으로-」 『한
국고대사연구』 17

邊太燮 著, 2006 「初期國家의 형성」 『韓國史通論』四訂版, 삼영사

송호정, 1997 「부여의 성립」 『한국사』 4 초기국가, 국사편찬위원회

송호정, 2003 「제7차 교육과정 중·고등학교 국사교과서 선사 및 국가 형성 관련
서술 검토」 『韓國古代史研究』 29집

申采浩, 1930 『朝鮮上古史』

여호규, 1996 「한국 고대의 국가형성」 『역사와 현실』제19호

여호규, 1997 「고구려의 기원」 『한국사 5』, 국사편찬위원회

이종욱 지음, 1999 『한국의 초기국가』 아르케

이종욱, 1999 『한국 고대사의 새로운 체계』 소나무

이중재, 1997 『상고사의 새발견』 명문당

이청규, 2007 「초기철기시대」 『한국 고고학강의』, 이론과 실천

정연규, 2005 『대한상고사』, 한국문화사

千寬宇 編, 1975 『韓國上古史의 爭點』, 一潮閣

최병현, 2007 「원삼국시대」 『한국 고고학강의』, 이론과 실천

최태영·이병도 공저, 1989 『한국상고사 입문』, 고려원

韓國上古史學會, 1989 『韓國上古史』, 民音社

韓國精神文化研究院, 1987 『韓國上古史의 諸問題』

제1부 2장.

1993 『단군릉에 관한 학술보고논문집』

1994 『북한의 「단군 및 고조선」논문자료 - 제2차 학술토론회 발표 - 』

노태돈, 2000 「단군과 고조선사의 이해」 『단군과 고조선사』, 사계절

송호정, 1997 「고조선 중심지 연구 현황과 과제」 『한국고대사논총』 10집, 한국고
　　대사회연구소

송호정, 2000 「고조선 중심지 성격과 그 과제」 『한국 고대사연구논총』 10집

송호정, 2003 『한국고대사 속의 고조선사』, 푸른역사

송호정, 2004 『단군, 만들어진 신화』, 산처럼

송호정, 2011 「고고학으로 본 고조선」 『한국사시민강좌』 제49집, 일조각

송호정, 2017 「고조선 중심지를 둘러싼 논쟁을 어떻게 볼 것인가?」 『청람사학』
　　26집

송호정, 2017 「고조선사 연구 방법론의 새로운 모색」 『인문학연구』 34호, 경희대

송호정, 2019 「衛滿朝鮮의 王儉城 위치에 대한 최근 논의와 비판적 검토」 『역사
　　와 담론』 92집, 호서사학회

송호정, 2020 「고조선의 성장과 대외 관계」 『사학연구』 137

송호정, 2020 「고조선의 성장과 중국과의 외교 관계」 『동아시아사 입문』, 동북아
　　역사재단

송호정, 2020 『다시 쓰는 고조선사』, 서경문화사

이청규, 2005 「청동기를 통해 본 고조선과 주변 사회」 『북방사논총』 6집

이청규, 2011 「고조선과 요하문명」 『한국사 시민강좌』 49집, 일조각

제2부 1장.

김정배, 1987 「단군기사와 관련된 古記의 성격」 『韓國上古史의 諸問題』, 한국정
　　신문화연구원

김정학, 1954 「단군신화와 토오테미즘」 『역사학보』 7집

노태돈, 2000 「단군과 고조선사의 이해」 『단군과 고조선사』, 사계절

申采浩, 1977 『朝鮮上古史』(개정판 『丹齋申采浩全集』上)

이기동, 1979 「고대국가의 역사인식」 『韓國史論』 6권-한국사의 의식과 서술, 국
　　사편찬위원회

이기동, 1994 「고대의 역사인식」 『한국의 역사가와 역사학』 상, 창작과비평사

정구복, 2008 『韓國古代史學史』, 경인문화사

정중환, 1977 「三國遺事 紀異篇 古朝鮮條에 引用된 魏書에 대하여」『大丘史
    學』 12·13합집

한영우, 1983 「고려와 조선 전기의 기자 인식」『朝鮮前期社會思想硏究』, 지식산
    업사

한영우, 2002, 『역사학의 역사』, 지식산업사

제2부 2장.

金泰永, 1974 「三國遺事에 보이는 一然의 歷史認識에 대하여」『慶熙史學』 제5집

김광식, 1999 「삼국유사는 왜 필요했을까」『한국인의 역사의식』, 청년사

김철준, 1973 「高麗中期의 文化意識과 史學의 性格」『한국사연구』 9

노태돈, 1982 「三韓에 대한 認識의 變遷」『韓國史硏究』 38

리상호 역, 1959 『삼국유사』 해제

박진태 외, 2002 『삼국유사의 종합적 연구』, 박이정

변동명, 1990 「이승휴의『제왕운기』찬술과 그 사서로서의 성격」『진단학보』 70

송호정, 2017 「고조선 중심지를 둘러싼 논쟁을 어떻게 볼 것인가?」『청람사학』
    제26집

이기백, 1973 「三國遺事의 史學史的 意義」『震檀學報』 36호

조동걸 외, 1994 『한국의 역사가와 역사학 上』, 창작과 비평사

채상식, 1986 「至元 15年(1278) 仁興寺刊 歷代年表와 三國遺事」『高麗史의 諸問
    題』, 三英社

최남선 편, 1946 『증보 삼국유사』, 民衆書館

韓永愚, 1987 「朝鮮時代 史書를 통해본 上古史 理解」『季刊京鄕』 87년 여름호

한영우, 1994 「고려시대의 역사의식과 역사서술」『한국의 역사가와 역사학 上』,
    창작과비평사

한영우, 2002 『역사학의 역사』, 지식산업사

제2부 3장.

姜萬吉, 1969 「이조시대의 단군숭배」『이홍직박사회갑기념한국사학논총』

金杜珍, 1990 「檀君神話의 文化史的 接近」『韓國史學』 11

金泰永, 1974 「三國遺事에 보이는 一然의 歷史認識에 대하여」『慶熙史學』 제5집

김철준, 1973 「高麗中期의 文化意識과 史學의 性格」『한국사연구』9

노태돈, 1982 「三韓에 대한 認識의 變遷」『韓國史研究』38

노태돈, 1994 「고조선의 변천」『檀君-그 이해와 자료』, 서울대학교 출판부

노태돈, 1998 「기자동래설의 사실성 여부」『한국사를 통해 본 우리와 세계에 대한 인식』, 풀빛

노태돈, 2000 「단군과 고조선사에 대한 이해」『단군과 고조선사』, 사계절

徐永大, 1987 「단군숭배의 역사」『정신문화연구』32호

서영대, 1994 「단군관계 문헌자료 연구」『檀君』, 서울대학교출판부

서영대, 2000 「단군신화의 의미와 기능」『단군과 고조선사』, 사계절

송호정, 1994 「고조선의 국가적 성격」『역사와 현실』14, 한국역사연구회

윤내현, 1994 『고조선연구』, 일지사

이기백, 1973 「三國遺事의 史學史的 意義」『震檀學報』36호

이병도, 1975 「단군설화의 해석과 아사달 문제」『한국고대사연구』, 박영사

이은봉, 1994 「檀君信仰의 歷史와 意味」『檀君』, 서울대 출판부

李鍾旭, 1993 『古朝鮮史研究』, 一潮閣

李亨求, 1991 「大凌河流域의 殷末周初 靑銅器文化와 箕子 및 箕子朝鮮」『韓國上古史學報』5

이형구, 1996 「渤海沿岸 大凌河流域 箕子朝鮮의 遺蹟·遺物」『古朝鮮과 夫餘의 諸問題』, 신서원

정병삼, 1994 「일연」『한국의 역사가와 역사학』(상), 창작과 비평사

채상식, 1986 「至元 15年(1278) 仁興寺刊 歷代年表와 三國遺事」『高麗史의 諸問題』, 三英社

최남선, 1928 「檀君 及 其研究」『別乾坤』

崔柄憲, 1994 「檀君認識의 歷史的 變遷」『檀君』, 서울대학교 출판부

한영우, 1983 「고려와 조선전기의 기자인식」『朝鮮前期社會思想研究』

韓永愚, 1987 「朝鮮時代 史書를 통해본 上古史 理解」『季刊京鄕』여름호

제2부 4장.

국사편찬위원회, 1993 『한국사』4, 국사편찬위원회

민족문화추진위원회 편, 1996 『신증동국여지승람』1, 솔

박광용, 1994 「단군인식의 역사적 변천」『檀君 그 이해와 자료』, 서울대학교 출판부

서영대, 2001 「단군신화의 역사적 이해」『한신인문학연구』2, 한신인문학연구소

송호정, 2003 『한국 고대사 속의 고조선사』, 푸른 역사
제29차세계지리학대회조직위원회, 2001 『한국의 지리학과 지리학자』, 한울
조동걸·한영우·박찬승 엮음, 1994 『한국의 역사가와 역사학』 상, 창작과 비평사
조성을, 2006 「세종실록(世宗實錄)」「지리지」와 『고려사』 「지리지」의 역사지리
　　　인식－고조선, 삼한(三韓), 삼국의 수도와 강역(疆域)을 중심으로－」『조
　　　선시대사학보』
한국고대사학회, 2007 『한국고대사 연구의 새 동향』 서경문화사
韓永愚, 1987 「朝鮮時代 史書를 통해 본 上古史 理解」 『季刊京鄕』 여름호

제2부 5장.

강세구, 1989 「동사강목의 저술배경-남인의 참여와 관련하여-」『동아연구』 17집
고영진, 1994 「한백겸」 『한국의 역사가와 역사학』, 창작과 비평사
김영심·정재훈, 2000 「조선 후기 정통론의 수용과 그 변화 -수산 이종휘의 동사를
　　　중심으로-」 『한국문화』 26, 서울대학교 한국문화연구소
김철준, 1974 「수산 이종휘의 사학」 『동방학지』 15, 연세대학교 국학연구원
盧泰敦, 1990 「고조선 중심지의 변천에 대한 연구」『한국사론』, 서울대 국사학과
박시형, 1989 「다산 정약용의 력사관」 『정다산 연구』, 과학원 철학연구소 편
박인호, 1996 『朝鮮後期 歷史地理學 硏究』, 以會文化社
송호정, 2004 『한국 고대사속의 고조선사』, 푸른역사
신용하, 1994 「한말 일제 시기의 檀君思想과 獨立運動」 『檀君』, 서울대학교 출
　　　판부
尹熙勉, 1982 「韓百謙의 『東國地理志』」 『歷史學報』 93
이만열, 1974 「17·8세기의 사서와 고대사인식」 『한국사연구』 10집(『한국인의 역
　　　사인식』(하) 재수록)
이병도, 1928(5) 「고조선사군강역고」(1) 『한빛』 제4·5호, 1928(8)「고조선사군강역
　　　고」(2) 『한빛』 제6호
이우성, 1966 「이조후기 근기학파에 있어서의 정통론의 전개」 『역사학보』 31집
　　　(한국인의 역사인식(하) 재인용)
장유승, 2007 「이종휘의 자국사 인식과 소중화주의」 『민족문화사연구』 35
鄭求福, 1978 「韓百謙의 『東國地理志』에 대한 一考」 『全北史學』 2
조성을, 1992 「『아방강역고』에 나타난 정약용의 역사의식」 『규장각』 15
최익한, 1989 『실학파와 정다산』, 청년사

한영우, 1987 「18세기 중엽 소론학인 이종휘의 역사의식」『동양학』1, 단국대학교 동양학연구소
韓永愚, 1987 「조선시대 사서를 통해 본 상고사이해」『계간경향』여름호
한영우, 2002 『역사학의 역사』, 지식산업사
황원구, 1970 「실학파의 사학이론」『연세논총』(한국인의 역사인식(下) 재수록)

제2부 6장.

韓百謙 著, 1987 『久菴遺稿-東國地理志』, 一潮閣
『與猶堂全書』第六集 第一卷『我邦疆域考』권1 朝鮮考
洌水 丁若鏞 著 壽同 張志淵 增補, 1928 『朝鮮疆域誌』, 文友社
고영진, 1994 「한백겸」『한국의 역사가와 역사학』, 창작과 비평사
김영심·정재훈, 2000 「조선 후기 정통론의 수용과 그 변화－수산 이종휘의 동사를 중심으로－」『한국문화』26
盧泰敦, 1990 「고조선 중심지의 변천에 대한 연구」『한국사론』, 서울대 국사학과
李丙燾, 1976 「古朝鮮問題의 研究」『韓國古代史研究』, 博英社
박광용, 1995 「역사서와 역사인식」『한국역사입문②』, 풀빛
박시형, 1989 「다산 정약용의 력사관」『정다산 연구』, 과학원 철학연구소 편
박인호, 1995 「조선후기 역사지리학 연구」, 한국정신문화연구원박사학위논문
宋鎬晸, 2003 『한국 고대사 속의 고조선사』, 푸른 역사
송호정, 2015 「고조선 중심지의 위치 문제에 대한 쟁점과 과제」『역사와 현실』98집
신채호 저, 박기봉 옮김, 「조선사연구초-평양패수고」『조선상고문화사』
정찬영, 1960 「고조선의 위치와 그 성격에 관한 몇 가지 문제」『문화유산』60-3
조동걸, 1994 『한국의 역사가와 역사학 上』, 창작과 비평사
조성을, 1992 「『아방강역고』에 나타난 정약용의 역사의식」『규장각』15
池内宏, 1951 「樂浪郡考」『滿鮮史研究』上世 第一冊, 吉川弘文館
한영우, 1987 「조선시대 사서를 통해 본 상고사이해」『계간경향』여름호
한영우, 1989 「19세기 초 정약용의 역사관과 대외관」『조선후기사학사연구』, 일지사
한영우, 1994 「조선시대의 역사편찬과 역사인식」『한국의 역사가와 역사학』상, 창작과 비평사
한영우, 2002 『역사학의 역사』, 지식산업사

제3부 1장.

김현수, 1995 「신채호 역사인식에 관한 연구」, 전남대학교대학원
단재신채호기념사업회, 1972 「조선사연구초」『단재신채호전집』 중편
박찬승, 1994 「신채호」『한국의 역사가와 역사학』, 창작과 비평사
이만열 1977 「단재의 고대사 인식 시고」『한국사연구』 15
이만열, 1990 『단재 신채호의 역사학 연구』, 문학과 지성사
조동걸, 1998 「근대사학의 대두와 초기의 역사학」『현대한국사학사』, 나남출판
한국종교사학회, 2005 『단재 신채호의 민족사학 연구』
한영우, 1994 「1910년대 신채호의 민족주의 사학」『한국민족주의역사학』, 일조각
한영우, 2002 『역사학의 역사』, 지식산업사

제3부 2장.

黃義敦, 1923 『新編朝鮮歷史』, 京城發行
張道斌, 1923 『朝鮮歷史要領』 高麗館壯版
安廓, 2015 송강호 역주, 『朝鮮文明史』, 우리역사연구재단
權悳奎, 2009 정재승 역주, 『朝鮮留記略』, 우리역사연구재단
김육훈, 2009 「한국문화사 교육과정 교재의 구성방향」, 한국교원대학교 석사학위
    논문
김진한, 2015 「구한말 일제하 장도빈의 활동과 현실인식」『東洋學』 제60집
김창수, 1985 「산운 장도빈의 민족주의 사학1」「1920년대 한국사 통사의 구성과
    성격」 창간호
김형국, 1999 「1919~1921년 한국 지식인들의 '改造論'에 대한 인식과 수용에 대하
    여」『충남사학』 11집
김희태, 2012 「산운 장도빈 연구」, 동국대학교 박사학위논문
민성희, 2015 「해방 직후(1945~1948) 황의돈의 국사교육 재건 활동」, 한국교원대
    학교 석사학위논문
박걸순, 2004 「1920년대 한국사 통사의 구성과 성격」『식민지 시기의 역사학과
    역사 인식』, 경인문화사
朴永錫, 1985 「海圓 黃義敦의 民族主義史學」『汕耘史學』, 汕耘學術文化財團
朴贊勝, 1992 『한국근대정치사상사연구』, 역사비평사
신형식 지음, 2019 『산운 장도빈의 역사관 연구』, 주류성
송호정, 2023 「1920년대 문화사학자의 민족 자각론과 한국상고사 인식」『역사와

담론』106집, 호서사학회

심승구, 1994 「황의돈」『한국의 역사가와 역사학』하, 창작과비평사

유준필, 1991 「자산 안확의 국학사상과 문학사관」, 서울대학교대학원 국사학과 석사학위논문

윤해동, 2019, 「동아시아 근대의 문화론적 전환과 3·1운동」『사회와 역사』제121 집, 한국사회사학회

이영화, 2003 『최남선의 역사학』, 경인문화사

이영화, 2004 「1920년대 문화주의와 최남선의 조선학운동」『한국학연구』13집

이영화, 2005 「최남선의 문화주의에 내포된 근대성과 친일성」『국사관논총』103집

이행훈, 2017 「안확의 '조선' 연구와 문명의 발견」『한국철학논집』제52집

장석흥, 1994, 「안확」『한국의 역사가와 역사학』하, 창작과 비평사

조동걸, 1994 「항일 운동기의 역사인식」『한국인의 역사가와 역사학』, 창작과 비평사

조동걸, 1998, 『한국현대사학사』, 나남

최호영, 2017 「자산(自山) 안확(安廓)의 내적 개조론과 '조선적 문화주의'의 기획」 『한국민족문화』64

한영우, 2002 「근대 민족주의 역사학」『역사학의 역사』, 지식산업사

한영우, 1984 「한국 근대역사학과 조선시대사 이해」『인문과학의 새로운 방향』, 서울대학교출판부

한영우, 1994 「한말 신채호의 민족주의사론」『韓國民族主義歷史學』, 一潮閣

제3부 3장.

津田左右吉, 1913 「三韓疆域考」『朝鮮歷史地理』第壹卷

今西龍 遺著, 1917 「眞番郡考」『朝鮮古史の研究』(1937년 발간), 近澤書店

今西龍, 1923 「箕子朝鮮傳說考」『支那學』第二卷 第十·十一號

今西龍, 1929 「洌水考」『朝鮮支那の文化研究』

김두진, 2013 「斗溪 李丙燾의 한국고대사 체계와 歷史地理 문제」『진단학보』119

金容燮, 1972 「우리 나라 近代歷史學의 發達2」『文學과 知性』가을호

김육훈, 2007 「일제 강점기 이병도의 역사 연구」(미간)

김일수, 2008 「이병도와 김석형-실증사학과 주체사학의 분립」『역사비평』2008년 봄호

노태돈, 1989 「古朝鮮 중심지의 변천에 대한 연구」『韓國史論』23

稻葉岩吉, 1915 『滿洲發達史』; 1928(3) 「漢四郡 問題의 巧察」 『朝鮮』 114

李丙燾, 1929 「眞番郡考」 『史學雜誌』 40권 5호

李丙燾, 1933 「所謂 箕子 八條敎에 對하여」 『市村博士古稀紀念東洋史學論叢』

李丙燾, 1933 「浿水考」 『靑丘學叢』 13

李丙燾, 1935 「삼한 문제의 신고찰(二)」 『震檀學報』 3

李丙燾, 1976 「古朝鮮問題의 硏究」 『韓國古代史硏究』, 博英社

李丙燾, 1995 『國史와 指導理念』, 一潮閣

민현구, 2008 「이병도 순수 학구적 자세로 한국사학의 토대를 쌓다」 『한국사 시
    민강좌』 43, 일조각

민현구, 2012 「이병도의 초기 수학과정」 『진단학보』 116

박성현, 2015 「『한서』 지리지 낙랑군 3수의 비정에 대한 검토」 『韓國古代史硏究』
    79집

송호정, 2021 「일제 강점기 이병도의 고조선과 연구」 『선사와 고대』, 한국고대학회

우에야마, 2016 「이병도의 한국사 연구와 교육 - 1915~1954년 활동을 중심으로 - 」,
    성균관대학교 박사학위 논문

이기백, 1975 「일제시대 韓國史學 批判 - 日帝時代의 社會經濟史學과 實證史學」
    『文學과 知性』 75년 봄호

이도학, 2014 「李丙燾 韓國古代史 硏究의 '實證性'檢證」 『白山學報』 98호

이병도, 1955 『新修 國史大觀』, 普文閣

이병도, 1955 「上代史(古朝鮮~新羅史)」 『新修 國史大觀』, 寶文閣

이병도, 1971 「나의 연구생활 회고」 『풀뭇간의 쇠망치』, 휘문출판사

丁若鏞, 「朝鮮考」 『我邦疆域考』 其一(『與猶堂全書』六集 第一卷)

조인성, 2009 「李丙燾의 韓國古代史硏究」 『한국고대사연구』 55

조인성, 2009 「이병도의 한국고대사 연구와 식민주의사학의 문제 - 『韓國古代史
    硏究』를 중심으로 - 」 『한국사연구』 144

조인성, 2011 「이병도와 천관우의 고조선사 연구」 『한국사 시민강좌』 49, 일조각

조인성, 2014 「李丙燾의 「朝鮮史槪講」-1920년대 초반 문화사학의 一例-」 『백산
    학보』 98

津田左右吉, 1913 「浿水考」 『朝鮮歷史地理』 第壹卷

한영우, 1994 「이병도」 『한국의 역사가와 역사학』하, 창작과 비평사

한영우, 2002 「근대 민족주의 역사학」 『역사학의 역사』, 지식산업사

洪承基, 1991 「實證史學論」 『現代 韓國史學과 史觀』, 一潮閣

제3부 4장.

김인식 외, 2007「해방 전후 중간파 민족주의의 성격」, 한국정치사외교사학회
김인식, 1998「안재홍의 신민족주의 이념의 형성과정과 조선정치철학」『한국학보』
박성수 편역, 2000『정인보의 조선사연구』, 서원
安在鴻, 1947『朝鮮上古史鑑』上, 민우사
安在鴻, 1948『朝鮮上古史鑑』下, 민우사
오영교, 1994「정인보」『한국의 역사가와 역사학』하, 창작과 비평사
정윤재, 1981「안재홍의 정치사상 연구-그의 신민족주의론의 형성과정을 중심으로」, 서울대 대학원
정윤재, 1992「해방직후 한국정치사상사의 분석적 이해 : 안재홍·백남운 정치사상의 비교분석」, 한국정치학회
鄭寅普, 1947『朝鮮上古史』, 서울신문사
조동걸, 1994「민족국가 건설운동기의 역사인식」『한국의 역사가와 역사학』하, 창작과 비평사
조동걸, 1998「韓國史學의 발전과 方法論」『現代 韓國史學史』, 나남출판
조옥영, 1998「민세 안재홍의 역사인식-『조선상고사감』을 중심으로」, 이화여대 교육대학원
한영우, 1994「1930~1940년대 안재홍의 신민족주의와 사학」『한국민족주의역사학』, 일조각

제3부 5장.

小田省吾, 1927『朝鮮史大系』卷一 上世史, 朝鮮史學會
朝鮮史編修會編, 1932『朝鮮史』第1編 第1卷, 朝鮮總督府
今西龍, 1937「箕子朝鮮傳說考」『朝鮮古史の研究』, 近澤書店
박걸순, 1992「日帝下 日人의 朝鮮史研究 學會와 歷史(高麗史) 歪曲」『한국독립운동사연구』6호, 독립기념관
小田省吾, 윤수희 역, 2009「단군전설에 대하여」『일본인들의 단군연구』, 민속원
今西龍, 김희선 역, 2009「단군고」『일본인들의 단군연구』, 민속원
李萬烈, 1976「日帝官學者들의 植民史觀」『韓國의 歷史認識』下, 創作과 批評社
강만길, 1994『고쳐 쓴 한국현대사』, 창작과 비평사
송찬섭, 1994「일제의 식민사학」『한국의 역사가와 역사학』하, 창작과비평사

제4부 1장.

김상훈, 2018『해방 직후 국사교육 연구』, 경인문화사

김한종, 2005「일민주의와 민주적 민족교육론에 나타난 안호상의 역사인식」『호서사학』제45집

김한종, 2006『역사교육과정과 교과서 연구』, 선인

김한종, 2013「‥널리 인간을 이롭게 하다 – 단군사상와 홍익인간의 교육이념」『역사교육으로 읽는 한국 현대사』, 책과 함께

김흥수, 1992『한국역사교육사』, 대한교과서

노태돈, 2000「단군과 고조선사에 대한 이해」『단군과 고조선사』, 사계절

박진동, 2004「해방 후 역사교과서 발행제도의 추이」『역사교육』91

손인수, 1998『한국교육사연구 (下)』, 문음사

송호정, 2023「해방 이후 신국가 건설기 한국사 교과서에 나타난 고조선 인식과 단군민족주의」『청담사학』38회, 청람사학회

양정현, 2005「역사교육에서 민족주의를 둘러싼 최근 논의」『한국 고대사연구』52

오천석, 1975『한국신교육사』(하), 광명출판사

유봉호·김융자, 1998『한국 근·현대 중등교육 100년사』, 교학연구사

이광호, 1985「미군정의 교육정책」『해방전후사의 인식』2, 한길사

이명희, 2003「신국가 건설기 교육과정의 성격」『역사교육』88

이승만, 1949,『일민주의 개술』, 일민주의 보급회 발행

장영민, 2002「해방 직후 정부 수립 이전의 역사서와 역사교과서」『국사관논총』100

장우진, 2000『조선 민족의 발상지 평양』, 평양

장우진, 2002『조선민족의 력사적뿌리』, 평양

조동걸, 1998『현대한국사학사』, 나남출판

제4부 2장.

기경량, 2024「한국 사이비역사학의 계보와 학문 권력에의 욕망」『역사비평』여름호, 역사비평사

김병모, 1999「올바른 상고사 복원을 위한 민족 대심포지움」발표문, 민족정신회복시민운동연합, 1999년 8월 17일

김상호, 1988「고조선 문제를 둘러싼 논쟁과 금후의 과제」『창작과 비평』1988년 가을호

김한종, 2013「국회에 선 '국사되찾기운동' - 상고사논쟁과 국사교과서」『역사교육으로 읽는 한국현대사』, 책과 함께

노태돈, 2000「역사적 실체로서의 단군」『한국사시민강좌』제27집, 일조각

박광용, 1990「대종교 관련 문헌에 위작 많다 - 규원사화와 환단고기의 성격에 대한 재검토」『역사비평』10, 1990년 가을호

박광용, 1992「대단군 민족주의의 전개와 양면성」『역사비평』1992년 겨울호

박광용, 1992「대종교 관련 문헌에 위작 많다(2) - 신단실기와 단기고사의 성격에 대한 재검토」『역사비평』16, 1992년 봄호

송호정, 2005「재야사학자들의 환상적인 고대사 인식과 그 문제점」『청람사학』제12집

송호정, 2000「KBS 방영 "비밀의 왕국, 고조선"을 비판한다」『역사비평』2000년 겨울호

遼寧省博物館, 2007『遼河文明展』도록 序言

우실하, 2007『동북공정 넘어 요하문명론』, 소나무

육군본부, 1983『통일과 웅비를 향한 거레의 역사』(발행인 대장 황영시)

윤내현, 2000「현행 국사교과서의 문제점과 개편 방향 - 상고사를 중심으로 -」『단군학연구』제3호

윤종영, 1999『국사 교과서 파동』, 혜안

이기동, 1977「고조선 문제의 일고찰 - 제왕운기 소재 고조선기년에 대한 존의 -」『대구사학』12·13합집

이덕일, 2014『우리 안의 식민사관』, 만권당

이덕일, 2015『매국의 역사학』, 만권당

이문영, 2010『만들어진 한국사』, 파란미디어

조인성, 1988「규원사화와 환단고기」『한국사시민강좌』제2집, 일조각

조인성, 1997「국수주의사학과 현대의 한국사학」『한국사 시민강좌』20, 일조각

조인성, 2017「'고대사파동'과 식민주의 사학의 망령」『역사비평』봄호, 역사비평사

최재인, 2002「우리 역사왜곡을 어떻게 할 것인가?」, 현행국사교과서 역사 날조에 대한 서면질문서

한국정신문화연구원, 1987『한국 상고사의 제문제』

한영우, 1987「조선시대 사서를 통해 본 상고사 이해」『계간경향』여름호

제4부 3장.

『The Han Commanderies in Early Korean History』, Edited by Mark E.Byington
이덕일, 2015 『매국의 역사학』, 만권당
이문영, 2017 「『환단고기』의 성립 배경과 기원」 『역사비평』 2017년 봄호
이문영, 2017 『유사역사학 비판－『환단고기』와 일그러진 고대사』, 역사비평사
조인성, 2017 「'고대사 파동'과 식민주의 사학의 망령」 『역사비평』 2017년 봄호
한국고대사학회 편, 2017 『우리 시대의 한국 고대사』 1·2, 주류성
젊은 역사학자 모임, 2017 『한국고대사와 사이비역사학』, 역사비평사
젊은 역사학자 모임, 2018 『욕망 너머의 한국 고대사』, 서해문집

제5부 1장.

사회과학원 고고학연구소, 1976 『고조선문제연구론문집』
강인숙, 1994 「단군은 고조선의 건국시조」 『력사과학』 94-1호
고영환, 1989, 『우리 민족제일주의론』, 평양출판사
과학원 력사연구소, 1957 『삼국 시기의 사회 구성에 관한 토론 론문집』
곽건홍, 2002 「북한의 역사연구 방법론 변천」 『북한의 역사학』(1), 국사편찬위원회
권오영, 2003 「단군릉 사건과 전근대 시기구분」 『북한의 우리 역사 만들기』, 푸른
        역사
권오영, 1991 「고조선사 연구의 동향과 그 내용」 『북한의 한국사인식』 일조각
김영진, 1998 「조선민주주의인민공화국의 품속에서 우리 고고학이 걸어온 자랑찬
        승리의 50년」 『조선고고연구』 1998년 3호
김용간·황기덕, 1967 「기원전 천년기의 고조선문화」 『고고민속』 67-2호
류렬, 1994 「우리 민족은 고조선시기부터 고유한 민족글자를 가진 슬기로운 민족」
        『단군과 고조선에 관한 연구론문집』, 사회과학출판사
류병홍, 1996 「단군과 고조선의 력사유적에 대한 고고학적 조사발굴사업을 힘있
        게 벌리는 것은 어버이수령님의 유훈을 철저히 관철하기 위한 중요한 담
        보」 『조선고고연구』 1996년 3호
리순진·장수진·서국태·석광준, 2001 『大同江文化』, 조선·평양(일문)
리지린, 1963 『고조선연구』
박득준 편, 1999 『고조선력사개관』, 사회과학출판사
박진욱 외, 1976 『비파형 단검문화에 관한 연구』, 사회과학출판사
박진욱, 1994 「단군릉의 발굴정형」 『단군과 고조선에 관한 연구론문집』, 사회과

학출판사

박진욱, 1994 「평양은 고조선의 수도」『력사과학』1994년 2호

사회과학원, 1993 「반만년의 유구한 력사와 민족의 단일성에 대한 확증 단군릉 발굴보고」『조선고고연구』1993년 4호

손영종, 1994 「조선민족은 단군을 원시조로 하는 단일민족」『력사과학』1994년 3호

손영종·박영해·김용간, 1991 『조선통사』상 증보판, 사회과학출판사

송호정, 1989 「북한에서의 고중세사 시기구분」,『역사와 현실』창간호, 한국역사연 구회

송호정, 2002 「북한의 고조선·낙랑 문화유산」『한국고대사연구』25집

송호정, 2002 『한국 고대사 속의 고조선사』, 푸른역사

오영찬·이영훈, 2001 「낙랑문화 연구의 현황과 과제」『낙랑』특별전 도록

장우진, 1989 『조선사람의 기원에 관한 연구』, 사회과학출판사

장우진, 1994 「단군릉에서 나온 사람뼈의 인류학적 특징」『단군과 고조선에 관한 연구론문집』, 사회과학출판사

장우진, 2002 『원시사회사 개요』사회과학 출판사

장우진, 2002 『조선민족의 력사적 뿌리』, 사회과학출판사

전영률, 1981 「위대한 수령 김일성동지와 영광스러운 당중앙의 현명한 령도 밑에 우리나라 력사를 주체적으로 체계화하는 데서 이룩한 빛나는 성과」『력 사과학』1981년 4호

전영률, 1985 「주체의 력사과학이 걸어온 자랑찬 40년」『력사과학』1985년 3호

전장석, 1959, 「조선 원시사 연구에서 제기되는 몇 가지 문제」『민속학 연구 총서 제2집 - 민속학 논문집』

하원호, 2002, 「북한의 역사연구, 편찬 보급과정 연구」『북한의 역사학』(1), 국사 편찬위원회

제5부 2장.

고조선 문제에 대한 토론 개요」『력사과학』61-6

「《단군 건국신화》에 대한 과학토론회 진행」『력사과학』62-6

「고조선 령역에 대한 학술 토론회」『력사과학』63-2

「서평 -《고조선연구》에 대하여」『력사과학』1963년 5호

한국과학출판사, 1971 「조선고대 제국가의 령역과 고대사회의 성격」『력사과학론

『문집』 2

강인욱, 2015 「리지린의 『고조선 연구』와 조중고고발굴대」 『선사와 고대』, 한국
　　고대학회

顧頡剛, 2007 『顧頡剛日記』(第一卷至第十二卷), 聯經出版社

김기웅, 1961 「고조선 문제에 대한 토론 개요」 『력사과학』 1961-6

노태돈, 1990 「북한 학계의 고조선사 연구 동향」 『한국사론』 41·42합집

리병선, 1961 「《고조선 연구에서 제기되는 몇 가지 문제》에 대한 학술 토론회」 『력
　　사과학』 1961-5

리상호, 1963 「고조선 중심을 평양으로 보는 견해에 대한 비판(상)」 『력사과학』
　　1963-2

리상호, 1963 「고조선 중심을 평양으로 보는 견해에 대한 비판(하)」 『력사과학』
　　1963-3

리지린 외, 1963 『고조선에 관한 토론 론문집』 과학원출판사

리지린, 1960 「고조선 국가형성에 관한 한 측면의 고찰 – 한자 사용의 시기에 대
　　하여」(상) 『력사과학』 2호

리지린, 1960 「고조선 국가형성에 관한 한 측면의 고찰 – 한자 사용의 시기에 대
　　하여」(하) 『력사과학』 4호

리지린, 1963 『고조선 연구』 과학원출판사

박진욱, 1987 『비파형단검문화에 관한 연구』, 과학백과사전출판사

사회과학출판사, 1969 「기원전 천년기전반기의 고조선문화」 『고고민속론문집』 1

서평 및 서적 해제 : "고조선연구"에 대하여」 『력사과학』 1963-5

송호정, 2015 「기원전 2세기 준왕의 남래와 익산」 『한국고대사연구』 78

송호정, 2015 「리지린의 古朝鮮史 研究와 그 영향」 『문화사학』 44호, 한국문화사
　　학회

유·엠·부찐, 1990 『고조선』, 소나무

윤내현, 1994 『고조선 연구』, 一志社

윤용구, 2007 「새로 발견된 樂浪木簡 – 樂浪郡 初元四年 縣別 戶口簿 –」 『한국
　　고대사연구』 46

윤용구, 2009 「平壤出土〈樂浪郡初元四年縣別戶口簿〉研究」 『木簡과 文字 研究』 3

이경섭, 2015 「북한 초기 역사학계의 단군신화 인식과 특징」 『선사와 고대』, 한국
　　고대학회

이광린, 1989 「북한에서의 「고조선」 연구」 『역사학보』 124집

이광린, 1990 「북한의 고고학 – 도유호의 연구를 중심으로 –」 『동아연구』 20집

조중고고학발굴대, 1966 『중국 동북지방의 유적 발굴 보고』, 사회과학원출판사

제5부 3장.

權五榮, 1990 「古朝鮮史硏究의 動向과 그 內容」 『北韓의 古代史硏究』, 一潮閣

권오영, 2003 「단군릉 – 사건과 전근대 시기구분」 『북한의 우리 역사 만들기』, 푸른역사

노태돈, 2000 「북한학계의 고조선사 연구 동향」 『단군과 고조선사』, 사계절

리지린, 1963 『고조선연구』 과학원출판사

박득준 편, 1999 『고조선 력사개관』, 사회과학출판사

사회과학출판사, 1994 『단군과 고조선에 관한 연구론문집』, 조선·평양

송호정, 1989 「북한에서의 고·중세사 시기구분」 『역사와 현실』, 창간호

송호정, 1994 「남북한 학계의 전근대 시대구분과 사회성격 논의」 『한국사』 24, 한길사

송호정, 2002 「북한의 고조선·낙랑 문화유산」 『한국고대사연구』 25집

송호정, 2002 『한국 고대사 속의 고조선사』, 푸른역사

이순근, 1990 「고조선의 성립과 사회성격」 『북한의 한국사인식』, 한길사

이기동, 1997 「북한 역사학의 전개과정」 『한국사 시민강좌』 21

이기동, 1994 『북한의 〈단군 및 고조선〉 논문자료 – 제2차 학술토론회 발표 –』

이선복, 1993 「최근의 '단군릉' 문제」 『한국사 시민강좌』 제21집, 일조각

송호정

한국 고대 문화의 원류에 깊은 관심을 가지고 우리 민족과 고대 국가가 형성
된 과정을 연구해, 「고조선의 국가형성 과정 연구」로 박사학위를 받았다.
최근에는 한국 고대사 교육과 박물관 교육에도 관심을 가지고 연구하고
있다.
저서로는 『한국 고대사 속의 고조선사』, 『다시 쓰는 고조선사』, 『처음 읽는
부여사』, 『아틀라스 한국사』(공저), 『한국생활사박물관2—고조선생활관』
등이 있다.

역사 인식으로 읽는 고조선사
―고조선을 둘러싼 한국 상고사 체계에 대한 인식의 시대적 변천과 그 역사적 의미―

2024년 05월 23일 초판 인쇄
2024년 05월 30일 초판 발행

지 은 이 송호정
발 행 인 한정희
발 행 처 경인문화사
편 집 부 김지선 한주연 김숙희
마 케 팅 하재일 유인순
출판신고 제406-1973-000003호
주   소 경기도 파주시 회동길 445-1 경인빌딩 B동 4층
대표전화 031-955-9300 팩   스 031-955-9310
홈 페 이 지 http://www.kyunginp.co.kr
이 메 일 kyungin@kyunginp.co.kr

ISBN 978-89-499-6803-2 93910
값 32,000원